중국 경제발전 전략과 규획의 변천 및 혁신

中國經濟發展戰略與規劃的演變和創新

『中國經濟發展戰略與規劃的演變和創新』

The Change and Innovation of Economic Development Strategy and Planning in China

ISBN 978-7-300-23884-5

Copyright © 2016 by China Renmin University Press.

All rights reserved.

Korean edition was published by YOUKRACK PUBLISHING CO. in 2021

《中華社會科學基金》資助
이 도서는 중화학술번역사업(17WJL013)에 선정돼
중국사회과학기금(Chinese Fund for the Humanities and Social Sciences)의
지원을 받아 번역 출판되었습니다.

중국 경제발전 전략과
규획의 변천 및 혁신

中國經濟發展戰略與規劃的演變和創新

지은이

리
우
루
이 刘瑞

옮긴이

전
동
매 全冬梅

김
승
태 金承泰

서
영
휘 徐永辉

경
성
림 慶成林

최
소
연 崔笑妍

역락

이 책은 1949년 신(新)중국 건국 이래 국가경제발전전략과 규획의 변천 및 혁신적 실천 경험을 체계적으로 연구하였다.

첫째, 저자는 '균형', '비균형'의 두 가지 경제학적 기본 범주와 과학철학 중 '패러다임'의 인식도구를 결합하여 '전략적 패러다임'이라는 새로운 개념을 도출하였고, 이를 기반으로 하여 국가발전전략의 기본 유형과 중국 경제발전전략의 패러다임을 제시하였다.

둘째, 저자는 인식론적 관점의 진화와 글로벌 시각에 기반하여 국가발전관과 발전전략의 변천 및 혁신에 내재된 메커니즘을 분석하였고, 중국의 국가발전관과 경제발전전략을 기술하였다.

셋째, 저자는 중국경제발전규획의 실행과정 중에 존재하는 문제를 중심으로 중국경제발전규획의 실행적 경험과 교훈에 대해 총결과 평가를 실시하여 국가 총제적 규획의 개선, 지역 규획의 완비, 시·현급(市縣級) 행정구역 규획체제의 개혁, 주체기능구역 규획의 완비 및 규획 법제화 건설 등 방면에서 국가발전규획체계의 완비와 국가발전규획 사업의 품질 제고에 대한 대책과 제안을 제출하였다.

이 책은 저자의 전략 및 규획 방면에서 약 10년 등안의 연구성과를 집대성함으로써 이 방면의 연구를 새로운 경지로 끌어올렸다.

이 책의 번역 작업은 중국 칭다오대학교(靑島大學校)의 전동매(全冬梅) 교수가 주관하였고, 중국사회과학기금(Chinese Fund for the Humanities and Social Sciences) 중화(中華)학술번역사업(제17WJL013호)의 지원을 받아 완성되었다. 책 전체의 번역 작업은 전동매(全冬梅, 중국 靑島大學校 교수), 김승태(金承泰, 한국 산업통상자원부 사무관), 서영휘(徐永辉, 중국 靑島大學校 교수), 경성림(慶成林, 한국 호남대학교 교수)이 담당하였고, 전동매, 김승태, 서영휘가 전체 번역문과 원문의 대조와 교정, 전체 번역문의 최종 수정 및 탈고를 수행하였다. 일본 사이타마대학교(埼玉大學校)의 대학원생 최소연(崔笑妍)이 전체 그림과 표의 번역, 제작 및 전체 번역원고의 편집정리 작업을 맡았다.

이 외에 한국 역락출판사의 이대현 사장, 이태곤 편집이사 및 편집부의 직원들이 본 책이 한국에서 출판되는 데 커다란 도움을 주었다.

전동매 全冬梅

2019년 12월

차례

국가경제 발전전략의 패러다임과 유파

국가의 흥망성쇠는 물론 시대적 경제제도, 지리적 위치, 천연자원, 인문사회 등의 여건과도 많은 관련이 있지만 국가의 발전전략도 그 국가의 발전을 가속화하거나 지연시키는 역할을 한다. 역사적으로 한 국가에서 주관적으로 선택한 발전전략이 그 국가를 부흥하게 하거나 쇠퇴하게 한 사례가 적지 않다. 따라서 국가발전전략에 대한 연구는 현재 사회경제적 전환점에 있는 중국에게 있어 중대한 과제이다. 중국은 개혁 개방 30여 년 동안 국가 발전전략의 확정을 최고 의사결정의 최우선 과제로 삼고, 이를 위해 샤오캉(小康) 전략, 과학 및 교육에 의한 국가 부흥 전략, 서부(지역) 개발 전략, '해외진출' 전략 등의 거시적인 전략과 구체적인 지역, 산업, 기업에 대한 미시적인 발전전략을 수립하였다. 이런 전략들은 여러 해에 걸쳐 추진되어 왔으며, 대다수의 전략은 실행 과정에서 효과를 보여주었다. 전략 실행 경험이 풍부해짐에 따라 전략에 관한 이론들도 많이 제기되었다. 국가발전전략은 국민경제학 분야의 중요한 명제이지만, 기존의 국민경제학 연구는 국가발전전략의 이론적 문제에 대한 연구를 소홀히 해서, 이 연구 분야의 성과가 빈약한 실정이다. 본 장은 국가 사회경제 발전전략에 관한 기본 이론의 각 유파에 대한 정리를 통해 사회경제 발전전략 이론을 진일보하게 발굴하고자 한다.

제1절 국가경제 발전전략에 관한 이해

고대부터 근대에 이르기까지 농경민족의 '부역 면제, 세금 경감'으로 국민의 부담을 줄이고 생활을 안정시켜 인구를 회복하게 하거나, 유목민족 전 국민의 병사화와 국토의 무력 확장, 또는 해양민족의 개항통상과 먼바다 항해를 통한 식민지 무역은 모두 일종의 발전전략으로 간주될 수 있다. 이러한 전략의 영향으로 수천 년 동안 이어져 온 농업제국, 유라시아 대륙을 가로지르는 유목제국, 그리고 '해가 지지 않는' 해양제국이 형성되었다. 이러한 제국의 형성 배후에는 모두 일정한 발전전략이 있어서 국가를 세우는 근간이 되었다.

20세기 제2차 세계대전 이전에는 제국주의 사상이 세계를 지배해서, 한나라의 발전이 더 많은 생활공간(영토)을 소유하는 것으로 곡해되었다. 소수의 지리적 대국들은 영토가 넓어 일시적으로 생활공간에 대한 걱정이 없었지만, 다수의 지리적 소국들은 공간 확장을 국가 사회 경제 발전의 근본책으로 삼고 있었다. 따라서 군사력을 통해 해외 식민지 확장에 나선 군국주의 전략은 제2차 세계대전 이전 국가 발전의 기본 특징이 되었다. 이러한 약육강식의 국가발전전략은 세계적으로 끊임없이 전쟁을 야기해, 실천적 가치가 있는 사회경제 발전전략이 있을 수가 없었다. 제2차 세계대전이 끝난 뒤 비록 냉전이 존재했지만, 한 나라의 발전은 군사적 확장을 통해서는 실현될 수 없다는 이념이 국제사회에서 받아들여졌다. 종주국 산하의 식민지들이 잇달아 독자적인 사회 경제적 발전의 길을 걷게 되면서, 신흥국의 발전은 더 이상 제국주의의 대외 식민지 확장의 길을 반복할 수 없게 되었고, 선진국도 더 이상 넓은 해외 식민지가 제공하는 값싼 원자재와 노동력에 의존해 국제적 경쟁우위를 얻을 수 없게 되었으며 평화와 발전이 주제가 되면서 사회경제 발전전략이 군국주의 발전전략을 대체하게 되었다. 한편 전략이란 단어는 지금도 군사용어의 의미가 남아있지만,[1] 경제관리 이론연구에서 연구자들이 군사전략을 중시하고 발전시키면서, 중국『손자병법』(孫子兵法) 중의 전략전술 이론을 상업분야에 널리 적용하여 군사전략 사례를 경제관리 분석에 도입하고 있다.[2]

따라서 당대의 국가발전전략은 일반적으로 미래 사회경제 발전에 관한 국가나 지역의 총체적인 규획을 가리키며, 일반적으로 최고 의사결정층에서 제시하고 사회적 공감대를 이루는 일종의 강국부민(强國富民)의 이념이다. 이러한 이념에 따라 미래의 국가 발전 방향, 발전 경로와 발전 방식을 모색하고, 궁극적으로는 완전한 전략 사상, 전략 목표, 전략 중점, 전략 단계, 전략 배치와 전략 조치의 구상을 형성한다.

제2절 국가경제 발전전략의 유형

동서고금을 막론하고 크고 작은 발전전략 가운데는 아무 생각 없

---

1   일부 국가(지역)의 문헌에서는 전략 대신 책략이란 단어를 사용해 두 용어의 의미를 구별하고 있으며 이는 일정한 합리성이 있는데 중국에서는 책략보다 전략이라는 용어가 더욱 일반화되어 있다.

2   영국 학자 조지·A. 바스콘셸로스에사(Jorge A. Vasconcellos e Sá)의 『경제관리에서 군사전략의 활용』은 이에 관한 전형적인 연구 저서이다. 『军事战略在管理中的妙用』, 北京 : 机械工业出版社, 2007 참조.

이 내놓은 발전전략도 있고 심사숙고 끝에 수립한 발전전략도 있다. 하지만 가장 주목할 만한 것은 이론과 실천이 결합된 발전전략이다. 이러한 전략 유파 탄생의 시대적 배경과 운용의 효과는 비록 매우 크게 다르지만, 그 전략의 기본적 이념과 구성요소에 대해서는 적절한 과학적 분류 및 추상(抽象)화를 할 수 있다. 여기서는 다음과 같은 두 가지 기본 범주를 차용하여 이러한 전략 유파에 대하여 분류 및 추상화를 한다. 우선, 경제학의 기본 범주인 '균형'과 '비균형'의 차용; 그 다음은 과학철학 중 '패러다임'이라는 용어의 차용이다. 즉, 전략 구상에서 각 전략 요소를 모두 고려하여 상호 조화를 강조하고, 각 경제 관련 요소 간의 적절한 비례 관계를 강조하는 전략들을 균형발전전략의 패러다임으로 분류하고, 전략 구상에서 어떤 전략적 요소의 중요성만 강조하고 경제 관련 요소의 적정 비율 유지를 강조하지 않는 전략을 모두 비균형 발전전략의 패러다임에 포함시킨다. 각 유파의 전략적 사상에는 풍부한 의미가 내포되어 있기 때문에, 위와 같은 분류는 결코 분명하지 않은데, 심지어 일부 발전전략은 균형과 비균형의 이중적 특징을 모두 포함하고 있기 때문에 각 발전전략의 풍부한 의미에 대해 간략히 고찰하는 것은 매우 필요하다.

1. 발전전략의 균형적 패러다임

균형발전전략은 산업, 지역, 경제사회와 인구, 자원, 환경을 아우르는 발전을 통하여 국가 전체의 발전 목표를 실현하는 발전과정의 조화성을 강조한다. 대표적인 발전전략 유파로는 종합균형파와 지속가능

발전파 및 비교우위파가 있다. 각 발전전략 유파의 특징에 따라 다음과
같이 나누어 살펴본다.

(1) 종합균형발전전략

종합균형발전전략은 천원(陳雲) 등의 구상에서 나온 것으로, 신(新)
중국 성립 이전부터 초기까지 물자와 자금이 극도로 부족했던 특정한
역사적 여건에서 생겨났고, 이후 경제 건설에서 계속 발전되어 중국 경
제발전에 큰 역할을 하였다.

종합균형발전전략 사상의 중요한 이론적 원천은 마르크스주의 사
회재생산 이론이다. 사회재생산 이론은 사회 총 공급과 총 수요의 균형
측면에서 사회 총생산액과 총 구매력 간의 균형, 사회재생산을 위한 물
자소모 가치와 보상 가치 간의 균형, 그리고 소비와 투자 간의 균형을
제시하고, 구조적인 균형 측면에서는 사회 총생산 실현에 대한 3대 교
환관계, 즉 생산재 부문과 소비재 부문 간의 교환관계, 생산재 부문 내
부 각 부문 간의 교환관계, 소비재 부문 내부 각 부문 간의 교환관계를
제시하였다. 마르크스주의 중국화의 중요한 성과로[3] 천원(陳雲), 보이보
(簿一波) 등은 마르크스주의 사회재생산이론에 근거하여 국민경제에 객
관적으로 존재하는 다양한 비례관계를 상세히 분석한 바탕 위에서 보
다 실천적인 의미가 있는 종합균형발전전략을 제시하였다. 이 전략은
사회주의 국가들이 경제 발전에서 총량적 균형과 구조적 균형을 유지
해야 한다고 생각하는데, 특히 재정(기초), 신용, 물자, 외화 등 네 가지

---

3   吳易风, 陈云 : 综合平衡理论及其现实意义, 马克思主义研究, 2005(10) 참조.

측면의 균형을 중시해야 한다고 지적하였다. 또한 국민경제 발전에 대한 각종 비례관계를 조화시켜, 건설규모와 종합 국력에 상응하는 원칙을 지켜야 하며 여유로운 재정정책을 실시함으로써 소비와 투자 등 성장에 대한 종합적인 국력을 고려해야 한다고 지적하였다.

현재로서는 종합균형발전전략의 일부 주장이 과잉공급, 유효수요 부족이라는 배경에서는 재정적자 무해론을 주장하는 케인스주의의 조정이념과는 맞지 않지만 종합균형발전전략에 있어 사회경제의 조화로운 발전을 모색하는 사상의 정수는 오늘날에도 여전히 가치가 있다.

(2) 지속 가능한 발전전략

종합균형발전전략이 수평적 균형발전전략의 대표라면 지속 가능한 발전전략은 수직적 균형발전전략의 전형적인 대표 전략이다. 이 전략의 사상은 1987년 당시 세계환경개발위원회 위원장이었던 브룬트랜드(Brundtland)가 처음 제안하였다. 지속 가능한 발전전략이란 지속 가능한 발전을 위한 행동계획과 강령을 말하며, 사회, 경제, 생태, 환경 등 다양한 분야에서 지속 가능한 발전을 실현하는 총칭이다. 이 전략이 추구하는 목표는 현세대의 각종 욕구를 충족시킬 뿐만 아니라 미래 세대의 생존과 발전에 위협이 되지 않도록 자원과 생태 환경을 보호하는 것이다. 특히 각종 경제활동의 생태적 합리성에 주목해 인구, 자원, 환경, 경제, 과학기술, 사회 등 각 분야에 대한 상호 조화와 균형을 강조함으로써 궁극적으로 지구 자연 시스템과 인간 시스템 사이에 일종의 조화로운 균형을 이루자는 것이다.

지속 가능한 발전전략의 사상은 중국의 현 단계에서 과학적 발전관 이념 제시에 중요한 영향을 미치고 있다. 인구가 많고 기반이 약하며 자원이 한정된 개발도상국으로서, 결과를 고려하지 않고 경제성장만을 맹목적으로 추구하는 것은 필연적으로 자원환경 상황이 악화되어 경제 발전이 한계에 부닥칠 수밖에 없기 때문에, 중국은 경제발전과 인구, 자원, 환경의 조화를 중시하고 단순히 경제의 양적 성장을 추구하는 것에서 경제 발전의 구조와 질을 전면적으로 개선하면서, 인구의 질 향상, 자원절약과 환경보전으로 경제 발전의 목표를 전환해야 한다. 그런 의미에서 중국 현 단계의 경제발전 이념은 지속 가능한 발전전략과 일맥상통하다.

(3) 비교우위 발전전략

비교우위 발전전략은 고전적 비교우위 무역이론에서 비롯된 균형 발전전략의 또 다른 하나의 유파(그 정책주장에 비균형적 발전 성분이 포함되었음에도 불구하고)로 중국을 대표하는 인물은 린이푸(林毅夫)이다. 이 전략에 따르면 어떤 국가의 발전전략도 그 비교우위에 기초해야 하며, 그렇지 않은 경우에는 매우 심각한 악영향을 미칠 수 있다. 이 유파는 추월식 발전전략을 구사한 나라가 성공한 것은 추월식 발전전략의 성공 때문이 아니라 추월식 발전전략이 한 나라의 일부 산업을 급성장시키는 동시에 자국 내 시장가격과 환율 수준을 왜곡했기 때문이라고 보고 있다. 비교우위 발전전략은 후발 국가의 경제 도약을 촉진하는 관건이 경제발전의 특정 단계에서 자국의 요소를 시기적절하게 활용하는 데 있다고 본다. 또한 추월식 발전전략은 자원의 낭비가 불가피하기 때문에 장기적인 발전을 유지할 수 없으며, 특히 인구 규모가 작고 자원 매장량이 크지 않은 국가에선 더욱 그렇다는 입장이다. 개발도상국은 자원 질적 구조의 점진적인 조정을 기반으로 기술 혁신과 산업구조의 최적화 조정을 통해 짧은 기간에 국민경제를 안정시키는 한편, 빠르고, 지속적인 성장을 실현함으로써 총체적인 발전 수준에서 선진국을 따라잡아야 한다.

비교우위 발전전략은 각 경제체가 서로 다른 경제적 우위를 가지고 있다고 가정하고, 이러한 상대적 우위를 이용하여 분업과 무역을 함으로써 각자의 이익을 최대화하여야 한다고 본다. 이런 패러다임은 전형적인 고전주의 경제해설인데 고전주의가 상징하는 경제세계가 바로 균형의 세계이다. 각 경제체의 상대적 우위는 오직 균형적 세계 시스템에서만 판단할 수 있으며, 이 균형적 세계 시스템에서 벗어나면 각 경제체의 비교우위는 모호해진다. 특히 이 전략은 한 경제체가 정태적인 비교우위를 이용해 동태적인 균형발전을 도모함으로써 초기의 비균형적 우위를 균형에 이르게 한다는 의미를 담고 있는데, 이는 뒤에서 언급할 비균형발전전략과 유사한 점이 있다. 그러나 전략의 전반적 이념에서는 이 전략은 여전히 균형발전전략에 속한다. 비교우위 발전전략을 관철하고 실행함에 있어서 동독은 좋은 본보기를 제공했다. 일찍이 1970-1980년대에 동독은 '경제발전과 인민생활 개선을 함께 이룬다'는 전략을 제시하여, 과학기술 혁신을 적극적으로 선도하면서, 전면적이고 집약적인 생산을 통해 경제 성장을 촉진하였다. 이 전략 사상에 따르면 동독은 자체 과학기술의 우위를 이용하여 석탄으로 기름을 대체하고, 원재료와 반제품을 경제가공하며 재생원료를 광범위하게 활용하는 집약적 생산전략, 시장에 맞는 제품 업그레이드와 제품 품질 향상을 중시하는 제품 전략, 그리고 인프라 구축과 기업 설비에 대한 적시 갱신을 위한 투자 합리화 전략을 채택하여 인재, 기술, 자금 등 방면에서 우위를 살리면서 1970년대부터 연평균 4% 이상의 경제성장률을 기록하는 등 다른 동유럽 국가들을 크게 앞섰다.

2. 비균형발전전략

비균형발전전략이란 자국 실제 상황에 따라 우선적으로 발전하는 산업과 지역을 선택하고 한정된 자금, 기술과 자원을 집중하여 중점적으로 발전시키거나, 자국의 상황에 알맞게 핵심 경쟁요소를 발전시킴으로써 중점산업, 핵심지역, 핵심 경쟁요소의 발전을 통해 기타 지역과 산업, 더 나아가서 전체 국민경제의 발전을 이끄는 전략이다. 구체적으로는 비균형발전전략을 핵심—주변 발전전략, 추월식 발전전략, 경쟁우위 발전전략으로 세분화할 수 있다.

(1) 핵심 — 주변 발전전략

이 전략의 대표적인 인물은 발전경제학자 앨버트·허시먼(Albert O. Hirschman)이다. 그는 핵심지역의 비균형발전을 통해 경제 전반의 발전을 이끌 것을 강조했다. 지역별로 자원과 발전 수준이 다르기 때문에 한정된 자원을 우선 수익성이 높은 지역과 산업에 투입하여 다른 지역과 산업의 발전을 이끄는 것이 모든 지역, 모든 산업을 다 같이 발전시키는 발전전략보다 현실적이다. 핵심지역의 급속한 발전은 '낙수 효과'(trickle-down effect)를 통해 다른 지역의 발전을 이끌 수 있다. 지역의 비균형발전을 제안하면서 앨버트·허시먼은 산업발전에 있어 역시 비균형발전전략을 채택하여 한 산업의 경제활동으로 산업 간 연관효과를 통해 다른 산업의 경제활동에 영향을 줄 수 있다고 주장했다. 연관효과가 큰 산업은 다른 산업과 부문에 강한 전방, 후방 및 측면의 연관성을 가질 수 있으며, 연관성 영향의 확산과 순차적 파급효과로 지역경제의 발전을 촉진할 수 있다. 역내의 주도산업은 다른 산업과 폭넓게 밀접한 기술경제적 연계가 있어야만 비로소 집적경제와 승수효과에 의해 역내 관련 산업의 발전을 이끌며, 나아가 지역경제 전반의 발전을 이끌 수 있다. 이 전략은 또한 투자를 각 부문에 분산시키는 균형발전전략으로는 투자 의사결정 메커니즘의 문제를 해결할 수 없다고 본다. 하나의 경제 발전전략은 우선 투자 의사결정 메커니즘의 문제를 해결해야만 제한된 자원이 효율적으로 배치되어 경제의 성장과 발전을 촉진할 수 있다.[4] 국민경제 중 연관효과가 큰 산업이 충분히 발전한 후 다른 산업의 동반 성장을 이끌어 결국 한 나라의 경제균형발전을 이룰 수 있다. 중국에서 개혁 개방 초기에 채택한 연안지역 경제를 우선 발전시키는 수출유도형 경제발전전략은 바로 이 전략에 속한다. 교통이 편리하고 자원이 풍부한 연안지역은 특별한 정책과 지원을 통해 신속하게 경제발전의 우위를 점하고, 산업클러스터와 기술인력의 우위를 형성할 수 있을 뿐만 아니라 시범효과와 산업사슬의 연관 효과를 통해 내륙지역의 관련 산업 발전을 이끌 수 있다. 30여 년의 개혁 개방을 거쳐 중국 연안지역의 경제구조, 산업구조의 변화가 현저하여 자본집약적, 기술

---

4   叶静怡：『发展经济学』, 北京：北京大学出版社, 2003 참조.

집약적 기업의 비중이 높아지면서 하이테크 산업단지를 핵심으로 한 산업 클러스터가 형성되었다. 이와 동시에, 연안 발달 지역의 자본, 과학기술, 산업의 우위를 이어받은 내륙지역의 산업도 큰 발전 기회를 얻었으며, 연안 발달 지역과의 자원, 생산 요소 및 제품 시장의 통합과정에서 자체적으로 완전한 산업 체계를 형성하여 연안 발달 지역 경제와의 동반 성장 효과를 실현하였다.

(2) 추월식 발전전략

추월식 발전전략(catch-up strategy)은 경사식 발전전략이라고도 하며, 대표적인 인물은 코미야 류타로(小宮隆太郎)이다. 이 전략은 각종 계획적인 조정을 받는 시장경제체제에서 실시되는 전략이며, 개발형 국가의 시장경제를 바탕으로 경제의 고속성장을 목적으로 기간별 초월형 산업정책과 경제계획을 수단으로 하여, 정부의 개입을 통해 시장 메커니즘의 미비 등으로 인한 시장의 불완전성을 보완함으로써 자원의 합리적 배치를 실현한다. 이 과정에서 정부의 강력한 개입과 리더십은 간과할 수 없는 역할을 한다. 제2차 세계대전 패전국으로서 일본 정부는 추월식 발전전략을 과감히 채택하여 철강, 석탄 등 수입 대체 산업을 우선적으로 중점 발전시킴으로써 중요한 생산 자료의 공급을 보장하여 생산 재개의 목적을 달성했다. 수요의 탄력성이 큰 중화학공업을 선도산업으로 다른 산업부문의 급속한 성장을 견인해 성장률을 높이고 지식집약적 산업을 주도산업으로 삼아 자국의 국제 경쟁력을 높이면서 경제력을 더욱 강화하여 세계 경제강국으로 도약했다. 이 전략은 이른바 산업경제의 '안행 형태론(flying geese model)'을 만들어냈다.

(3) 경쟁우위 발전전략

경쟁우위 발전전략은 마이클 포터(Michael Porter) 등을 대표로 하며, 이 전략은 국가 경쟁우위의 진정한 원천을 다이아몬드 모델(diamond model)을 통해 설명한다. 다이아몬드 모델은 생산요소, 수요조건, 관련 산업 및 지원 산업, 기업의 전략 및 구조와 국내 동업자 간의 경쟁 등 네 가지 핵심 요소로 구성되며 기회와 정부는 두 개의 외생변수로 이 네 가지 핵심 요소와 마름모꼴 관계를 구성한다. 이 전략의 핵심 이념은 경제균형을 이루는 기능을 시장에 남겨두고, 정부와 기업이 할 일은 산업의 핵심 경쟁력을 키우는 데 총력을 기울이는 것이다. 핵심 경쟁우위를 얻게 되면 핵심 경쟁우위를 둘러싼 전체적인 균형은 자동으로 이루어진다. 마이클 포터는 국가 경쟁우위의 중요한 원천으로 산업 클러스터, 즉 지리적으로 서로 근접하고 기술적 및 인재적으로 서로를 지지하며 국제 경쟁력을 가진 관련 산업과 지원 산업에 의해 형성된 산업 사슬을 꼽았다.[5] 지리적인 상대적 집중은 동업자 간의 경쟁을 심화할 수 있을 뿐만 아니라, 상호 간 소통의 채널을 원활하게 하고, 상호 학습을 가속화하여, 관념적인 혁신과 교류에 유리하게 함으로써 전문 인재 풀이 확대되고 연구역량이 강화되어 산업군 내부의 자체적인 강화 메커니즘을 형성할 수 있다. 이처럼 국내 기업에 의해 형성된 상하류 산업 발전 사슬의 국제경쟁우위는 다른 나라 기업에서 쉽게 추월할 수 없다. 클린턴 정부 시절의 미국 경제는 이 전략을 성공적으로 응용한 가장 좋은 사례였음은 의심할 바 없다. 클린턴은 취임 직후 과학기술 혁

---

5   张金昌 : 波特的国家竞争优势理论剖析, 中国工业经济, 2001⑼ 참조.

신의 중심인 실리콘 밸리 지역에서 미국의 미래 경제 발전 방향을 대변하는 강령성 문서인 『미국 경제 성장을 위한 기술 서비스 : 경제력 건설에 관한 새로운 지침』을 발표하고 실리콘 밸리를 중심으로 과학기술 산업 클러스터를 구축하여 국가 경쟁 우위를 만들겠다는 경제발전 전략을 세웠다. 이 전략사상에 기초하여 클린턴 정부는 기술정책의 의사결정기구로 내각급의 국가과학기술위원회를 설립하여 선진기술계획, 제조업발전협력계획을 국가계획으로 공식화하고 군용에서 민용으로의 전환과 '양용' 기술개발을 위한 기술 재투자계획을 수립하였다. 클린턴 정부의 강력한 추진으로 미국은 산업기술발전에 중점을 둔 국가 기술정책 체계와 산업 사슬 체계를 점차 형성하였다.[6] 이 전략이 순조롭게 실행되면서 미국의 GDP는 1992년 6조 1000억 달러에서 1999년 9조 1000억 달러로 증가했고, 국가 경제규모가 절반에 가깝게 성장했으며, 전 세계 GDP 중에서 차지하는 비율도 1992년 23%에서 1999년 28%로 증가하여 통화팽창 요인을 제거한 실질 연간 성장률이 4%로, 미국 경제의 최근 30년 동안 가장 길고 성장 속도가 가장 빠른 황금기가 되었다. 이 기간 동안 미국 정부의 재정 수입과 지출도 1992년 기록적인 부채 2900억 달러에서 1997년 처음으로 수지균형을 보여줬고, 1999년 재정 흑자는 공전의 2110억 달러에 달했다. 클린턴 집권 기간 동안 2천 2백만 개의 새로운 일자리를 창출했고 실업률은 30년 만에 가

---

6   이 산업기술정책 체계는 다섯 가지 방면의 내용을 포함하는데, 즉 민간기업의 혁신과
     경쟁에 유리한 환경 조성, 정부 차원의 기술개발, 응용 및 확산 추진, 상공업 발전을
     위한 기반시설 조성 지원 및 촉진, 군수산업과 민용산업 기반 일체화 추진, 세계 일류
     수준의 인재풀 구축 등이다.

장 낮았다.[7]

제3절 발전 단계별 발전전략 패러다임의 선택

각 전략 유파에는 서로 다른 특징이 있고, 나름대로의 현실적 의미
가 있다. 그러나 어느 발전전략의 패러다임을 택하든 서로 다른 나라의
국정을 충분히 고려해야 한다. 실제 경험으로 볼 때 한 국가가 하나의
발전전략을 고수하는 경우 성공하기 어려운 반면 국가발전의 단계에
따라 적합한 전략을 채택하는 경우 성과가 뚜렷했다.

1. 걸음마 단계 : 비균형전략이 주도적 지위 점유

경제발전이 막 시작된 국가들의 경우, 균형발전전략을 채택하는
것은 종종 현실에 맞지 않으며, 자신의 자원, 기술 수준, 공업 기반 등의
제약으로 한 나라가 동시에 모든 산업 부문의 발전을 도모하기는 어렵
다. 그래서 자원을 집중하여 상대적으로 우위에 있는 지역과 산업을 발
전시키는데, 핵심 지역의 발전을 통해 주변 지역의 발전을 이끌고, '최
종제품 산업'의 발전을 통해 중간제품 산업과 초급제품 산업의 발전을
이끌게 된다. 이는 산업기반이 약하고, 과학기술 수준이 낮으며 자본투

---

7   张伟 : 克林顿政府科技产业政策简要回顾及布什政府未来科技政策走向, 全球科技经
      济瞭望, 2001(5) 참조.

자 능력이 부족한 국가에 있어 중요한 실천적 의미가 있음을 의심할 바 없다. 그러나 비균형전략을 실시하는 데 있어서 리스크가 존재하는 것 또한 분명해 보인다.

첫째, 비균형전략의 성공적인 실시는 우선 발전의 핵심 지역과 중점 산업에 대한 올바른 선택에 달려있다. 경제 발전 초기의 국가는 경제 건설 경험이 부족하고 기존 전략에서 자국에 적합한 경제발전전략을 찾아볼 수 없기 때문에 전략방침을 정할 때 선진국의 경제건설 경험을 맹목적으로 적용하는 경향이 크다. 핵심 지역 혹은 중점 산업의 확정에 대한 착오가 발생할 경우, 예컨대 자원의 질적 수준이 떨어지는 지역을 핵심 지역으로, 산업연관성이 강하지 않거나 성장잠재력이 없는 산업을 중점 산업으로 정한다면 막대한 자원과 재원이 낭비될 수밖에 없다. 한정된 자원을 활용해 지역과 산업을 우선 발전시키는 데 급급한 국가로서는 파멸적인 결과를 초래할 수밖에 없다.

둘째, 핵심 지역과 중점 산업을 우선적으로 발전시키는 궁극적인 목적이 주변 지역과 기타 관련 산업의 발전을 이끄는 것임에도 불구하고, 핵심 지역과 주변 지역 사이의 소위 '거점 효과'(polarity effect)와 '낙수 효과'(trickle-down effect)의 작용에 의해, 지역 간 또는 산업 간에 반드시 점진적이고 서로 추진하는 발전 구조를 형성하는 것은 아니며, 오히려 거대한 지역 간 및 산업 간 발전의 격차를 형성하여 빈부격차 확대와 사회적 갈등 심화의 문제가 초래될 수 있다. 어떻게 이미 발전한 핵심 지역을 이용하여 주변 지역을 이끌고, 우선 발전한 중점 산업의 연관효과를 이용하여 경쟁력 있는 중간산업과 초급산업을 발전시킬 것인가 하는 것은 모두 비균형발전전략이 성공한 후에 나타나는 문제이다.

비균형발전전략으로 경제 도약에 성공한 나라들에서는 지역 간, 산업 간 불균형 등의 문제가 점차 드러났다. 저급 산업의 제품으로 고기술 고부가가치 제품을 바꾸는 발전모델은 경쟁력 있는 핵심 산업과 산업 클러스터를 이루지 못했을 뿐만 아니라 자국의 기존 핵심경쟁력을 일부 상실해 선진국의 경제적 종속국으로 전락하게 했다. 소련의 발전 경험은 특히 우리가 참고할 만하다. 소련의 발전전략은 크게 두 단계로 나눌 수 있다. 첫 번째 단계는 레닌과 스탈린 시대부터 1960년대 말까지의 시기로, 레닌이 10월 혁명을 앞두고 추월 사상을 제기하여 스탈린에 의해 실행된 이 전략의 핵심은 기술 발전의 가속화를 통해 경제발전을 촉진하고, 단기간에 견고한 공업 기초를 형성하여, 서양 선진국과의 격차를 좁히는 것이다. 이 시기의 발전으로 소련은 일약 세계에서 두 번째로 큰 공업 강국이 되었고, 많은 중요한 공산품의 수가 미국을 능가했다. 두 번째 단계는 1970년대부터 소련의 해체까지의 시기로 산업구조의 심각한 불균형 상황으로 인해 소련은 신속히 경제발전전략을 조정했고, 국민생활 개선을 목표로 삼았다. 그러나 오랜 기간 중화학공업 우선발전으로 형성된 경로 의존성(path-dependence) 때문에 소련의 경제전략 전환은 성공적이지 못했고, 산업구조 조정과 경제의 질적 효율성 제고, 국민생활 향상에 한계가 있었으며, 결국 경제강국이라는 거창한 목표와는 갈수록 거리가 멀어졌다.

2. 도약 단계 :
비균형발전전략에서 균형발전전략으로의 전환

경제 도약의 초기 단계에 있는 국가들의 경우, 걸음마 단계에서 이미 초보적인 인프라 구축을 완료하고 비교적 양호한 내부 투자 환경을 보유하고 있기 때문에, 균형발전전략을 채택하는 것은 경쟁우위를 가진 산업부문을 계속 공고히 하고 발전시킴과 동시에 산업화 초기의 비균형발전전략에서 비롯된 여러 가지 폐해를 해결하고 보완할 수 있기는 했다. 하지만 산업 기반취약, 기술 수준 낮음, 핵심경쟁력 저하 등의 문제가 균형발전전략의 실행에서 쉽게 나타났는데, 심지어 걸음마 단계에서 쌓아온 우위마저 상실하게 할 수 있었다. 게다가, 도약 초기의 개발도상국들은 노동력 자원은 풍부하지만 충분한 고용을 할 수 없었으며 어떤 지역에서는 잠재적인 우위가 형성되어 있지만 실질적인 산업 우위로 전환되지 못하고, 어떤 산업은 성장 동력을 초보적으로 가지고는 있지만 도약을 실현할 수 없었다. 이런 상황에서 국가는 비균형발전전략 도입에 의해 걸음마 단계에서 축적된 비교우위를 이용하여, 적극적이고 효과적인 산업정책을 통해 우위 산업과 경제 발달 지역을 조성함으로써, 선발 산업이 후발 산업을 이끌고, 선발 지역이 주변 지역의 발전을 이끌면서 합리적인 균형을 이룰 수 있을 뿐만 아니라 균형발전전략에 따른 대규모 자금 및 기술 투입 문제를 피할 수 있다. 1950년대부터 60년대까지 일본과 아시아의 '네 마리 용'이 만들어낸 경제발전 기적, 중국이 개혁 개방 초기에 제시한 연안지역의 우선 발전전략 사상은 모두 정부의 조정, 통제 능력과 산업정책에 의지하여 진행한 비균형 추월식 발전의 성공 사례라 할 수 있다.

물론 도약 단계의 비균형발전전략은 불변하는 것이 아니며, 이 전략을 성공적으로 실시할 수 있는 관건은 실제 상황에 맞추어 적시에 정확한 조정을 진행하는 것인데, 이는 일본 추월식 전략의 시행에서 분명하게 보여줬다. 1970년대 이전 일본 정부는 산업 합리화 정책을 실시해 설비의 업그레이드와 기술 혁신을 통해 기초 공업의 발전을 촉진했고, 조세특별조치, 재정투자와 신용대출, 해운부문의 이자보조금, 외환할당 등을 통해 추월식 발전전략의 거대한 성공을 거두었으며, 철강, 조선, 기계에서 전체 공업분야에 이르기까지 일본은 모두 유럽의 주요 경제체를 초월하여 세계 제2의 경제체가 되었다. 하지만 일본의 추월식 발전전략은 처음부터 끝까지 고정불변이 아니었는데, 서양 선진국 기술의 스필오버 효과(spillover effect) 저하와 자본 한계수익 체감이라는 이중적 요인의 영향, 단순히 선진국 기술의 도입 및 개선에 의지하여 상대적 경쟁우위를 형성하는 발전전략이 지속되기 어려운 환경에서는, 일본은 경쟁우위전략을 채택하고 '기술 건국'의 발전 방침을 제시함으로써 점차 자원집약적 산업에서 지식 및 기술집약적 산업으로 전환하여 자주적인 지적재산권을 가진 선진기술을 개발하는 동시에 자국 산업의 핵심경쟁력을 키워 나가면서 미국과 유럽에 대한 기술 의존 탈피를 통해 첨단기술 분야의 고지를 차지했다.

한국은 명확히 비균형발전전략에서 균형발전전략으로의 전환 과정을 따랐다. 한국 경제는 1960년대의 걸음마 단계에서 1990년대의 도약 단계로 접어들었고 고속 성장의 부정적인 결과는 수도권에 지나치게 집중되어 국토자원의 배치가 심각하게 불균형하게 된 점이었다. 이 때문에 정부는 지역균형전략을 구사하여 전략 전환을 적극적으로 실현하였다. 지역균형전략은 국가중추관리기능의 분산화, 중앙에서 지방으로 행정과 재정 권력의 분권화, 전략산업의 지방으로의 합리적 분업화라는 세 가지 핵심 내용을 담고 있다. 드물게도 한국의 균형발전전략은 정부 교체 과정에서 일관되게 지켜졌다.

싱가포르의 경제 발전 역시 비균형발전에서 균형발전까지의 과정을 겪었으며, 건국 초기 공업 기반이 취약하고, 자금과 설비가 부족할 뿐만 아니라 기술과 관리 인력도 부족한 객관적인 현실에 직면하여 싱가포르 정부 당국은 외국 투자를 유치하고 외국의 자금, 장비, 생산기술과 관리기법을 활용하여 자국 산업발전을 추진하는 것을 경제전략의 중점으로 삼았는데, 외국 투자액은 한때 총 투자액의 3/4를 차지하였으며 주로 석유정제, 전자전기, 금속기계와 조선 등 중요한 산업분야에 집중하였다. 싱가포르 정부는 국가 경제 발전전략을 수립하는 동시에 각 전략 단계마다 나타나는 새로운 상황 및 새로운 문제에 따라 적시에 조정하였다. 공업화 전략에 성공한 후, 국정에 따라 공공 주택 건축 계획과 도시 재건 계획, 교육사업 계획과 가정 계획 등과 같은 각종 사회 발전 계획을 적시에 추진하여 경제와 사회의 적절한 균형발전을 실현하였다.

반면 역사상 중화학공업을 지향하는 추월식 발전전략을 시행했던 소련은 균형을 잃은 산업구조를 제때 조정하지 못한 데다가 미국과의 패권 쟁탈과정에서 경제발전의 중심이 중공업과 방위산업 쪽으로 더 기울면서 국민경제가 지나치게 균형을 잃고 무너졌다.

경제 도약 단계에서 발전전략의 적절한 전환은 아주 필요하지만 현실에서 이미 성공한 전략을 버리고 이론상으로만 필요성이 제기된 전략 채택은 확실한 사실과 근거가 없기 때문에 어렵다. 전략이 효과를 내려면 시간이 오래 걸리므로 새로운 전략의 성공사례가 없이는 기존 전략을 바꾸기는 쉽지 않다.

3. 발달단계 : 균형발전으로 지속 가능성 실현

현재 세계의 불균형발전 상황에서 보면 이미 경제발전이 선진 수준에 도달한 국가는 일부 중요한 제품 생산에서 필연적으로 절대독점의 지위를 차지하게 된다. 이때, 마이클 포터의 경쟁우위전략을 채택하는 것은 선발 우위를 가진 나라들의 당연한 선택이며, 이것으로 국가 경쟁우위를 구축하여 글로벌 산업사슬 경쟁에서 우위를 차지하고, 이익의 글로벌화 분배 과정에서 더 높은 이익을 획득하려고 할 것이다. 하지만 국내 발전에선 경제가 발달한 선진국들은 모두 균형발전전략을 추진하기 시작하였다. 예컨대 일본은 일찍이 1980년대부터 이미 국내에서 사회경제적 조화를 위한 발전전략을 추진하였다. 물론 그 효과는 뚜렷하지 않았다. 1990년대의 경기 침체 이후, 일본은 다시 새로운 산업에 경제성장의 역점을 두기 시작했다. 일본 경제산업성(省)에서 최근 발간한 『일본 신경제 성장 전략』에 의하면, 일본은 신경제 성장 전략, 신에너지 전략 및 글로벌 경제 전략을 병행하여 발전하는 전략을 제시하였다. 이 전략에서의 중요한 포인트는 신에너지 분야의 국제협력, 에너지 비상대책, 첨단기술 연구개발, 브랜드 창조 등이다. 또 다른 비균형발전전략을 채택해 성공한 국가인 한국은 경제 글로벌화에 진입 시부터, 비균형발전에서 균형발전 단계로 진입했음을 더욱 분명히 선언했다. 균형발전 단계에서 국가의 발전전략은 지역 간 및 사회 각 계층 간의 균형발전에 중점을 두고 있다.

현재 발달 단계에 있는 경제체들은 균형발전에 대한 공감대를 형성했다. 이 균형전략의 대표적인 표현으로서 지속 가능한 발전전략이 선진국의 전략 선택에 있어 최우선 순위가 되었다. 그러나 이런 균형발전전략이 비균형 상태의 글로벌화 과정에서 효과를 거두려면 다른 개발도상국들의 협력이 필요하다. 이때 개발도상국 및 신흥경제국들은 아직 발달단계 이전의 성장 단계에 있어 그들에게 적합한 전략은 여전히 비균형발전전략이다. 각국이 발전단계별로 서로 다른 패러다임의 발전전략을 추진하기 때문에 전반적으로 복잡한 국면이 형성될 것이다. 현재 선진국들은 균형발전전략의 이념으로 개발도상국들이 자신들의 현재 적합한 발전전략을 바꾸도록 유도하고 있지만 이는 추가적인 대가를 치러야만 동반성장이 가능하다.

제4절 중국 경제발전전략 패러다임 조합의 선택

중국은 신(新)중국 성립 이후 2000년대 초까지 비균형발전전략 패러다임 중에서 추월식 발전전략을 채택하였다. 이 전략은 전체적으로 말하면 성공적이다. 하지만 비균형발전전략의 폐해도 고도성장 이후 드러나기 시작했다. 환경오염과 에너지 및 자원 부족 문제가 심각해지고 다수 기업들의 핵심 경쟁력이 부족하며 식품 안전문제가 끊임없이 나타나고, 빈부 격차가 계속 커지는 등의 문제가 부각되고 있다. 비균형발전전략에서 유도한 수출지향형 발전과 복제형 기술 도입은 중국이 '세계의 공장' 지위를 확립하는 데 도움을 주었으나, 국가가 시급히 육성해야 할 산업의 핵심 경쟁력과 기술 혁신 능력에서 얻은 성과는 턱없이 부족했다. 이에 따라 2003년부터 과학적 발전관이 유발한 발전전략 패러다임 전환 논의가 발전전략이론의 뜨거운 이슈로 떠오르면서 균형발전전략 유파의 주장이 다시 주목받게 되었다.

비균형발전전략은 중국이 경제 도약 단계에서 발달 단계로 진입하기 전이라는 점에서 보면 여전히 적절한 선택이다. 중국이 일본 경제의 총량을 초과하고 미국의 뒤를 이어 제2의 경제 대국이 됨에도 불구하고 영토가 큰 선진 경제국과 비교하든, 영토가 작은 선진 경제국과 비교하든 여러 분야에서 모두 선진국 기준에 이르지 못하고 있다. 비균형발전전략을 너무 일찍 포기하는 것은 중국에 결코 유리하지 않다. 그러나 비균형발전전략은 많은 폐해를 초래하고 있고, 또한 이런 폐해는 세계적 균형발전의 패러다임에서 벗어나 세계 발전 구도와 맞지 않으며 동시에 비균형발전전략 추진에 따른 성과를 잠식하고 있다. 따라서 단일적인 발전전략의 패러다임을 선택하는 것은 재검토되어야 한다.

실행 가능한 발전전략은 당연히 혼합형이어야 한다. 한편으로는 각 방면의 긴장 관계를 완화시키는 데 있어 균형발전전략 패러다임이 필요하며, 또 다른 한편으로는 핵심 경쟁력을 육성하여 핵심 분야와 핵심 지역에서 국제적인 선진 수준을 추월하는 데 있어 여전히 비균형발전전략 패러다임이 필요하다. 이는 중국이 단순히 한 가지 발전전략의 패러다임을 버리고 다른 발전전략의 패러다임을 택하는 것이 아니라 조합적인 발전전략의 패러다임을 택하는 것을 의미하고 이러한 조합형 발전전략의 패러다임을 활용하여 발전전략의 최적 효과를 실현하는 것이다. 그 요점은 다음과 같다.

첫째, 중국 국내 지역발전은 균형전략을 채택한다. 개혁 개방 30여 년의 발전을 거치면서 중국 4대 경제지역인 동부 연안, 서부 내륙, 동북 구(舊)공업기지와 중부지역은 각기 다른 발전 특징을 이루었으나, 지역 격차의 확대는 국가 경제 전체의 불균형을 가중시켜 부정적인 결과가 두드러지게 나타났다. 때문에 핵심—주변 발전전략을 계속 채택하는 것은 마땅하지 않다. 현재 가장 필요한 것은 균형발전전략의 패러다임을 응용하여 이 4대 경제지역의 조화로운 발전을 이끌어 각자의 경제적 우위와 자원의 특색을 십분 활용해 공동 발전을 실현할 수 있도록 하는 것이다.

둘째, 중국 국내 산업발전은 비균형전략을 채택한다. 중국의 산업구조가 불합리하다고는 해도 현실적인 여건에서 비롯된 것이어서 당장은 바꾸기 어렵다. 따라서 비균형발전전략으로 전략산업 발전을 계속 추진하는 것이 현실적이다. 하이테크 산업, 수출 및 외화 창출 능력이 강한 산업과 성장 잠재력이 큰 신흥산업을 중점적으로 지원하여 기업의 자주적인 혁신 능력을 육성하고 첨단기술 분야와 국제 산업사슬의 역할 분담에서 고지를 선점하여 기술 우위를 가진 대형 기업 그룹을 육성하는 것은 여전히 필요하다. 글로벌 금융위기 과정에서 생긴 7대 전략적 신흥산업의 육성과 대형 공기업의 '해외진출'은 이러한 전략적 의도에 부합한다. '11차 5개년 계획' 기간에 제시된 서비스업 발전의 구상은 사실상 산업화가 완료된 후에야 가능하다. 산업 발전에 경쟁우위

전략을 채택하는 것은 중국 국내 산업구조 불균형에 심각한 영향을 미치지 않는 반면, 중국 경제의 국제적인 경쟁력을 강화시킬 것이다.

셋째, 외향적 경제발전은 여전히 현명한 전략적 선택이다. 글로벌 금융위기는 기존 수출주도형 발전방식에 큰 폐해가 있었음을 시사하지만 이 때문에 외향적 전략을 포기하는 것은 바람직하지 않다. 현재 중국은 세계경제에서 여전히 생산요소의 원가우위를 가지고 있고 여전히 외국 선진 기술과 자본을 많이 도입해야 하는데, 선진 경제체도 여전히 중국의 이런 우위를 활용해야 한다. 따라서 해외 시장수요를 활용해 경제성장을 이끄는 것은 여전히 현명한 전략적 선택이다. 단순히 수출에 의존해 성장을 이끄는 폐단을 해결하기 위해서는, 내수를 적절히 키울 필요가 있으나 지나치게 기대하지는 말아야 한다.

넷째, 균형발전 이념의 채택이 적절해야 한다. 21세기에 들어 중국의 발전전략에는 수많은 새로운 이념이 등장하여 기존 비균형발전 이념의 전환을 촉진하는 역할을 했다. 하지만 지나치게 앞서가는 이념은 현실을 외면할 수도 있다. 예컨대 경제성장을 최우선으로 삼는 이념은 맞지 않지만 1인당 GDP가 수천 달러에 불과한 개발도상국으로서 경제의 총량규모 증대를 계속 추구하지 않으면 21세기 중엽에 현대화 국가를 건설한다는 목표를 달성할 수 있을 것인가? 사회발전 이념을 중시하지 않는 것은 물론 옳지 않지만, 경제발전의 기초가 튼튼하지 못한데 사회발전을 지속할 수 있겠는가? 사람을 근본으로 삼지 않는 이념은 물론 옳지 않지만, 민생사업으로 복지 함정에 빠진 것도 1960-1980년대 선진경제권의 교훈이다. 천윈(陳雲)은 좋은 일은 해야 하지만 지나쳐서는 안 된다고 일깨웠다. 그는 균형발전을 주장하지만 경제의 '취약

부문'에 맞춰 균형을 이루어야 한다고 했다. 따라서 균형의 출발점은 경제 발전을 심각하게 제약하는 '취약 부문'에 맞춰져야 한다.

다섯째, 거시적 조정이 단기적인 균형 기능을 분담하도록 해야 한다. 시장경제에 대한 거시적 조정을 실행하는 것은 중국 경제 패러다임 전환에서 얻어진 중요한 경험이다. 거시적 조정이 장기적인 구조적 균형발전을 촉진하는 기능을 담당하기는 어렵지만 단기적으로 총량적 불균형을 극복하는 데 있어서는 효과가 크다. 또한 거시적 조정이 경제 불균형에 따른 충격을 적시에 발견하고 처리하여 국지적인 비균형전략 시행에 따른 폐해를 균형 있게 잡아주며 총체적으로 균형발전전략을 채택하는 데도 필요하다.

참고문헌

陈 云. 陈云文选(第三卷). 北京：人民出版社, 1995.

林毅夫. 比较优势与发展战略. 北京：北京大学出版社, 2009.

林毅夫. 发展战略与经济发展. 北京：北京大学出版社, 2009.

许宝强等编. 发展的幻象. 北京：中央编译出版社, 2001.

迈克尔·波特. 国家竞争优势. 北京：华夏出版社, 2002.

李萍, 吴宇. 刍议战后日本"赶超型"战略的非均衡发展模式. 日本问题研究, 2006(3).

张 晶. 日本收割式赶超战略及其对中国技术跨越的启示. 学术探索, 2009(9).

俞炜华, 秦波涛. 大国与比较优势发展战略. 预测, 2009(5).

陈卫平, 朱述斌. 国外竞争力理论的新发展——迈克尔·波特"钻石模型"的缺陷与改进. 国际经贸探索, 2002(3).

江泰然. 陈云综合平衡和有计划按比例发展经济的思想. 南京理工大学学报, 2009(4).

朱文峰. 关于竞争优势战略的理论综述. 沿海企业与科技, 2008(11).

夏锦文, 张鑫. 从耗散结构论看赫尔希曼的不平衡增长理论. 西安建筑科技大学学报, 2004(12).

郭成铎, 丁天澜. 试论中国特色的社会发展战略. 学术交流, 1995(5).

黄 宁. 我国比较优势发展战略的有效性:基于贸易条件的分析. 云南大学学报(社会科学版), 2010, 9(1).

张金昌. 波特的国家竞争优势理论剖析. 中国工业经济, 2001(9).

张 伟. 克林顿政府科技产业政策简要回顾及布什政府未来科技政策走向. 全球科技经济瞭望, 2001(5).

韦 伯. 工业区位论. 北京：商务印书馆, 1997.

魏后凯. 从重复建设走向有序竞争. 北京：人民出版社, 2001.

武田隆夫. 日本财政要览. 东京：东京大学出版社, 1983.

安 岗. 日本经济制度的经济学分析. 日本研究, 2004(3).

金仁淑. 日本经济十年萧条的政府失策及其启示. 东北师范大学学报, 2004(2).

제 2 장

글로벌 시각의 발전관 및 발전전략

제1절 발전이론의 대두와 전통적 발전전략

　제2차 세계대전 후 민족 독립 운동이 전 세계를 휩쓸었고, 많은 아시아와 아프리카 국가들이 잇따라 식민주의의 통치에서 벗어나 정치적 독립을 이뤄냈다. 인구가 세계의 3/4, 영토 면적이 세계의 2/3를 차지하고 있는 이러한 새로운 독립국가들은 진정한 독립을 조기에 실현하기 위해 국제사회가 그 발전에 관심을 가질 것을 강력히 촉구하는 한편 정치적 독립을 공고히 하기 위해 자국 경제발전 진로 모색에 주력하였다. 아울러 서양 선진국들은 케인스주의의 영향 아래 경제에 대한 정부의 적극적인 개입을 통해 자유시장의 맹목성을 어느 정도 낮추면서 경제성장의 추세를 지속할 수 있었다. 이에 따라 세계적인 '경제 성장 붐'이 일어 났다.

　이러한 배경 아래 경제성장의 길을 모색하는 것, 특히 개발도상국의 경제 성장 문제를 연구하는 것은 경제학자들이 관심을 갖는 뜨거운 이슈가 되었다. 전통 경제학은 장기적인 발전 문제를 다루는 일이 매우 드물었고, 1940년대 이전에는 '경제 발전'이라는 용어를 쓰는 사람도 드물었으며 저개발 국가가 어떻게 발전의 경로를 향해 가는 지에 대한 전문적 연구도 없었다. 반면 선진국들은 자신의 경제와 정치적 필요에 따라 후진국과의 관계를 중시하기 시작했고, 새로운 경로를 통해 개발도상국들을 선진국의 발전 시스템에 포함시킬 수 있기를 희망하였다. 그리하여 개발도상국의 경제발전을 연구대상으로 하는 발전경제학이 탄생하였다. 1950년대부터 1960년대까지 많은 영향력 있는 발전경제학 학자들이 출현했는데, 이러한 '발전경제학의 선구자'들은 다양한 발전 이론을 제시하여 각국의 발전에 중대하고도 깊은 영향을 끼쳤다.

이 시기에 무엇이 발전인가에 대한 질문은 더 이상의 토론을 일으키지 않았으며 일반적으로 발전을 경제성장과 동일시하였다. 여기서는 1950년대의 대표적인 경제발전에 관한 몇 가지 정의를 열거한다.

— 경제 발전 문제는 실질적으로 1인당 생산 증가를 통해 국민소득 수준을 높여 모든 사람이 더 많이 소비할 수 있도록 하는 것이다."[1]

— "경제 발전은 물질적 복지의 지속적이고 장기적인 개선으로 정의할 수 있는데 …… 제품과 용역 수량의 증가를 반영한다."[2]

이러한 정의들을 통해 그 당시의 사람들은 발전과 경제성장을 구별하지 못하고, 발전을 국민총생산(GNP)의 증대로 생각하여 발전의 시야를 경제성장에 집중함에 따라 '케이크를 크게 만들기만 하면' 다른 문제는 저절로 해결된다고 강조하면서 일종의 물질적 자산의 최대 성장을 중심으로 하는 발전관을 구체적으로 드러냈던 것을 볼 수 있다.

---

1   海茵茨·阿恩特 : 『经济发展思想史』, p.52, 北京 : 商务印书馆, 1997.

2   海茵茨·阿恩特 : 『经济发展思想史』, p.53, 北京 : 商务印书馆, 1997.

이처럼 세계적으로 성행했던 발전관은 흔히 전통적인 발전관으로 불린다. 인류사회 발전의 긴 역사 중 전통적인 발전관은 오랫동안 지배적 지위를 차지하고 있으며 인간의 사회경제 활동에 심각한 영향을 미치고 있다.

1. 초기 발전 이론의 유파 및 주요 관점

당시 개발도상국들은 자체적으로 체계적인 발전 이론이 부족하고 서양의 경제학자들도 전문적인 사고와 이론적인 준비가 없었다. 때문에 경제학자들은 선진국의 발전 경험에서 출발하여 그 당시에 이미 존재했던 경제학 이론에 기초를 두고 발전 이론을 제시했는데, 이를 통해 개발도상국이 빈곤하고 낙후된 이유를 설명하고, 경제발전전략을 모색하였다. 그중 적지 않은 경제학자들은 전통적인 서양 경제이론이 개발도상국의 문제에 대해 적절한가라는 의문을 제기하였다. 그들은 개발도상국에서는 시장가격체계가 이미 존재한다고 간단히 가정할 수 없으며, 신고전경제학에 있어 요소의 완전한 유동성과 시장청산(market clearing)의 가설은 개발도상국에 적용되지 않으므로 개발도상국의 문제를 분석하기 위한 구조주의적 발상을 도입해야 한다고 생각했다. 이러한 생각은 당시 주류를 이루었다. 발전 이론의 주류로서 이 시기에 영향력이 비교적 큰 발전경제학자와 이론으로는 루이스(W.A.Lewis)의 이원경제모형, 폴 로젠스타인 로단 (Paul Rosenstein-Rodan)의 '대추진'이론(the theory of the big-push)과 균형성장론, 래그나 넉시(R.Nurkse)의 빈곤의 악순환론, 로스토(W.W. Rostow)의 경제성장단계론 및 로울 프레비시(R.

Prebisch)의 라틴 아메리카 구조주의 발전이론이 있다.

구조주의자들은 개발도상국의 시장 체계가 아직 미비하고 가격 메커니즘이 심하게 왜곡되어 있어 사회 경제 구조의 탄력성이 부족하며 사람들이 생산자이자 소비자로서 경제 행위가 모두 '경제인' 논리에 맞지 않는다고 주장했다. 이러한 구조상의 특수성은 가격 메커니즘과 시장 조절의 균형 작용을 불가능하게 만들어서, 개발도상국에서는 이원적 경제, 노동력 잉여, 잠재적 실업, 구조적 인플레이션과 같은 비균형적인 현상이 보편적으로 존재한다. 이러한 특징으로 개발도상국의 경제가 선진국의 경제와는 다르며, 18세기와 19세기의 발전 단계에 있던 서양 국가들의 경제와도 다르다. 구조조정과 개혁의 관점에서 개발도상국의 진로 모색이 필요하다.

초기 발전 이론은 개발도상국이 선진국과 다른 배경을 갖고 있다는 점에 주목했지만 발전 목표의 선택에는 여전히 선진국의 모델을 답습하고 있었다. 즉 경제성장을 발전 수준 고저를 평가하는 유일한 상징으로 삼고 있었다. 루이스(W.A. Lewis)는 1955년에 출판된 『경제성장 이론』에서 경제 성장이라는 목표의 중심적 지위에 대해 다음과 같이 잘 표현하고 있다. "우리의 주된 관심은 분배 분석이 아니라 성장 분석에 있다.", 즉 "1인당 평균 생산의 증가"를 분석하는 것이다.[3]

대외경제관계에서 초기의 발전이론은 일반적으로 비교(원가)우위 이론과 자유무역정책을 지지하지 않는다. 경제적 독립을 도모하기 위

3 　威廉·阿瑟·刘易斯：经济增长理论, 塞缪尔·菲利普斯·亨廷顿：『现代化：理论与历史经验的再探讨』, 上海：上海译文出版社, 1993에서 재인용.

해서는 개발도상국들이 자국의 민족공업체계를 구축해야 한다. 비교(원가)우위이론에 따르면 개발도상국은 비교원가의 우위를 가지지 않는 완제품 공업을 발전시키는 데 적합하지 않다. 만약 자유무역정책을 채택한다면, 개발도상국의 취약한 민족공업은 선진국과의 경쟁에서 발을 붙일 수 없을 것이다. 따라서 초기의 발전 이론은 일반적으로 보호무역을 주장한다. 예컨대 루이스(W.A. Lewis)는 노동력의 무한 잉여 이론에서 현대 공업 부문이 보호받아야 한다는 결론을 추론하였다. 그는 농업에 많은 노동 잉여가 있기 때문에 그 한계 생산성은 제로에 가깝거나 마이너스일 수도 있으며 현대 공업부문은 이러한 노동력을 고용할 때 지급한 임금이 그 사회적 기회비용보다 높을 수밖에 없기 때문에 공업부문은 당연히 보호를 받아야 한다고 생각했다. 프레비시(R. Prebisch)는 '중심—주변' 시스템에서 출발하여 절제적이고 선택적인 보호무역 정책은 '주변국가'(개발도상국)가 '중심국가'(선진국)에 종속되는 추세에서 탈피하는 데 유리하다고 생각했다. 젤라드 마이어(Gerald M. Meier)는 "중심국가는 초급제품의 수입수요에 대한 소득탄력성이 낮은 반면, 주변국가는 중심국가 완제품 수입수요에 대한 소득탄력성이 높기 때문에 수입 대체를 통해 잉여 생산 자원을 초급제품 생산에 배치하는 것을 피하여 공업 부문의 생산으로 전환함으로써 무역조건(terms of trade) 악화 추세를 상쇄할 수 있다."고 설명했다.[4]

구조주의(structuralism)가 주도하는 초기 발전 이론의 주요 관점은 세 가지 방면에 집중되어 나타난다.

4　杰拉尔德·迈耶:『发展经济学的先驱』, p.181, 北京 : 经济科学出版社, 1988.

(1) 구조의 변동(산업화)이 경제 발전에 미치는 중요성을 강조함

서양 경제학자들은 아담 스미스(A. Smith), 데이비드 리카도(D. Ricardo), 존 스튜어트 밀(J. S. Mill), 슘페터(J.A. Schumpeter) 등의 이론에 따라 선진국의 산업화 경험을 참고해 개발도상국에서 발전 목표를 실현하려면 소농경제를 없애고 산업화를 해야 한다는 논리를 펴고 있다. 그 중에서도 루이스(W.A. Lewis)의 이원적 구조 이론과 체너리(Hollis B. Chenery)의 실증분석모델을 대표로 하고 있다. 그들은 개발도상국의 중요한 경제부문을 전통적인 농업이라고 생각했는데, 이는 경제적으로 개발도상국과 선진국의 중요한 차이점 중 하나이다. 산업화 및 이와 연계된 도시화를 통해 많은 물질적 부를 창출할 수 있을 뿐만 아니라 농촌의 잉여 노동력을 흡수하여 국민경제 구조를 전통 농업 위주에서 제조업 위주로 전환할 수 있는데, 이는 빈곤에서 벗어나 경제 발전을 이루는 필수적인 길이다.

(2) 자본축적이 개발도상국의 경제발전에 미치는 촉진작용을 부각시킴

해럴드(R.F. Harrod)와 로스토(W.W. Rostow)로 대표되는 경제학자들은 발달하지 못한 문제들을 선형적인 모델로 설명하면서 개발도상국들이 직면하고 있는 가장 중요한 문제로 자본의 부족을 꼽고, 충분한 자본이 있으면 빈곤의 악순환을 타파하고 지속적인 경제성장의 길에 오를 수 있다고 생각했다. 영국 경제학자 해럴드(R.F. Harrod)와 미국 경제학자 도마(E.D. Domar)는 1940년대를 전후해 첫 번째 현대경제성장이론모델인[5] G=S/V를 제시했는데, 여기서 G는 소득이나 생산량 증가율, S는 평균 저축 성향, V는 가속계수 즉 투자와 생산량의 비율을 나타낸다. 이 모델은 V가 변하지 않는다고 가정하고 있어 경제성장률은 오직 저축률 즉 자본 축적률 하나의 변수로만 결정된다. 이 모델은 '자본축적결정론'의 경제성장이론을 동태화 및 정량화하였다. 미국 경제학자 로스토(W.W. Rostow)는 그가 1960년에 출판한 『경제성장의 단계』라는 책에서 경제성장의 다섯 단계를 제시했는데, 그중 이륙 단계는 개발도상국에서 선진국으로 성장하는 과정의 시작 단계이다. 한 나라 경제의 이륙에는 10% 이상의 자본축적률과 한 개 또는 몇 개의 제조업 부문이 이륙의 주도 부문이 되는 것, 이륙을 보장할 수 있는 정치와 사회 제도 등 세 가지 조건을 갖추어야 한다.[6] 이 세 가지 조건 중 첫 번째 조건이 가장 주된 것이다.

(3) 계획화가 산업화와 자본축적을 추진하는 중요한 수단임을 제시함

케인스(Keynes) 이론과 소련 경험의 시범 효과에 영향을 받은 데다 마셜 플랜(The Marshall Plan)이 추진되면서 당시 발전 이론은 계획의 역할을 비교적 많이 강조하였다. 동시에 산업화와 자본축적 모두 국가의 관여를 강화할 것을 요구하는데, 민간 부문의 자발적인 행동만으로는 될 수 없다는 것이다. 폴 로젠스타인 로단(Paul Rosenstein-Rodan)의 대추진 이

---

5   罗伊·哈罗德 : 『动态经济学』, 北京 : 商务印书馆, 1981 참조.

6   罗斯托 : 『经济增长的阶段』, 北京 : 中国社会科学出版社, 2001 참조.

론, 루이스의 이원적 구조 이론은 어느 정도 계획화와 국가 관여의 사상을 담고 있다. 많은 개발도상국들이 '시장 실패'에 대한 보완책으로서 많은 공공 투자와 의도적인 산업화를 핵심으로 하는 발전 계획을 보편적으로 채택하였다. 유엔 전문가 패널은 1951년 보고서에서 "저개발국 정부는 중앙계획기구를 설립하여 자본 수요와 국내외 자본공급에 초점을 맞추어 경제조사를 실시하고, 발전계획을 수립하며 계획의 실시에 대한 조언과 정기적인 보고를 해야 한다"고 권고했다.[7]

2. 전통적인 발전전략 및 실행

초기의 발전 이론은 저개발국들이 완전한 시장시스템을 갖추지 못한 데 바탕을 두고 있어 자원 배치 방식에 있어서 정부의 역할을 비교적 강조하였다. 당시 케인스(Keynes) 이론의 영향으로 선진국들도 시장에 대한 정부의 개입을 중시하기 시작했다. 이러한 환경에서 발전 이론은 당연히 발전전략과 밀접하게 결합되어, 개발도상국의 의사결정자가 치국방략을 수립하고 발전 과정 중 전반적이고 장기적인 중대한 문제에 대해 계획하고 선택하도록 지원해야 한다. 1950-1960년대의 발전경제학 저서에는 발전 이론과 발전전략이 결합된 예가 비일비재하다. 루이스(W.A. Lewis)는 그의 명작 『발전계획—경제정책의 본질』에서 "발전경제학은 현실과 역사를 비교함으로써 미래의 지도 노선을 모색한다."고 명시한 바 있다. 허시먼(A.O. Hirschman)은 1958년 출판된 『경제발

---

7   谭崇台 : 『发展经济学的新发展』, p.3, 武汉 : 武汉大学出版社, 1999에서 인용.

전전략』이란 책에서 '경제발전전략'의 개념을 처음 사용하여 개발도상국의 경제발전 문제를 전략적으로 연구했다.

1950-1960년대 개발도상국에서 성행한 것은 초기의 발전 이론과 맞물린 전통적인 발전전략이었다. 이런 전략들의 공통적인 특징은 다음과 같다. 첫째, 전략 지도 사상과 목표에서는 경제적으로 선진국을 따라잡는다는 취지 아래 경제성장을 중심으로 국민총생산의 급속한 성장을 경제발전을 측정하는 유일한 지표로 삼았다. 둘째, 전략적인 중점 선택에 있어서 산업화를 돌파구로 하여 중공업과 기타 공업부문을 우선 발전시킴으로써 경제의 이륙을 견인한다. 셋째, 전략적 대책에서는 정부의 발전계획과 보호무역 등의 수단을 통해 자본 축적을 추진하고 민족공업을 보호함으로써 산업화를 위한 기본적인 여건을 조성한다.

전통적 발전전략은 개발도상국을 위한 유엔의 '첫 10년(1960-1970년) 전략'에서 잘 드러났다. 이 발전전략은 국민총생산을 매년 5%씩 증가시키는 것을 개발도상국의 경제발전 목표로 하여 대규모 산업화 건설과 자본축적을 경제성장을 위한 필수불가결한 수단으로 삼고 있다. 이 시기에는 경제성장을 위해 개발도상국들이 각자의 특별한 능력을 발휘하여 다음과 같이 고전이라 할 수 있는 전통적인 발전전략을 잇따라 채택하였다.

(1) 초급제품의 수출 전략

이 전략은 일부 자연자원 여건이 좋고 경제적 구조가 단일한 개발도상국, 예를 들면 쿠웨이트, 이라크, 브룬디, 에티오피아, 자메이카 등 국가에서 채택되었다. 그 나라들은 자국의 풍부한 자연자원을 이용하여 농업 및 광업 초급제품의 생산과 수출을 발전시켜 외화 수입을 늘리고, 민족경제를 발전시키기 위한 자금 축적을 도모하였는데 그 결과 많은 개발도상국의 단일 경제가 오랜 기간 동안 유지되었다.

(2) 수입대체 산업화(import substitution industrialization, ISI) 전략

이 전략의 핵심은 자국에서 생산되는 공업제품으로 국내 시장의 수요를 충족시키고, 수입을 대체하며, 수입 대체 공업의 발전을 통해 점진적으로 산업화를 달성하는 것이다. 아르헨티나, 칠레, 우루과이 등 20세기에 독립된 일부 라틴아메리카 국가들은 1930년대부터 수입대체 산업화 전략을 시행해 왔다. 아르헨티나의 경제학자 로울 프레비시(R. Prebisch)가 1950년에 발표한 『라틴 아메리카의 경제발전과 그 주요문제』라는 글에서 제시된 라틴 아메리카의 민족경제 발전, 수입대체 산업화 전략을 시행하는 이론과 정책적 조언은 이 전략의 이론적 토대를 제공함으로써 개발도상국의 전략적 선택에 커다란 영향을 주었다. 1950년대에는 수입대체 산업화 전략이 한국, 필리핀 등 동아시아 일부 국가로 확산되었다. 아프리카 국가(가나, 잠비아, 케냐 및 나이지리아 등)도 1960년대에 이러한 전략을 시행하기 시작하였다.

(3) 중공업 우선 발전전략

이는 생산재 공업부문을 위주로 하는 정책으로 산업화를 추진하여 선진국을 따라잡는 발전전략이다. 이 전략은 1928년 페르데만(G.A. Feldman)이 소련 계획위원회를 위해 마련한 발전계획과 스탈린(J.V. Stalin)이 제시한 '생산재 생산부문 우선발전' 이론에서 비교적 일찍이 나타났기 때문에 '페르데만—스탈린 모델'이라고도 불린다. 소련을 비롯한 사회주의 국가와 인도, 브라질, 이집트, 멕시코 등 개발도상국은 1970년대 이전에 주로 이 전략을 채택하였다.

(4) 경공업 우선 발전전략

이 전략은 생활소비재를 생산하는 경공업을 중점적으로 발전시켜 노동력 자원의 우위를 충분히 살리고 산업화를 위한 자금을 축적하겠다는 전략이다. 싱가포르, 한국 등은 수입대체 산업화 전략을 실시하는 동시에 직물, 기성복, 식품 등 노동집약적인 경공업을 우선적으로 발전시키면서, '경공업으로 중공업 양성' 전략을 통한 중공업 육성에 박차를 가해 국민경제 체계를 보다 완전하게 구축하였다.

경제성장을 중심으로 한 전통적인 발전전략 추진 결과 1950-1960년대 일부 개발도상국은 경제성장을 가속화했는데, 1950-1960년 국내총생산(GDP)의 연평균 성장률은 4.8%로 선진국의 이와 비슷한 이륙 단계의 연평균 성장률보다 높았고, 선진국의 같은 기간의 성장률보다도 높았다.[8] 그러나 전통적인 발전전략의 추진은 일련의 예상치 못했던 결과를 낳았다.

첫째, 산업화를 단편적으로 강조하는 것은 경제 구조의 심각한 불균형을 초래했다. 우선 농업과 식량 생산의 발전이 부족했다. 1948년부터 1960년까지 개발도상국의 1인당 식량 생산량의 연평균 성장률은 0.6%에 불과했다. 농업의 침체는 농촌의 빈곤 인구가 증가하고, 도시와

---

8   万曉光 : 『发展经济学』, p.14, 北京 : 中国展望出版社, 1987 참조.

농촌 간의 관계가 긴장되며 소득 분배의 불공평이 심화되는 것과 같은 일련의 문제를 야기하였다. 다음으로 이원 구조는 없어지기는커녕 2차 분화가 일어났다. 농촌의 잉여 노동력이 장기적으로 공업 부문의 흡수 능력을 초과해 도시에 유입된 과잉 노동력과 농촌에 남아 있는 잉여 노동력이 겹쳐 사원 구조 또는 이중 이원구조를 초래하였다.

둘째, 경제성장은 사회문제 악화와는 확연히 대조된다. 경제성장은 모든 사람이 그 성과를 평등하게 나누도록 하는 것이 아니라 빈부격차가 심화되고 사회가 양극화되는 양상이 나타났다. 소수의 사람들이 절대 다수의 부를 점유하고 있는 가운데, 도시 빈민들과 대다수 농촌 주민들의 생활 형편은 개선되지 않았고, 어떤 면에서는 심지어 더 악화되었다. 인구 폭발, 실업 심화, 환경오염, 생태 불균형, 교육 발전 지연 등 다른 사회문제도 등장했고 이러한 사회문제는 경제의 진일보한 성장에 큰 부담과 압박을 주었다.

셋째, 집중적인 계획관리체제는 여러 가지 폐단을 드러내고, 기업의 활력 부족, 비효율적인 의사결정의 실수를 초래하여 자원의 최적화를 어렵게 하였다. 앨버트 왓슨(A. Waterson)은 55개국의 발전 계획을 검토한 뒤 다음과 같은 결론을 내렸다. "2차 세계 대전 후 계획의 역사를 돌이켜 보면 발전 계획을 관철시키고 실행하는 과정에서 성공보다 실패가 훨씬 많았다. 단기적인 경우 외에 대부분의 국가는 계획했던 심지어 가장 보수적인 소득과 생산량 목표도 달성하지 못했다. 더욱 불안한 것은 이들 국가가 계획을 계속 진행하면서 상황이 개선되었다고 하기

보다는 갈수록 악화되었다는 점이다."[9]

넷째, 수입대체 산업화는 추진 과정에서 좋지 않은 결과를 낳았다. 수입대체의 초기 단계에서는 수입대체 제품은 비내구성 소비재로서 생산기술이 간단하며 국내 시장을 점유하기 쉬워 효과와 이익이 비교적 컸다. 수입대체가 고급 단계에 들어서는 기존에 수입하던 내구소비재, 자본재 등을 대체해야 함으로써 문제가 발생하기 시작했다. 이러한 제품을 생산하려면 더 많은 기술, 장비를 수입해야 해서, 취약한 국제 수지에 더 큰 압력을 가하게 되었다. 이와 함께 수입대체 부문을 확대하기 위한 보호정책은 가격 신호를 왜곡하여 자원의 비효율적인 배치를 초래하였다.

이러한 문제들은 산업화 진전에 대한 심각한 도전을 제기하였다. 이러한 문제의 출현은 개발도상국들이 유엔의 '첫 10년 전략'에 대해 좌절감을 갖게 했고 사람들은 이를 '절망의 10년'이라고 불렀다. 전통적인 발전전략이 발전의 길을 가시밭길로 만들었고, 성장만을 위한 성장은 '성장은 있으나 발전은 없다'는 상황을 초래해 개발도상국의 경제발전을 어렵게 만들었다는 것을 보여주었다.

---

9 阿尔伯特·沃特森：发展计划：实践和教训, 张培刚：『发展经济学教程』, 北京：经济科学出版社, 2001, p.189에서 재인용.

제2절 발전이론의 변화와 융통적 발전전략

1. 발전관의 변화 — 경제와 사회의 조화로운 발전

1960년대 말 기존 발전전략의 실행에서 드러난 문제점에 대해 경제성장 중심의 발전관을 반성하는 바탕 위에서 '성장'은 '발전'과 다른 의미를 갖는다는 인식이 확산되기 시작하였다. 성장이 발전의 전제 조건이지만 성장만으로 모든 발전 문제가 해결되는 것은 아니다. 이에 따라 일종의 새로운 발전관인 사회와 경제의 조화로운 발전관(일명 '융통적 발전관')이 성장 중심의 발전관을 대체하기 시작했다. 이 발전관은 '발전 목표의 사회화'를 강조하며 발전의 내실성과 풍부함을 경제와 사회의 조화로운 발전의 관점에서 모색한다. 융통적 발전관은 다음의 몇 가지 점에서 발전관의 변화상을 나타내고 있다.

우선, 융통적 발전관은 경제성장과 경제발전을 구별한다. 미국 경제학자 킨들버그(C.P. Kindlebelger) 등은 최초로 경제성장과 경제발전의 차이점을 제시하였다. 즉 "경제성장은 더 많은 산출을 의미하고, 경제발전은 더 많은 산출을 포함할 뿐만 아니라 제품 생산과 분배가 의존하는 기술 및 제도에 대한 변혁도 포함한다".[10] 영국 경제학자 더들리 힐스(Dudley Hills)는 1969년에 "발전과 경제성장을 혼동하는 것은 매우 경솔한 행위이다", "한 나라의 발전 상황을 파악하는 데 제기해야 할 문제는 빈곤, 실업, 불평등이 어떤 상태에 처해 있는 지이며, 만약 이 세

10　査尔斯·金德尔伯格: 『经济发展』, p.5, 上海 : 上海译文出版社, 1986.

가지 모두가 이미 심각한 것이 아니라면, 이 나라만 봤을 때는 의심할 여지없이 이미 발전 단계에 들어섰다고 할 수 있고, 만약 이 세 가지 문제들 중 하나 혹은 두 개가 더 심해지거나, 특히 이 세 가지 면이 모두 악화되었다면, 이런 결말을 '발전'이라고 부르는 것은 이상한 일이다"라고 제기했다.[11] 쿠즈네츠(S. kuznets)도 1971년 노벨 경제학상 수상 당시 연설에서 "한 나라의 경제 성장은 자국 국민들에게 점점 더 다양해지는 경제적 물품을 제공하는 능력의 장기적인 성장으로 정의될 수 있으며, 이러한 지속적, 장기적 성장의 능력은 선진기술, 필요한 제도, 의식 전환에 기반을 두고 있다"라는 경제성장에 대한 이해를 넓은 의미에서 제시했다.[12]

다음으로, 융통적 발전관은 사람들의 가장 기본적인 욕구에 대한 충족을 발전의 목표로 삼고 있으며, 경제성장과 함께 소득 분배의 개선, 사회 공공복지 수준의 향상, 빈곤의 감소 또는 제거, 자연에 대한 통제력의 증진, 대다수 사람들의 발전에 대한 역할을 충분히 발휘하도록 해야 함을 주장한다.

마지막으로, 융통적 발전관은 발전 대책에 있어서 물적자본의 역할만 강조하던 것에서 인적자본의 투자와 개발을 중시하는 것으로 바뀌었다. 슐츠(T.W. Schultz)는 노벨 경제학상 수상 연설에서 특히 "가난한 사람들의 복지를 증진시키는 결정적인 생산요소는 공간, 에너지, 경작

---

11   杜德利·西尔斯：发展的含义, 塞缪尔·菲利普斯·亨廷顿：『现代化:理论与历史经验的再探讨』, pp.50-51, 上海：上海译文出版社, 1993에서 재인용.

12   梁小明：『经济学发展轨迹』第1辑, p.40, 北京：人民日报出版社, 1998에서 재인용.

지가 아니라 인구의 질이다"[13]라고 지적했다. 경제 발전 과정에 있어 질적인 측정이 필요하며 단순히 더 많은 양적 투입에 의존하는 규모 확대 과정(widening process)의 성장은 질적인 고려가 부족하다. 근로자 자질의 향상(즉 인적자본의 형성)은 경제성장의 질적인 변화를 가져올 수 있으며, 경제를 진정으로 발전시킬 수 있다.

2. 신고전주의 발전이론의 부흥

발전의 현실적 어려움이 인류의 발전관을 진전시킴과 동시에, 사람들은 구조주의를 주도로 하는 초기 발전 이론에 대해 되돌아보게 되었다. 1960년대 중반부터 개발도상국의 발전 추세가 뚜렷하게 분화되었다. 1950년대의 '처방'에 따라 여전히 수입대체 산업화 전략을 시행하고 있는 나라들, 예컨대 라틴아메리카의 일부 국가들은, 국제수지 악화, 국내 인플레이션 심화, 내구 소비재와 자본재의 수입 대체에 대한 외환 부족과 국내 생산의 제약, 경기 쇠퇴 등의 여러 가지 어려움에 직면하게 되었다. 반면 수출지향전략으로 전환하거나 개방경제로 전환한 국가나 지역, 예컨대 아시아의 '네 마리 용'은 비교적 좋은 경제적 성취를 이뤘다. 이 차이는 결국 1970년대 초에 발전 이론이 구조주의에서 신고전주의로 향하는 중대한 전환을 가져왔다. 미얀마 태생의 발전 경제학자 미인트(H. Myint)는 발전이론의 이 중대한 전환을 논증할 때 '신

13　Schultz, T. W., Nobel Lecture : The Economics of Being Poor, Journal of Political Economy, August, 1980, 88(4), p.640.

고전주의 부흥'이라는 용어를 분명히 사용했다. 신고전주의 발전이론의 대표주자로는 디파크 랄(D. K. Lal)과 미인트(H. Myint) 및 헤버러(G. Haberler) 등이 있다.

신고전주의 발전이론은 우선 공업을 중시하고 농업을 경시하는 사상을 바로잡았다. 슐츠(Theodore W. Schultz)는 루이스(W.A. Lewis)의 무한 잉여 노동력 공급 모델에 대해 전면적인 비판을 가했다. 그는 개발 도상국의 농업부문에는 한계 생산성이 제로인 노동이 존재한다는 루이스 모델의 기본 가정이 성립될 수 없다고 생각했다. 개발도상국 농부들은 경제적 자극에 대해 이성적으로 반응할 수 있고, 전통농업은 뒤떨어졌지만 효율적이기 때문에 개발도상국 전통농업에 대한 오해를 바로잡아야 한다고 지적하였다. 슐츠(Theodore W. Schultz)는 또한 전통농업에 새로운 생산요소를 공급하는 것, 즉 농민에게 인적자본 투자를 하는 것이 전통농업을 개조하는 중요한 길이라고 생각했다.[14] 이 시기에 발전 경제학자들은 농업의 지위에 대해 새롭게 인식하였다. 즉, 그들은 농업과 공업은 상호 의존적이며 농업부문도 제품, 시장, 요소, 그리고 외화 등의 방면에서 경제발전에 기여하기 때문에 농업의 발전과 전통적 농업의 현대화를 충분히 중요시해야 한다고 생각하였다.

신고전주의 부흥의 물결은 또한 사람들이 시장 메커니즘을 재인식하도록 하였다. 1960년대 말 이래 경제 발전의 실제 성과는 경제 계획화의 예상 목표와는 거리가 멀어 점점 더 많은 발전경제학 학자들이 정부의 과도한 관여와 계획화에 대해 비판적인 견해를 갖기 시작했으며,

---

14   舒尔茨:『改造传统农业』, pp.20-25, 北京 : 商务印书馆, 1999 참조.

시장 메커니즘이 경제 발전에 더 큰 역할을 할 수 있다고 생각했다. 시장 메커니즘의 장점은 다음과 같은 여러 가지 측면에서 나타난다. 첫째, 자원을 효율적으로 배치하고 성장을 장려하는 데 도움이 되며, 둘째 정책 목표를 달성하고 직접적인 통제로 인한 비효율성과 부패를 피할 수 있는 효과적인 관리 도구로서 사용될 수 있으며, 셋째, 비용이 많이 들지 않는 한 광범위한 정보를 제공할 수 있다. 계획과 시장과의 관계에 있어서 신고전주의 발전 이론은 분명히 시장 메커니즘의 역할을 강조하는 경향이 있고, 시장 메커니즘을 바람직한 경제 발전 도구로 삼고 있다.

신고전주의 발전 이론은 무역자유화와 금융자유화를 추앙한다. 초기의 발전 이론과 반대로 신고전주의는 비교(원가)우위 이론을 단호히 지켰는데, 국제무역이 상호보완적 효과를 통해 국제 자원의 최적화 배치를 이룰 수 있어서 자유무역이 모든 국가에 이익이 될 수 있다고 생각했다. 자유무역에 있어서 가장 대표적인 인물은 디파크 랄(D. K. Lal)과 헤버러(G. Haberler)가 있는데, 이들은 수입대체 산업화 전략과 보호무역에 대한 철저한 비판을 진행하면서 다음과 같이 생각했다.

첫째, 보호무역은 국내 시장 가격의 왜곡을 심화시켜 국내 시장과 세계 시장이 더욱 괴리되게 한다. 둘째, 보호무역은 국내 생산이 국외 경쟁의 영향을 받지 않게 해서, 원가 절감의 압력과 동력을 잃게 한다. 셋째, 보호무역은 공업 부문이 자원의 실제원가를 고려하지 않고 생산능력을 확장하게 하고, 자원이 갈수록 자본집약적 산업으로 집중되게 해, 개발도상국 노동력 자원의 풍부한 상황과 맞지 않게 된다. 수입허

중국 경제발전 전략과 규획의 변천 및 혁신

가제 또한 부패를 조장할 수 있다.[15] 금융자유화에 있어서 맥키논(Ronald I. Mckinnon)과 쇼(Edward S. Shaw)로 대표되는 금융자유화론자들은 많은 개발도상국들이 내향적인 수입대체 산업화 전략을 시행함으로써 다양한 가격 왜곡, 경제이익 저하, 경제성장 둔화를 초래했다고 주장한다. 왜곡된 가격 체계에서 경제성장을 가장 저해하는 것은 자본 가치와 자국 통화 가치를 인위적으로 낮춰 금융 억제를 형성하는 것이다. 따라서 그들은 금융자유화로 금융억제를 대체하고 금융시장 자유화를 통해 금리가 자본의 희소성을 반영할 수 있는 수준에 도달하게 하면서 환율을 적정 수준으로 되돌려야 한다고 주장하였다.

요컨대 신고전주의 발전이론은 개발도상국들이 계획체제에서 벗어나 자유롭고 개방적인 시장경제를 실행할 것을 주장하는 한편, 발전 경로에 있어서는, 단편적으로 산업화를 강조하는 것에서 농업 진보를 중시하는 것으로 전환하고, 단편적으로 보호성을 강조하는 내향적 발전에서 개방적인 외향적 발전으로 탈바꿈하며, 단편적으로 계획화를 강조하는 것에서 시장 메커니즘을 중시하는 방향으로 전환해야 한다고 주장한다. 이리하여 신고전주의 경제이론이 발전에 관한 연구 분야로 본격적으로 확산되면서 개발도상국 경제 발전 연구를 중심으로 하는 발전경제학은 심각한 도전을 받아 '쇠락' 심지어 '사망'의 궁지에 몰리게 되었다.

---

15   拉尔:『发展经济学的贫困』, pp.19-54, 上海 : 上海三联书店, 1992; 迈耶 :『发展经济学的先驱理论』, pp.75-77, 昆明 : 云南人民出版社, 1995 참조.

3. 융통적 발전전략

융통적 발전관과 신고전주의 발전이론의 영향으로 1970년대 이후
많은 개발도상국들이 융통적 발전전략인 경제와 사회의 조화발전전략
을 시행하기 시작했다. 전통적인 발전전략에 비교하면, 이 전략의 특징
은 다음과 같다. 첫째, 전략의 방침에서 경제발전과 사회발전, 인간의
전면적 발전이 서로 조화를 이루는 중요성을 인식하고 대규모 자본축
적에 발전의 희망을 거는 것이 아니라 체제와 사회구조의 변혁이 발전
에 미치는 촉진작용을 인식하였다. 둘째, 전략 목표 선택에 있어 경제
와 사회의 조화로운 발전을 중요한 과제로 삼고, 대중의 '기본적 욕구'
를 우선적으로 충족시키는 것에 중점을 두어 빈곤, 취업, 소득분배, 교
육 등의 문제 해결을 발전 내용에 포함시켰다. 셋째, 전략적인 중점에
서 농업의 기초적 지위를 부각시키고, 과학기술, 교육, 인적자원 개발
을 발전을 위한 주도적인 역량으로 삼았다. 넷째, 전략 대책 측면에서
는 정부와 시장의 관계를 조율하고, 시장 메커니즘의 역할을 충분히 수
행하며 경제 자유화를 통해 경제의 활력과 효율을 높일 뿐만 아니라 국
내경제와 국제경제의 관계를 잘 처리하여 대외개방을 확대하는 데 중
점을 두었다.

유엔은 개발도상국을 위한 '제2차 10년(1970-1980년) 전략'에서 "발
전의 궁극적인 목적은 모든 사람이 더 잘 살 수 있도록 하는 것, 사회의
공정과 생산성 증진 …… 교육, 위생, 영양, 주택 및 사회복지시설 개선,
그리고 환경 보호 …… 사회 성격 및 사회 구조의 변천은 신속한 경제
성장과 함께 이루어야 하고, 지역, 부문 및 사회 내부에 존재한 불평등

중국 경제발전 전략과 규획의 변천 및 혁신

을 확실하게 줄이는 데 있다"고 밝혔다. 이 전략은 또한 일련의 사회 발전 지표를 제시함으로써 각 사회적 목표를 포함한 개발도상국들의 발전전략에 대한 모색을 반영하였다. 개발도상국과 일부 국제 조직도 다음과 같은 다양한 융통적 발전전략을 어느 정도 채택하고 있다.

(1) 수출대체 산업화(export substitution industrialization, ESI) 전략

수출대체는 라니스(G. Ranis)가 최초로 제안한 것으로, 개발 도상국에서 농업 및 광업 초급제품의 수출 대신 공업제품을 수출하여 산업화의 진전을 추진하고 자국 공업의 국제 경쟁력을 강화하는 것을 의미한다. 이 전략을 비교적 성공적으로 추진한 국가(지역)는 한국, 싱가포르, 중국 홍콩 및 대만으로 아시아의 '네 마리 용'으로 불린다.

(2) 기본 수요 충족(to meet basic human needs) 전략

대표적인 인물로는 파키스탄 계획위원회 수석 경제학자인 마흐브 우르하크(Mahbub ul-Haq), 세계은행 선임고문 폴 스트리든(Paul Striden) 등이 있다. 1976년 세계취업총회에서 국제노동기구(ILO)는 국가발전전략에 있어 고용성장은 물론 인간의 기본적 수요 충족을 우선시해야 한다고 하였다. 이 기구의 의장은 총회 보고서에서 기본 수요에 대해 다음과 같이 정의했다. "기본 수요는 2개의 부분을 포함한다. 우선 충분한 음식, 거주, 의류, 가정 시설과 서비스를 포함하는 한 가정의 개인 소비에 대한 기본적인 최소 요구사항을 포함한다. 다음으로 안전한 식수, 환경위생, 대중교통, 건강과 교육시설 등 사회적으로 제공하고 사회적으로 이익을 보는 기본 서비스를 포함한다."[16] 그는 이 같은 물질적 수요를 중시하면서도 인권, 취업, 자신과 관련된 의사결정에 대한 국민 참여 등에 대한 수요를 추가하였다. 이 전략은 1970년대 후반부터 선진국들의 발전 지원 정책에 영향을 미쳤다. 스리랑카 정부는 기본적인 수요 충족 전략을 적극적으로 추진함으로써, 많은 중요한 사회적 지표 면에서 일부 중간 소득 개발도상국의 수준을 능가하였다.

(3) 성장적 재분배(redistribution with growth) 전략

1970년대에 세계은행은 일부 개발도상국의 소득분배에 대해 연구를 실시했다. 체너리(Hollis B. Chenery)가 이끄는 세계은행 발전연구센터가 제공한 연구보고서는 성장적 재분배 전략에 강력한 지지를 보냈다. 이러한 전략의 기본적 발상은 정부의 정책적 조정을 통해 경제성장에 따라 저소득층에게 더 많은 소득 증가의 기회를 창출하고 저소득층이 기회를 활용할 수 있도록 자원조건을 제공함으로써 빈곤인구의 생활상을 변화시키는 것이다.

(4) 농업 발전전략

이 전략은 농업부문에 중점적으로 투자하여 농업부문의 우위에 힘입어 산업화의 진전을 가속화하고 국민경제 전체의 발전을 추진하는 전략이다. 이 전략은 제2차 세계대전 이후 개발도상국에서 채택한 비주류적인 발전전략이었다. 1945년 중국 학자 장페이강(張培剛)은 그의

---

16 欧曼等 : 『战后发展理论』, p.79, 北京 : 中国发展出版社, 2000 참조.

박사논문『농업과 산업화』에서 농업과 공업의 상호 의존관계를 분석해 후진국들이 농업 발전을 통해 산업화를 이룬다는 주장을 했지만 당시 공업을 중시하고, 농업을 경시하는 상황에서는 주목을 받지 못했다. 1960년대 이후 농업이 장기 침체되고 식량위기가 빈발하면서 사람들은 농업의 중요성을 인식하게 되었다. 슐츠(Theodore W. Schultz)가 1964년에 펴낸『전통농업의 개조』란 저서는 큰 영향을 미쳤다. 태국, 말레이시아 등은 농업 발전을 통해 단일적 구조를 바꿔 산업화의 토대를 마련했다. 인도, 스리랑카, 필리핀 등은 현대농업기술의 도입으로 '녹색혁명'을 추진해 농업 발전을 촉진했다.

융통적 발전전략의 제시는 전통적 발전관 지도 아래의 실천에서 나타난 사회, 정치, 경제 등 문제에 대한 반성을 반영하여 개발도상국들이 서양의 발전모델에서 벗어나 자신들에게 맞는 전략을 모색하기 위한 일종의 시도이다. 그러나 발전전략 변천과정에 있어서 이는 명백한 과도적인 성격을 가지고 있는데, 그 원인은 다음과 같다.

첫째, 융통적 발전전략의 이론적 토대가 부실하고 신고전주의 발전이론에 큰 충격을 받았다는 점이다. 일반적으로 개발도상국에서는 빈곤 감소와 기본 수요 충족, 그리고 경제성장과 분배구조의 조화에 있어 국가적 관여를 통해 사회복지계획이나 분배정책을 시행함으로써 이루어져야 한다고 생각한다. 반면 신고전주의 발전이론의 핵심은 국가 간섭이 새로운 왜곡을 야기해 더 큰 대가를 초래할 수 있어 국가 개입에 반대하고 있다. 또한 신고전주의 발전이론은 효용, 소득, 부 등 '순수' 경제학적 문제에 편중된 반면 역사, 사회, 문화, 정치, 제도 등 비경제적 요소가 발전에 미치는 영향을 간과해 발전 연구의 시야가 더욱 좁아졌다. 보다 심각한 것은 신고전주의가 개발도상국의 시장경제 제도 측면에서 극히 미비한 현실을 무시하는 한편 선진국 기준으로 개발도상국에 존재한 문제를 검토하여 제안된 발전전략은 종종 '신을 신고 발바닥을 긁는 것'이며, 단기적인 자원 배치의 최적화를 목적으로 하는 것도 경제와 사회의 조화발전의 요구와는 거리가 멀다는 점이다.

둘째, 융통적 발전전략은 이상적인 방면에 더 많이 치중해 개발도상국의 현실에 대한 고려가 부족하다. 융통적 발전전략은 경제와 사회의 조화로운 발전 문제에는 어느 정도 공감대를 형성하고 있지만 어떻게 개발도상국의 현실을 감안하여 경제와 사회발전 관계를 다룰지에 대해서는 명확한 답을 주지는 못하고 있다. 개발도상국과 선진국의 경제발전 격차가 확대되고, 개발도상국의 사회구조의 경직성이 비교적 높은 상황에서 경제와 사회의 조화 발전을 추진하는 것은 매우 어렵기 때문에 선진국 지원에 크게 의존해야 함은 자명하다. 그래서 아름답게 보이고 어느 정도 대중의 뜻에 부응하는 융통적 발전전략은 시행 과정에서 적지 않은 저항에 부닥쳐 중도에 폐기된 바도 있었다. 특히 1970년대 두 차례의 오일쇼크는 선진국의 관심 초점이 자국의 거시경제 안정으로 전환되어 개발도상국에 대한 지원을 삭감함에 따라 기본 수요 충족 전략을 비롯한 융통적 전략을 경제적으로 뒷받침하지 못하였다.

그럼에도 불구하고, 융통적 발전전략은 전략 진화의 역사에 자신의 흔적을 남기고, 발전이론의 변화를 위한 새로운 토대를 마련하였다.

제3절 발전이론의 새로운 추세와 발전전략의 혁신

1. 발전이 직면한 새로운 과제

경제와 사회의 조화 발전관은 전통적인 발전관에서 드러난 문제점에 대해 제기한 것으로, 경제성장을 단편적으로 강조하는 발전관을 수정하여 인류 발전관의 진보를 보여주고 있다. 그러나 이 발전관이 주목하는 것은 여전히 인간 자신의 경제와 사회 활동에 국한되어 있다. 산업문명이 더욱 발전함에 따라 인류는 발전에서 새로운 도전에 직면하게 되었고, 이러한 도전들은 주로 두 가지 측면에서 비롯되었다.

첫 번째는 인간 자신의 진일보한 발전이다. 생산성이 더욱 높아지고 인류 발전 목표의 수준도 점차 높아짐에 따라 기본적 수요가 충족되는 것 외에 물질, 정신, 문화 등 모든 면에서 인류의 복지가 증진되면서 인류 자신의 발전이 발전의 중심에 있게 될 것이다. 1971년에 데니스 굴렛(D. Goulet)은 이미 인류 발전의 본질을 비교적 포괄적으로 연구하였다. 그는 발전이 세 가지 핵심 내용, 즉 생존, 자존, 그리고 자유를 포함한다고 생각했다. 생존은 음식, 거주 및 건강과 보호 등의 기본적 수요 충족과 관련이 있다. 자존은 한 사람이 인간으로 취급되어야 하고, 사회적으로 존경과 존중을 받아야 하며, 다른 사람에게 도구로 사용되어서는 안 된다는 것이다. 이는 한 민족, 한 국가에게도 마찬가지이며, 모든 국가는 국제적으로 존중을 받고 싶어한다. 자유는 사회와 그 구성

원들의 선택 폭의 확대, 또는 제한 범위의 축소를 의미한다.[17]

두 번째는 인간 활동과 자연 시스템의 조화이다. 인류 산업문명의 진행 과정에서 환경오염, 생태파괴의 경종이 계속 울리고 있는데, 이는 인류의 발전뿐만 아니라 인류의 생존까지 위협한다. 20세기 전반(前半) 선진국들이 '우선발전, 사후관리'하는 발전모델을 시행하여 나쁜 결과가 나날이 나타나고 있다.[18] 1960년대부터 일부 통찰력 있는 사람들은 환경보호를 호소하기 시작했다. 1962년 미국 생물학자 레이첼 카슨(Rechel Kason)은 『고요한 봄』에서 인류의 문명 진행 과정에 경종을 울리면서 인류의 화학 살충제 남용이 생태환경의 파멸적인 퇴화를 초래할 것이라고 지적하였다. 이후 인류는 자신과 환경의 관계에 대한 사고에 점점 깊이 파고들었고, 다양한 관점과 학설이 쏟아져 나왔다. 그 중에서 가장 큰 영향을 미친 관점은 1960년대 중반 미국 경제학자 케네스 볼딩(Kenneth E. Boulding)이 주장한 '우주선 경제 관점'이다. 그는 인간 생존의 가장 큰 생태계가 지구인데 지구는 끝없이 넓은 우주의 작은 비행선에 불과하며 인구와 경제의 끊임없는 성장은 결국 이 작은 비행선 내의 제한된 자원을 개발 완료할 것이고, 인간 생산, 소비로 배출되는 폐

17　丹尼斯·古雷特：痛苦的抉择：发展理论的新概念, 托达罗：『经济发展』, p.15, 北京：中国经济出版社, 1999에서 재인용.

18　1930년대부터 70년대까지 서양 선진국에서 '8대 공해' 사건이 일어난 바 있는데, 즉 1930년 12월 벨기에의 뮤즈(Meuse)계곡 스모그 사건, 1943년 미국 로스앤젤레스의 광화학 스모그 사건, 1948년 10월 미국 펜실베이니아주 도노라(Donora) 공단의 스모그 사건, 1952년 12월 영국 런던 지역의 스모그 사건, 1953-1968년 일본 쿠마모토현의 미나마타병(水俣病) 사건, 1961년 일본 욧카이치시의 천식병 사건, 1968년 일본 아이치현의 쌀겨기름 사건, 1955-1972년 일본 후지산 지역의 이타이이타이병 사건 등이다. 李慧明：『环境与可持续发展』, p.9, 天津：天津人民出版社, 1998 참조.

기물은 결국 이 비행선의 선실을 완전히 오염시켜 그 때가 되면 인류사회 전체가 붕괴된다고 지적하였다. 1970년대 초 인구와 자원, 환경 등 인간의 진로를 중심 의제로 다루는 '로마 클럽'이 결성된 후 전 세계에 영향을 미친 『성장의 한계』보고서가 발표되었다. 이 보고서는 세계 전체를 대상으로 인구, 공업 발전, 오염, 식량 생산과 자원 소모 등 다섯 가지 방면의 관련성을 연구했다. 이 보고서는 역학적 시스템 모델을 구축하여 인구를 포함한 이 다섯 가지 요소 모두가 지수 형태로 성장하고 있으며, 지구의 유한성 때문에 이러한 성장은 모두 제한적이며 한계에 도달하면 성장이 정지된다는 결론을 내렸다. 이 같은 견해는 비관적이고 결론도 과학성이 부족하지만 인류가 직면한 환경자원 문제의 시급성과 현실성을 드러내어 환경과 발전 문제에 대한 관심을 불러 일으켰다.

2. 발전관의 비약 — 인본주의와 지속 가능한 발전관

(1) 인본주의 발전관

1980년대에는 유엔을 비롯한 국제 기구의 추진에 의해 인본주의발전관이 점점 유행했다. 프랑스 학자 페루(Francois Perroux)는 비교적 일찍이 이 발전관을 제시했다. 그는 발전의 목적은 인간의 수요를 충족시키기 위한 것이며, 또한 이러한 수요는 물질적 수요뿐만 아니라 각 민족의 가치 및 사회, 문화와 정신적인 수요 등을 포함한다고 생각했다. 전통적인 발전관은 경제성장을 기본 목적으로 하는 반면, 새로운 발전관은 발전이 전체적, 종합적, 내생적이며 경제는 발전의 수단일 뿐이라고 생각했다. 발전은 일종의 심층적, 포괄적, 시스템적인 발전이며, 단지 경제성장, 재정, 통화 등과 관련된 표면상의 발전이 아니다. 그리고 경제는 단순히 경제 자체에 국한된 고립현상이 아니고 오히려 경제적 현상과 경제적 제도의 존재는 문화적 가치에 의존한다.[19] 페루(Francois Perroux)의 '신발전관'은 인간의 경제, 정치, 도덕, 문화, 생태적 수요 충족을 중심으로 하는 가치지향을 구체적으로 보여주는 것으로, 인간의 전면적인 발전을 중심으로 한 보다 종합적인 발전관이다.

1990년대에 접어들면서 유엔개발계획(UNDP)은 1990년에 '인류 발전'이라는 개념을 처음 제시하였으며 이것을 상징으로 인간 중심의 발전관이 비교적 보편적으로 인정되기 시작했다. UNDP는 1990년부터 매년 『인류발전보고서』를 발표하여, 세계 각국의 인류 발전 상황을 평가하고 비교함으로써 각국이 단순한 경제성장에서 인류 발전으로 발전 목표의 전환을 유도하는 데 큰 영향을 미쳤다. 1995년 코펜하겐에서 열린 '사회발전 세계 정상회의'에서 통과된 『코펜하겐 사회발전 문제 선언』과 『코펜하겐 사회발전 문제 세계 정상회의 행동강령』에서 인간 중심의 발전관에 다음과 같은 공감대를 형성하였다. 첫째, 사회발전은 세계 각국 사람들의 중심적 수요와 소망이며, 각국 정부와 민간 각 부문의 중심적 책무이다. 둘째, 사회발전은 현재와 21세기 진입 후의 최우선 임무에 속해야 한다. 셋째, 사회발전은 인간 중심이며, 사회발전의 최종 목표는 전체 인류의 삶의 질 개선과 향상이며, 또한 인류는 지속 가능한 발전의 중심과제이다. 넷째, 사회발전과 문화, 생태, 정치, 경

---

19   佛朗索瓦·佩鲁 : 『新发展观』, pp.165-166, 北京 : 华夏出版社, 1987 참조.

요약하자면 지속 가능한 발전관의 기본적 함의는 인간의 전면적 발전과 사회적 진보를 목표로 하여 자연생태환경의 영속적인 활용에 의존함으로써 사람과 사람, 사람과 자연이 조화를 이루고 현세대와 후대 자손 간의 공평함을 실현한다는 일종의 발전 방식이다.

(4) 지속 가능한 발전관은 일종의 새로운 발전관임

지속 가능한 발전관은 일종의 새로운 발전관으로 인류의 발전관 진화에 있어서 커다란 도약이다.

첫째, 지속 가능한 발전관은 단순한 경제성장을 추구하는 전통적인 발전관에 대한 부정이다. 지속 가능한 발전관은 사람들로 하여금 새로운 안목으로 경제 성장과 경제 발전을 재조명하게 하고 '발전 없는 성장'을 지양하게 한다. 지속 가능한 발전관은 사람들이 경제 성장에 관심을 두면서 경제, 사회 및 환경의 조화로운 발전에 대한 중요성을 깨닫게 한다.

둘째, 지속 가능한 발전관은 경제와 사회의 조화로운 발전을 주장하는 융통적 발전관을 초월하는 것으로 발전의 시야를 더 넓게 하고, 경제, 사회 및 자연의 더 큰 시스템에서 인구, 자원, 환경과 경제 및 사회의 조화로운 발전을 추구하는데, 단지 발전의 초점을 인간의 경제 및 사회 활동에 집중하는 것이 아니다. 또한 발전의 목표는 현세대의 수요 충족뿐만 아니라 후손들의 수요를 충족시키는 능력에 해가 되지 않도록 하고 후손들의 영속적인 발전을 위한 여건을 조성해야 한다고 강조한다.

셋째, 지속 가능한 발전관은 인간 중심의 발전관이 더욱 확대된 것이다. 사람이 발전에서의 주체적 지위를 강조하는 것과 사람의 전면적인 발전을 목표로 한다는 점에서 두 가지 발전관은 서로 통하고 있으며, 이는 두 가지 발전관의 선진성의 두드러진 특징이기도 하다. 그러나 인간 중심의 발전관은 인간 자신만의 보완과 발전에 치중하고, 인간과 자연의 조화로운 관계를 강조하지 않아 단편적으로 나아가기 쉽다. 지속 가능한 발전관은 자연에 대한 보호를 주장하여 자연시스템의 수용능력을 바탕으로 한계가 있게 발전해야 하고, 인류와 자연의 조화로운 공존 속에서 인간의 전반적인 발전 수요를 충족시키며 세대 간 교체를 이루어야 한다고 강조한다.

3. 발전 이론의 새로운 발전

1970년대의 '신고전주의 부흥'은 일부 개발도상국들이 전통적인 발전전략과 편향적인 정책을 바로잡고 개혁개방으로 나아갈 수 있는 이론적 토대를 마련했다. 그러나 신고전주의 경제학이 성행하는 동안 발전 이론에 대한 연구는 효용, 소득, 부 등 '순수' 경제학적 문제로 갈수록 치중하면서 역사, 사회, 문화, 정치, 제도 등 비경제적 요소가 발전에 미치는 영향을 외면해 발전 연구의 시야가 다시 한계에 부닥쳤다. 더욱 심각한 것은 신고전주의가 시장경제제도가 제대로 갖춰지지 않은 개발도상국의 현실을 외면하고 선진국 기준으로 개발도상국에 존재하는 문제점을 살펴보고 '신 신고 발바닥 긁기'와 같은 발상을 제시해 왔다는 점이다. 1980년대 중반 이래, 글로벌 신기술 혁명의 추진, 경제 글로벌화의 심화, 각국 발전의 실천은 날로 풍부해지고 복잡해지며,

중국 경제발전 전략과 규획의 변천 및 혁신

경제학 이론의 끊임없는 발전에 따라 발전에 관한 연구에서 많은 새로운 이론들이 도입되어 새로운 시각과 트렌드가 많이 나타났다.

(1) 신제도주의 발전 이론

신고전주의 발전이론은 제도적인 요소를 추상화하여 단편적으로 시장 메커니즘의 역할만을 부각시켰는데, 각종 제도를 이미 정해진 외생적인 요소로 간주했기 때문에 경제발전, 특히 제도적 요소가 매우 복잡한 개발도상국의 경제발전에 대해서는 믿을 만한 해석을 제공하지 못하고 있다. 왜 자원 조건과 발전 단계가 매우 비슷한 나라들 중에서 어떤 나라들은 성공하고, 어떤 나라들은 발전의 길에서 번번이 가로 막히게 되는가? 왜 같은 발전전략이 일부 개발도상국에서는 순조롭게 추진되는데 다른 나라에서는 어려운가? 1980년대 후반 이후 로널드 코스 (Ronald H. Coase)로 대표되는 신제도경제학이 부상하여 발전이론 분야로 폭넓게 진입하기 시작하였다. 이는 발전이론 연구에 새로운 시각을 제공하였다. 신제도 경제학자들은 개발도상국의 낮은 1인당 소득수준은 단지 경제가 낙후된 표징이며, 제도적 결함이 경제 후진의 근원이라고 보고 제도의 수정을 통한 발전 촉진을 주장한다. 더글러스 노스(Douglass C. North)는 "제도는 경제의 활성화 구조를 제공하고 있으며, 이 구조가 진화함에 따라 경제는 성장, 정체 또는 쇠퇴의 변화 방향으로 발전한다"고 생각했다.[24] 올리버 윌리엄스(Oliver Williamson)는 "역사의 검증에 의하면 제도에 대한 교정은 경제 발전이 반드시 거쳐야 할 길이라 보

---

24   North, D., 'Institutions', Journal of Economic Perspective, 1991(1) 참조.

았는데, 이를 통해 기업과 시장에 대한 미시적 관리 메커니즘을 개선하고, 위에서 아래로의 경제발전 추진을 할 수 있다"고 생각했다.[25] 신제도주의 발전이론은 제도를 경제활동의 중요한 내생변수로 삼고 신고전주의 수급 분석법을 응용하여 개발도상국이 경제발전 과정에서 직면한 제도의 장벽 및 장벽을 극복할 수 있는 다양한 방안을 탐구함으로써 개발도상국의 제도혁신과 제도개혁에 새로운 이론적 근거를 마련했다.

(2) 신고전 정치경제학 발전이론

신고전주의는 '순수' 경제학적 각도에서 발전에 관한 연구를 경제 분야에 국한시켰기 때문에 개발도상국 발전의 진정한 원천에 대한 합리적인 해석을 할 수가 없어서, 아담 스미스(Adam Smith) 시절 고전경제학 체계가 경제 문제, 특히 경제발전 문제 연구 시의 넓은 시야를 생각해보게 한다. 당시 고전경제학의 저서들은 일반적으로 스스로를 '정치경제학'이라고 불렀으며, 연구의 범위는 정치, 윤리, 인구, 법률, 역사, 문화 등 여러 방면에 걸쳐 있었다. 1970년대 말 이래, '아담 스미스(Adam Smith)의 부흥'이라고 불리는 연구 붐에서, 발전 연구의 시야가 비경제 분야로 다시 확대되어, 고전 경제학자가 사회, 정치, 법률, 문화 제도에 대해 연구하는 전통을 부활시켰는데, 이 시기는 '구조주의', '신고전주의 부흥'에 이은 발전경제학의 세 번째 단계인 '신고전 정치경제

---

25 Williamson, O., The Institutions and Governance of Economic Development and Reform, Proceedings of the World Bank Annual Conference on Development Economics, 1994 참조.

학' 단계라고 불린다.[26] 사람들은 발전의 근본적인 목표가 인간의 전면적 발전임을 인식하면서 발전의 여러 측면을 재조명하고 정치, 사회, 역사, 법률, 문화 등에서 경제 발전과의 관계를 연구하며 신제도학파의 연구 방법을 통해 발전 이론의 새로운 틀을 구축하였다.

(3) 세계화 발전 이론

1980년대 이래 전 세계의 발전은 새로운 추세를 보였다. 경제의 세계화가 심화되고, 정보기술을 비롯한 신기술 혁명이 전 세계를 휩쓸고, 선진국과 개발도상국의 연계가 강화되면서 국가 간 경제 협력과 경쟁의 관계가 갈수록 복잡해지고 있다. 이러한 배경에서 개발도상국의 발전 경로에 대한 연구는 단순한 지역적 차원이 아니라 전 세계 발전의 전체적인 연구와 긴밀히 통합되어야 한다. 1970년대 후반에 나타난 '세계 시스템 이론'은 발전이 각각의 고립된 국가와 민족에서 일어나는 것이 아니라 일정한 세계적인 시스템에서 발생하며 발전의 기본 단위는 세계적 시스템이라고 본다. 즉, 전 세계를 하나의 통일된 시스템으로 보고 전체적인 발전 법칙을 분석하며, 전체적인 발전 과정에서 일부 국가의 발전을 파악하는 것이다.[27] 1990년대 이후 일부 지역에서 발생하여 전 세계에 영향을 미친 금융위기는 세계 경제가 이미 나눌 수 없는 하나의 통일된 시스템이 되었음을 사람들에게 다시 한번 일깨워 주었다. 그러나 세계화의 물결 속에서 발전의 불균형이 심화되어 선진국과

---

26 譚崇台：『发展经济学的新发展』, 武汉：武汉大学出版社, 1999 참조.

27 伊曼纽尔·沃勒斯坦：『现代世界体系』, 北京：高等教育出版社, 2000 참조.

개발도상국 간 소득 격차가 확대되고 있다. 따라서 발전은 세계적 현상으로서 발전이 서구화, 단일적인 직선화라는 발전 관념을 타파하기 위해서는 선진국의 발전 모델을 그대로 따르는 것이 아니라, 각 민족과 국가는 자체적인 발전전략을 수립해야 한다. 한편으로는 발전을 한 민족 또는 한 나라의 내부적인 사안으로 보는 관념을 버려야 하고, 외부 세계와 연계해 세계적 시스템 속에서 자신에게 맞는 길을 찾아야 한다.

(4) 지속 가능한 발전 이론

1990년대 이래 지속 가능한 발전은 점차적으로 이념에서 행동으로 이어졌고, 지속 가능한 발전 이론은 발전 이론의 중요한 부분으로서 다음과 같은 측면에서 발전 이론에 생기를 불어넣었다.

첫째, 지속 가능한 발전은 새로운 발전 모델을 선도한다. 이는 '제로 성장' 및 '전통적인 성장'과는 달리 환경 보호를 위해 발전을 멈추려는 것이 아니며, 대규모의 자원 소모로 발전을 지원하려는 것도 아니다. 지속 가능한 발전이 격려하는 경제 성장은 적당성, 고품질, 생태환경 보존을 전제로 한다. 이러한 발전 모델을 실현하기 위해서는 기술 진보, 구조 조정, 제도 혁신 등 면에서 자원이 공평하고 합리적이며 효율적으로 배치될 수 있는 길을 모색하는 것이 필요하다.

둘째, 지속 가능한 발전은 발전의 공평성을 강조한다. 지속 가능한 발전은 다음과 같은 세 가지 공평성을 추구한다. 첫 번째 공평성은 현세대 사람 간의 공평성으로, 모든 사람의 기본적인 수요를 충족시키고 그들에게 비교적 좋은 삶을 추구할 수 있도록 평등한 기회를 제공하는 것이다. 두 번째 공평성은 세대 간 공평성으로, 현세대의 복지를 증

중국 경제발전 전략과 규획의 변천 및 혁신

진함과 동시에 후손들의 복지를 감소시키지 않도록 보장함을 강조하는 것이다. 세 번째 공평성은 한정된 자원을 공평하게 이용하는 것으로, 서로 다른 나라들이 자원을 이용하는 데 있어서 평등한 권리를 갖도록 요구하는 것이다. 발전의 공평성은 발전 이론에 더 큰 탐구의 공간을 부여한다. 예컨대 신고전주의는 시장 메커니즘의 역할을 강조하는데 이 메커니즘은 현재의 경제적 이익 극대화를 지향하고 있으며, 그 조절 메커니즘은 장기적인 지향이 아닐 뿐만 아니라 도덕적인 의미도 내포되어 있지 않음으로 지속 가능한 발전 요구에 부합되지 않는다. 지속 가능한 발전의 공평성 원칙은 정부의 역할을 재조명하여 지속 가능한 발전에 있어 정부와 시장 간의 관계를 잘 조율할 것을 요구한다.

셋째, 지속 가능한 발전에 관한 연구는 시스템 이론(systems theory)을 발전에 관한 연구와 긴밀하게 연계시킨다. 이는 인구, 자원, 환경, 경제, 사회, 제도 등 요소를 하나로 통합하고 시스템의 동태적 조화의 관점에서 이 요소들 사이의 내적인 관계를 연구하는 것을 요구하는데, 이는 도전적인 작업이 될 수 있다. 기존의 발전 이론은 발전의 동태적인 진전 과정을 강조했지만 분석에서는 종종 발전 요소들 간 상호 의존적이고 상호 작용하는 관계를 분리했다. 지속 가능한 발전은 발전 이론에 대한 연구를 위해 새로운 방법을 도입했다.

제3장

중국의 국가 발전관 및 경제발전전략

발전관의 형성은 이데올로기, 경제사회의 초기조건, 국내외 경제, 정치적 환경, 과학(자연과학과 사회과학) 발전 등 다양한 요인에 의해 영향을 받는다. 즉 발전관이라 함은 내외적인 갈등의 상호 작용에 의한 결과라고 말할 수 있다. 따라서 일종의 발전관을 고찰하는 데 있어 먼저 이러한 발전관이 형성된 배경을 이해해야 하고, 발전관을 평가하는 기준 역시 당시의 역사적 조건에 부합되는지 여부를 고려해야 한다. 시대착오적인 발전관은 바람직하지 않으며 현실과 동떨어진 발전관 역시 역효과를 가져올 수 있다.

발전관은 역사적 환경의 산물이니 만큼 시대 진화적 발전관 간에도 어느 정도 지양하는 관계가 존재할 가능성이 높다. 발전관을 일종의 이론으로 간주한다면 이러한 이론에도 '핵심'과 '보호대'[1]가 존재하는데 우리는 이를 발전관의 구성요소라 통칭한다. 새로운 발전관의 모든 구성요소 가운데 일부 요소는 구시대의 발전관으로부터 계승되어 온 것일 수도 있고, 어떤 요소는 현실 조건의 제약을 받아 조정을 거쳤을

---

1   역주 : 라카토스(Lakatos)가 포퍼(Popper) 이론과 쿤(Kuhn) 이론의 장점을 각각 취합하여 '과학적 연구 프로그램의 방법론(methodology of scientific research program)'을 제시하였는데 이 방법론은 핵심(hard core), 보호대(protective belt), 발견법(heuristics)으로 구성되어 있다.

수도 있으며 어떤 요소는 혁명적인 변화가 일어났을 수도 있다.

발전관은 일종의 관념으로서 현실 속에서 발전전략, 방침 및 정책으로 구현된다. 발전관에 비해 발전전략, 방침 및 정책은 외부환경의 영향을 보다 쉽게 받아 변화가 발생하는데 이러한 변화가 발전관의 핵심을 동요시킬 정도로 축적되지 않으면 발전관은 상대적으로 안정성을 유지할 수 있다. 현실에 대한 발전관의 영향은 단계적이고 절차적이다. 따라서 이러한 발전관을 현실로 구체화하는 발전전략, 방침 및 정책도 역시 단계성을 가진다. 다시 말하면 일종의 발전관은 시기에 따라 서로 다른 발전전략, 방침 및 정책으로 구현될 수 있다.

국제적으로 성행하는 발전관에는 수많은 패러다임이 있다. 일정 기간에 한 국가가 어떤 패러다임을 선택한다는 것은 실제로 다른 패러다임(혹은 다른 패러다임의 일부 요소)을 부정한다는 것을 의미하지 않는다. 그 이유는 위에서 기술한 바와 같이 발전관의 선택은 외부환경의 제약을 받게 되므로 현실 조건의 다변성 및 복잡성은 결코 하나의 패러다임 가설의 전제조건으로 포괄할 수 없는 것이다. 따라서 현실 속의 발전관에는 몇 가지 패러다임의 구성요소가 동시에 작용할 수 있다. 다만 그 중에서 '주요소'와 '보조요소'의 형태로 존재하고 있는 것이다. 주된 갈등을 해결하는 요소를 '주요소'라 하고, 부차적인 갈등을 해결하는 요소를 '보조요소'라 한다. 정부의 행위 측면에서 말한다면 정부가 시작 단계에 선택한 발전관은 사전(事前) 발전관이라 할 수 있는데 반드시 가장 바람직한 선택이라고 할 수는 없다. 이러한 발전관은 끊임없는 사후 검증을 거쳐야 하고, 그 검증결과에 따라 정부는 지속적으로 발전관의 구성요소를 조정해야 한다. 관찰자 입장에서 말하자면 이러한 발전관이 갖는 의미는 곧 객관적인 조건의 제약을 받는 사후(事後) 발전관이 되는 것이다.

핵심적인 지도 사상의 관점에서 보면 신(新)중국 수립 이래 발전관은 두 개의 시기로 구분할 수 있다. 첫째는 1953년에서 1965년까지이며, 둘째는 1977년에서 1994년까지이다. 이 두 시기의 발전관은 모두 경제성장을 핵심으로 하였지만 경제발전 경로에는 큰 차이가 있었다. 전자는 계획경제를 견지하고, 공업 특히 중공업을 중시하며 자력갱생과 대외의존도 축소를 강조하였다. 후자는 국민경제에 대한 계획적 통제를 점차 감소하는 한편 분권(分權), 상품경제 및 대외개방을 경제발전의 중요한 수단으로 삼았다. 1992년 국제연합 환경개발회의 참가 후 중국 정부와 학계에서는 인간과 자연 간의 조화로운 발전, 세대 간 공평함에 대한 의미를 점차 인식하기 시작하였으며 더욱이 경제와 사회 간의 불균형 발전 문제가 부각되어 21세기로 들어오면서 "사람을 근본으로 삼아, 전면적이고 조화로우며 지속 가능한 발전관"을 수립하기에 이르렀다.

제1절 개혁개방 이전의 발전관

1949년에서 1977년까지 발전관의 진전에 있어 두 가지 맥락이 존재하였다. 첫 번째 맥락은 경제사회 실천에 있어 경제성장을 핵심으로 삼고 이를 장기적으로 이행하는 발전관이다. 두 번째 맥락은 단기적으로만 실천되거나 심지어 실천된 적은 없지만 경제 관리자와 정책 입안자에게 자주 영향을 줄 수 있는 어떤 이념이었는데, 일부는 '인본(人本)' 정신을 어느 정도 구현하게 했고, 일부는 경제와 사회 간의 균형발전에 대한 이론적 탐구를 하게 되었다. 이러한 이념은 비록 완전무결한 체계를 아직 갖추지는 못했지만 과학적 발전관의 중요한 사상적 원천이 되었다.

1. 신(新)중국 수립 초기 발전관 속의 균형 사상(1949-1953년)

이념부터 실천에 이르기까지 신 중국 수립 초기의 발전관은 모두 단일하며 주로 신민주주의 구상으로 구현되었다. 이러한 구상은 경제 및 사회 발전에 대한 생각과 사고였다. 그 특징은 성급하게 성공을 바라지 않는 한편 추월 목표가 없었으며 경제사회의 급격한 변혁이 가져오는 혼란을 방지하여 비교적 원활한 이행을 실현하는 것을 도모하였다.

(1) 신민주주의 서술에서 신 중국 지도자의 균형발전 이념

신 중국 수립 직전인 1947년부터 1949년 3월 중국공산당 제7기 중앙위원회 제2차 전체회의 기간에 이르기까지 중국공산당은 당시의 사회 생산력 수준에 대한 과학적 분석과 각종 경제 요소에 대한 예측에 근거하여 명확한 구상을 수립하였다. 즉 먼저 신민주주의 건설을 통해 농업국에서 공업국으로의 전환을 실현한 다음에 사회주의 건설을 통해 신민주주의 경제에서 사회주의 경제로의 전환을 완성하는 것이다.[2]

---

2   林蘊暉 : 『新中國四十年發展戰略的演變——风雨兼程』, p.31, 深圳 : 海天出版社,

사실 마오쩌둥(毛澤東)은 『신민주주의론』에서 신민주주의 중국 수립에 있어 경제 방면의 방침 및 정책을 제기한 바 있다. 그것은 "대형 은행, 대형 공업, 대형 상업을 이 공화국의 국가 소유로 귀속……무산계급 지배하의 신민주주의 공화국 국영 경제는 사회주의 성격을 지니며 국민 경제 전체를 지배하는 역량이다. 그러나 이 공화국은 결코 다른 자본주의 사유재산을 몰수하지 않으며 '국민 생계를 좌우할 수 없는' 자본주의 생산 발전은 금지하지 않는다. 이는 중국 경제가 여전히 매우 낙후되어……중국 경제는 '자본통제'와 '토지균분'의 길을 가야만 하고, 결코 '소수인의 사적 소득'이 되어서는 안 되며 소수 자본가와 소수 지주가 '국민 생계를 좌지우지'하게 해서는 안 된다."라는 것이다.

중화인민공화국 수립 전후 중국공산당은 위에서 기술한 구상의 기본 내용을 견지하였다. 1949년 9월 리우샤오치(劉少奇)는 중국인민정치협상회의에서 "중국이 상당히 엄격한 사회주의 절차를 밟는다면, 상당히 오랜 기간이 필요한 장래의 사업이며 만약에 『공동강령』에 이러한 목표를 명기한다면 우리가 현재 취해야 할 실제적인 절차를 혼동시키기 쉽다."라고 명확히 밝혔다.[3]

중화인민공화국 수립 이후 1953년 6월까지 중국공산당은 줄곧 이러한 원칙을 견지하였다. 1951년 3월 리우샤오치(劉少奇)는 중국공산당 제1차 전국조직회의 보고 중에서 "중국공산당의 최종 목표는 중국이 공산주의 제도를 실현하는데 있다. 그 실현을 위해 현재는 신민주주의

1993.

3   中央文献編輯委員会 : 『刘少奇文选』上卷, p.435, 北京 : 人民出版社, 1981.

제도의 공고함을 위해 노력하고, 미래에는 사회주의 제도로의 전환을 위해 노력하며 마지막으로 공산주의 제도의 실현을 위해 노력해야 할 것이다."라고 밝혔다.[4]

(2) 균형발전 이념의 실천과 효과

신민주주의 제도를 공고히 한다는 주장과 맥을 같이 하여 정책적으로 신민주주의 경제 요소를 보호하는 태도를 유지하였다(董辅礽, 1999).

① 1950년부터 1952년까지의 기간 중 각 대행정구의 중앙국 및 군정위원회[5]는 잇따라 공문을 공포하여 농촌 토지매매와 소작 임대차의 자유, 고용의 자유, 대출의 자유, 무역의 자유를 허용하였다.

② 1953년 3월 중국공산당 중앙위원회는 『춘경(春耕) 생산에 관한 각급 당위원회에 내린 지시』를 통해 위에서 기술한 네 가지 자유를 농촌에서 파기하려는 행위에 대해 명확히 비판한 바 있다.[6]

③ 1952년 12월 정무원 재정경제위원회는 『세제에 관한 일부 개정 및 실행 일자 공고』를 발표했는데 1950년에 공포한 세제 개정을

---

4   中央文献編輯委员会 : 『刘少奇文选』上卷, p.435, 北京 : 人民出版社, 1981.

5   역주 : 대행정구(大行政區)는 신(新)중국 수립 초기(1949-1954년)에 시행된 가장 큰 단위의 행정구역으로, 당시 전국에 총 6개(華北, 西北, 東北, 華東, 中南, 西南) 대행정구가 있었는데, 중앙국은 중앙정부의 파출기구로서 대행정구의 행정을 주관하고, 중앙국이 설치돼 있지 않은 대행정구에서는 군정위원회가 주관하였다.

6   董辅礽 : 『中华人民共和国经济史』上卷, pp.120,136,137, 北京 : 经济科学出版社, 1999.

통해 평등한 세금 납부 원칙에 의거하여 국영 경제와 협동조합 경제에 대한 기존 세제 우대를 취소하고, 국영 경제와 협동조합 경제 및 민영 상공업 경제의 세제를 동등하게 대우하였다.[7]

이러한 정책을 실행한 이후 국민경제는 비교적 빠른 회복세를 보여 농공업 생산도 역대 최고 수준에 달해 1952년에 식량 생산량이 16392만 톤, 목화 생산량은 130.4만 톤으로 모두 역대 최고 수준을 넘어섰다. 한편 1952년 공업 총생산액이 항일전쟁 전의 최고 수준을 추월하여 1936년 대비 23% 증가하였다. 이리하여 농공업 생산의 높은 성장이 국가 재정 상황을 빠르게 호전시킬 수 있는 토대를 견실히 다졌다. 1950년 국가 재정 중 비국영 상공업의 세수가 23.6억 위안이고, 농업의 세수는 19.1억 위안이며 1952년에 이르러서는 이 두 분야의 세수가 각각 61.5억 위안, 27.0억 위안으로 증가하였다.

신민주주의 구상은 균형 발전 사상을 구현했는데, 이 구상은 사회 각 계급 간에 조화로운 발전을 이루고, 공동으로 사회 진보를 추진하는 것이다. 정부는 주로 각 방면의 이익을 합리적이고 조화롭게 조정하고, 경제사회 발전의 장애요인을 철저히 제거하는 한편 경제에 대한 직접적이고 지나친 관여는 하지 않았다. 이 시기에 이러한 경제사회 발전관을 채택하게 된 것은 시대적 상황에 기인한 것인데 한편으로는 신 중국 수립 시 생산력이 이미 크게 훼손되어 급진적인 경제구조조정을 취한다면 정치, 경제, 사회에 커다란 혼란을 초래할 수 있었고, 다른 한편으

---

7   董辅礽 : 『中华人民共和国经济史』上卷, pp.120,136,137, 北京 : 经济科学出版社, 1999.

로는 신 중국이 이어받은 산업구조는 근현대적인 산업구조와 커다란 차이가 존재하여 먼저 신민주주의의 길로 나아가 생산력을 발전시키는 것이 일종의 실행 가능한 방안이 될 수 있었다. 아울러 중국과 같은 인구대국의 경우 어떤 국가의 지원으로도 단기간 내에 경제, 문화 방면의 낙후된 상황을 변화시키기 불가능하였다. 따라서 정권의 힘에 의지하여 사회와 생산력을 점진적으로 발전시켜 나가는 것이야말로 하나의 좋은 선택이 될 수 있었다. 그러나 신민주주의 구상은 최종적으로 실현되지 못했다. 그 이유는 1953년 마오쩌둥(毛澤東)이 신민주주의 제도를 공고화하는 논조에 대한 비판으로 이러한 구상이 실천에서 종결되었고 그에 따라 당시 경제적 여건에 부합하지 않는 구조조정이 무모하게 추진되었기 때문이다.

2. 경제성장을 핵심으로 하는 발전이념
(1953-1965년, 1976-1978년)

(1) 기본 특징

1953년부터 1978년까지의 시기는 중간에 '문화대혁명'으로 발전이 중단된 때가 있었지만 경제성장을 핵심으로 하는 뚜렷한 특징도 지니고 있었다.

① 경제성장은 고(高) 지표를 지향하고 양적 성장을 핵심으로 한다. 이러한 경향은 '대약진(大躍進)' 기간[8]에 더욱 두드러지게 나

---

8   역주 : '대약진(大躍進)' 기간은 1958년부터 1960년까지이다.

타났다. 기본적으로 국민경제 성장의 질과 조화로운 발전 이념을 버리고, 높은 생산량에만 집착하였다. 예컨대 1958년 8월 베이다이허(北戴河)에서 개최된 중국공산당 중앙정치국 확대회의에서는 1962년 농공업 총생산 목표를 1957년 대비 5-5.7배 증가, 연평균 성장률을 43-46.4%, 농업과 부업 총생산 연평균 성장률은 28.5-30.7%, 인프라 건설에 대한 5년간 투자액은 3850-4300억 위안으로 '제1차 5개년 계획'(1953-1958년) 대비 6.8-7.7배 증가한다는 목표를 제시하였다(郝梦笔, 段浩然, 1984). 이는 1958년에 제기된 "열의를 북돋우고, 보다 높은 목표에 도달하기 위해 힘쓰며 더 많이, 더 빨리, 더 좋고, 더 적은 비용으로" 사회주의를 건설하자는 사회주의 기본방침과 정책에도 잘 나타나 있다(赵德馨, 1988). 1977년에 나타난 '양약진(洋躍進)'은 여전히 현실과 동떨어진 높은 지표를 설정하였다. 1977년 11월에 열린 전국계획공작회의에서 20세기 말까지 중국의 주요 공산품 생산량은 가장 발달한 자본주의 국가를 따라잡거나 넘어서며 각 경제 기술지표도 세계 선진 수준을 따라잡아 추월한다는 계획을 수립하였다. 1978년 3월에 개최된 전국인민대표대회 제5차 회의에서 "영국을 따라잡고 미국을 추월하자"라는 구호가 다시 언급되었다. 이러한 일련의 계획과 지표는 중국 경제 및 기술의 수용력을 크게 넘어서 결국 실현 불가능한 것이 되고 말았다.

② 공업화를 강조한다. 1953년에 수립된 과도기의 기본 방침과 정책은 곧 공업화를 주된 핵심으로 하였다. 1954년 제1차 전국인민대표대회에서 저우언라이(周恩來)가 처음으로 4대 현대화를

실현한다는 과제를 제시하였다. 1956년 중국공산당 제8차 전국 대표대회에서 전 국민의 주요 과제는 모든 역량을 집중하여 사회 생산력 발전을 도모하고, 공업화를 실현하며 날로 증가하는 국민의 물질과 문화에 대한 수요를 점차 만족시키는 것이라고 밝혔다.

③ 사회 발전이 불균형하다. 공업화를 강조함으로 인해 농업의 잉여분이 공업화에 사용돼 도시와 농촌 간 격차, 공업과 농업 간 격차가 1953-1978년 사이 끊임없이 확대되었다(钟契夫, 2000). 맹목적인 인프라 건설의 확대는 투자와 소비 간의 비례관계에 심각한 불균형을 초래하였다. 인프라 건설에 대한 투자가 1976년 367.44억 위안, 1977년 382.37억 위안, 1978년에 이르러 500.99억 위안으로 늘어나 지난해 대비 31% 증가하였으며 1978년 투자율은 무려 36.5%에 달하였다.

'대약진(大躍進)' 준비기는 1953년에서 1956년까지라고 간주할 수 있는데 1953년 이전에는 국민경제 회복과 경제발전 기반 마련이 주된 것이었다. 1953년부터 1956년까지 이데올로기부터 생산관계에 이르는 모든 면에서 따라잡고 추월하기 위한 준비작업을 철저히 완성하였으며 주로 '일화삼개'(一化三改)[9]를 제기하여 중국의 사회주의 전도를 명확히 하였다. 전체 준비기의 경제정책은 생산관계 조정과 거시경제 안정을 위주로 하였으며 경제성장을 목표로 삼지는 않았다. 그러나 당시 이

---

9   역주 : '일화삼개(一化三改)'는 1953년에 제시된 과도기의 방침과 정책인데, 일화(一化)는 사회주의 공업화 실현, 삼개(三改)는 농업, 수공업, 자본주의 상공업을 사회주의 경제로 개조하는 것을 의미한다.

미 15년 내에 공업화 실현을 목표로 제기한 점에 비추어 볼 때 이 단계의 정책적 의도는 분명히 이후의 추월을 위한 생산력 및 생산관계 방면의 기초를 닦는 것이었다. 준비기간 동안 임무 완성도는 그럴 듯했다. 만약에 이 시점부터 일사불란하게 경제성장을 추진하였다면 그 후의 절정기에는 만족할 만한 성과를 거두었을 것이다. 절정기는 1956년부터 1960년까지였다. 이 기간에 중국은 '영국을 따라잡고 미국을 추월하자'라는 구호를 정식으로 제의하여 '대약진(大躍進)'을 실시하였다. 조정기는 1960년 8-9월 간에 '조정, 강화, 충실, 향상' 정책 제기 때부터 1965년 '제3차 5개년 계획' 제출 시까지였다.

'양약진(洋躍進)' 역시 비슷한 경험을 했으나 상대적으로 짧은 과정이었으며 거의 '대약진(大躍進)'의 복사판이었다. 외국 선진기술, 설비를 도입하여 공업화 목표를 가능한 한 빨리 달성하는 것을 중시하였다는 점에서만 일부 달랐을 뿐이었다. 1976년 12월부터 '조강치국(抓綱治國)'[10] 기조와 '국민경제를 발전시키자'라는 구호 아래 농업은 다자이(大寨)[11]를 배우고, 공업은 다칭(大慶)[12]을 배우자라는 회의, 중국과학원 공

---

10 역주 : '조강치국(抓綱治國)'이란 계급투쟁을 중심으로 하고 강대한 사회주의 국가를 건설하자는 것으로 1976년 말에서 1978년 말까지 실행된 중국의 국가 발전전략이다.

11 역주 : 다자이(大寨)는 중국 산시성(山西省) 시양현(昔阳縣) 중부에 있는 마을이며 원래 약간의 경지로 가난한 농업을 영위하는 산촌이었으나 1960년대에 천용구이(陳永貴)가 집단농업에 의해 저수지를 만드는 등 수리시설을 정비하고, 산지를 개간하여 농업생산을 높이고, 사회적 개조를 달성하였다. 이러한 성과가 중앙정부의 주목을 받아 1964년 3월 마오쩌둥(毛澤東)은 "농업은 다자이(大寨)를 배우자"라는 구호를 제기하였고, 그 후 문화대혁명의 고조와 함께 다자이(大寨)는 중국 농업개발의 모범촌이 되었다.

12 역주 : 다칭(大慶)은 헤이룽장성(黑龍江省) 남서부에 있는 중국 최대 석유공업 도시이며

작회의, 전국 계획공작회의 등 일련의 전국적인 규모의 회의가 개최되었다. 이러한 회의 개최를 통해 한편으로는 경제발전과 생활개선에 대한 국민의 요구를 충족시켰지만 다른 한편으로는 적절하지 않은 슬로건과 방침의 지도하에 무모하게 나아가는 정서를 불러일으켰다. 1975년에 제정된 『10년 규획강령』(초안)을 개정한 1977년에는 현실과 부합되지 않는 슬로건과 성취목표를 제출하였고, '제5차 5개년 계획' 및 '제6차 5개년 계획'에서는 서둘러 목표를 달성하려는 높은 지표와 구상을 제기하였다. 개정 후의 『10년 규획강령』(초안)에 근거하여 제정된 1976년, 1977년, 1978년 이 3년 연간 계획은 집행 중에 모두 적지 않은 문제를 노출시켰으며 더딘 경제성장과 경제구조의 불균형을 초래하였다.

(2) 경제성장을 핵심으로 하는 발전관이 생겨난 현실적 원인

경제성장을 핵심으로 하는 발전관은 운영 중에 있어 많은 문제가 나타났는데 이 시기에 이러한 발전관을 채택하게 된 데는 역사적인 발전 논리에서 찾아볼 수 있다.

① 이는 근대 중국 사회 사조가 경제 방면에서 반영된 것이라 할 수 있다. 근대 중국의 가난과 낙후로 인해 책임감 있는 사상가, 정치가 모두 중국의 진흥을 자신의 소임으로 삼았다. 양무운동(洋務運動)부터 손중산(孫中山)의 『건국책략』의 산업 계획에 이르기까지 모두 단기간 내에 중국을 강대하게 만들고자 하는 사조

1964년 2월 마오쩌둥(毛澤東)은 "공업은 다칭(大慶)을 배우자"라는 구호를 제창하여 그 후 다칭유전은 중국 공업부문에서 모두 따라 배우는 모범기업이 되었다.

중국 경제발전 전략과 규획의 변천 및 혁신

가 담겨져 있고, 이러한 사조가 신 중국 정책 입안자에게 지대한 영향을 끼치게 되었다.

② 신 중국 수립 초기 경제가 낙후되어 현대적인 공업은 전체 국민 경제의 10% 정도에 불과하였고, 중공업은 더욱 약소하여 1949년 공업 총 생산량의 26.4% 정도를 차지하였다(赵德馨, 1988). 이러한 상황 속에서 경제 특히 공업 경제를 크게 발전시켜야만 중국의 가난과 낙후된 상황을 빠르게 변화시킬 수 있었고, 또한 당시 국제 환경 면에 있어서도 중국은 국방 기초가 되는 중공업을 반드시 발전시켜야만 하였다.

③ 구소련의 패러다임 성공에 영향을 받았던 것이다. 구소련은 '추월전략' 실행을 통해 단 한 번의 5개년 계획으로 농업국에서 공업국으로의 전환을 완성하였다. 이는 중국 정부의 발전관 형성에 있어 밑거름이 되었다. 계획경제를 채택한 국가의 입장에서 말하자면 양적 성장을 중요시하는 것은 계획적 자원배분 방식에 대한 경로의존성에서 비롯된 필연적인 결과인 것이다.

④ 발전관에 대한 이데올로기적인 영향이다. 자본주의보다 더 빠른 경제성장 속도를 달성해야만 집권당의 집권 능력을 증명해 줄 수 있었으며 나아가 신제도의 우월성도 입증할 수 있었다.

발전 모델에서 보면 이 시기의 발전관은 급진주의적인 특징을 지니고 있었다. 이는 아래와 같이 두 가지 측면에서 잘 나타나 있다.

첫째, 이 시기에 중국은 국제경제에 있어 교류가 비교적 적었고 특히 장기간 서방 주요 국가와의 경제관계를 단절시킴으로써 중국 경제는 서방 자본주의 국가에 대한 의존으로부터 벗어나게 되었다. 또한 구소련의 단기간적인 지원에 의해 비교적 완비한 국민경제 체계를 수립하게 되었다.

둘째, 중국 내에 있어서는 관료자본과 제국주의 자본을 몰수하여 국영 경제가 국가의 주요 경제 명맥을 장악하게 되었다. 1949년 중국의 대형 공업 생산액 가운데 국영 공업이 차지하는 비중은 40%에 달하고 발전량의 58%, 석탄 생산량의 68%, 무쇠 생산량의 92%, 철강 생산량의 97%를 차지하여 모든 철도와 대부분 현대적 교통운송업을 장악하였으며 절대다수의 은행업무와 국내외 무역을 통제하였다(钟契夫, 2000). 상공업에 있어 공사(公私)관계, 노사관계를 조정하여 점차 국가의 관리 범위로 끌어들였다. 다시 말하면 통제와 조정을 통해 상공업의 국가경제와 국민생활에 유리한 면을 활용하는 한편 부정적인 영향을 제한하였다. 이상과 같은 조치의 목적은 국내외 자본계급의 영향을 가능한 한 제거하려는 데 있었다.

3. 평화시기의 전시대비관(1965-1976년)

이 시기에 중국은 전시대비를 중심으로 경제활동을 전개하였다. 이러한 국가적 정책은 경제발전전략이라 말할 수는 없지만 국민경제와 사회에 중대한 영향을 끼쳤고 그 이후의 상당히 긴 시간 동안 중국의 생산력 배치 및 산업구조에도 깊은 영향을 주었다는 점을 감안하면 이는 간과할 수 없다. 따라서 이 시기의 전략을 간략히 되돌아볼 필요가 있다.

(1) 역사적 배경

① 1964년 미국의 베트남전쟁 개입, 중미 간 이데올로기적 대립 및 미국의 중국에 대한 전략적 포위로 정책 입안자가 전쟁의 위협을 느끼게 되었다.

② 중국과 구소련의 관계는 1960년대 후반에 들어서 악화일로를 걷고 있었으며 1969년에는 심지어 국경지대 충돌도 발생하였다. 1977년 『중국공산당 제11차 전국대표대회 보도문』에서도 "미국과 소련은 새로운 세계대전의 발원지이며 특히 소련의 사회제국주의는 보다 높은 위험성을 지니고 있다고……대회에서 표명, 기필코……승세를 타고 전진, 혁명에 매진함으로써 생산 촉진, 전시대비 촉진……"과 같이 표명하였다(「인민일보」, 1977년 8월 21일)

③ 중국의 공업 중심은 여전히 연해 지대에 집중되어 있어 전쟁 중 공격받기 쉽다.

이상의 고려에 근거하여 1965년 4월 중국공산당 중앙위원회는 『전시대비 사업 강화에 관한 지시』를 발표하였는데, 1969년 4월 마오쩌둥(毛澤東)은 중국공산당 제9차 전국대표대회 및 중국공산당 제9기 중앙위원회 제1차 전체회의에서 전시대비를 한층 더 다시 강조하였고, 뒤이어 국민경제 배치에 있어 "전시대비를 중심으로 삼자"고 강조하였으며, 경제건설의 안배를 점차 전시대비 체제로 포함시켰다(赵德馨,1989). 이러한 상황은 1977년까지 지속되었다.

(2) 경제사회발전 실천의 특징

이 시기에 경제사회 발전의 지도 사상은 '전시대비, 기근대비, 국민 중심'으로 요약할 수 있다. 즉 국방 건설을 최우선으로 하고, 3선(線) 지대[13] 건설의 가속화, 공업 배치구조의 점진적인 조정; 농업생산의 발전, 그에 알맞은 경공업 발전, 국민 생활의 점진적인 개선; 기초공업 및 교통운송업 건설 강화; 1, 2선(線) 지대의 생산잠재력을 충분히 발휘; 적극적, 목표적, 중점적으로 신기술을 발전시키고, 세계 선진기술 수준을 따라잡고 추월하기 위해 꾸준히 노력하는 것이다. 이는 실질적으로 국방과 대3선(大3線) 지대 및 소3선(小3線) 지대의 건설을 중심으로 하는 전시대비 계획이었다.

3선 지대 건설은 공업 배치구조의 조정을 힘써 도모하는 것으로 경제 측면에서 보면 이는 균형 발전의 부분적인 특징을 지니고 있는 한편 전략적 수요를 보장하기 위해 이 시기의 인프라 건설과 공업생산에 있어서는 빠른 진도와 높은 생산 지표를 추구하는 등 경제성장을 핵심으로 하는 발전관의 특징도 가지고 있었다. 발전관에 모순된 부분이 이렇

---

13   역주 : '3선(線) 지대'는 전시대비기의 전문용어인데, '1선 지대'는 최전선 지대로 연해 및 국경 지대를 말하고, '2선 지대'는 징광(京廣)철도(北京과 廣州 간의 철도) 연선에 있는 안후이(安徽), 장시(江西), 허베이(河北), 허난(河南), 후베이(湖北), 후난(湖南) 7개 성을 말하며, '3선 지대'는 만리장성 이남, 광둥(廣東) 사오관(韶關) 이북, 징광(京廣)철도선 이서, 간쑤(甘肅) 우챠오링(乌鞘嶺) 이동의 지역으로 쓰촨(四川)(重慶 포함), 구이저우(貴州), 윈난(雲南), 산시(陝西), 간쑤(甘肅), 닝샤(寧夏), 칭하이(青海) 7개 성의 전체와 싼시(山西), 허베이(河北), 허난(河南), 후난(湖南), 후베이(湖北), 광시(廣西), 광둥(廣东) 7개 성의 일부로 구성된 지역을 말하는데, 1, 2선 지대의 배후지역은 '소3선 지대'라하고, 쓰촨(四川), 꾸이저우(貴州), 윈난(雲南), 산시(陝西), 간쑤(甘肅), 닝샤(寧夏), 칭하이(青海) 7개 성은 '대3선 지대'라 한다.

게 존재한 것은 결코 발전 이념 자체의 차이에서 기인하는 것이 아니라 시대적 특징에서 비롯된 것이었다.

당시 정세에 대한 예측이 지나치게 비관적이었고, 이로 인해 전시대비가 경제건설에서 차지하는 비중이 과도하게 높았다. 3선 지대 건설 규모가 너무 크고, 절차상의 요구도 지나치게 급하며 집행 중에 정치운동의 영향도 받아 전략의 실행에 있어 종합적인 균형을 이루기 어려웠기 때문에 경제 정상화에 불리한 요소가 존재하였다. 이 밖에 전시대비전략은 중국의 생산력 배치구조를 어느 정도 개선하였고, 객관적으로 지역 간 경제사회 발전을 조화롭게 하였으며 내륙과 연해지역 간의 경제발전 속도에 있어서도 이 시기에는 대체적으로 균형을 유지하였다. 전시대비전략은 경제발전과 경제효율의 제고를 목표로 삼지 않았기 때문에 경제상황에 대한 개선은 단지 일종의 부산물일 뿐이며 자원배분 측면에서 보면 당시 연해 일대의 자원배분 효율이 제일 높았으나 전시대비로 인해 효율이 비교적 낮은 중서부지역으로 각종 자원이 강제로 배치되었다. 따라서 전시대비전략의 기회비용은 비교적 높고, 경제상황에 대한 개선도 상대적이며 제한적이었다.

4. 개혁개방 이전 발전관의 정신적 유산

사전(事前)의 발전관은 현실적 조건의 제약을 받기 때문에 사람들은 발전관에 대해 다시 깊이 생각하고, 구성요소의 일부를 조정할 수 있다. 경제성장을 핵심으로 하는 발전관에 대한 반성과 성찰은 주로 다음과 같이 세 가지로 요약할 수 있다.

(1) '10대 관계론'에서 구현된 균형발전 이념

마오쩌둥(毛澤東)은 『10대 관계론』에서 현실 속에 나타난 모순과 구소련의 패러다임에 대해 질의를 제기하였다. 『10대 관계론』에는 기본적으로 경제 방면의 조화 혹은 종합적인 균형 사상이 담겨있다. 예컨대 마오쩌둥(毛澤東)은 이 글에서 "중공업은 중국 건설의 중점으로서 반드시 생산재 생산을 우선 발전시켜야 하는데, 이는 이미 정해진 것이다." 라고 지적하였다. 그러나 마오쩌둥(毛澤東)은 동시에 "중공업과 농업 및 경공업 간의 투자비율을 적절히 조정하여 농업과 경공업을 더욱 발전시켜야 한다."라고 생각했다. 아울러 "……농업과 경공업을 더욱 발전시키는 것이 장기적인 관점에서 보면 중공업의 많고 빠른 발전을 가져올 수 있다."라는 시각도 가지고 있었다. 이 밖에 마오쩌둥(毛澤東)은 연해 공업과 내륙 공업과의 관계, 경제건설과 국방 건설과의 관계, 국가와 생산조직 및 개인과의 관계, 중앙과 지방과의 관계, 중국과 외국과의 관계 등에 대해서도 언급하였다. 이는 모두 1956년 이전 발전관에 대한 최종 평가와 성찰이며 이 발전 맥락에 의거하면 중국의 경제와 사회 발전관은 비교적 긴 시간 동안 경제성장을 핵심으로 하는 노정을 벗어날 수는 없었지만 발전 경로에 있어서는 아마도 비교적 큰 변화가 있을 수 있었다. 그러나 여러 가지 원인 특히 국내 정치정세와 정책 입안자의 특성으로 말미암아 이는 현실이 되지는 못하였다.

(2) '제3차 5개년 계획'에서 구현된 인본사상과 균형발전 이념

1965년 국가계획위원회에서는 『제3차 5개년 계획(1966-1970년) 초보적 구상』을 입안하여 다음과 같은 기본 과업을 제시하였다. 첫째, 농업을 크게 발전시키고, 높지 않은 기준에 따라 기본적으로 국민의 먹고 사는 문제를 해결한다. 둘째, 국방 건설을 적절히 강화하는 한편 노력해서 첨단 기술을 공략한다. 셋째, 농업과 국방을 강화하는 사업과 걸 맞게 기초공업을 강화하고, 생산품의 질을 지속 제고하며 품종과 생산 량을 늘린다. 또한 이 구상은 교통운송업, 상업, 문화, 교육, 과학연구 등 사업을 적절하게 발전시키고, 중점적으로 국민경제의 균형적 발전을 추진하며 단편적으로 고속성장만을 추구하지 않음을 밝혔다. 계획 수립은 기본 과업에 걸맞게 농업을 기본으로 삼고 먼저 농업 수요를 고려하는 한편 국방공업의 수요도 동시에 고려한 다음 이 두 방면의 관점에서 중공업을 안배하고, 중공업, 경공업, 농업의 순서를 농업, 경공업, 중공업의 순으로 전환한다(钟契夫, 2000). 이러한 초보적 구상은 사실 경제성장을 핵심으로 하는 발전관의 수정으로서 인간 중심의 발전관을 지니고 있는 것이 특징적이었다. 인간 중심의 발전관은 먼저 국민의 기본적인 수요를 만족시킨 후 다른 방면의 문제들을 다시 고려해야 함을 강조했다. 비록 전시대비로 인해 이 발전규획은 최종적으로 실행되지는 못했지만 계획 수립자와 정책 입안자의 발전관이 전환되었음을 보여줬는데 이러한 전환은 한편으로 현실적인 조건이 사전(事前) 발전관에 대해 제약을 가했기 때문이고, 다른 한편으로 객관적 조건에 대응해 주관적 발전관이 순응하였음을 보여주고 있는 것이다.

(3) 천윈(陳雲)[14]의 종합균형 사상 속의 과학적 발전이념[15]

천윈(陳雲)의 종합 균형 사상은 재정, 화폐, 외환 및 물자와 같은 '4대 균형'과는 실질적으로 다르다. 과학적 발전관이[16] 제창하는 '5대 통합계획'과 비교적 많은 면에서 내적 일관성이 있으며 주로 아래와 같이 몇 가지 방면으로 요약할 수 있다.

① 농업과 공업 간의 조화로운 발전을 통해 도농 간 관계와 농민생활을 개선하고자 하는 사상이다. 첫째, 그는 농공업은 균형 있고 조화롭게 발전해야 한다고 생각했는데, 1950년에는 농업을 소홀히 하거나 국민경제의 약 90%를 차지하는 농업을 방치하여 관심을 가지지 않고 오로지 공업에만 치중해서는 결코 안 된다고 강조하였다. 제2차 5개년 계획 수립 시 그는 "중공업, 경공업, 농업에 대한 투자비례관계는 마오쩌둥(毛澤東)이 『10대 관계론』에서 제기한 방침에 따라 안배해야 한다. 물론 중공업에 대한 투자는 여전히 높은 비중을 차지하고 있지만, 경공업과 농업에 대한 투자 비중을 증가시키려면, 경공업과 농업 생산에 서비스를 제공하는 중공업 투자 역시 늘어나야 한다. 이렇게 되면 공업건설 속도가 일시적으로 느린 것처럼 보일 수 있으나 실제로는 느려질 수 없고 더욱 가속화될 것"이라고 말했다. 1979년 천윈(陳

---

14   역주 : 천윈(陳雲, 1905-1995년)은 중국 국가 지도부의 주요 지도자이며 중국적 사회주의 경제이론의 주요 개척자 및 창시자이다.

15   刘瑞, 武少俊 : 『社会经济发展战略与规划 : 理论、实践、案例』, pp.11-25, 北京 : 中国人民大学出版社, 2006.

16   역주 : 과학적 발전관은 후진타오(胡錦濤) 시대에 수립된 국가의 발전관이며 이에 관한 세부 내용은 본장 제2절을 참조하기 바란다.

雲)은 당시의 '양약진(洋躍進)'에 대해 "가장 큰 문제는 물론 농업과 공업 간의 불균형이며……'농경중(農輕重)' 순서로의 배열은 곧 중국적인 혁명에서 실천된 마르크스주의이다."라고 지적했다. 그 다음으로, 그는 도농 간의 교류가 경제의 조화로운 발전을 촉진시킬 수 있다고 인식했다. 신 중국 수립 초기 도시의 상품 판매 부진 문제를 해결 시에 그는 당시 농민 구매력 상승의 유리한 상황에 근거하여 '농산품 수매를 통한 농민의 구매력 제고' 방안을 절묘하게 취함으로써 공업제품 판매를 촉진시켰다. 1951년 식량문제를 기본적으로 해결한 후 그는 또한 도농 간 교류를 통한 농공업 간 조화로운 발전의 실현을 대대적으로 주장하였다.

② 경제발전과 인구 증가를 조화롭게 하는 사상이다. 마인추(馬寅初)[17]의 인구론이 비판을 받던 같은 해 천원(陳雲)도 '출산억제 필수론'을 제기하였다. 그는 중국공산당 제8기 중앙위원회 제3차 전체회의에서 "2차 5개년 계획 기간에 1인당 식량 공급량은 증가되기 어렵고 오히려 하락 추세가 나타날 수 있다. 주요 원인은 첫째, 인구증가로……국민의 생활수준을 제고하는 데 있어 하나의 중요한 조건은 바로 아이를 덜 출산하는 것"이라고 말했다. 그 후 그는 인구증가를 제한하여 경제발전에 대응하자고 여러 차례 강력히 호소하였다.

③ 국내외 개방과 상호 간의 관계를 조화롭게 하는 사상이다. 천원

---

17   역주 : 마인추(馬寅初, 1882-1982년)는 중국의 유명한 경제학자, 인구학자, 교육학자이며 신 중국 수립 후 그는 중앙재정위원회 부주임, 화동 대행정구 군정위원회 부주임, 베이징(北京)대학교 총장 등 직을 역임한 바 있다.

(陳雲)은 특히 수출입 간의 조화를 매우 중시하였다. 그는 국제무역을 과잉과 부족을 조절하는 수단으로 삼았고, 이와 동시에 수입도 역시 종합적인 균형을 이루는 데 중요한 고려 요소로 여겼다. 이 밖에 외국의 경험과 자금을 활용하면서도 그에 따른 부정적인 효과를 피할 것을 특히 강조하였다.

이상의 세 가지 방면 외에 천원(陳雲)은 균형적인 지역 발전 등에서도 많은 생각을 가졌는데 이는 과학적 발전관과 일맥상통한다. 그는 온 나라의 경제가 하나의 장기판과 같이 서로 연관되어 있음을 강조하는 한편 생산요소 흐름 속에 존재한 집단 이기주의 장벽을 극복할 것을 요구하였고, 각 지역의 산업 배치에 있어 합리적인 구조를 이루는 것을 중시하였다.

제2절 개혁개방 이래 발전관의 진화

1978년 이래 중국의 경제사회는 세계가 주목할 만한 발전을 이루었고, 지도사상(발전관)과 경제사회발전 간의 상호작용도 역시 두드러졌다. 이 수십 년 동안에 있어 사람들의 발전관에 대한 인식은 자발적 단계에서 자각적 단계로 변화하는 과정을 경험했다. 전반적으로 보면 그 인식 과정은 세 가지 단계를 거치는데 첫째, 경제성장 중심의 발전관을 자발적으로 채택한 단계이고, 둘째, 경제성장 중심의 발전관을 계속 유지하는 동시에 그에 대한 자각적 반성을 이미 시작한 단계이며 셋째, 과학적 발전관을 제기한 단계이다.

1. 경제성장을 핵심으로 하는 발전관
(1978년에서 1990년대까지)

1978년 중국공산당 중앙위원회는 '계급투쟁 중심'의 슬로건 사용을 과감히 중단하고, 당의 사업 중점을 사회주의 현대화 건설로 전환하는 전략적 결정을 하였다. 사실상 이러한 발전관 지도 아래 중국 경제사회는 천지개벽과 같은 변화가 일어났고, 빠른 경제성장과 더불어 국민 생활 수준이 크게 향상되었다.

발전관의 핵심적인 가치 성향에서 보면 1978-1990년간의 발전관과 1949-1965년간의 발전관 사이에는 많은 유사성이 있는데 그것은 모두 경제성장 중심의 발전관이라는 점이다. 전반적으로 보면 이러한 발전관은 중국 당시 실제상황에 부합했다. 첫째, 중국이 '문화대혁명'을 겪은 이후 국민경제는 붕괴직전에 이르렀고, 국민 생활 수준이 낮아짐에 따라 빠른 경제발전을 추진하는 것이 정부의 급선무였다. 둘째, 세계경제 발전이 중국에 어느 정도의 압박을 가져다주었다. 중국과 선진국 간의 격차가 줄어들지 않고 오히려 확대되는 추세이며 또한 일부 주변 국가들은 신흥공업국으로 신속한 발전을 이루었다. 낙후되면 얻어맞는다는 교훈은 정부로 하여금 경제성장을 적극적으로 촉진하는 원동력이 되었다. 셋째, 세계적인 '평화 및 발전' 흐름에 대한 적절한 판단 역시 중국이 발전에 몰두하게 만들었다. 넷째, 중국 경제는 환경보호, 자원 등의 문제에 대해 충분히 고려할 수 있는 능력이 부족하였고, 중국이 경제발전 추진으로 얻은 수익도 환경과 자원 비용보다 훨씬 컸다. 다섯째, 경제체제 개혁과 발전에 있어 아직 심화된 단계가 아니어서 경제성장이 가져다주는 복지를 대다수 국민이 함께 누릴 수 있었으며 이러한 성장은 절대다수 국민의 환영을 받았다.

그러나 이론에 대한 자각이 부족함으로 인해 이 시기의 발전관은 기본적으로 발전과 경제성장을 같은 개념으로 인식하여 "발전적인 방법으로 발전과정에서 나타난 문제를 해결해야 한다"는 것을 "경제성장을 가속화하는 방법으로 사회적 갈등을 해결해야 한다"는 것으로 인식하였다. 분배 측면에 있어서는 "효율 우선과 함께 공평함을 고려한다"는 원칙을 어떤 경우에는 "효율 우선, 공평을 고려하지 않는 것"으로 이해하고 왜곡하였다. 이로 인해 그 후기에는 사회 발전보다 빠른 경제발전, 경제구조의 불균형과 같은 문제를 초래하였다.

이론의 발전에는 실천이 필요한데 개혁개방 이전의 중국은 경제성장 중심의 발전관에 따라 착실한 발전을 이행할 수 있는 시간이 그다지 많지 않았다. 오랫동안 정치적 운동이 경제사회 발전을 가로막았고, 사람들은 이러한 발전관의 긍정적, 부정적 효과에 대해 아직 충분한 인식을 갖지 못했으므로 이러한 발전관의 합리성에만 관심을 가졌다.

주목할 만한 것은 이 시기의 발전관에 있어 이미 몇 가지 새로운 특징이 나타나기 시작하여 발전관 진화를 위한 근거를 제공했다는 점이다. 예컨대 이 시기에 '3단계' 전략이 실행되었는데 이러한 전략은 기본적으로 일종의 추월 전략이었지만, 두드러진 특징 중의 하나는 국민 생활 상황의 개선과 국민 생활 수준의 제고 관점에서 발전전략 목표를 기술했다는 점이다. '기본생활수준(溫飽型)', '중등생활수준(小康型)', '부유생활수준(富裕型)'과 같은 직관적인 표현을 사용해 중국 현대화 목표를 기술함으로써 인간 중심 발전관의 내포를 부분적으로 드러냈다. 이러한 사상에는 그 이론과 실천의 근원이 있었다. 1956년 마오쩌둥(毛澤東)은 『10대 관계론』에서 이미 조화로운 발전에 대한 의식을 나타냈으며 1965년 전시대비로 인해 포기된 '제3차 5개년 계획'에서는 국민 생활에 대한 중시가 한층 더 두드러지게 되었고, 천윈(陳雲)의 경제사상 속에서도 유사한 관점을 포함하고 있었다. 즉 중국공산당이 사회주의 건설 사업을 이끌어가는 과정 속에 인본사상이 줄곧 존재해왔음을 알 수 있다. 그러나 이러한 사상은 일정한 정도의 경제사회적인 기초가 갖춰져야만 주류 사상으로 발전할 수 있는데 개혁개방 초기 단계에서는 경제사회 기초가 부족함에 따라 경제성장 중심의 발전관이 현실적인 합리성을 갖게 된 것이다.

2. 자각적 반성과 발전관의 탐구(1990년대)

발전 중에 있어 경제성장에 대한 지나친 강조는 많은 부작용을 가져 왔다. 사회 발전이 경제성장보다 뒤떨어졌고, 지역 간 격차가 끊임 없이 커졌으며 도농 간 격차의 지속적인 확대가 한층 더 악화되기 시작했다. 경제의 구조적 모순 또한 지속 가능한 경제발전에 대한 원동력을 부족하게 만들었다. 이 밖에 생태계 파괴, 자연자원 부족의 압력이 점차 두드러졌다. 이 모든 것으로 인해 사람들은 발전 지도 사상에 대해 부득이 반성하기 시작하였다.

이와 동시에 국제적인 발전관의 변화가 중국의 발전관에 대한 반성을 촉진시키는 중요한 역할로 작용하였다. 1992년 중국이 브라질 리우데자네이루 국제연합 환경 및 발전대회에 참가한 후 대회에서 내세운 인류 전체 이익 중심의 발전관이 중국 사상계에 점차 영향을 주기 시작하였다. 1994년 중국에서 발표한『중국 21세기 어젠다』는 중국의 지속 가능한 발전전략의 출범을 상징하며 인류 전체 이익 중심의 발전관이 중국의 발전관 변천에 현실적인 영향을 미쳤음을 보여주었다.

중국 경제사회의 지속 가능한 발전에 대한 내적 필요성과 외부 이념의 도입은 중국의 발전관 반성에 대해 두드러진 역할을 하였다. 2001년에 제정된 '10차 5개년 계획'의 지도 방침 중에 중국은 "구조조정을 주요 실마리로 견지하고, 산업구조조정을 소유제 구조, 지역 구조, 도농 구조조정과 결부시키며", 아울러 "인구, 자원, 생태 및 환경문제를 고도로 중시하고, 식량, 물, 석유 등 전략자원 문제를 서둘러 잘 해결하며 지속 가능한 발전전략의 실행을 새로운 수준으로 제고한다."라고 명확히 제기하였다. 이 시점부터 과학적 발전관이 정식으로 제기될 때까지 겨우 2년 정도의 시간이 걸렸다.

정부가 지속 가능한 발전이 중국과 같은 인구대국에게 중요한 의미를 가진다고 깨달은 이후 제도, 홍보, 재정 투입 등에 있어 많은 노력을 기울였다. 예컨대 정부는『중국 21세기 어젠다』를 내세워 환경보호, 자원 보호 등에 있어 정부의 기능과 역할을 강화하였고, 1998년 이후 '서부(지역)대개발'의 기회를 더욱 활용하여 '경작 중지, 초원 복원' 등 조치를 추진하였다. 그러나 이 시기의 주도적인 발전관은 여전히 전통적인 경제성장 중심의 발전관이었다는 사실은 부인할 수 없다. 경제발전의 성패가 상당 부분 지방 행정 수장의 중요한 평가 지표가 되어 대부분의 지방정부는 현지의 경제성장을 추진하는 데 있어 전력을 다했지만 자원, 환경, 사회보장 등 문제에 대한 관심은 턱없이 부족했고, 이

중국 경제발전 전략과 규획의 변천 및 혁신

와 동시에 도농 간 및 지역 간 격차는 지속적으로 확대되었다.

따라서 발전관의 이념이 실행되기 위해서는 반드시 당시의 상황에 부합해야만 한다는 것을 알 수 있다. 즉 그 시대 사람들의 생존과 발전을 기본적으로 해결하지 못할 경우 사람들은 세대 간 공평 문제에 대한 관심을 제한적으로 둘 수밖에 없다. 경제발전 정도가 높지 않을 시기에 유력한 제도적 보장이 없다면 사람들이 대량의 자원을 지속 가능한 발전에 사용하기가 아주 어렵다. 그럼에도 불구하고 세기가 바뀌는 이 시점에서 중국 경제사회 발전에 있어 새로운 발전 이념에 대한 요구가 강하게 일어났고 이에 따라 새로운 과학적 발전관이 출현하게 되었다.

3. 과학적 발전관의 형성(21세기 이래)

21세기 초 중국은 계획된 경제발전의 과업을 앞당겨 완성하여 주목할 만한 성과를 이뤄냈지만 여러 가지 문제도 두드러졌다. 예컨대 의료위생, 교육 등의 1인당 평균 투자에 있어 세계 순위가 계속해서 하락하였고, 지역 간 및 도농 간 격차가 더욱 확대되었으며 생태환경의 악화, 자원 부족의 압력 또한 두드러질 뿐만 아니라 생산력 과잉과 내수 부진과 같은 문제도 공존하였다. 중국의 경제사회 발전은 이미 임계점에 다다라 위와 같은 문제를 해결하지 않고서는 기존의 경제발전을 지속할 방법이 없었다.

또한 이 시기에 10년간의 탐색으로 인해 중국 정계와 지식층은 발전에 관한 문제를 더 논증적으로 다루게 되었다. 따라서 중국공산당 제16기 중앙위원회 제3차 전체회의에서 제출된 "인본적, 전면적, 조화로운 지속 가능한 발전관의 견지"는 시대적인 요구에 따라 나타나 지지를 얻었다고 말할 수 있다. 그 후 과학적 발전관에 대한 이론이 끊임없이 풍부하고 충실해져 "가장 중요한 요지는 발전, 핵심은 인본주의, 기본적인 요구는 전면적이고 조화로운 지속 가능함이며, 근본적인 방법은 통합적으로 계획하고 두루 돌봄"이라는 이론적 체계를 갖추었으며 이 이론적 체계와 조화로운 사회 건설의 목표가 어우러져 중국 사회주의 현대화를 순조롭게 완수하는 중요한 이론적 토대를 확보하게 되었다.

현실적인 배경에서 보면 과학적 발전관의 제기 및 과학적 발전관이 보여주는 강대한 생명력은 결코 우연이 아니며, 중국 경제사회 발전이 더 높은 단계로 발전하는 시기에 국내외 환경조건이 서로 작용한 결과라고 할 수 있다.

첫째, 개혁개방 수십 년 동안에 중국의 국민경제가 빠른 발전을 이루었고, 정부는 발전 과정 중에 나타난 문제를 해결할 수 있는 비교적 충분한 재정적 능력을 갖추게 되었다.

둘째, 수십 년간의 발전을 거치면서 경제의 규모적인 확대는 이미 중국의 절박한 과제가 아니었으며 성장의 질과 사회적 효과 측면이 부차적인 갈등에서 점차 발전과정에 있어 중요한 갈등이 되었다. 샤오캉(小康) 사회의 전면적 건설이라는 새로운 단계로 들어선 후 중국은 마침 경제 및 사회가 전환되는 중차대한 시기에 놓이게 되어 각종 사회 이익 관계를 어떻게 통합적으로 계획하고 두루 돌볼지, 사회의 중대한 문제들을 어떻게 적절히 해결하는가가 향후 경제사회가 나아갈 방향을 상당 부분 결정하고 있었다. 이러한 역사적 조건 하에 조화로운 발전에

중국 경제발전 전략과 규획의 변천 및 혁신

대한 문제가 자연스럽게 부각되었다.

이론적 관점에서 보면 과학적 발전관은 전통적인 경제성장 중심의 발전관을 지양하는 것이며 다년간에 걸친 발전 이념에 대한 탐구에서 얻은 결과라고 할 수 있다.

첫째, 이러한 발전관은 '전면적'을 강조하였는데, 이는 중국공산당 제16차 전국대표대회에서 "낮은 수준, 비전면적, 불균형적 발전의 샤오캉(小康)"을 "보다 발달한 경제, 건전한 민주주의, 진보한 과학 및 교육, 번영한 문화, 조화로운 사회 및 윤택한 국민 생활"을 통해 "수십억 인구에게 혜택이 미치는 보다 높은 수준의 샤오캉(小康) 사회"로 발전시키는 것과 맥을 같이 한다. 실제적으로 경제발전과 사회 발전을 조화시키는 것이며 최종적으로 다 같이 부유해지는 것으로서 "일부 지역과 일부 사람이 먼저 부유해지는 것에 대한 허용"을 더 이상 강조하지 않았다.

둘째, 이러한 발전관에는 통합적으로 계획하고 조화롭게 조정하는 사고가 두드러졌는데 즉 경제사회 발전 가운데에서 나타나는 지역 간, 도농 간의 커다란 격차 문제를 해결하는 것에 역점을 둬 전체 사회의 조화로운 발전과 공동 진보를 촉진하였으며 이러한 문제들은 '제10차 5개년 계획'에도 반영되었다.

마지막으로, 이러한 발전관은 경제발전의 지속 가능성을 강조하였다. 이는 중국공산당 제16차 전국대표대회에서 보고한 전면적인 샤오캉(小康) 사회 건설 목표 중 하나인 "지속 가능한 발전능력의 지속적인 강화, 생태환경의 개선, 자원 이용 효율의 현저한 제고, 사람과 자연 간의 조화로움 촉진, 전체 사회에 있어 생산이 발전하고, 생활이 부유하며, 생태계가 양호한 문명 발전의 길로 진입을 추진하는 것"과 서로 부합되었다.

이리하여 이론적 준비는 현실적 요구와 함께 과학적 발전관 탄생을 촉진시켰음을 알 수 있다.

제3절 중국의 국가 발전전략 전개 과정

1. 신(新)중국 수립에서 중국공산당 제11기 중앙위원회 제3차 전체회의 이전까지의 발전전략

중화인민공화국 수립 직후 중국공산당과 국가의 지도자들이 직면하게 된 중대한 과제는 가능한 한 빨리 '농공업의 낙후, 문화와 과학기술의 낮은 수준'에서 벗어나고, 경제발전과 현대화 건설을 가속화하여 강국의 꿈을 실현하는 것이었다. 당시 중국에서는 사회주의 공업화 경로에 관한 토론이 전개되었다. 비록 '발전전략'이라는 개념을 제시하지는 못하였지만 기본 방침과 정책과 같은 형식을 통해 국가 발전전략의 사상을 실질적으로 구현하였다.

신 중국 수립 초기 중국공산당의 미래 국가 발전에 대한 구상은 우선 신민주주의 경제를 발전시키고 경제와 사회가 일정 수준으로 발전한 후 다시 사회주의로 전환한다는 것이었다. 이러한 전략에 따라 국가는 신민주주의 경제 요소를 보호하는 정책을 채택함으로써 비교적 빠르게 국민경제의 회복을 촉진시켰다.

중국 경제발전 전략과 규획의 변천 및 혁신

1953년 국민경제의 회복에 따라 중국공산당은 과도기의 기본방침과 정책을 "상당한 기간 동안 국가의 사회주의 공업화를 점진적으로 실현하는 한편 농업, 수공업 및 자본주의 상공업에 대한 사회주의 개조를 점차 완성하는 것이다."라고 제시했다. 이러한 기본 방침과 정책 아래 '제1차 5개년 계획'은 상당한 성과를 거두었고, 국민경제의 종합적 능력이 현저히 향상되었다. 그러나 그 이후에는 '좌경' 노선의 방해로 인해 당과 국가의 역점 사업이 경제건설에서 벗어나고, 발전전략 채택에 있어서도 실책을 범하면서 관련 발전전략 또한 효과적으로 실행되지 못했다.

　　1950년대 말 3년간의 경제 회복과 더불어 '제1차 5개년 계획'의 성공적인 실시로 중국 경제발전은 비교적 순조로웠으나 동서 양대 진영의 투쟁과 경쟁은 매우 치열했다. 가능한 한 빨리 경제능력을 제고하고, 투쟁 중에서 주도권을 얻기 위해 중국은 '영국을 추월하고, 미국을 따라잡자'라는 전략과 '대약진(大躍進)' 전략을 제기하였다. 이 전략은 '열의를 북돋우고, 보다 높은 목표를 성취하기 위해 힘쓰며 더 많이, 더 빨리, 더 좋게, 더 적은 비용으로 사회주의 건설'이라는 기본방침과 정책으로 구현되었다. 대규모 군중 운동을 통해 인적, 재정적, 물적 자원을 집중 동원하여 중공업을 중점적으로 발전시키고, 특히 철강, 식량 등 중요한 품목의 생산량을 늘려 사회주의 공업화를 이루고자 하였다. 그러나 서둘러 목적을 달성하려고 하면서 실제 상황에서 상당히 벗어났기 때문에 결과적으로 국민경제는 크게 후퇴하여 어쩔 수 없이 3년 간 조정기를 거쳐야만 했다. 그러나 이 같은 조정은 경제 균형을 잃은 비례 관계에 대한 일시적 조정에 그쳤을 뿐 전략적 지도 사상에 대한 철저한 반성은 없었다.

1964년 12월 중국은 '4대 현대화'라는 전략목표를 제기하면서, 현대화 건설의 2단계 전략을 제시하였다. 제1단계는 약 3개의 '5개년 계획' 기간을 이용해 독립적이고 비교적 완전한 공업 체계 및 국민경제 체계를 확립하는 것이고, 제2단계는 비교적 짧은 시기 내에 공업, 농업, 국방, 과학기술의 현대화를 실현함으로써 중국 경제가 세계에서 선두를 달리는 것이다. 그러나 이 전략은 얼마 지나지 않아 10년간 지속된 '문화대혁명'에 의해 중단되어 현대화 건설이라는 목표 및 2단계 전략 모두 물거품이 되고 말았다.

1976년 10월 '4인 집단' 몰락 후 새로운 지도자 앞에 놓인 가장 중요한 과제는 국민경제 발전의 정체와 혼란 국면을 신속히 수습하고, 각종 경제사업을 본격적으로 회복하는 것이었다. 그러나 오랜 기간에 걸쳐 존재해 왔던 '좌경'의 과오를 전면적으로 청산하지 못하고, 전략 배치에 있어서 다시 맹목적인 '양약진'이라는 목표와 세계 선진 수준을 '추월'하는 높은 지표를 제시함으로 말미암아 국민경제 발전은 다시 답보 상태에 빠지게 되었다.

총체적으로 보면 이 단계의 국가 발전전략은 전통적인 발전전략에 속한다. 전략의 지도 사상은 사회주의 제도의 우월성을 충분히 발휘하여 경제능력 면에서 선진국을 급속히 따라잡는 것이고, 전략의 주요 목표는 국민경제를 고속으로 발전시키는 것이며 전략의 역점은 중공업을 발전시키면서, 중공업의 생산수단을 이용해서 농업, 경공업 및 다른 산업부문을 점진적으로 갖추어 독립적이고 완전한 공업 시스템과 국민경제 체계를 수립하는 것이다. 또한 전략의 주요 조치는 고도로 집중된 계획 체제와 자력갱생을 통해 전 사회의 자원을 동원하고, 대규모의 자금, 생산수단 및 노동력을 투입해서 빠른 경제성장을 촉진하는 것이다.

이상과 같은 발전전략이 이루어지게 된 것은 중국 내의 경제상황 및 정치적 지도 사상과 관련된 면이 있겠지만 그 외에 당시 국제정치와 경제 구도 면에서도 그 이유를 찾아볼 수 있다. 신 중국 수립 초기 서방 국가의 대중국 봉쇄 및 수출 금지 정책으로 인해 중국은 소련 등 국가와만 관계 발전을 할 수 있었고, 소련의 발전 패러다임을 본보기로 삼아 중국의 발전 경로를 선택할 수밖에 없었다. 아울러 당시 중국의 공업 그 중에서도 특히 중공업이 낙후되어 국민경제 발전을 심각하게 제약하고 있었다. 이러한 상황 역시 중국으로 하여금 중공업 중심으로 현저한 성과를 거둔 소련의 발전 패러다임을 쉽게 받아들이게 만들었다.

2. 경제 건설 중심의 불균형적 추월 전략
(1978년에서 1990년대까지)

(1) '4대 현대화'에서 '3단계' 발전전략 목표까지

중국공산당 제11기 중앙위원회 제3차 전체회의는 중국이 개혁개방이라는 새로운 시기로 진입하였음을 상징하였다. 객관적인 정세 변화와 역점 사업 전환에 따라 중국의 발전전략에도 근본적인 변화가 일어났다. 덩샤오핑(鄧小平)은 인구가 많고, 기초가 약하며 발전의 불균형과 같은 중국 국정 및 세계 현대화 진척 과정의 규율에 착안하여 '4대 현대화' 전략목표를 재검토함으로써 점진적으로 '3단계' 전략 사상을 이루어냈다. 1982년에 열린 중국공산당 제12차 전국대표대회에서는 중국 경제발전 잠재력에 대해 정확히 예측하여 "공업, 농업, 국방 및 과학기술의 현대화를 점진적으로 실현하고, 중국을 고도로 문명적이고, 민주적인 사회주의 국가로 건설"하는 임무를 제시하였다. 동시에 샤오캉(小康) 국가 실현을 20세기 말의 성취 목표로 삼아 향후 20년 기간을 두 단계로 나눠 나아간다는 전략적 절차를 제기하였다. 그것은 첫 10년 간은 기초를 다지고, 역량을 축적시켜 여건을 마련하며, 그 다음 10년 간은 새로운 경제진흥의 시기로 진입하는 것이다. 1987년 당의 제13차 전국대표대회에서는 기존에 사용하던 두 가지 '고도'라는 표현을 수정해서 "중국을 부강하고, 민주적이고, 문명적인 사회주의 현대화 국가로 건설한다."라고 제기하면서 완비한 '3단계' 전략 구상을 정식으로 제시하였다. 즉 제1단계는 국민총생산을 1980년보다 두 배로 증가시켜 국민의 먹고사는 문제를 해결하고, 제2단계는 20세기 말까지 국민총생산을 다시 배로 늘려 국민 생활을 샤오캉(小康)이라는 중등 수준에 이르게 하며 제3단계는 21세기 중엽에 1인당 국민총생산이 중진국 수준에 이르러 비교적 부유한 국민 생활 및 현대화를 기본적으로 실현한다는 것이다. '4대 현대화' 전략과 비교하면 이 '3단계' 발전전략의 내용이 더 풍부하며 경제발전 측면에서 현대화 전략을 고려했을 뿐만 아니라 정치, 문화 및 전체 사회 발전의 관점에서도 국가 발전을 꾀하였다. 또한 그 발전의 '3단계'가 보다 합리적인 이유는 먹고사는 문제 해결에서부터 현대화 실현에 이르기까지의 시간이 상당히 길고, 각 단계의 사회경제 발전의 수준 차이가 크므로 샤오캉(小康) 사회 실현을 반드시 거쳐야 하는 과도 단계로 삼는 것이 발전의 일반적인 규율에 더 부합되기 때문이다.

중국 경제발전 전략과 규획의 변천 및 혁신

이상과 같은 발전전략은 '제6차 5개년(1981-1986년) 계획'과 '제7차 5개년(1986-1990년) 계획'에서 모두 구현되었다. '제6차 5개년 계획'의 기본적인 요지는 "조정, 개혁, 정돈, 제고"의 방침을 관철시켜 과거 오랫동안 경제발전 과정 속에 남아있는 문제 해결을 모색하여, "속도가 적절하고 경제효과가 비교적 좋으며 국민들이 더 많은 혜택을 받을 수 있는 새로운 길"로 나아간다는 것이다. '제7차 5개년 계획'은 '3단계' 전략을 기본적인 지도 사상으로 한다는 것을 명확히 하여 개혁을 추진하며 이러한 개혁과 건설 간의 관계를 조화롭게 하면서 지속적이고 안정적인 경제성장을 유지함으로써 1990년대 경제진흥의 기틀을 닦았다. 계획의 지표 면에 있어서도 '제7차 5개년 계획'은 총량 지표를 사회 총생산에서 국민 총생산으로 바꿈으로써 '3단계' 전략 목표와 보다 더 부합하게 되었다.

(2) 불균형적 발전의 경로

급속한 경제발전의 실현, 먹고사는 문제 해결의 조기 달성 및 샤오캉(小康) 사회로의 진입을 위해 중국은 전략적 경로 선택에 있어 불균형적인 발전 경로를 채택하였는데 구체적으로 다음과 같은 몇 가지 방면에서 구체화되었다.

① 3대 분야, 5대 중점 부문이 전략의 중심이 되었다. 농업 및 기반시설의 낙후, 교육 및 과학의 미발달 상황에 대응하여 중국공산당 제12차 전국대표대회 보고는 향후 약 20년 동안에 농업, 에너지, 교통, 교육 및 과학 부문을 경제발전전략의 중점으로 삼는다고 제기했고, 중국공산당 제13차 전국대표대회 보고에서는

이러한 전략적 중점 부문 발전에 대해 다시 강도 높은 요구 사항을 제시하였다.

② 연해지역이 발전의 선도자가 되었다. 지역의 상대적인 우위를 살리고, 투자 효과를 제고하기 위해 이 시기에 있어 중국은 불균형적인 지역 발전 패러다임을 채택하였다. '제6차 5개년 계획'에서는 연해지역의 경제 기반을 적극적으로 활용하고, 그 우위를 살려 내륙지역 경제의 진일보한 발전을 이끌어 나아가는 한편 내륙지역은 자원, 원자재, 농업 등의 생산 공급기지 역할을 담당하여 연해지역 발전을 지원함으로써 경제 전반의 효율을 향상시킬 것을 제시하였다. '제7차 5개년 계획'에서는 효율 우선, 불균형 발전 사상을 더욱 명확히 구체화하였으며 처음으로 동부, 중부 및 서부와 같이 3대 경제지대로 구분하여 이 3대 경제지대에 대해 서로 다른 목표를 제시함으로써 동부에서 서부까지 연해에서 내륙까지 산업 및 기술의 발전 순위가 형성되게 되었다.

③ 먼저 부유한 자를 장려하여 그가 그렇지 못한 자를 이끌어 함께 부유함을 실현한다. 일부 사람이 먼저 부유해지는 것을 허용한다는 것이 이 시기의 슬로건이었고 발전 측면에 있어서도 현실적이었다. 소득 분배에 있어 국가, 단체, 개인 간의 점유율에 현저한 변화가 생겨 국가의 소득 점유율이 낮아지고, 단체와 개인의 점유 비율이 높아졌다. 개인 소득 분배 측면에 있어 1979-1984년에는 주로 농촌 주민들에게 치중되었다. 농가생산청부

중국 경제발전 전략과 규획의 변천 및 혁신

제[18]의 시행과 농업 부산물 수매가의 대폭 상승으로 농민 소득이 비교적 빠르게 증가했다. 그 결과 도시와 농촌 주민의 소득 비교 시 1978년 2.52:1에서 1984년에는 1.84:1로 변했다. 1985-1991년에는 소득 분배가 도시 주민에게 치중되기 시작하였는데 도시 경제체제 개혁 전개에 따라 각종 소유제 경제가 발전하기 시작하여 도시 주민의 소득 경로가 현저히 증가하였다. 도시 주민 소득과 비교하면 1985년 1.86:1에서 1991년에는 2.40:1로 변했다.[19] 도시 주민 중에서는 동부지역의 주민소득이 가장 빨리 증가했으며, 삼자기업(三資企業)[20] 및 민영기업 종사자의 소득과 국유기업 및 단체기업 종사자 간의 소득 격차도 점차 확대되었다.

(3) 제1단계 전략 목표의 조기 달성

'3단계' 발전전략에 따라 '제6차 5개년' 및 '제7차 5개년' 이 두 차례 계획의 실행을 통해 중국 경제능력이 크게 제고되었고, 국민 생활이 현저히 개선되었으며 농업, 기반 시설, 교육 및 과학도 강화되었다. 경제성장, 공업, 농업, 인프라 건설, 도시 및 농촌 주민 소득 등 측면에서 이 두 차례 계획의 지표와 실제 집행 결과를 비교해 보면(〈표 3-1〉 참조) 이 기간 중 경제성장 속도가 계획치를 넘어선 것을 알 수 있으며 특히

---

18   역주 : 농민들이 국가와 개별 계약을 통해 국가에 곡식을 팔고, 나머지는 시장에 내다 팔아 개인의 이윤 동기를 자극해주는 정책이다.

19   国家统计局 :『中国统计概要』, p.108, 北京 : 中国统计出版社, 2006 참조.

20   역주 : 삼자기업(三資企業)은 외상투자기업의 세 가지 유형으로 합자기업, 합작기업, 단독투자기업을 말한다.

'제6차 5개년 계획' 기간에서 더욱 두드러졌다. 1987년에 국민총생산 (GNP)이 11954.5억 위안(현재 가격)으로 불변가격으로 계산하면 1980년 의 2.1배에[21] 달하여 1980년 대비 국민총생산을 두 배로 실현한다는 당 초 목표를 조기 달성함으로써 국민의 먹고사는 문제를 기본적으로 해 결하였다. 그러나 개혁과 발전을 실천하는 과정 속에서 급하게 서두르 는 경향도 없지 않아 거시경제에 비교적 큰 파장을 불러일으켰다. 특히 1988년에 심각한 인플레이션 발생으로 3년간 경제에 대한 관리와 정돈 조치를 취할 수밖에 없었고, 수급 불균형이 완화되었음에도 불구하고 수요 둔화 및 구조적 불균형 등의 문제가 남게 되었다.

〈표 3-1〉 제6차 5개년 계획과 제7차 5개년 계획 기간의 경제사회 발전 현황

시기		경제성장률(%)	연평균 공업총생산 증가율(%)	연평균 농업총생산 증가율(%)	건설규모 (억 위안)	연평균 임금증가율 (%)	연평균 농민 1인당 순소득 증가율(%)
제6차 5개년 (1981- 1985년)	계획	4(국민소득)	4-5	4	3600	4.9	6
	실제	9.7(국민소득)	11.3	8.1	7997.6	8.6	13.7
제7차 5개년 (1986- 1990년)	계획	7.5(국민총생산)	7.5	4	12960	4	7.6
	실제	7.8(국민총생산)	13.2	4.8	19744	4.1	4.2

자료출처: 姚开建: 『改变中国的十个"五年计划"』, 北京 : 中国经济出版社, 2003; 郭子诚: 『中华人 民共和国计划史』, 石家庄 : 河北人民出版社, 1993; 刘瑞: 『社会经济发展战略与规划 : 理论, 实践 和案例』, 北京 : 中国人民大学出版社, 2006.

---

21   国家统计局: 『中国统计年鉴』, 北京 : 中国统计出版社, 2002 참조.

3. 전면적이고 조화로운 발전을 추구하는 체계적 전략
(1990년대)

(1) '샤오캉(小康) 사회'에서 새로운 '3단계' 전략목표까지

1990년대에 들어선 후 장쩌민(江澤民)을 핵심으로 한 새로운 국가 지도부가 현대화 건설의 제2단계 전략 목표를 겨냥해 새로운 단계의 발전전략을 마련하기 시작했다.

당시 세계 정치 경제 형세에 거대한 변화가 일어났다. 1980년대 말 90년대 초 무렵 구소련이 해체되고 동유럽이 격변하면서 양극 냉전시대가 종식되어 세계는 다극화 발전 추세에 직면하게 되었다. 또한 정보기술을 중심으로 한 신기술 혁명 물결이 생산력 발전을 크게 향상시키면서 경제의 글로벌화 발전을 촉진하였다. 중국 내 정세를 보면 개혁개방 이래 수십 년간 빠른 경제 발전으로 전 국민의 먹고사는 문제가 기본적으로 해결된 한편 새로운 일련의 문제와 도전에 대응할 수밖에 없었다. 예컨대 어떻게 경제성장의 질과 효과를 제고할 것인가? 어떻게 경제성장과 날로 심각해지는 자원 및 환경과의 제약관계를 해결할 것인가? 어떻게 끊임없는 소득격차의 확대로 인한 사회적 갈등을 대처해 나아갈 것인가? 이러한 문제들은 경제성장이라는 범주를 넘어서 보다 넓은 시각에서 국가 발전전략을 재조명할 필요가 있었다.

이러한 배경에서 1990년 중국공산당 제13기 중앙위원회 제7차 전체회의에서 통과된 『중국공산당 중앙위원회 국민경제와 사회 발전에 관한 10년 규획 및 '제8차 5개년 계획'에 관한 제안』과 그 후에 제정된 '제8차 5개년 계획'은 향후 10년간의 주요 임무를 현대화 건설의 2단계 전략목표 실현을 위한 노력과 국민경제의 전반적인 체질을 새로운 수준으로 끌어올리는 것으로 정하고 샤오캉(小康) 목표를 구체적으로 제시하였다. 1995년에는 중국공산당 제14기 중앙위원회 제5차 전체회의에서 통과된『중국공산당 중앙위원회 국민경제와 사회 발전에 관한 '제9차 5개년 계획'과 2010년 장기 목표에 관한 제안』및 그 후 제정한 '제9차 5개년 계획'에서는 제2단계 전략 목표의 전면적 실행과 더불어 제3단계 전략목표로 나아가는 지도 방침을 제시하였다. 그 중에서 '총체적 의미가 있는 두 가지 근본적인 전환'이 있는데 그것은 경제체제 측면에 있어 계획적 체제에서 사회주의 시장경제 체제로의 전환이고, 경제성장 방식에 있어서는 요소 투입을 보다 많이 하고 생산효율이 낮은 조방형(粗放型)에서 요소 투입을 적게 하고 생산효율이 높은 집약형(集約型)으로의 전환으로서 향후 15년간 성취 목표 실현에 있어 관건이 되는 것이다.

시간이 흐름에 따라 21세기 상반기의 발전 방향은 점차 구체화되었다. 1997년 중국공산당 제15기 전국대표대회에서는 기존 '3단계' 전략에서 실현 기간을 50년으로 예측했던 제3단계 전략목표를 한층 더 구체화시켜 새로운 '3단계' 전략 즉 "다음 세기를 전망해보면, 우리의 목표는 첫 10년 동안 2000년에 비해 국민총생산이 두 배로 늘어나 국민의 샤오캉(小康) 생활이 더욱더 풍족해지고, 다시 10년의 노력을 거쳐 창당 100주년에 이르면 국민경제가 더 발전하여, 각종 제도가 더욱 완비되며, 21세기 중엽 건국 100주년에 이르러서는 현대화를 기본적으로 실현하면서, 부강, 민주, 문명의 사회주의 국가를 건설하는 것이다." 라고 제시하였다. 아울러 중국공산당 제15기 전국대표대회 보고에서는 샤오캉(小康) 사회를 건설하고, 경제, 정치, 문화, 사람의 전반적인 발전을 추진하며 사람과 자연 간의 관계 등에 적절히 대응함으로써 전면적인 샤오캉(小康) 사회 건설 사상이 보다 더 풍부해지고 완비될 것을 제시하였다.

(2) 과학기술과 교육을 통한 국가 진흥 및 경제성장 방식의 전환

당의 제3세대 지도부는 발전전략 목표 체계를 한층 완비시키는 것과 더불어 발전 방식과 전략 경로에도 새로운 기여를 하였다. 새로운 '3단계' 발전전략 실현에 있어 과학기술과 교육을 통한 국가 진흥 전략은 중요한 버팀목 역할을 했는데 1995년 중국공산당 중앙위원회와 국무원은 『과학기술 진보 가속화에 관한 결정』에서 최초로 과학기술과 교육을 통한 국가진흥전략을 실행하는 것을 명확히 제시하였고, 이 전략은 곧 사회 각계의 호응을 받았다. '제9차 5개년 계획'에서는 과학기술과 교육을 통한 국가진흥전략을 세기에 걸친 청사진 마련을 위한 국가의 기본정책으로 삼고, 이를 경제성장 방식 전환과 긴밀히 연계하여 "경제성장 방식 전환은 반드시 과학기술 진보와 노동자 자질 제고에 의해 실현되어 경제성장에서 과학기술 진보 수준을 높여야 한다."라고 제기하였다. 중국공산당 제15기 전국대표대회에서는 과학기술과 교육을 통한 국가진흥전략을 거듭 천명하면서 이를 사회주의 현대화를 실현하기 위한 전략적인 결정으로 확정하였다. 이 시점부터 과학기술과 교육을 통한 국가진흥전략은 단지 과학기술과 교육사업 자체의 발전에만 국한된 것이 아니라 경제성장 방식 전환을 촉진하고, 21세기 발전전략을 실현하는 데 있어 매우 관건적인 조치로 변모하였다.

(3) 지속 가능한 발전과 지역 간 조화로운 발전

1990년대 국가 발전전략은 발전 경로에서 점차 불균형 발전에서 벗어나 조화로운 발전을 추구하는 방향으로 전환되었다. 이러한 전환은 시간적, 공간적 두 가지 차원에서 지속 가능한 발전과 지역 간 조화로운 발전으로 구체화되었다.

지속 가능한 발전은 사람과 자연 간, 동세대 간 및 세대 간에 공평함을 추구하는 일종의 새로운 발전 이념으로서 1990년대에 들어오면서 일종의 세계적인 새로운 발전 패러다임 및 전략으로 진화되었다. 이러한 흐름 속에서 중국은 자기 발전 수요에 근거하여 지속 가능한 발전의 길로 나아가겠다는 의지를 명확히 하였다. 1994년 국무원은 『중국 21세기 어젠다』를 발표하여 중국의 지속 가능한 발전전략의 골격을 구축하고, 중국의 경제, 사회, 자원 및 환경 간의 조화로운 발전을 촉진하는 종합적인 방향을 제시하였다. 1995년 지속 가능한 발전전략은 '제9차 5개년 계획'에 정식으로 반영되어 과학기술과 교육을 통한 국가 진흥 전략과 함께 중국이 21세기로 나아가는 데 있어 2대 전략으로 확립되었다. 그 후 각급 정부는 계획, 법규, 정책, 홍보, 대중 참여 등 다양한 방식으로 이 전략을 적극 추진하였고, 이에 대응하여 국무원 관련 부서에서도 시행계획을 각기 수립하면서 지속 가능한 발전은 이념에서 점차 행동으로 옮겨지게 되었다.

지역 간 관계 처리에 있어 불균형 발전전략으로 인해 지역 간 격차가 확대되어가는 추세를 전환시키기 위해 중국은 '제8차 5개년 계획' 기간에 지역 정책에 대한 조정을 마련하기 시작하면서 조화로운 발전이 점차 지역 간 관계를 처리하는 데 있어 새로운 지도적인 사상으로

중국 경제발전 전략과 규획의 변천 및 혁신

등장하게 되었다. '제9차 5개년 계획'에서는 "지역 경제의 조화로운 발전을 견지하고, 지역 간 발전 격차를 점진적으로 축소시키는 것"을 국민경제와 사회 발전의 하나의 지도 방침으로 삼았다. 이에 따라 발전이 상대적으로 낙후된 서부 지역이 더 많은 관심을 받게 되었다. 1999년 장쩌민(江澤民) 주석은 서북 5개 성 및 자치구의 국유기업 개혁발전 좌담회에서 "세기 간의 역사적인 기회를 잡아 서부 지역 개방에 박차를 가해야 한다."라고 강조했다. 그 해 연말에 열린 중앙경제공작회의에서는 서부 지역 대개발에 관한 전략적 결정을 공식적으로 밝혔다. 나아가 '제10차 5개년 계획'에서는 "서부 지역 대개발 전략 실시 및 조화로운 지역 발전 촉진"에 대한 요구를 제기하였으며 이에 걸맞게 중앙정부는 재정, 금융, 투자 등 일련의 정책을 채택함으로써 중서부 지역 발전을 지원하였다.

(4) 제2단계 전략목표의 조기 달성 및 발전에 나타난 문제점

'제8차 5개년 계획'과 '제9차 5개년 계획'을 실시함에 따라 중국 경제는 급속한 발전의 길로 진입하였다. 특히 1992년 덩샤오핑(鄧小平)의 '남방 담화' 발표 이후 경제발전이 한층 더 가속되어 각 지표가 원래 계획지표를 훨씬 넘어서게 되었다(〈표 3-2〉 참조). 1995년 중국 GDP가 58478억 위안(현재 가격 기준)에 이르러 불변가격 기준으로 계산 시 1980년보다 4.3배 수준이 됨에 따라 1980년에 예정했던 4배의 전략목표를 5년이나 앞당겨 실현하게 되었다. 2000년 말에 이르러 중국의 GDP는 88228억 위안(현재 가격 기준), 1인당 GDP는 7084위안으로 불변가격 기준으로 계산 시 1980년 대비 4.9배로 늘어남에 따라 1인당 GDP를 4배로 증가시키자는 목표를 초과 달성하였다. 이와 더불어 전체 국민 생활이 먹고사는 수준에서 벗어나 샤오캉(小康) 수준으로 약진하였다. 국가통계국 등 부문은 경제발전 수준, 물질적 생활, 인구 자질, 정신적 생활, 생활환경 등 5대 방면에서 샤오캉(小康) 수준에 대한 16개 지표와 임계치를 확정하고 이에 근거하여 샤오캉(小康) 진척 과정에 대한 평가를 실시하였다. 그 결과 20세기 말 중국 전체 평균 생활수준이 샤오캉(小康) 사회의 초기 단계에 진입하였는데, 그 중에서 전체 주민의 약 75%가 초보단계의 샤오캉(小康) 생활을 영위하고 있고, 약 13%가 샤오캉(小康) 수준에 근접하였으며, 나머지의 약 12%는 샤오캉(小康) 수준과 비교적 큰 차이이 있었다.[22] 2000년 10월 중국공산당 제15기 중앙위원회 제5차 전체회의에서는 "중국은 현대화 건설 중의 앞선 2단계의 전략목표를 이미 달성하였고, 경제와 사회가 전반적으로 발전하여 국민 생활이 기본적으로 샤오캉(小康) 수준에 도달하였다."라고 밝혔다.

---

22   谢鸣光, 文兼武 :『中国小康之路』, p.42, 北京 : 中国统计出版社, 2000.

〈표 3-2〉 제8차 5개년 계획과 제9차 5개년 계획 기간의 경제사회 발전 현황

시기		연평균 경제성장률(%)	연평균 공업총생산 증가율(%)	연평균 농업총생산 증가율(%)	건설규모 (억 위안)	연평균 도시주민 1인당 생활비소득 증가율(%)	연평균 농민 1인당 순소득 증가율(%)
제8차 5개년 (1991~ 1995년)	계획	6 (GNP)	6.5	3.5	26,000		3.5
	실제	12 (GNP)	17.8	4.1	43,000	7.7	4.5
제9차 5개년 (1996~ 2000년)	계획	8 (GDP)			130,000	5	4
	실제	8.6 (GDP)	10.2 (공업부가가치)	3.5 (농업부가가치)	139,000	5.7	4.7

자료출처 : 姚开建 : 『改变中国的十个'五年计划'』, 北京 : 中国经济出版社, 2003; 刘端 : 『社会经济发展战略与规划: 理论,实践和案例』, 北京 : 中国人民大学出版社, 2006; 国家统计局 : 『中国统计概要』, 北京 : 中国统计出版社, 2006.

　　한편 발전전략 실행 과정에 있어서 모든 것이 다 뜻대로 이루어진 것은 아니었다. 예컨대 '제8차 5개년 계획' 기간에 심각한 인플레이션이 발생하여 5년 동안 소매물가가 연평균 11.4%나 올라 국민 생활 수준 향상에 심각한 영향을 끼쳤다. 이와 동시에 발전의 불균형과 경제성장의 질적 문제가 더욱 표면화되어 산업구조의 불합리, 농업발전의 상대적인 지체, 지역 경제 발전의 불균형, 소득격차의 진일보 확대, 과학기술 혁신능력과 국제 경쟁력의 부족, 물, 석유 등 중요 자원의 부족 및 일부 지역의 생태환경 악화 등이 나타났다.

4. 과학적 발전관 지도하의 국가 발전전략(21세기 이래)

(1) 과학적 발전관 및 전면적 샤오캉(小康) 사회 건설의 전략목표

21세기에 들어 경제의 글로벌화가 지속적으로 심화되고 신기술 혁명에 의한 국제 산업구조 재편이 가속화되는 국제적 배경 아래 중국 현대화 과정은 전면적인 샤오캉(小康) 사회 건설 단계로 진입하였다. 2002년 중국공산당 제16기 전국대표대회 보고에서는 새로운 '3단계' 전략 기반 아래 21세기 상반기 그 중에서도 특히 첫 20년간의 전략목표를 한층 더 구체화하였다. 즉 역량을 집중하고, 십수억 인구에게 혜택을 주는 보다 높은 수준의 샤오캉(小康) 사회를 전면적으로 건설하는 것으로 경제를 더욱 발전시키고 민주주의를 더욱 건전하게 하며 과학기술과 교육을 더욱 진일보하게 하는 한편 문화를 더욱 번영하게 하고, 사회를 더욱 조화롭게 하며, 국민 생활을 더욱 풍요롭게 한다는 것이다. 따라서 샤오캉(小康) 사회의 전면적인 건설에 있어서 '전면적'이란 두 가지 의미를 내포한다. 첫 번째는 포함되는 범위가 전면적이란 의미에서 십수억 국민 모두가 건설에 따른 성과를 함께 누린다는 것이고, 두 번째는 건설 대상에 포함되는 영역이 전면적이란 의미에서 경제발전 실현과 물질적 생활수준의 제고뿐만 아니라 사회의 전면적인 발전을 실현한다는 것이다. 샤오캉(小康) 사회의 전면적인 건설은 곧 전국민의 공동 향유와 더불어 사회의 전면적 발전의 목적이다.[23]

23　王梦奎：1980-2050年的中国现代化过程：回顾与前瞻,『人大复印报刊资料：国民经济管理』, 2005(2) 참조.

중국공산당 제16기 전국대표대회 이후 후진타오(胡錦濤)를 총서기로 하는 중앙위원회는 경제사회 발전 현실에 입각하여 자연, 경제 및 사회 등 3대 시스템 간의 관계를 더욱 깊이 사고하여 보다 더 멀리 앞을 내다보는 전면적, 체계적인 발전관을 점차 이루게 되었다. 중국공산당 제16기 중앙위원회 제3차 전체회의에서는 인본주의와 '5대 통합계획'(도시와 농촌 발전에 대한 통합계획, 지역 발전에 대한 통합계획, 경제사회 발전에 대한 통합계획, 인간과 자연 간의 조화로운 발전에 대한 통합계획, 국내 발전과 대외개방에 대한 통합계획) 요구에 근거한 전면적이고 조화로우며 지속가능한 과학적 발전관 수립을 제기하였다. 중국공산당 제16기 중앙위원회 제4차 전체회의는 최초로 사회주의의 조화로운 사회 사상을 제시하고, 조화로운 사회를 중국식 사회주의의 본질적 속성으로 삼았다. 나아가 중국공산당 제16기 중앙위원회 제6차 전체회의에서는 부강하고, 민주적이며 문명적이고 조화로운 사회주의 국가 건설을 위해 당과 국민이 함께 노력하자고 호소하였다. 과학적 발전과 조화로운 사회 사상의 제시는 발전전략 내용을 확충하여 발전 방향을 풍부하게 하였으며 전면적인 샤오캉(小康) 사회 건설과 현대화 실현을 위한 과학적인 지침을 제공하였다. 과학적 발전관에 따라 중국공산당 제17기 전국대표대회 보고에서는 전면적인 샤오캉(小康) 사회 건설을 위해 구조개선, 효율제고, 요소투입 최소화, 환경보호의 기반위에 1인당 GDP를 2020년에 이르러 2000년의 4배 수준으로 실현한다는 새로운 요구를 제시하였다. 아울러 사회주의 민주주의 건설, 문화 건설 및 사회사업 발전, 국민 생활 향상, 생태문명 건설 등에 대해서도 보다 높은 목표를 제기하였다.

　'제10차 5개년 계획'과 '제11차 5개년 규획'은 과학적 발전관 실현

과 전면적인 샤오캉(小康) 사회 건설에 대한 구상을 구체화시켰다. '제
10차 5개년 계획'에서는 "발전을 주제로 하고, 구조조정을 중심으로 하
며 개혁개방과 과학기술 진보를 동력으로 삼아, 국민 생활 수준 향상을
근본적인 시발점으로 하면서 경제와 사회의 조화로운 발전을 견지한
다."라는 지도 방침을 제기하였다. '제11차 5개년 규획'은 과학적 발전
관 실행에 역점을 두면서 발전은 반드시 과학적 발전이어야 하고, 인본
주의를 견지하며 발전 관념을 전환하는 한편 발전 패러다임을 혁신하
고, 발전의 질을 제고해야 하며 '5대 통합 계획'을 실현함과 더불어 경
제사회 발전을 전면적이고 조화로우며 지속 가능한 발전의 길로 효과
적으로 진입시켜야 한다고 강조하였다. 또한 '제11차 5개년 규획'에서
는 새로운 농촌 건설, 지역 간의 조화로운 발전, 자원절약과 환경보호
를 중요하게 고려하고, 취업, 교육, 사회보장 등 민생문제를 중시하여
조화로운 사회 건설을 촉진한다고 제기하였다.

(2) 성숙단계로 향하는 국가 발전전략의 특징

개혁개방 30여 년간 이론적 탐구와 실천적 노력 과정 중에 있어 중
국은 점차 과학적 발전관을 핵심으로 하고 중국적 특성을 지닌 사회주
의 현대화 건설을 전면적으로 추진하는 새로운 국가 발전전략을 마련
하였다. 그 주요 특징은 다음과 같다.

① 발전 목표의 전면성 : 발전은 경제발전뿐만 아니라 경제, 사회,
자연과 인간 모두의 발전을 포함하는 것이며 성숙한 현대화 건
설 전략은 경제발전을 추구할 뿐만 아니라 경제, 정치, 문화, 생
태계의 전면적인 발전도 전략목표에 포함시켰다.

② 발전 방식의 조화성 : 불균형 발전에서 조화로운 발전에 이르 기까지 중국은 발전 목표를 실현해가는 과정에서 장기적인 탐 구와 긍정적, 부정적 경험으로부터 얻은 교훈에 대한 평가를 통 해 지역 간 관계, 도시와 농촌의 관계, 발전 속도와 발전의 질의 관계, 경제발전과 자연 수용능력 간의 관계 처리에 있어 적절한 조치를 채택하였다.

③ 발전 절차의 타당성 : 발전의 실질적 진척과 직면한 도전에 근 거한 새로운 '3단계' 전략은 21세기 앞으로의 10년, 20년, 50년 간 발전 목표를 수립했을 뿐만 아니라 점진적으로 각 단계 목표 를 명확히 하여 각 단계 발전을 위한 명확한 방향을 제시하였다.

(3) 21세기 이래 국가 발전전략 실행에 따른 효과

21세기에 들어서 중국의 급속한 발전은 세계의 이목을 끌었다. '제 10차 5개년 계획' 기간 동안 GDP가 비교적 빠른 증가세를 유지하였고, 성장의 안정성이 현저히 높아졌으며 도시 주민과 농촌 주민 소득이 대 폭 증가하였다(〈표 3-3〉 참조). 그러나 이러한 발전 과정에서 적지 않은 문제와 도전도 있었다.

① 자원 소모가 많고 효율성이 낮은 조방식(粗放式) 경제성장 방식 에 대해 근본적인 변화가 없어 경제성장은 여전히 투자와 에너 지 소모가 많고, 오염이 심한 산업에 치중한 반면 성장의 질과 효과 면에서는 뚜렷한 개선이 없었다.

② 경제성장과 자연환경 간의 모순이 날로 격화되었다. '제10차 5 개년 계획'의 대다수 경제 및 사회에 관한 지표는 초과 완성하

거나 조기에 달성하였지만 에너지 절약과 오염물 배출 감소 지
표는 목표치에 도달하지 못했다.

③ 농민 소득 증가 속도가 느려 도시와 농촌 간의 이원 구조가 더
욱 뚜렷해졌다. 도시 주민과 농촌 주민의 소득격차가 2000년
2.97:1에서 2005년 3.22:1, 2006년 3.28:1로 확대되었다.[24]

④ 지역 간 격차가 계속 확대되었다. '제10차 5개년 계획' 기간에
중국은 서부 지역 대개발 전략을 계속 추진하는 한편 동북 구
(舊)공업기지 진흥전략을 함께 실시하면서 서부 지역과 동북 지
역의 경제성장 속도는 확연히 빨라졌지만 지역 간 격차는 여전
히 계속 확대되었다. 2006년과 2000년을 비교해 보면 동부 지역
11개 성(시)의 GDP가 중국 전체에서 차지하는 비중이 57.7%에
서 65.4%로[25] 높아졌지만 중서부 지역이 차지하는 비중은 그만
큼 낮아졌다.

⑤ 사회 발전은 상대적으로 낙후되었다. 교육, 의료위생 등 공공재
공급은 턱없이 부족했고, 공공안전, 교통, 환경 등 관리도 허술
했으며 취업에 대한 압력도 지속 증대되었다.

---

24 『中国经济年鉴』,『2006年国民经济和社会发展统计公报』관련 데이터로 계산.

25 『中国统计年鉴』관련 데이터로 계산.

<표 3-3> 제10차 5개년 계획 이래 경제사회 발전 현황

시기			연평균 GDP 성장(%)	연구개발비 GDP 점유 비중(%)	주요 오염물질 배출량 변화	연평균 도시주민 1인당 생활비 소득증가(%)	연평균 농촌주민 1인당 순소득 증가(%)
제10차 5개년 계획 (2001-2005년)	계획		7.0	1.5(2005년)	-10%	5.0	5.0
	실제		9.5	1.3(2005년)	〈-10%	9.6	5.3
제11차 5개년 규획 (2006-2010년)	계획		7.5	2.0(2010년)	-10%	5.0	5.0
	실제	2006년	10.7	1.4	증가	10.4	7.4
		2007년	11.4	1.5	약간 감소	12.2	9.5

　　발전 현실과 전략 구상 간의 차이는 바람직한 전략이라 할지라도 실행 가능한 실시 방식을 필요로 한다는 점을 시사해주는 것이다. 과학적 발전관이 이념에서 행동으로 옮겨지기까지 그 관건은 운영 가능한 체제와 정책적 시스템 간의 조화에 달려 있다. 중국과 같은 대국의 입장에서 말하자면 30여 년이라는 짧은 시간에 대량 자원을 소모하지 않거나 환경에 어느 정도 영향을 주지 않고서 십수억 인구의 생활수준이 비약적인 발전을 거두는 것은 불가능하다. 아울러 시장경제 체제로 전환하는 과정에서 나타난 여러 가지 체제적, 정책적 문제들 특히 시장 메커니즘이 경제사회 발전의 전면성, 조화성 및 지속 가능성에 미치는 부정적인 효과에 대해서도 우리가 깊이 생각해 볼 필요가 있다.

제4장

시진핑(習近平) 시대의 국가경제 발전전략

30여 년의 개혁 개방을 거쳐 중국은 경제 소국에서 경제 대국으로 급부상하여 세계의 눈길을 끌었다. 중국의 발전전략 수립과 실행과정을 잘 알고 있다면 실은 크게 놀라지 않을 것이다. 다른 여건이 갖춰진 상황에서 한 나라의 경제를 이성적이면서도 효과적으로 이끌어 나갈수 있는 전략이 필요하다는 것은 중국과 외국의 경제발전 역사에서 거듭 입증된 사실이다. 전략적으로 사고하고 발전전략을 수립하는 것이 중국인들에게 결코 어렵지 않으며 역사적으로도 풍부한 전략적 지혜를 축적하여 왔다. 중국의 지혜를 잘 아는 미국의 전략학자 키신저 (Henry Alfred Kissinger)는 "국제 교류에서 중국인들에 대한 깊게 남은 인상은 성대한 궁중 행사가 아니라 장기적인 전략적 안목과 책략이다"[1]라면서, 특별히 체스와 중국 바둑을 통해 중국과 서양의 전략적 사고 간 차이를 비유했다. 체스의 전략적 사고는 결승전이며 목표는 전승 혹은 양쪽 모두 이길 가망이 없는 상태에서는 화해하는 것이다. 반면 중국 바둑의 전략적 사고는 장기전(持久戰)이며 목표는 작은 승리를 쌓아 전략적 포위의 우위를 점유하는 것이다.[2] 키신저의 이 판단은 기본적으로

---

1   亨利·基辛格 : 『论中国』, p.15, 北京 : 中信出版社, 2012 참조.

2   亨利·基辛格 : 『论中国』, pp.19-20, 北京 : 中信出版社, 2012. 키신저는 이 책에서 특별히 중국의 『孙子兵法』에서 제기된 '세'(勢)의 개념을 언급하였는데 서양 사회에서는

정확하였다.

제1절 백년 발전노선에 대한 덩샤오핑(鄧小平)의 '3단계 발전' 전략

그러나 전략적 사고와 지혜만으로는 부족하며, 더욱 중요한 것은 이성적이고 실용적인 전략 그 자체이다. 30여 년 동안 중국 경제는 기본적으로 덩샤오핑(鄧小平)이 설계한 '3단계 발전' 전략에 따라 발전해 왔으며, 역사는 이 전략이 이성적이고 실용적이라는 것을 증명하였다. 덩샤오핑(鄧小平)이 '문화혁명' 기간(1966-1976년) 중 중앙정부 업무를 주재할 때 그는 1964년 저우언라이(周恩來) 국무총리가 제시한 네 가지(공업, 농업, 국방, 과학기술) 현대화 전략의 추진을 시도했다. 하지만 그의 전략적 안목은 '네 가지의 현대화' 그 자체를 넘어섰다. 경제체제 개혁 목표가 명확하지 않고 개혁이 아직 전개되지 않았을 당시, 1980년 덩샤오핑(鄧小平)이 일본의 손님을 회견하면서 훗날 '3단계 발전'이라 불리게 된 현대화 전략을 처음 제시하였다. 즉, 20세기 말까지 중국의 1인당 국민총생산이 1000달러에 이르러, 국민들의 생활은 샤오캉(小康)수준[3]에 이를 것이라는 전략이다. '3단계 발전' 전략은 전문 연구기관의 연구, 보충, 논증 및 보완을 거쳐 국가전략의 6대 구성요소로 분해되어 보다

이와 유사한 개념은 없다고 지적하였다.

3   역주 : 샤오캉(小康) 수준은 국민의 의식주가 해결된 중등 생활 수준을 의미한다.

중국 경제발전 전략과 규획의 변천 및 혁신

명확해지고 구체화되었다. 이 전략의 지도 사상은 경제 건설을 중심으로 개혁 개방과 '네 가지 기본 원칙'[4]을 견지하는 것이다. 이 전략의 목표는 1인당 국민총생산이 800달러가 되어 국민총생산 규모가 4배로 늘어나는 것이고, 현대화의 목표는 중진국 수준에 이르는 것이며, 전략의 중점은 에너지, 교통, 교육, 과학기술의 현대화를 실현하는 것이다. 전략 실행 단계는 1980년부터 20세기 말까지로 전기 10년 기간 동안에 국민총생산이 두 배로 증가하고, 후기 10년 동안 다시 두 배로 증가하여 21세기 중엽에 이르러 중국 현대화가 실현되는 것이다. 전략의 구도는 일단 연안 경제특구부터 시작하여 일부 지역과 사람들이 먼저 부유해지고, 먼저 부유해진 사람들이 나중에 부유해질 사람들을 도와 최종적으로 공동의 부유함을 실현하는 것이다. 이 전략의 중요한 조치는 체제 개혁, 투자 유치 및 경제특구의 건설 등이다. '3단계 발전' 전략은 경제 선진국을 참고하여 경제 선진국의 수준에 이르는 것을 목표로 한다. 때문에 이 전략의 패러다임은 비균형적이며, 전략 유형은 추월형이다.

덩샤오핑(鄧小平)의 '3단계 발전' 전략은 완전히 자신의 전략적 정세 분석과 가치 판단에 의해 제기된 것이다. 그는 중국 경제는 장기적으로 적어도 백 년 동안 사회주의 초기 단계에 있기 때문에 경제발전 단계를 나누어 몇 년에 한 단계씩 도약해야 하며, 평화와 발전은 국제 사회의 두 가지 추세임으로 그 당시 미국과 소련의 패권 다툼은 전면적

---

4   역주 : 1979년 3월 30일 덩샤오핑(鄧小平)은 중국 공산당 중앙위원회 이론 간담회에서 '네 가지 기본 원칙을 견지하라'는 주제의 연설에서 "사회주의 제도, 인민 중심의 집권제도, 중국 공산당의 주도적 지위, 마르크스-렌닌주의와 마오쩌둥(毛澤東)사상 이 네 가지 기본 원칙을 반드시 지켜야 한다."고 제기하였다.

인 전쟁을 야기하지 못할 뿐만 아니라 오히려 중국 발전에 유리하게 작용할 수 있다고 보았다. 그는 바로 이 같은 정세의 전략적 판단에 따라 대규모 군비축소 결정을 통해 경제발전을 위한 자원 확보에 나선 것이다.

하지만 '3단계 발전' 전략에게 주어진 역사적인 기회는 결코 아주 좋지는 않았다. 1980년대 말부터 1990년대 초까지 소련과 동유럽 지역의 개혁 실패는 세계 정세의 불안을 조성하여 중국에도 충격을 주었으며 또한 1990년대 말 아시아 금융위기가 발생했다. 이 두 번의 충격은 '3단계 발전' 전략의 실현을 지연시켰다. 다행인 것은 중국 지도부의 '3단계 발전' 전략을 실시하는 기본 요구와 의지가 흔들리지 않았고, 위기를 맞아 적극적으로 위기 대응 방법을 도모하여 위기를 기회로 만들어 약점을 피하면서 중국 자신만의 강점을 발휘했다. 더욱 중요한 것은 '3단계 발전' 전략 자체가 위기 대응 요소를 내포하고 있는데, 즉 전략적 지도 방침이 명확하여 외부침략과 같은 국가적 생사존망이 걸린 사건이 발생하지 않는 한 경제건설 중심의 현대화 목표는 변함없다는 점이다. 이 전략을 수립할 때, 의사결정자들이 전략적 정세 분석에 규범화된 SWOT 방법을 사용하지는 않았지만, 역사는 그 전략 실행을 둘러싼 중국 국내외 정세에 대한 최초의 판단이 정확했음을 증명하였다. 즉 평화와 발전은 국제사회의 주도적 추세이고, 선진국은 시장과 자금의 과잉으로 인해 중국과 같은 신흥경제국과의 경제무역 협력이 필요했는데, 중국은 국제분업체계에서 저원가 비교우위를 가지고 있었다.

'3단계 발전' 전략의 1단계와 2단계 목표는 2000년까지 이미 달성되었으며, '3단계 발전' 전략의 실행은 전반적으로 성공적이었다. 하지

중국 경제발전 전략과 규획의 변천 및 혁신

만 정세의 변화에 따라 '3단계 발전' 전략을 더욱 보완해야 했다. 장쩌민(江澤民)은 1999년 두 가지의 보완적 전략 즉, 서부(지역)대개발 전략과 기업의 '해외진출' 전략을 제시했다. 서부(지역)대개발 전략은 제3단계의 시작이다. 전기 20년 동안의 전략적 발전을 통해 중국 연안지역의 경제력은 이미 상당히 높은 수준에 도달하였는데, 이는 '3단계 발전' 전략에서 일부 지역과 사람들을 먼저 부유하게 한다는 전략적 목표를 달성하여 나머지 지역과 사람들을 부유하게 하는 제3단계의 전략적 임무였다. 이런 의미에서 서부(지역)대개발은 '3단계 발전' 전략 구상 자체에서 벗어나지는 않았다고 말할 수 있지만 '해외진출' 전략은 다소 다르다. '3단계 발전' 전략이 지향하는 것은 외부 자원 이용과 투자유치로 중국의 경제 실력을 향상시키겠다는 것이지만, 1997년에 아시아 금융위기 발생 이후 중국의 경제 운영에 하나의 전환적인 변화, 즉 경제의 총체적 부족에서 과잉으로의 변화가 나타났다. 오늘날까지 생산 과잉은 갈수록 두드러지고 있다. 당시만 해도 기업의 '해외진출'을 격려한 목적은 우선 중국 국내에서 이미 과잉 공급된 가전제품 등을 위해 해외시장을 찾는 것이었고, 그 다음으로 중국 국내의 높은 에너지 소모의 성장방식을 유지하기 위한 공급원을 찾아 안정적인 공급을 모색하는 것이었다. 이는 '3단계 발전' 전략을 처음 설계했을 때는 예상하지 못했던 것이었다. 이런 의미에서 말하자면 '해외진출' 전략은 이미 일정한 혁신적인 특징을 내포하고 있었는데, 이는 중국 국내 경제 운영에 있어 전환기적 변화의 출현으로 인해 제안된 것으로서 실크로드 경제벨트를 구축하겠다는 현재의 전략을 위한 복선을 깔아둔 셈이었다.

제2절 시진핑(習近平)의 국가경제 발전전략 구성

중국 정치경제 체제의 특성상 국가의 실제 발전에 영향을 미칠 수 있는 전략은 국가 주요 지도자의 손에 달려있기 때문에 각 시기의 국가발전전략에는 당시 주요 지도자의 흔적이 남아 있다. 장쩌민(江澤民) 시대의 서부(지역)대개발 및 '해외진출' 전략과 후진타오(湖錦濤) 시대의 과학적 발전관 전략을 거쳐 2013년부터는 시진핑(習近平) 시대의 경제 전략 단계가 시작된 것을 볼 수 있다.

시진핑(習近平) 시대의 경제전략은 점진적으로 형성된 것이었다. 시진핑(習近平)은 당과 국가 최고지도자로 나서면서 처음부터 중화민족의 위대한 부흥을 이루겠다는 '중국의 꿈(中國夢)'[5]이라는 목표를 제시했다. '중국의 꿈'의 본질은 국가부강, 민족진흥, 인민행복[6]인데, 이는 덩샤오핑(鄧小平)의 중국 현대화 내용을 계승하는 한편 개인적 이익을 실현한다는 내용도 부각시켰다. '중국의 꿈'은 국가, 민족 및 개인의 내용을 포함하고 있어 '3단계 발전' 전략의 목표를 더욱 서민화, 통속화하고 있다. 국가의 부강 측면에서 시진핑(習近平)은 '2개의 100년'이라는 분투 목표를 제시했다. 즉, 중국 공산당 창당 100년(2021년)에 전면적 샤오캉(小康) 사회를 실현하고, 중화인민공화국 수립 100년(2049년)에 현대화 강국을 만들겠다는 것이다. '2개의 100년'이라는 목표는 '중국의 꿈'보

---

5   역주 : 2012년 11월 29일 시진핑(習近平)이 중국 국가박물관 시찰 시 '중국의 꿈(中國夢)'이라는 개념을 처음 제시하였다.

6   中共中央宣传部 : 『习近平总书记系列重要讲话读本』, p.28, 北京 : 学习出版社 · 人民出版社, 2014.

다 더욱 명확하여, 관찰 가능성을 가지고 있다.

시진핑(習近平)의 경제전략은 국내 경제전략과 해외 경제전략 두 부분으로 구성된다. 중국 국내 경제전략은 먼저 신형 도시화 전략(2014년 6월 마스터플랜 공식 발표)을 발표했고, 그 다음으로 창장(長江) 경제벨트 전략을 제시하였으며, 마지막으로 베이징(京)-톈진(津)-허베이(冀) 지역 협동발전전략을 제시했다. 신형 도시화 전략의 출범은 신중국 수립 60년 만에 산업화만 하고 도시화하지 못한 과제를 보완하는 동시에 새로운 경제 성장의 시동을 거는 데 도움이 되어 중국경제가 2008년 이후 지속되고 있는 세계경제의 침체 속으로 빠지지 않도록 방지하는 것이다. 신형 도시화 전략은 전면적이고 새로운 중국식 도시화의 이념과 경로를 제시하고 있으며, 관련된 범위가 매우 넓고 기회와 도전이 공존한다. 이로 인해 2014년 6월 신형 도시화 전략의 마스터플랜이 발표됐지만 반년이 지난 뒤에도 본격적으로 시행될 기미는 보이지 않고 오히려 64개의 도시를 시범적으로 선정했다. 이 전략의 분명한 특징은 규획 선행, 신중한 추진, 종합적 시책이었다. 신형 도시화 전략의 많은 기회와 도전은 주로 토지자원, 도시주택의 건설 및 공급, 호적제도의 개혁, 도시환경의 보호 및 오염 관리, 도시교통 등 기반시설의 건설, 도시 고용 및 산업의 발전, 도시 공공시설 시스템 및 도시건설의 투자, 도시 신주민의 비용 분담 등에 집중돼 있다.[7] 매년 최소 1%씩 도시 인구 비율을 높이는 도시화 전략을 추진하는 것으로 계산하면 현재 53%의 도시화 수준을 선진국의 75% 수준으로 높여, 향후 30년간 신형 도시화 전략은

---

7   刘瑞, 谷峰 : 中国新一轮城镇化对经济增长的机遇与挑战, 北京行政学院学报, 2013(5).

장기적으로 국내 경제의 지속적인 성장을 이끄는 엔진 역할을 할 것이다. 도시화는 하나의 체계성, 종합성, 역동성, 내생성 및 긍정성을 가진 사회경제의 변천, 진화, 발전의 과정이므로 다른 어떤 일도 하지 않고 도시화 전략을 추진하기만 해도 중국 경제의 장기적, 지속적 및 안정적 성장을 유지할 수 있다. 이는 우리가 중국 경제에 대해 장기적으로 낙관적 태도를 취하는 이유 중의 하나이다.

창장(長江) 경제벨트 전략과 베이징(京)-텐진(津)-허베이(冀) 지역 협동발전전략은 모두 지역적 경제발전전략에 속한다. 이전에 중국은 주우장(珠江) 삼각주와 창장(長江) 삼각주에 두 개의 선진 경제구를 만들었다. 이후 서부(지역) 대개발전략, 동북 구(舊)공업기지 진흥전략, 중부(지역) 굴기전략 모두 지역경제의 발전을 촉진하였다. 그러나 베이징(京)-텐진(津)-허베이(冀) 지역은 연안 개방구역임에도 불구하고 행정체제상 분리되어 있어 지역경제의 협동발전 우위가 형성되지 않아 주우장(珠江) 삼각주나 창장(長江) 삼각주와의 격차가 뚜렷하다. 시진핑(習近平) '2·26'(2014년 2월 26일 베이징 시찰 시의 좌담회) 강연의 직접적 추진으로 베이징(京)-텐진(津)-허베이(冀) 지역 협동발전전략에 대한 국가적 공감대가 형성되면서 마스터플랜의 수립 작업이 가속화되었다. 이 전략으로 세계 최대 규모의 수도 경제권을 만들어 중국 지역경제 발전에 새로운 성장축이 될 수도 있을 것이다. 창장(長江) 경제벨트 전략은 창장(長江) 삼각주 지역의 경제 발전에 대한 하나의 깊이 있는 개발 구상으로, 상하이(上海) 경제권(쑤저우 蘇州-우시 無錫-항저우 杭州)'을 성장축으로, 세계 가장 긴 강 중 하나인 창장(長江)을 거슬러 올라 중국 경제의 배후 지대로 확대되어 유역 내 11개 성(시)의 경제를 연결시킴으로써 동·중·서부

3대 지역의 경제를 관통하여 산업 사슬과 가치 사슬이 상하로 통하는 지역경제 발전의 새로운 구도를 형성하자는 것이다. 이 전략의 종합적 효과는 매우 뛰어나며, 지속적으로 조화롭게 발전할 수 있는 이념과 환경친화적 원칙을 구현할 수 있다.

　　시진핑(習近平)의 해외 경제전략은 보다 혁신적이고 대담한 특색을 가지고 있다. 이 전략은 실크로드 경제벨트 구축 및 21세기 해상 실크로드 구축으로, 간단하게 불러 '일대일로'(一帶一路)[8]라고 한다. 2013년 9월 시진핑(習近平)은 카자흐스탄의 나자르바예프 대학에서 연설을 발표할 때, 정책 소통, 도로 연계, 무역 원활화, 통화 유통, 민심 이해 등을 강화하여 실크로드 경제벨트를 함께 건설하자는 전략을 처음으로 제안했다. 2013년 10월 시진핑(習近平)은 인도네시아 국회 연설에서 '21세기 해상 실크로드'라는 개념을 처음 제시했다. 동남아시아는 예로부터 해상 실크로드의 중요한 허브였는데, 중국은 아세안 국가들과 해상협력을 강화하고 해양 협력의 파트너 관계를 발전시켜 21세기 해상 실크로드를 함께 건설하고자 하였다. 2013년 11월 중국공산당 18기 제3차 전체회의에서 '일대일로'가 『중국공산당 중앙위원회 개혁의 전면적 심화에 관한 중대 문제의 결정』에 공식 포함됐다. 이 결정은 "개방적 금융기관을 만들어 주변국(지역) 인프라와의 상호 연계를 가속화하고 실

8　학술적인 논의로서 필자는 이 전략을 간단하게 '2개의 실크로드 벨트'라고 부르는 게 비교적 좋다고 생각한다. 그 이유는 세 가지가 있다. 첫째, 이 약칭은 역사상의 육상 및 해상 실크로드를 따라 발전한다는 기본적인 전략 의도를 명확하게 밝힌다. 둘째, '2개의 실크로드 벨트'와 '3단계 발전'은 언어 미학 상의 대조성을 갖는다. 셋째, 이 약칭은 중국 국가전략의 연속성을 나타낸다.

크로드 경제벨트 및 해상 실크로드 건설을 추진하는 등 전방위적 개방의 새로운 구도를 형성하겠다."고 제시했다. 요약하자면, 이 전략의 기본적 의미는 고대 중국의 교역 루트를 따라 연선 국가(지역)와의 경제무역 및 우호관계 강화를 통해 '중국의 꿈'을 실현하는 것인데, 기본원칙은 비교우위의 상호보완, 공동 건설 및 공동 이익 추구, 내외 연동, 상호 연계, 정부 지도, 시장 위주, 자원 집중, 중점 돌파 등이며, 주요 성과로는 아시아인프라투자은행(AIIB), 실크로드 펀드를 설립하였고, 연선 국가(지역)와의 자유무역구역을 건설하였으며, 인민폐(RMB) 결제 업무 확대 등이 이루어졌다.

'일대일로' 전략의 의의는 앞의 3대 국내 경제전략을 훨씬 뛰어넘었는데, 이를 외향적 전략으로만 해석해서는 안 된다. 멀지 않은 시간 내에 사람들은 '일대일로' 전략이 세계적으로 영향을 크게 미치는 것을 보게 될 것인데, 그 원인은 이 전략이 다음과 같은 기본 전략 의도를 구체적으로 구현했기 때문이다.

우선 중국 내외의 경제 발전을 고려했다. 21세기에 들어서기 이전 중국의 경제발전전략은 중국 국내에 집중되어, 대외 개방의 목적은 외자 유치와 기술 도입으로, 중국 자신의 일을 잘 처리하고 발전시키는 것이 발전의 최우선 과제라고 생각했다. 때문에 외국에서 발생하는 여러 문제들에 대해 관심을 가지지 않았으며, 1997년 아시아 금융위기가 발생한 후에도 중국 경제는 여전히 홀로서기를 할 수 있었다. 그러나 2002년 세계무역기구(WTO)에 가입한 이후 이런 독선적 상태는 유지될 수 없었다. 중국 국내 공급 과잉이 장기화되고 외환보유고가 계속 증가하며 중국 내 주요 에너지와 공업원료가 대부분 수입에 의존하는 등 갈수록 심각해지는 외부의존성 문제로 인하여 국내외 시장과 경제무역 관계를 전반적으로 계획하는 것이 전략적 문제로 등장하기에 이르렀 다. 경제 글로벌화로 중국 기업들이 반드시 '해외진출'을 해야 하며, 중 국의 경제성장은 국내외 시장 공동 개발에 의존하게 됨으로써 중국은 일찍이 2000년에 '해외진출' 전략을 명확히 제시하고 실행하였다. 하지 만 '해외진출' 전략은 오늘날의 '일대일로' 전략에 비하면 여전히 비교 가 안 된다.

육지와 해상 실크로드 연선의 대다수 국가(지역)는 저개발국(지역) 과 개발도상국(지역)이며 그중 많은 중앙아시아 국가들은 에너지와 광 물자원이 풍부한 나라이기도 하다. 카자흐스탄은 채굴 가능한 매장량 이 세계 10위 안에 드는 유전인 Tengiz 유전을 보유하고 있으며, 원유의 채굴 가능한 매장량은 40억 톤으로 중국의 32억 톤보다 많다.[9] 중앙아 시아 5개국은 자연자원이 풍부하고 중국과 공동 개발을 원하고 있다.[10] 중국이 이미 막강한 생산 제조 능력을 형성함으로써 다수의 연선 국가 (지역)와 상호보완적이며 이들 국가(지역)는 자원을 판매하여 획득한 비 교적 높은 경제적 소득을 통해 비교적 큰 소비 수요를 형성하고 있다. 이들 국가(지역)와의 경제무역 관계를 대대적으로 발전시키는 것은 중 국 국내 공급능력 과잉과 기초자원 부족 문제를 해소하고, 중국 제품에 더 많은 해외시장을 제공하며 중국의 매우 많은 천연자원 수요를 위한 공급 기지를 찾을 수 있게 한다. 동시에 이는 경제무역 협력과 프로젝

---

9   丹尼尔·耶金:『能源重塑世界(上)』, p.53, 北京 : 石油工业出版社, 2012.

10   陝西省商务厅:『中亚五国投资合作指南』(非公开出版物), 2014.

트 소요 자금 제공을 통한 인민폐(RMB)의 국제화에도 유리하다.

그 다음으로, 중국과 역사적 이해관계가 있는 국가(지역)를 다시 하나로 연결하였다. 고대의 육상 실크로드는 중국의 시안(西安)에서 시작하여 서아시아의 터키에서 끝이 났다. 고대의 해상 실크로드는 중국의 푸젠(福建)과 광둥(廣東)에서 시작하여 유럽과 아프리카의 지중해 연안, 일본, 한국, 아프리카의 동부 연안 등 여러 지역으로 분산되어 있다. 이 두 개의 실크로드 경제벨트를 만드는 것은 연선의 전통적 우호국가(지역)를 경제무역협력 범위에 포함시켜 중국 경제와 이들 국가(지역)의 경제를 광범위한 지역적 협력 틀에 포함시키겠다는 구상이다. 중국 국내에서 직접 수혜를 입은 지역은 신장(新疆), 간쑤(甘肅), 산시(陝西), 칭하이(靑海), 네이멍구(內蒙古), 광시(廣西), 하이난(海南), 헤이룽장(黑龍江), 지린(吉林), 랴오닝(遼寧), 싼시(山西), 후베이(湖北), 허난(河南), 푸젠(福建), 광둥(廣東), 저장(浙江), 장쑤(江蘇) 등이다. 절반 넘는 성(자치구, 직할시)이 '일대일로'의 영향을 받으므로 단지 외향적 전략이라고 보기는 어렵다.

역사적으로 실크로드 주변국(지역)과 중국은 전통적 이익공동체를 형성했으나, 중국 왕조가 쇠퇴하면서 이익공동체는 붕괴됐다. 오늘날 중국의 재부상은 이런 전통적 이익공동체를 재건하는 계기를 마련했다. 재건된 이익공동체는 경제적 이익을 위해 서로 필요할 뿐만 아니라 문화 교류와 다른 민족과의 우호에 대한 수요도 포함하고 있으며, '중국의 꿈'은 사실 전 세계적으로 중국 문화 재부흥의 내용이 포함되어 있다. 중국은 전 세계와 비즈니스를 하고 있지만 전통적 우호국과 거래하는 것과 비전통적 우호국과 거래하는 것은 느낌이 다르다. 이러한 전략적 제휴는 순수한 경제적 이익의 요구도, 순수한 이념적 동맹도, 조

중국 경제발전 전략과 규획의 변천 및 혁신

공관계도 아닌 평등한 관계의 기초 위에 세워진 호혜호리적, 상호보완적 그리고 상호보조적 관계이다.

　마지막으로 중국의 재부상이라는 객관적 현실에 부응하기 위한 최초의 능동적, 외향적 선택이다. 한편, 수십 년 동안 추진해온 일부 국가급 전략들은 중국 내부의 일을 잘 하는 데 몰두해 왔고, 21세기 들어 시행된 '해외진출' 전략도 국내 수요를 핵심으로 삼았으며, 그 결과는 중국을 오늘날 세계 2위의 경제 대국으로 만들었다. 그래서 중국은 내부의 일을 잘 하는 것에 몰두할 것인가, 아니면 스스로 중국의 대국적 지위에 걸맞은 국제적 책임을 질 것인가 하는 역사적 전환점에 놓여 있다.

　한편 오늘날의 세계는 미국과 다른 일부 강대국에 의해 대체로 나뉘져 있고, 중국 재부상에 따른 변수에 대한 우려 때문에 오바마는 두 임기 동안 중국의 재부상에 대한 대응책으로 '아시아 태평양 복귀' 전략을 내세운 다음에 '아시아 태평양 재균형' 전략을 제시하였다. 중국의 동쪽에서 미국은 중국에 대한 삼중 '포위'를 추진하고 있다. 첫째, 외교 관계에서 미국은 일본, 한국, 필리핀, 싱가포르, 말레이시아, 태국과의 오래된 관계를 지속적으로 유지할 뿐만 아니라, 베트남, 미얀마 등과 새로운 관계로 발전하고 있다. 둘째, 경제 관계에서 미국은 한 차원 높은 수준의 환태평양경제동반자협정(TPP)을 대대적으로 추진하고 있다. TPP는 중국 가입에 아주 높은 요구를 했으며 일본, 한국과 같은 선진 경제체에 대해서도 엄격한 요구를 했다. 셋째, 군사적으로 미군은 중국을 겨냥하여 두 개의 고리형 군도의 배치와 통제를 기본적으로 완성했고, 호주에 군 병력이 주둔하면서 아시아 태평양 지역에까지 군사

배치가 확대되었다. 미국은 중국의 남쪽과 서쪽에서 반테러를 이유로 이전에는 세력권에 속하지 않았던 지역에 사실상 진입했고, 중국에 앞서 신(新)실크로드 계획도 제정했다. 그러나 미국은 태평양 지역, 서아시아 지역과 유럽 지역에 비해 남아시아와 중앙아시아에서 러시아, 인도, 이란 등 지역적 대국 이익의 견제를 받아 통제력과 영향력이 훨씬 작다.

만약 중국이 직접 이들 대국 세력의 범위 안에서 굴기 전략을 추진하게 되면 이들 대국의 이익과 충돌할 수밖에 없고, 전략적 의도가 좌절되기 쉽다. 반면 중국과 전통적으로 이해관계가 있는 국가들과 전략적 협력관계를 맺는다면 강력한 정당성과 합리성을 갖게 되는데, 어쨌든 천 년 전부터 실크로드 경제벨트 연선 각국(지역)의 이익과 중국의 이익은 이미 관련되어 있었다. 중국은 재부상의 필요가 있지만 기존 대국의 이익과 직접적이고 강한 충돌을 피해야 한다. 서쪽과 남쪽으로의 발전에서, 중국과 미국의 이익 충돌은 상대적으로 작고, 러시아나 인도 등과도 공동 이익의 기회가 많다. 이것이 바로 '일대일로'의 전략적 기회의 존재를 결정한 것이다. '일대일로' 전략으로 중국의 평화적 굴기를 추진하겠다는 것은 매우 심혈을 기울인 고심 끝의 선택이라고 할 수 있다.

현시점에서 보면 시진핑(習近平) 시대의 경제전략은 점입가경이다. 이 전략의 지도 사상은 덩샤오핑(鄧小平) 시대에 제시된 원칙을 견지하면서 또한 새로운 내용을 추가하였다. 전략의 목표는 두 개의 백 년의 시기에 각각 전면적인 샤오캉(小康) 사회와 현대화 강국을 실현하는 것이며, 전략의 중점은 신형 도시화 및 후진타오(胡錦濤) 시대에 이미 제시된 전략적 신흥 산업의 육성이다. 이 전략의 구도는 창장(長江) 경제벨트 건설, 베이징(京)-텐진(津)-허베이(冀) 지역의 협동발전과 '일대일로'의 건설이다. 전략의 절차는 10년을 하나의 단계로 하여 추진하는 것이며, 전략적 조치와 수단은 개혁의 전면적인 심화, 자유무역시범구역 건설, 아시아 인프라 투자은행(AIIB) 설립 및 실크로드 펀드 설립 등이다. 전략의 패러다임과 유형에 따르면,[11] 시진핑(習近平)의 경제전략은 추월형의 성격을 띠고 있지만 균형적 발전의 패러다임으로 접근하고 있다. 근본적인 의미에서 말하면, 중국이 현대화 강국의 꿈을 이루기 전까지는 추월형 전략이 계속 채택될 것이다.

제3절 시진핑(習近平)의 경제전략 대세에 대한 판단 : 경제의 뉴노멀 시대

전략을 수립하려면 우선 전략의 대세 분석을 해야 하며, 이것은 엄밀한 전략 수립에 반드시 필요하다. 일반적으로 SWOT 기법으로 분석하면서 단계별 분석법도 보조적으로 적용한다. SWOT 기법은 일반적인 상황에서 전략 분석 대상이 갖는 내부적 여건과 직면하고 있는 외부 환경의 변화를 보여준다. 즉, 분석 대상의 내적인 우위와 열위, 외적 환경이 가져다주는 기회와 위협(도전)에 근거하여 구성된 4차원 매트릭스

---

11   刘瑞, 于海涛 : 社会经济发展战略流派、范式及中国的组合选择, 『社会科学研究』, 2011(4).

로 확정된 전략유형을 나타낸다. 그러나 이는 전략 수립의 도면 작업일 뿐 현실에서 전략 수립은 도면 작업이 아니라 장기적 관찰, 냉정한 사고와 전문적 분석의 결과이며, 전략가와 기술전문가의 과학적 지혜와 가치 판단을 담고 있다.

시진핑(習近平)의 현재 중국이 처해 있는 전략적 대세에 대한 독특한 분석과 표현은 바로 현재 보편적으로 논의되고 있는 경제의 신창타이(新常態)[12]이다. 일부 사람들은 신창타이(新常態)라는 용어의 어원을 지나치게 고증하였지만, 보다 중요한 것은 이 용어가 나타내는 새로운 전략적 대세 분석에 대한 관점이다. 이 전에 시진핑(習近平)은 중국 경제가 성장속도 전환기, 구조조정 진통기, 전기(前期) 부양책의 소화기가 겹친 '3기 중첩' 이라는 대세적 판단을 했었다.[13] 그러나 경제 신창타이(新常態)의 진단을 제시한 후 '3기 중첩'이라는 진단은 더 이상 언급되지 않았다.

2014년 12월 9일부터 11일까지 중앙경제공작회의가 베이징(北京)에서 열렸다. 회의에서는 중국 경제 발전이 다음과 같은 새로운 단계적 특징이 나타났다고 지적하였다. ① 소비 수요 면에서 보면 과거 중국의 소비는 뚜렷한 모방형 소비의 특징을 가지고 있었는데, 현재는 이러한 소비 방식이 기본적으로 끝났으며, 개성화 및 다양화 소비가 대세

---

12   역주 : 시진핑(習近平)은 2014년 5월 허난성(河南省) 시찰 시 "중국 경제가 뉴노멀 시대에 접어들었다는 사실에 적응할 필요가 있다."면서 '신창타이(新常態)'라는 표현을 처음 사용하였다.

13   中共中央宣传部 : 『习近平总书记系列重要讲话读本』, p.57, 北京 : 学习出版社·人民出版社, 2014.

가 되어 제품 품질 및 안전성의 보증, 혁신을 통한 수요 활성화의 중요
성이 현저히 높아졌다. ② 투자 수요 면에서 보면 30여 년 동안의 고강
도 대규모 개발과 건설 후 전통 산업은 상대적으로 포화상태가 되었으
나, 인프라의 상호 연계와 신기술, 신제품, 신경영방식, 신비즈니스 모
델에 대한 투자 기회가 대량으로 나타나고 있다. ③ 수출과 국제수지
면에서 보면 국제금융위기가 발생하기 전에 국제 시장의 공간적 확장
이 매우 빨랐고, 수출은 중국 경제의 빠른 발전을 이끄는 중요한 엔진
이었다. 그러나 현재 전 세계적으로 총 수요는 부진하고, 중국의 저원
가 비교우위 또한 약화되기 시작하였다. 동시에 중국의 수출 경쟁우위
는 여전히 존재하는데, 높은 수준의 외국 기업 직접투자 및 기술, 경영
기법의 '도입'과 대규모의 중국 기업 '해외진출'도 함께 발생하고 있다.
④ 생산능력과 산업조직방식 면에서 보면 과거에는 공급 부족이 오랫
동안 중국 경제를 괴롭혔던 하나의 주요 모순이었지만, 현재 전통 산업
은 공급 능력이 수요를 크게 초과하고 있다. 산업구조는 반드시 최적화
업그레이드해야 하고, 기업 합병 및 구조조정과 생산의 상대적인 집중
은 피할 수 없으며, 신흥산업, 서비스업, 영세기업의 역할이 더욱 부각
되어 생산 소형화·지능화·전문화가 산업조직방식의 새로운 특징이 될
것이다. ⑤ 생산 요소의 비교우위 면에서 보면 과거에는 낮은 인건비가
가장 강점이라서 도입된 기술과 경영기법은 생산력으로 빠르게 전환
될 수 있었으나, 현재는 인구가 갈수록 고령화되고, 농업의 잉여 노동
력 감소, 생산 요소의 규모경제 감소로 경제 성장은 인적 자본의 질과
기술의 진보에 더 많이 의존하고 있다. ⑥ 시장 경쟁의 특징 면에서 보
면 과거에는 주로 양적 경쟁과 가격 경쟁이었으나, 현재는 점차 질적,

차별화 위주의 경쟁으로 전환되고 있으며, 국내 전체 시장을 통일하고, 자원 배치의 효율을 높이는 것은 경제발전의 내생적인 요구이다. ⑦ 자원 환경의 제약 면에서 보면 과거에는 에너지 자원과 생태 환경의 발전 공간이 상대적으로 컸으나, 현재는 환경의 수용능력이 상한선에 가까워지고 있다. ⑧ 경제 리스크의 축적과 해소 면에서 보면 경제의 성장 속도가 낮아짐에 따라 각종 유형의 잠재적인 리스크가 점차 나타나고 있는데 리스크는 전체적으로 통제가 가능하나 높은 레버리지와 버블화를 주요 특징으로 하는 각종 리스크를 해소하는 데는 어느 정도 시간이 필요하다. ⑨ 자원 배치 방식과 거시적 통제 방법 면에서 보면 전면적인 경기 부양책의 한계효과가 현저히 감소하고 있어 생산능력 과잉 문제를 포괄적으로 해소하는 동시에, 시장 메커니즘의 역할 발휘를 통한 산업의 미래 진로를 모색해야 한다.

이러한 추세적인 변화들은 현재 중국 경제의 형태가 더 고급화되고, 분업이 더 복잡해지며, 구조가 더 합리적인 단계로 진화하고 있음을 말해주고 있다. 즉, 신창타이(新常態)로 접어들면서 경제발전은 고속 성장에서 중고속 성장으로 변화하는 한편 경제 발전 방식은 규모 속도형 성장에서 질적 능률형 성장으로 전환하고, 경제구조는 생산력 양적 확장 위주에서 기존 생산력 활성화와 신규 생산력 최적화에 대한 깊은 병행 조절로 변화하며, 경제발전 동력은 전통 분야에서 새로운 분야로 변화하고 있다. 따라서 신창타이(新常態)를 인식하고, 신창타이(新常態)에 적응하여, 신창타이(新常態)를 인도하는 것은 현재와 미래 중국 경제 발전의 기본적인 논리이다.

필자가 거의 한 글자도 틀리지 않고 중앙경제공작회의의 말을 그대로 인용한 것은 한편으로는 그 한 마디 한 마디가 모두 시진핑(習近平) 지도부의 미래 전략적 대세에 대한 판단을 매우 깔끔하고 정교하게 표현했기 때문이며, 다른 한편으로는 이러한 전략적 대세 판단에 있어 아래 두 가지 서로 다른 점이 있음을 지적하고자 하는 데 있다. 즉, 객관적으로 관찰할 수 있는 대세와 주관적 추측 부분이 많이 담겨 있는 가치판단이다. 한 경제체의 발전 단계를 나누는 것은 경제사 학자의 전문 기능이고, 단계의 구분은 엄격한 과학적 기준과 사후의 데이터 분석에 따른다. 그러나 시기는 전략가의 기다림을 허락하지 않으며 기다리는 것은 곧 좋은 기회를 놓치는 것을 의미한다. 따라서 정보가 비대칭적이고 불충분한 상황에서 전략적 대세에 대한 분석은 일정한 주관성과 위험성을 갖는다.

중국 경제는 지역 간 차이가 아주 크기 때문에 장기적으로 지역 시장과 전국 시장이란 두 개의 시장이 병존하는 국면에 놓이게 될 것인데, 영리한 시장 주체는 이러한 차이를 이용해 수익을 낼 수 있다는 점이 바로 중국 시장의 매력이다. 경제적 위험은 각 시기마다 항상 존재하며 사람들이 그 위험을 눈치채고 예방하는 경우 위험도가 크게 낮아진다. 진정한 경제적 위험은 위험을 전혀 모르고 아무런 대비도 하지 않는 데서 발생한다. 2008년 미국 서브프라임 모기지론(subprime mortgage loan) 사태 때 수 만명의 경제학 교수와 수 십명의 노벨 경제학상 수상자가 있었지만 1929-1933년 세계 경제 대공황 못지 않은 위기에 대해 경고를 하는 사람은 단 한 명도 없었다. 현 단계에서 중국의 경제적 위험은 도대체 어디에 있는가? 리스크 규모는 어느 정도인가? 이러한 문제들은 더 많은 검토와 논증이 필요하다.

또한 필자에게는 두 가지 개인적인 인식이 있다. 첫째, 많은 연구자들이 일본 및 한국의 고속성장 시대가 끝난 경험으로 중국도 고속성장 시대를 마감할 것이라고 증명하고 있지만, 이것은 비교가능성이 없다. 실제적으로 1970년대 중반 오일쇼크가 끝난 후 일본과 한국 모두 고속 성장 반등 단계를 거쳤다. 일본 경제 성장이 쇠퇴하게 된 진정한 이유는 1990년대 초 정부의 정책 개입 실수가 경제 내부의 구조적 위기를 초래했기 때문이다. 일본 정부는 이후 몇 차례의 보완적 개혁 조치를 취했지만 아무런 도움이 안 되었다. 필자가 여과법(filtering method)과 생산함수법(production function method)을 적용해 중국 경제의 잠재성장률을 계산해 보면 앞으로도 8-10%의 성장 여지가 남아 있는데, 관건은 전통산업의 과잉 생산능력의 해소 작업을 원활하게 완성하는 것이다. 둘째, 소비의 개성화 및 다양화, 그리고 생산의 전문화, 소형화, 지능화는 사실 선진국에서도 보편화되지 않았다. 영국 학자 피터 마쉬(Peter Marsh)는 제조업이 5단계인 개성화 양산단계에 들어섰다고 보고 있으며, 이 단계는 2000년부터 프랑스 에실로 회사(Essilor Group)에서 시작했다. 그는 "3D 프린팅 기술이 생산의 일상적인 부분이 되었을 때 대량의 개성화 시대가 진정으로 도래한다"[14]라고 분명히 밝혔다. 중국의 농업 경제, 공업 경제, 정보 경제 등 3자가 장기간 병존하는 현상처럼 대량 표준화 생산과 개성화 양산은 제조업 내에 장기간 병존할 것이며, 중국 경제의 3원 구조나 다원 구조야 말로 진정한 창타이(常态)이다.

향후 중국 경제가 직면할 전략적 대세에 대한 판단은 동태적이어

---

14   彼得·马什(Peter Marsh) : 『新工业革命』, p.75, 北京 : 中信出版社, 2013.

중국 경제발전 전략과 규획의 변천 및 혁신

야 하며, 정적이 되어서는 안 된다. 필자가 거듭 강조했듯이, 정보가 비대칭적이고 불충분하기 때문에 전략적 대세의 판단은 객관성과 주관성이 혼합된 판단일 수밖에 없다. 전략가 천윈(陳雲)은 커다란 문제 및 정세 판단에 있어서는 교과서 내용만 전적으로 믿어서는 안되고, 상부의 말만 따라서도 안되며, 실사구시의 원칙만을 견지해야 한다고 지적한 바 있다. 전략적 대세에 대한 이성적 판단은 전략적 조치의 수립과 추진보다 난이도가 높고 영향도 크기 때문에 반복적인 관찰과 분석 및 정제 작업이 필요하다. 신창타이(新常态)에 관한 논의가 필요하며 심지어 논란조차도 긍정적이다. 이는 전략적 대세에 대한 인식과 분석이 깊어지고 분명해질수록 전략적으로 실행 가능한 대안을 세울 수 있기 때문이다.

마지막으로 전략적 대세 분석을 논의함에 있어 또한 지적해야 할 것은 지금까지 전략적 기회에 대한 논의가 많았지만, 도전과 어려움의 분석은 적었다. '일대일로' 전략의 경우를 예로 들면 실제로 당면한 도전과 어려움이 매우 크며, 구체적으로는 다음과 같다.

첫째, 연선 국가(지역) 중에는 중국에 대해 우호적인 국가(지역)도 있고 중국에 대해 조심하고 경계심을 보이는 국가(지역)도 있다. 어떤 국가(지역)는 미국의 동맹국이라서 미국이 이들 국가(지역)에 미치는 영향이 크다. 이러한 상황에서 일부 국가(지역)는 '일대일로' 전략에 따른 공동이익에 공감하면서도 협조적 조치를 취하는 데 소극적이다. 예컨대 한국은 아시아 인프라 투자은행(AIIB) 참여에 큰 관심을 보였지만 미국의 압력에 밀려 결국 아시아 인프라 투자은행(AIIB) 건립에 참여하지 않았다.

둘째, 연선 국가(지역)의 대부분이 국제 테러가 활발한 지역에 있어 테러리즘 활동은 전략 실행의 비용을 증가시킬 것이고, 심지어는 전략의 진행을 일시 중단시킬 수 있다.

셋째, 일부 연선 국가(지역)는 내부 정세가 불안정하고, 국가제도가 부실하며 지도자의 의지에 따라 나라를 다스리고 정책을 펴는 것이 심각할 뿐만 아니라 지도자 교체가 빈번하다. 미국의 색깔혁명 전략은 이들 국가(지역)의 내정 불안에 중요한 외부 유발요인으로 전략 실시의 불확실성이 커지는 한편 전략적 합의의 실행에 있어 안정적인 정치적 보장을 받지 못하고 있다.

넷째, 연선 국가(지역)의 민족종교신앙은 이슬람교와 불교이며 교파가 즐비하여 교파 간 충돌이 끊이지 않고 있다. 어떻게 연선 각국(지역)과의 종교관계를 조화시켜 더 많은 국가의 이해와 지지를 이끌어내느냐가 '일대일로' 전략을 추진하는 데 있어 핵심 문제이다.

다섯째, 연선 각국(지역)과의 거리가 먼 것도 전략 실행의 불리한 요인 중 하나다. 현재의 경제발전전략은 전면적인 협력을 요구하고 있으며, 경제의 글로벌화로 이른바 나비효과(butterfly effect)가 증대되었다.

여섯째, 연선 일부 지역은 이미 일부 대국 전략의 세력 범위에 포함되었는데, '일대일로' 전략은 그 후의 전략으로서 어떻게 충돌을 피할 것인가 또는 이전의 대국 전략을 점차 대체하는 것 또한 하나의 관건이며 민감한 문제이다. 중앙아시아에서는 그 동안 이른바 신(新)실크로드 전략을 수립하고 추진해 온 미국이 반테러를 이유로 중앙아시아로 진출했는데 이제 중국의 '일대일로' 전략과 맞닥뜨리게 된 것은 하나의 도전이다.

'일대일로' 전략을 차질 없이 추진하기 위해서는 전반적인 경제 규획 방안 외에 그에 걸맞은 외교 및 군사 전략이 필요하다. 외교를 군사 전략보다 우선시하는 것은 평화적 굴기의 대국적 전략 속성을 나타낸다. 경제 굴기는 내용이고, 외교 보장이 최우선 조치, 군사 보장은 예비 조치가 되어야 하며, 이는 '일대일로' 전략의 한 가지 기본 원칙이 되어야 한다.

제 5 장

국가 계획에서 국가 규획으로의 전환

과거를 돌이켜 보면, 아무래도 사후 제갈량(事後 諸葛亮)의 느낌이 있다. 중국의 국민경제와 사회발전 계획 관리에 대해서 말하자면 '계획'에서 '규획'으로 전환하는 데 있어 역시 개혁의 경로를 선험적으로 설정할 수 없을 것 같다. 중국 경제 패러다임의 전환은 '돌을 더듬어 강을 건너는 방법'으로 추진할 수밖에 없기 때문에 수십 년 동안 시행해 온 국가 계획도 실천과 이론 간의 상호 작용의 결과일 수밖에 없다. 즉 먼저 계획 관리 실천에서 드러난 폐해에 근거하여 이러한 관리 방식을 옹호하는 주류 이론에 의문을 제기한 다음 계획 이론을 다시 수정하여 실천에 옮기고, 마지막으로 다시 계획의 실천에 따라 계획의 이론을 수정한다. 중국의 계획 관리에 대한 개혁은 1978년부터 1991년까지의 모색 단계, 1992년부터 현재까지의 점진적 성숙 단계로 나누어질 수 있다.

제1절 제1단계의 계획관리 실천과 이론의 상호작용 : 지령적 계획에서 지도적 계획으로

1978년 중국공산당 제11기 중앙위원회 제3차 전체회의에서 '하나의 중심, 두 개의 기본점'[1]이라는 기본 노선을 확립하면서부터 중국은 대규모 경제건설 단계에 들어갔다. 그러나 어떤 관리 체제로 중국 경제건설을 추진할 것인지에 대한 초기 인식과 후기의 인식은 완전히 달랐다. 당시 대다수의 사람들은 계획적인 관리 체제를 고수하고 회복해야 한다는 이론적 주장을 가지고 있었는데, 그 이유는 다음과 같다. 첫째, 구소련 경제이론 교조의 영향으로 계획경제가 사회주의 경제의 기본 특징이며, 계획경제를 고집하는 것은 곧 사회주의를 견지하는 것이라고 여겼다. 둘째, '문화대혁명' 기간(1966-1976년) 중 계획경제 체제마저 크게 파괴되어 당시에는 계획관리를 주관하던 국가계획위원회조차 한 때 해체되었다. '문화대혁명'이 끝난 뒤 혼란 상태를 바로잡아 정상으로 되돌리는 한 가지 중요한 내용은 '문화대혁명' 이전에 정형화된 계획경제 체제를 회복하는 것이었다. 당시만 해도 계획경제의 지속과 보완은 이론적으로 올바를 뿐만 아니라 실천적으로도 필요하다고 여겨졌다.

다행인 것은 개혁개방 초기의 사상해방운동은 이 경직된 생각에 큰 충격을 주었고, 경제이론 학자들은 더 이상 현실적인 문제의 존재를

---

1   역주 : '하나의 중심, 두 개의 기본점'이란 경제 건설을 주심으로 하고, 개혁개방과 4대 기본원칙(사회주의 제도, 인민 중심의 집권제도, 중국 공산당의 지도적 지위, 마르크스-레닌주의와 마오쩌둥 사상)을 견지하는 것을 말한다.

무시하지 않고 실천에 의한 이론적 판단을 내렸다. 중국 사회주의 경제가 여전히 초기 단계임을 인정하고, 초기 단계에서는 상품경제를 크게 발전시켜야 한다는 공감대가 형성되기 시작했다. 상품경제를 발전시키기 위해서는 교환관계의 수립과 발전이 필요하며, 시장은 바로 그러한 교환관계 및 교환장소의 총칭이다. 이러한 인식 아래 계획경제를 고수하고 보완한다는 전제하에 상품경제와 시장에 갈수록 높아지는 합법적 지위를 부여하기 시작했다.

이 단계에서 다음과 같은 두 가지 문제에 대한 기본적인 인식과 관점이 형성되었다.

1. 사회주의 경제의 계획성 및 상품성

당시의 이론계는 한결같이 사회주의 경제가 바로 공유제를 기반으로 하여 계획경제를 실행하는 것이라고 보았다. 즉, 사회주의 경제가 계획경제임을 인정하였다. 하지만 사회주의 경제의 상품성 문제에는 의견 충돌이 크게 나타났다. 사회주의 경제는 상품경제의 속성을 가지고 있을 뿐이라고 생각하는 사람이 있는가 하면 사회주의 경제 자체가 상품경제라고 생각하는 사람도 있었다(吳敬璉, 1993).

1984년 중국공산당 제12기 중앙위원회 제3차 전체회의는 중국 경제 전환의 첫 획기적인 문헌인 『경제체제 개혁에 관한 중국 공산당 중앙위원회의 결정』을 발표하였다. 이 문건은 "총체적으로 말하면 중국이 실행하는 것은 계획경제이다. 즉 계획이 있는 상품경제이지 완전히 시장에 의해 조절되는 그런 시장경제가 아니다."고 제시했다. 사회주의 경제의 계획성과 상품성 통일의 문제에 대해 점점 다음과 같은 공통된 인식을 하기 시작했다. 첫째, 사회주의 제도 아래 상품 생산과 상품 교환이 존재한다. 둘째, 사회주의 경제는 상품관계를 가진 계획경제 또는 시장 메커니즘이 포함된 계획경제라고 할 수 있다. 셋째, 사회주의 경제는 계획경제와 상품경제가 통일된 경제이다(马洪, 1990). 계획성과 상품성은 모두 사회주의 경제의 기본적인 특징이며, 계획성과 상품성에 대해 한 가지에만 관심을 가지고 다른 한 가지를 간과해서는 안 된다. 당시의 인식수준으로는 시장경제를 사회주의로 볼 수 없었다.

사회주의 경제는 계획있는 상품경제이라고 보는 공통된 인식은 바로 하나의 이론적 '부산물'을 야기하였다. 즉 계획은 사회주의의 제도적 속성에서 벗어나야 하며, 계획은 단지 일종의 관리 방식에 불과하다는 것이다(刘国光, 1990). 계획과 제도적 속성의 연결 고리를 푸는 것은 사람들로 하여금 기술적 수단과 관리 방법처럼 계획을 취급하고, 더 이상 이데올로기적인 구속을 받지 않게 하였다.

2. 계획과 시장의 결합 방식

당시 이론계에서는 사회주의 경제의 계획성과 상품성에 대해 어떤 태도를 취하더라도 계획과 시장이라는 두 가지 조절 수단이 결합해 사회주의 경제에 함께 작용해야 한다는 데 의견을 같이했다. 그러나 계획과 시장을 결합시키는 구체적인 방식에 대해서는 '분할식 결합론' 또는 '침투식 결합론', '융합식 결합론', '거시적 조정과 미시적 조정의 결합론', '2차 조절론', '계획이 주로 하고 시장은 보조로 하는 메인·보조 역할론' 등의 여러 가지 관점이 있었다.

'분할식 결합론'은 국민경제를 부문별 또는 제품별로 서로 다른 부분으로 나눠서 그 중의 일부를 계획적으로, 다른 일부는 시장에 의해 조절해야 한다고 주장한다. 이를테면, 국가 경제와 국민 생활에 관계되는 중요한 상품에 대해서는 반드시 계획 조절을 실행하여 국가가 상품 생산, 가격 규정 및 상품 분배를 통일시켜야 하고, 다른 상품은 시장 조절을 실행할 수 있다. 그러나 어떤 사람들은 분할식 결합론이 계획과 시장 결합의 초급 단계라고 생각하기도 했다. 국민경제는 하나의 통일체이기 때문에 계획과 시장은 모두 국민경제 전체에 대한 조절 수단이며, 계획 조절은 시장가치의 법칙을 이용해야 하고, 시장 조절도 계획으로 그 조절의 방향성을 보장해야 한다. 그러므로 계획과 시장은 불가분의 관계이며, 서로 침투되어 경제 과정에 함께 작용을 한다(王亚文 외, 1991). 이런 의미에서 이 방식은 침투식 결합방식이라고도 불린다.

'융합식 결합론'은 '침투식 결합론'의 기초 위에서 발전된 일종의 인식이다. 이는 계획과 시장이 고도로 융합될 때 양자의 결합이 형성된 통일체를 가리킨다. 국민경제 전체가 더 이상 두 개의 부분으로 나뉘지 않고, 계획 메커니즘과 시장 메커니즘이 하나가 되어 통일된 국가계획 지도 아래 시장 메커니즘의 역할을 수행한다(刘国光, 1986).

또한 어떤 사람들은 사회주의 경제 조절 메커니즘의 관점에서 제도적 차원에서는 계획경제가 특징임을 강조해야 하지만 운행 차원에 있어서는 계획과 시장 양자의 적용 순서를 가리지 않고 모두 자원을 효율적으로 배치하는 수단으로 경제발전의 구체적 상황에 따라 계획의 조절을 위주로 하거나 시장의 조절을 위주로 할 수도 있다고 본다. '거시적 조정과 미시적 조정의 결합론'은 사회주의 초급단계의 가장 바람직한 경제모델이 국가계획을 통한 거시적 조정의 원활화와 시장 조절을 통한 미시적 경제의 활성화라고 본다. 즉 계획은 주로 거시적 조정, 총량적 조정, 구조적 조정, 경제의 전반적인 배치 등에서 역할을 하며, 시장은 주로 미시경제 분야, 일상 생산 경영 활동 등에서 역할을 한다(魏礼群 외, 1994). 이와 비슷한 관점은 '2차 조절론'으로 사회경제 활동을 모두 시장에 맡겨 1차 조절을 해야 한다고 생각하며, 만약 시장 조절 결과가 사회경제 발전 목표에 부합한다면 정부는 관여하지 말아야 하고, 시장 조절의 결과가 사회경제 발전 목표에 부합하지 않는다면 정부는 다시 2차 조절을 한다. 2차 조절은 사후 조절일 수도 있고, 사전 조절일 수도 있다. 계획 조절과 시장 조절은 차원이 다른 두 개의 조절로 봐야 하며, 2차 조절은 높은 차원의 조절, 1차 조절은 낮은 차원의 조절이다(厉以宁, 1993).

또 하나의 주류적인 인식은 '계획이 주로 하고 시장은 보조로 하는 메인·보조역할론'이다. 계획경제와 시장조절 결합에 대한 이해의 불일치로 인해 계획과 시장의 메인역할과 보조역할 문제에서 다음과 같은 세 가지 관점이 있다. 첫째, 계획 조절이 메인적인 역할을 하고, 시장 조절은 보조적인 역할을 한다. 이러한 관점은 계획경제 제도론에서 비롯된 것으로, 자본주의 국가의 경제기반이 그 경제운행 메커니즘을 시장 위주로 할 수밖에 없는 것처럼 중국의 경제기반이 경제운행을 계획 위주로 결정할 수밖에 없다고 본다(刘国光 외, 1991). 둘째, 계획 조절과 시장 조절은 메인과 보조를 가리지 않는다. 이러한 관점은 계획 조절에 시장 메커니즘이 있고, 시장 조절에 계획의 지도가 있다는 시각에서 계

중국 경제발전 전략과 규획의 변천 및 혁신

획 조절과 시장 조절의 평등성을 설명한다(宋涛, 1991). 셋째, 메인과 보조는 시간, 공간, 조건의 변화에 따라 변한다. 이러한 관점은 계획경제와 시장조절이 결합된다고 해서 양자가 사회경제생활의 모든 면에서 똑같은 중요성을 갖는 것도 아니고 모든 분야와 모든 상황에서 항상 어떤 하나의 조절수단을 위주로 하는 것을 뜻하는 것도 아니며, 양자 역할의 크기는 시간, 공간, 조절 대상에 따라 달라진다고 생각한다(马洪, 1990).

이론적 인식의 전환은 기본 건설 계획의 프로젝트의 소요 자금을 정부의 무상 지원에서 은행의 유상 차관으로의 대체, 지도적인 계획의 수립, 중심도시와 대형 국유기업에 대한 계획의 단독 편성 등과 같은 국가 계획관리 실천에 대한 대담한 탐구를 촉진했다. 그중 1984년 10월 4일 국무원이 비준한 『계획체제 개선에 관한 임시 규정』은 중국의 국가계획관리체계를 처음으로 지령적 계획과 지도적 계획으로 양분한 상징적 의미가 있다.

오랫동안 국가계획기관은 행정적인 방법으로 부문, 지방 및 기업 간에 자원을 배치해 왔으며 지령적 계획은 국민경제의 거의 모든 면을 독점하였다. 수직적으로 보면 중앙계획부서에서 시작하여, 부문과 지역의 계획기관을 거쳐 각 기업에 이르기까지, 그들이 무엇을 생산하고, 얼마나 생산하며, 누구를 위해 생산할지가 지령적 계획에 의해 결정되었다. 수평적으로 보면 생산, 분배, 유통, 소비를 대부분 도맡아 시장의 조절 역할을 제한하였다. 이 단계에서 국민경제계획은 다음과 같은 특징을 갖는다. 즉 국민경제계획은 자원을 배치하는 기본 방식으로 기업에 직접적으로 관여하며 실물관리를 위주로 하고, 기본 형식은 지령적이다.

그러나 과거 30여 년 동안의 실천에서 증명된 바와 같이, 계획경제를 지령적으로만 이해하는 것은 단편적이다. 모든 경제 활동에 대해 지령적 계획으로 관리할 수 없으며 그럴 필요도 없다. 국가경제 및 국민 생활과 관련된 중요한 경제활동에는 지령적 계획이 필요하고, 일반적인 경제활동에는 지도적 계획이 필요하다. 이 때문에 『계획체제 개선에 관한 임시 규정』은 12가지 개혁조치를 제시했는데, 그중 가장 핵심적인 것은 지령적 계획의 조절 범위를 축소하고 지도적 계획의 조절 범위를 확대하는 것이었다.

지도적 계획은 "계획 집행 단위의 경제활동에 대해 지도적 의견을 제시하고, 주로 경제 레버리지를 운용하여 그 실현을 보증하는 계획"으로 여겨지고 있기 때문에(魏礼群, 韩志国, 1984) 그 설계의 기본 방향은 다음과 같다. 첫째, 국가 또는 주무부서는 해당 계획지표를 하달하되, 기업에게는 참고용 지표로 하게 하고, 강제성을 가지지 않는다. 둘째, 국가는 가격, 세금, 여신 등 경제 레버리지를 운용하여 지도적 계획지표를 실현한다. 셋째, 지도적 계획이 관련된 업종과 제품의 범위는 비교적 광범위하지만, 핵심적인 산업과 제품은 포함하지 않는다. 국가계획위원회가 관리하는 공업제품의 예를 들면, 1980년 120종류였던 지령적 계획 제품이 1992년 59종류로 줄어든 반면, 지도적 계획 제품은 61종류로 늘어나 지도적 계획 제품의 전체 품목수가 지령적 계획 제품의 전체 품목수를 초과하였다. 이에 상응하여 지령적 계획으로 통제되는 공산품의 총생산액의 비중도 40%에서 11.7%로 급격히 감소했다(〈표 5-1〉 참조).

중국 경제발전 전략과 규획의 변천 및 혁신

〈표 5-1〉 국가계획위원회가 지령적 계획으로 관리하는 공업제품 상황

연도	제품 종류(종)	전국 공업 총생산액의 점유율(%)
1980	120	40.0
1985	60	20.0
1992	59	11.7
1993	36	6.8
1994	33	4.5

　　지도적 계획의 성격이 계획 조절에 속하는지 아니면 시장 조절에 속하는지에 대한 인식은 이론적으로 합의를 이루지 못하고 있으며, 실천적으로도 쉽게 파악되지 않는다. 한 가지 관점은 지도적 계획은 계획 조절의 범위에 속하고, 일종의 시장 메커니즘의 운용을 통해 목표를 달성하려는 계획으로서 시장 조절에 속하지 않는다고 여긴다(刘国光, 1986). 또 다른 관점은 지도적 계획이 최하부 계획 집행 단위에 구속력을 가지지 않고, 단지 경제 레버리지를 통한 조절로 경제운행의 대(大)환경을 변화시켜 간접적으로 미시적 경제주체 행위에 영향을 미치는 이상, 지도적 계획은 본질적으로 시장 조절에 속한다(李铁军, 1985).

　　실천에서 보면, 지도적 계획에는 많은 실행상의 문제가 있다. 첫째, 지도적 계획이 비강제성을 강조함에 따라 계획의 강제성에 오랫동안 익숙해져 있던 기업과 사업 단위는 단번에 계획된 행정적 속박으로부터 벗어난 후, 자신들의 발전을 유도하는 지도적 계획에 대해 경시하는 태도를 가지게 되어 지도적 계획은 결국 유명무실한 것으로 변하였다. 둘째, 지도적 계획지표가 기존의 지령적 계획지표에서 탈태했지만 그

편성과 이행 절차는 그대로 유지되어 있다. 하지만 지도적 계획은 구속력이 없도록 규정되어 있기 때문에 누가 지도적 계획지표 달성에 책임을 지느냐가 문제가 되었다. 셋째, 지도적 계획은 경제 레버리지의 운용을 강조함으로 반드시 은행, 재정, 세수 등의 다른 거시적 조정 부문과 연계할 수밖에 없어 계획 조절이 어려워졌지만 성과는 그만큼 향상되지 못했다. 넷째, 지도자가 중시하는 일부 계획지표가 지도적 계획지표임에도 불구하고 지도자의 통제가 완화되지 않아 지도적 계획은 사실상 여전히 지령적 계획의 성격을 갖는다(呂汝良, 吳微, 刘瑞, 1992).

지도적 계획은 개혁개방 초기에 전통적인 계획경제체제를 개혁하기 위한 중국의 유익한 시도이다. 이론적으로는 계획과 시장의 상호 결합을 보여주는 것으로 실천에 있어서 계획경제는 지령적 계획 관리만 있는 단일 형식 구도를 탈피했다. 하지만 지도적 계획의 한계도 비교적 뚜렷하였다. 첫째, 지도적 계획은 여전히 계획경제체제를 기본적으로 유지하는 틀 안에서 설계되었고, 과거 지령적 계획이 남긴 흔적이 뚜렷하여 실천에서 지령적 계획의 속성을 고수하기 때문에 지령적 계획과 별다른 차이가 없었다. 둘째, 계획의 지도적 속성에 대한 이해가 너무 좁아 지도적 계획이 실천에서 그릇됐다. 계획의 지도적 속성에 대한 인식은 부분적으로 프랑스의 지도적 계획 실천, 한국의 정책적 계획 실천 등 외국 계획관리의 성공적인 경험에서 비롯된 것이었다. 이들 시장경제 국가의 계획은 시장, 기업에 대한 유도 역할에 치중해 비교적 좋은 효과를 얻었다. 하지만 이들 국가의 계획 관리 실천에는 중국과 같은 지령적 계획이 기본적으로 존재하지 않는다는 공통점이 있었다. 그렇기 때문에 중국의 지도적 계획을 설계할 때, 중앙계획관리기구는 계획

관리를 지령적 계획관리와 지도적 계획관리 두 부분으로 구분하는 것을 도모하였다. 이는 계획관리체계 통합 및 조화의 난이도를 높여서 새로운 문제점을 야기시켰다. 결국 국가 계획이 총체적으로 지도적인 성격을 갖는다는 인식과 계획 관리를 강제로 두 개의 평행적인 부분으로 나누는 것과 충돌되어 지도적 계획이 지령적 계획에 또는 시장 조절에 치우치게 함으로써 지도적 계획의 실천은 곤경에 빠지게 되었다. 이를 타개하는 것은 제2단계의 계획 관리의 실천과 이론의 상호작용인데, 이 상호작용의 결과는 국가 계획의 지도적인 성격을 확실히 정착시켰다.

제2절 제2단계의 계획관리 실천과 이론의 상호작용 : 계획적 관리에서 거시적 조정으로

마르크스주의 경전에 대한 오랜 교조주의[2]식 학습과 구소련의 계획경제 모델에 대한 신봉으로 인해 대다수 사람들은 계획경제체제 범주 내에서 사회주의 경제의 본질을 인식하고 있어, 중국의 계획관리체제 개혁은 한동안 정체되었다. 이 난국을 타개한 사람은 덩샤오핑(鄧小平)이었다. 일찍이 개혁개방 1단계 중기(1987년)에 덩샤오핑(鄧小平)이 당 내부 작은 범위의 담화에서 "시장경제가 자본주의를 의미하지 않고,

---

2   역주 : 교조주의는 특정한 교의나 사상을 절대적인 것으로 받아들여 현실을 무시하고 이를 기계적으로 적용하려는 태도나 생각을 가리킨다.

계획경제가 사회주의를 의미하지 않는다"라는 '2개의 부등식' 관점을 제시했다(邓小平, 1993). 이것은 이미 역사적인 한계를 넘어선 것이다. 5년 후, 덩샤오핑(鄧小平)은 1992년의 『남방 시찰 담화』에서 이 유명한 '2개의 부등식' 판단을 되풀이하여 사람들의 사상적 구속을 깨뜨리고 계획과 시장 관계에 대한 중국인들의 인식을 비약적으로 발전시켰다.

계획에 관한 이론계의 인식은 다음과 같은 몇 가지 측면에 집중되어 있다.

1. 계획경제와 시장경제에 관한 인식

중국 공산당 제14기 전국대표대회 이후에는 계획경제와 시장경제를 사회기본제도와 동일시하지 않고 자원배치와 경제운행에 대한 일종의 방식을 반영하는 개념에 불과하다고 인식했다. 자본주의와 사회주의에 관계없이 모두 다 계획과 시장의 두 가지 수단으로 자원을 배치할 수 있다.

계획경제는 광의적 이해와 협의적 이해가 있으며, 협의적 이해는 계획경제가 행정적 수단에 의해 자원을 배치하고 중앙계획전문부서가 각급 계획과 전문 관리 부서를 통해 지령적 지표로 경제활동을 통제하는 자원 배치 방식이다. 협의적인 계획경제는 서양에서 명령적 경제라고 부른다. 광의적인 이해는 계획경제가 일종의 지령적 계획의 행정명령과 지도적 계획의 경제조절 수단으로 경제를 조정하는 사회경제의 운행 방식이라 여긴다.

일반적으로 시장경제는 시장 메커니즘을 바탕으로 자원 배치를 조절하는 경제 형태라고 생각하지만 현대적인 생산의 사회화 조건 하에서는 시장경제가 자유방임적 자유시장 경제가 아니라 국가가 조절, 통제하고 관리하는 시장경제이다.

2. 사회주의 시장경제체제 중 계획적 관리 존재의 필요성

시장의 긍정적 역할에도 불구하고, 자기 이익을 중시해 사회적 이익을 등한시하는 것, 맹목적인 생산경영, 과도한 소득격차 등 극복하지 못하는 한계가 있다는 것이 일반적인 견해이다. 따라서 계획의 지도와 거시적 조정으로 그 편차를 수정해야 한다. 계획과 시장에는 각각 장점과 단점이 있고, 일방적으로 완전한 계획경제를 추구하거나, 일방적으로 완전한 시장경제를 추구하는 것은 모두 비현실적이다. 장점을 발전시키고 단점을 피해서 중국 실정에 맞는 경제체제를 모색하여 높은 시장경제운영 수준을 유지하면서도 다수 사람들의 만족과 공평을 보장해야 한다.

3. 계획과 시장의 결합 관계

이 단계에 있어 계획과 시장의 결합에 관하여 다음과 같은 관점이 있다. 내재적 통합 또는 유기적 결합론(魏礼群 외, 1994)은 계획과 시장의 내재적 통합 또는 유기적 결합의 관건이 계획의 시장화, 시장의 계획화로, 그 양자의 장점을 취하고 단점을 보완하기 때문에, 양자는 잠시도 분리될 수 없다고 생각한다. 사회주의 시장경제 조건하에서 계획적 관리는 반드시 시장 메커니즘을 기반으로 시장 중심의 일원적 조절을 실행해야 한다. 계획의 기능은 더 이상 시장을 대체하는 것이 아니라 시장을 지향하고, 시장을 반영하며 시장을 인도하고 통제해야 한다. 계획은 반드시 거시경제 환경과 시장 공급 및 수요의 변화 추세를 과학적으로 예측하는 기반 위에서 수립되어야 한다. 계획은 거시경제를 조절하고, 시장은 미시경제를 조절하는데 시장을 자원 배치의 기초적인 방식으로 삼는 것은 주로 기업과 미시경제의 운행 측면에서 말하는 것이다. 기업은 국민경제의 기초이고, 기업의 생산경영 활동은 당연히 시장에 의해 조절되어야 한다. 반면에 국가의 거시적 조정은 계획적 조절을 의미하는 것으로 주로 거시경제의 비례 관계, 산업 구조, 생산력 배치, 중요 프로젝트 건설 등에 대한 조절과 시장 편차에 대한 조절과 조화 등이 포함된다(钟朋荣, 1993). 계획과 시장은 메인과 보조의 관계도 아니고, 우열성 관계도 아니라는 기능형 상호 보완적 결합론은 계획된 사업 활동이 부정적이고 불확실한 결과를 낳을 수도 있음으로 이를 계획의 맹목성이라 부를 수 있고, 계획이 없는 자발적 사업 활동 또한 적극적이고 만족스러운 결과를 낳을 수도 있음으로 이를 계획이 없는 계획이라 부를 수 있다고 생각한다. 그러므로 계획과 시장의 결합은 메인과 보조의 관계로 나뉘어지지 않은 기능형 결합방식이자, 우열성이 없는 상호 보완적인 결합방식이며, 계획과 시장의 결합은 불확실성에 대한 일종의 과학적 관점이라 할 수 있다.

중국 경제발전 전략과 규획의 변천 및 혁신

4. 거시적 조정이 점차 새로운 체제의 핵심적 명제가 됨

비록 거시적 조정의 개념은 일찍이 개혁개방의 제1단계에서 제시됐지만(刘瑞, 2006), 각 부처와 이론계가 계획과 시장의 관계에 전력을 다해 관심을 갖고 있던 당시에는 거시적 조정이 아직 뜨거운 이슈가 아니었다. 그러나 사회주의 시장경제체제 구축이라는 목표가 공식적으로 확정되면서, 기존의 시장과 계획 관계에 대한 논의는 너무 협소해 보였다. 거시적 조정에 관한 논의의 열기는 논문 발표의 수량에서 알 수 있다(〈표5-2〉, 〈그림5-1〉 참조). 〈표 5-2〉에 따르면 중국의 거시적 조정에 관한 논의는 두 차례의 정점이 있었는데, 처음은 1994-1996년에 사회주의 시장경제체제 확립 이후의 첫 번째 논의의 정점으로 이 시기의 주요 관심은 계획 관리의 약화 이후, 국가가 어떻게 경제 불균형을 방지하고, 거시적 조정이 시장경제와 어떻게 결합될 수 있는지에 관한 것이었다. 두 번째 정점은 2004-2005년으로 거시적 조정의 과학성과 실행 가능성을 어떻게 높일 것인가에 관한 심도 있는 논의가 시작되었다. 거시적 조정과 시장경제의 결합은 이미 하나의 논제를 넘어 거시적 조정이 국가 계획관리의 주도적 지위를 대체했다.

눈을 돌려 세계를 바라보면 모든 시장경제 국가에서 계획적 관리는 일부 국가의 주요 관리방식일 뿐, 대다수 국가에서 보편적으로 채택하고 있는 것은 거시적 경제관리방식이다. 이 때문에 중국 공산당 제14기 전국대표대회 이후의 토론에서는 거시적 조정에 관한 이슈가 현저하게 나타났다. 사람들은 처음에는 거시적 조정을 광의적인 계획 관리로 이해하여 협의의 지령적 계획과 구별했지만 점차적으로 거시적 조정은 계획 관리의 광의적인 명제라는 것을 알게 되었다. 거시적 조정은 계획을 내포하고 있는 데다가 더 중요한 점은 재정정책, 금융정책, 토지정책 등 과거 계획 관리에서 중시하지 않았던 내용을 담고 있다는 것이다. 동시에 거시적 조정은 간접화, 다양화, 체계화가 필요하며 전통적인 행정 지령적 계획 위주의 직접 관리 방식은 반드시 바뀌어야 한다. 지도적 계획을 설계할 때 비록 경제 수단, 경제 레버리지 즉, 거시경제 정책으로 계획 목표를 달성해야 한다고 제기했지만 사고방식은 여전히 계획의 프레임에서 벗어나지 못하고 있다. 사회주의 시장경제 조건 아래서 계획과 정책이 통합된 거시적 조정 체계를 구축하고 보완하는 것이 매우 필요하다. 이리하여 제1단계의 지도적 계획 명제 토론에 기반하여 거시적 조정 명제는 제2단계 토론의 주제가 되었다. 계획과 시장의 관계 문제는 거시적 조정과 시장의 관계 문제로 대체되었다. 이와 같은 전환은 중국 사회주의 시장경제 체제의 형성을 상징하며 사회주의 시장경제의 실천과 이론의 상호작용이 새로운 단계로 접어들었다는 것을 의미한다.

〈표5-2〉 칭화통팡(清華同方) 정기 간행물 데이터베이스 논문 제목에 '거시적 조정'과 '거시경제 조정' 용어가 나타난 논문 수량

발표연도	1986	1987	1988	1989	1990	1991	1992	1993	1994	1995
게재편수	1	2	9	33	29	33	33	133	986	647
발표연도	1996	1997	1998	1999	2000	2001	2002	2003	2004	2005
게재편수	519	370	290	274	196	164	165	159	815	555

자료출처 : 칭화통팡(清華同方) 정기 간행물 데이터베이스

중국 경제발전 전략과 규획의 변천 및 혁신

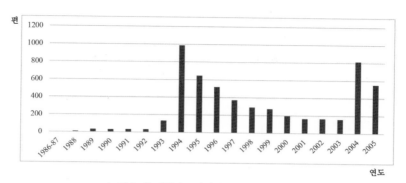

편

<그림 5-1> 거시적 조정에 관한 논문 발표 수량

자료 : <표 5-2>에 근거하여 작성

이 같은 변화는 '제9차 국민경제 및 사회발전 5개년 계획' 편성 시기에 집중적으로 나타났다. 당시 국가의 주요 지도자들은 시장경제 조건하의 국가계획은 계획경제 때와는 다르며 국가계획의 거시성, 전략성 및 정책성(李鵬, 2007)을 중점적으로 구현해야 한다고 제시하였고, 계획은 사회주의 시장경제 발전의 요구를 구현해야 한다고 주장했다. "국가의 거시적 조정 아래에서 자원 배치에 대한 시장의 기초적인 역할에 중점을 두어야 하며 국가계획의 거시성, 전략성 및 정책성을 부각시켜 힘을 모아 큰 일을 할 수 있다는 사회주의의 우위성을 발휘해야 한다. 계획지표는 전체적으로 예측적이고 지도적이며, 경제 및 사회 발전의 방향과 임무, 그에 따른 발전전략과 조치를 중점적으로 제시하며 경제 사회의 발전과 구조변화를 반영하는 총량적 지표 및 전체적 의미를 지닌 중대한 프로젝트를 제시해야 한다. 기타 일부 지표와 프로젝트는 향후의 연간 계획에서 제시하기로 한다"(李鵬, 1996). 이러한 중대한 계획의 이념과 성격의 전환은 실제적으로 이후 계획에서 규획으로의 변화를 위한 토대를 마련한 셈이다.

이리하여 사회주의 시장경제 조건하의 국가계획의 특징과 그 기조의 설계가 완성되었다. 첫째, 국가 계획은 전반적으로 지도적이다. 중·장기 계획은 윤곽성(상세함 요구 안함)과 탄력성(목표 변동 구간 허용)이 요구되며, 구체적인 사항은 연간 계획에 반영된다. 이는 계획경제 하의 국가계획이 총체적으로 지령적이고 강제적인 것과는 근본적으로 다르다. 둘째, 국가 계획은 거시적이다. 내용 면에서는 거시적 대세를 확실히 파악하고, 실행에 있어서는 거시적 경제 수단에 의거하며, 목표의 확정과 정책의 선택에서는 국가의 전반적인 이익을 강조한다. 이는 계획경제 하의 국가 계획에서 계획지표를 미시적 주체로 분해하고, 계획을 미시적 영역으로 세분화하는 것과 다르다. 셋째, 국가 계획은 전략적이다. 계획과 전략이 통일되어야 하고 중·장기 계획을 편성하는 것은 사실상 발전전략을 수립하는 것이며, 연간 계획은 중장기 발전계획이나 발전전략의 구체화 성격에 불과하다. 이는 계획경제 하의 국가계획과 발전전략이 괴리되는 것과 다르다. 넷째, 국가 계획은 정책적이다. 계획과 정책은 조화를 이루어야 하고, 각 정책은 계획목표 달성을 보장하기 위한 수단이며 계획을 편성할 때 정책 수립도 함께 고려해야 한다. 이는 계획경제 하의 국가계획과 거시경제정책이 괴리되는 것과 다르다.

'제9차 5개년 계획' 시기부터 계획경제체제에서 시장경제체제로의 전환을 위해 노력해 왔기 때문에 '제10차 5개년 계획'시기를 거치면서 국가계획의 성격이 점차 시장경제 하의 계획을 지향하고 있다. 따라서 '제11차 5개년 계획' 기간에 중·장기 계획은 중·장기 규획으로 이름을 변경하여 형식적으로 계획경제 하의 계획에서 시장경제 하의 계획

중국 경제발전 전략과 규획의 변천 및 혁신

으로의 이행을 완수했다. 이와 동시에 계획 관리를 주관하는 기구 역시 국가계획위원회(1998년 이전)에서 국가발전계획위원회(2003년 이전)로 다시 국가발전개혁위원회(2003년 이후)로의 변천이 실현되었다. 현재는 개별 분야만 계획이라는 용어를 그대로 사용하고 있다. 중국어에서는 '규획'과 '계획'을 구별할 필요가 있지만 영어에서는 굳이 의도적으로 구분할 필요가 없다.

제3절 결론 : 계획에서 규획으로의 전환에 관한 시사점

지난 수십 년 동안 점진적인 체제 변환을 거듭하면서 중국은 기본적으로 계획경제체제에서 시장경제체제로의 전환을 완성했으며, 현재는 정형화 단계에 진입하였다. 비록 체제에 대한 혁신이 앞으로도 계속 필요하겠지만, 이러한 체제혁신은 상대적으로 기술적이고 보완적이며 대규모의 제도 혁신 또는 체제 전환의 임무는 이미 기본적으로 완수되었다. 그 결과는 상술한 바와 같이 두 단계의 실천과 이론의 상호작용을 거쳐 중국의 국민경제 관리가 총체적인 계획관리에서 규획관리 및 거시적 조정으로 전환되어, 중국 특색의 국민경제 관리체계가 초보적으로 형성되었다.

이때부터 사회주의 시장경제에 관한 규획이론과 규획체계 탐구 및 보완이 다음 단계의 이론과 실천의 중대한 과제가 되었다. 요약하자면, 이러한 과제는 다음과 같이 14가지가 있다. 즉, 규획 수립 이념의 전환, 공간적 균형 원칙의 확립, 규획 수립 영역의 확정, 규획 간 관계의 조화,

종합 규획 기능의 강화, 전문 규획 실행가능성의 향상, 지역 규획의 형식과 내용의 간소화, 규획 기간 융통성의 제고, 규획의 민주적 참여 확대, 규획 간 연계성의 강화, 의사결정 주체의 명확화, 규획 평가의 강화, 규획 시행 메커니즘의 혁신, 규획 법제화 진전의 가속화 등이 포함된다 (杨伟民, 2003).

사회주의 시장경제제도 아래 국가 규획에 관한 이론과 실천의 과업을 모색할 때 시종일관 분명히 인식해야 할 것은 중국이 수십 년 동안에 걸쳐 이룬 국가계획관리 개혁의 성과는 어디까지나 실천과 이론의 상호작용 과정과 분리될 수 없다는 것이다. 우리는 단순히 책만 보고 국민경제의 관리제도를 설계하는 것이 아니라 중국 실정에 맞는 국민경제 관리제도를 모색해야 하고, 단순히 외국의 시장경제 관리 경험에서 시장경제 관리 방법을 배우는 것이 아니라 중국 시장경제의 형성과 발전 과정에서 시장경제 관리 방법을 습득하는 데 더 많은 관심을 가져야 한다.

수십 년 동안에 걸쳐 국가의 계획 관리가 거시적 조정으로 전환되고, 계획 관리에서 규획 관리로 변화되는 과정을 요약하면 다음과 같은 몇 가지 주목할 만한 점이 있다.

첫째, 중국은 여전히 국민경제를 계획적으로 관리할 수 있는 기본 요건을 갖추고 있기 때문에 형식과 내용에 있어 어느 정도는 국가 계획과 규획 관리를 유지하는 것이 여전히 필요성과 실행 가능성을 가지고 있다. 전통적 계획경제이론은 국가계획관리에서 생산의 사회화, 생산재의 공유제, 인민 중심의 중국 공산당 집권제도라는 세 가지 조건을 갖춰야 한다고 주장한다(李震中, 1983). 30여 년에 걸친 개혁개방으로 중국은 계획경제에서 시장경제로의 전환을 실현하였고, 그 과정 중에서 국가계획관리의 실행 조건 또한 변화하였다. 하지만 전반적으로 중국의 사회주의 시장경제는 여전히 생산의 사회화가 진일보하게 심화되어 공유제 경제의 주체적, 주도적, 통제적 지위가 유지되며, 인민 중심의 집권제도, 특히 중국 공산당의 지도적 지위가 유지되는 조건 아래서 운행되고 있다. 이는 국가 계획 또는 규획이 여전히 실행의 기초와 요건을 갖추게 하고, 실행 가능성을 갖게 한다.

동시에 시장경제에 존재하는 고유한 결함으로 인해 국가 계획 또는 규획이 필요하다는 점에서 자본주의 시장경제 국가와 다소 차이가 있다. 한국, 일본, 프랑스 등과 같은 일부 자본주의 시장경제 국가는 국민경제의 계획화를 대대적으로 시행하고 국가계획 관리부서를 설립해 중·장기 규획 또는 계획을 연속적이며 정기적으로 수립하는 책임을 지도록 하였다. 그러나 신(新)자유주의 사상의 충격으로 이들 국가는 정규적인 국가의 계획 관리 기능을 줄이고 있는데, 특히 총체적이고 종합적인 중기 규획 또는 계획을 더 이상 수립하지 않고 있다. 국가 규획 또는 계획을 포기하는 부정적인 결과는 시장경제 결함에 대해 균형을 잡아주는 메커니즘을 상실하게 되었다는 것인데, 이는 일부 국가에서 국가 규획 또는 계획 포기 후에 발생된 경기쇠퇴나 위기에서 입증될 수 있다. 따라서 시장경제 메커니즘이 중국에서 극에 달하지 않는 한 국가 규획과 계획의 관리를 장기간에 걸쳐 지속적으로 고수하고 보완해야 하며, 절대로 포기하거나 취소해서는 안 된다.

둘째, 국가 규획과 계획은 거시적 조정 시스템에서 견인차 역할을 한다. 수십 년 동안의 경제체제 전환의 결과는 거시적 조정이 계획적 관리를 대신해 국민경제 관리의 주요 방식이 되었으며, 이에 따라 거시적 조정 시스템에서 통화정책과 재정정책이 조정의 중요한 책임을 담당하게 되었다. 미국 모델의 거시적 경제관리 경험을 학습한 후, 일부 학자와 관료들은 거시적 경제정책의 '신력(神力)'을 더욱 신봉했지만 규획과 계획을 중요시하지 않았다. 하지만 실천에서 증명된 바와 같이 모방해 온 거시경제 정책의 효과가 결코 신통치 못했다. 30여 년 동안 중국 개혁개방의 기본 교리, 즉 이론은 실천과 연결되어야 하며 실천은 진리를 검증하는 유일한 기준이라는 점에 따르면 거시경제 정책의 효과가 제한적이고 국민경제 규획과 계획의 기능적 효과가 여전히 존재한다면, 무엇 때문에 거시경제 정책을 선호해 규획과 계획을 외면하고 있겠는가?

더 말하자면, 실천 과정에서 국가 규획 또는 계획의 기능은 이미 커다란 변화가 일어나 계획경제 시기의 행정명령식 계획과는 현저한 차이가 있다. 국가 규획과 계획은 사실상 경제 헌장의 역할을 하고 있으며 경제와 사회의 조화로운 발전에 도움이 될 뿐만 아니라 시장과 정부의 이중적 실패를 해결하기 위한 필요한 수단을 제공하기도 한다(剂瑞 외, 2006). 그러므로, 규획과 계획은 거시적 조정 시스템에서 있어도 되고 없어도 되는 것이 아니라, 오히려 거시적 조정 시스템에서 견인차 역할을 해야 한다. 다시 말하자며 거시경제정책 및 각종 세부정책의 수립은 규획 및 계획의 관련 내용을 근거로 해야 한다. 마땅히 주목해야 하는 것은 시장경제 하의 규획과 계획은 정책적인 성격을 갖고 있고, 정책적 계획은 사실상 일련의 관련 정책의 집합체이며, 정부가 해야 할 일은 정책적 계획의 역할을 잘 발휘하는 것이다.

셋째, 종합균형 원칙과 그 방법이 규획 관리에 대한 역할을 계속 강조하고 발휘해야 한다. 종합균형 원칙과 그 방법은 천원(陳雲)의 계획 이론에서 비롯되었으며, 그의 계획 이론은 중국의 경제 계획 사업에 큰 영향을 미쳤다. 천원(陳雲)의 계획 이론을 보면, 그는 사회주의 경제의 계획성을 시종일관 견지하고 있는데, 계획경제는 반드시 중국 국민경제의 중요한 부분이 되어야 하고, 사회주의경제의 계획성을 견지하는 것은 모든 면에서 계획을 실시하는 것과는 다르며 시장조절의 역할에도 유의해야 한다고 여겼다. 그는 또한 중국의 현재 생산력 수준에 근거해 계획체제의 전반적인 구조는 계획경제를 위주로 하고 시장조절을 보조로 해야 하며, 지령적 계획과 지도적 계획은 모두 경제 법칙에 따라야 한다고 생각했다. 오늘날의 시각에서 보면 천원(陳雲)의 종합균형이론은 중국적 특색이 더 많이 강조된 거시적 조정 이론이라 할 수 있다. 이러한 사상의 찬란함은 중국 경제체제의 전환으로 사라지지 않았으며, 천원(陳雲)의 사회주의 계획 이론은 중국의 계획 이론과 현재의 계획 실천을 진일보 연구하는 데 여전히 시사하는 바가 적지 않다.

종합균형이론은 재정, 금융, 물자, 외환 간 관계의 균형, 즉 '4대 균형'을 강조한다. 시장경제 하에서 '4대 균형'의 기반은 다소 바뀌었지만 '4대 균형'의 정신은 사라지지 않았다. 종합균형이론은 경제 시스템 내부의 각종 중대한 관계 및 상호 간의 조화와 통일적인 조정을 중시했을 뿐만 아니라 이를 실현하기 위한 관련 규정도 마련하였다. 예컨대 재정 및 여신에 관한 종합 계획을 수립하여 재정예산 내·외 자금과 은행 여신 자금을 예산 계획에 포함시켰으며 또한 물자 균형표를 작성함으로써 상품 유통량과 상품 재고량 사이에 적절한 비율을 유지하였다. 한편 과학적 발전관은 경제와 사회 간, 도시와 농촌 간, 지역 간, 사람과 자연 간, 국내와 국외 간의 통합적이고 전면적인 조정 및 조화관계를 구축해야 한다는 이른 바 '5대 통합 조정'을 강조했다. 그러나 '4대 균형'에 비하면 '5대 통합 조정'의 수량화와 제도화는 아직도 거리가 멀다. 따라서 종합균형이론에 따라 '4대 균형'에 잘 어울리는 '5대 통합 조정'을 이루는 것이 향후 규획 관리 개선과 보완에 있어 중요한 방향이다.

넷째, 경제규획을 수립하는 과정에서 반드시 경제에 대한 예측을 충분히 중시하고, 미래에 대한 과학적 예측에 기초하여 경제 규획을 수립해야 한다. 마르크스 경제이론은 경제 계획의 기능이 노동력을 합리적으로 배치하여 과학적으로 사용할 수 있도록 하고, 시간 절약, 효율성 향상, 사회복지 증대 등도 가능하게 하는 데 있다고 보고 있다. 그러나 선진 시장경제국가의 계획관리 실천에서 경제계획에 대한 이해를 보면 경제 규획과 계획의 기능은 불확실성을 해소하고 안정적인 예측을 제공하는 데 있으며 경제 규획과 계획은 재정정책과 통화정책의 부정적인 영향을 회피하여 안정적인 성장과 효율적인 투자를 가능하게 하는 비교적 좋은 방법이다. 시장경제 조건하에서 시장 활동에 참여하는 기업과 개인은 각자의 책임을 지고, 정부는 시장질서 수호자로서의 역할을 하며 국가 규획과 계획은 사실상 시장의 주체들에게 미래에 대한 안정적인 예측을 제공하는 한편 시장의 주체들이 시장의 환경 변화 및 발전 방향을 보다 잘 이해하여 보다 이성적인 행동을 취하도록 돕는 역할을 한다.

따라서 정부는 경제규획을 수립하는 과정에서 그의 예측 가능성을 중시해야 한다. 경제규획은 단순히 미래에 대한 전망 뿐만이 아니라,

미래에 대한 정확한 예측을 토대로 세워진 것이어야 한다. 특히 경제의 세계화가 심화되고 확장되는 시대에 경제와 사회발전에 영향을 미치는 요인이 점점 더 복잡해지고 불확실성이 증가함에 따라, 경제규획의 예측 기능은 점점 더 중요하고 무시할 수 없게 되었다. 과거에 우리는 시장경제 국가의 규획과 계획은 일기예보에 불과하여 실질적인 영향력은 없다고 여겼지만, 오늘날에는 자본주의 시장경제이든 사회주의 시장경제이든 간에 모두 다 규획과 계획의 일기예보의 역할을 중시해야 한다.

다섯째, 거시적 조정 문제에 관해서는 여전히 계속해서 깊이 있게 논의하고 보완해야 한다. 중국 경제가 시장경제로 접어들면서 국가 전체의 관리방식은 더 이상 계획적인 관리가 아니며 사람들은 거시적 조정을 흔히 언급하고는 있지만, 거시적 조정은 아직 규획적 또는 계획적 관리를 완전히 대체하지 못했다. 한편으로는 국가의 중장기적인 규획과 단기적인 계획이 여전히 존재하기 때문에 거시적 조정과 규획 또는 계획의 관계에 대한 인식의 문제가 항상 존재한다. 다른 한편으로는 거시적 조정 실천의 전개와 심화에 따라, 거시적 조정에 대한 인식도 변화되고 있다. 첫 번째 측면에 대한 인식은 필자가 앞서 논의한 바 있어, 다음에서는 두 번째 측면에 대한 인식에 중점을 두고 논의한다.

거시적 조정의 실천에서 보면 중국은 개혁개방 30여 년 동안 여섯 차례의 거시적 조정을 집중적으로 실행하였다. 즉, 1979-1981년 국민경제 조정, 1986년 제1차 경제 '연착륙', 1989-1992년 경제질서 정돈, 1994-1996년 제2차 경제 '연착륙', 1998-2000년 경제 부진 방지, 2004년부터 현재까지의 거시적 조정이다. 이 수 차례의 거시적 조정은 최근의 거시적 조정을 제외하고 모두 뚜렷한 단계성을 가짐과 동시에 거시적 조정의 목표와 수단도 비교적 명확하였다. 제1차는 경제의 구조조정에 중점을 두고, 행정위주의 조정 수단을 채택했다. 제2차는 경기 과열을 방지하는 데 중점을 두고, 경제 레버리지의 응용을 시도했다. 제3차는 반(反)인플레이션에 중점을 두고, 행정 수단을 위주로 하는 다양한 긴축 수단을 채택했다. 제4차 또한 반(反)인플레이션에 중점을 두고 더욱 많은 긴축 수단을 채택했다. 제5차는 반(反)통화긴축에 중점을 두고, 확장적 재정정책을 위주로 하는 수단을 채택했다. 제6차, 즉 가장 최근에는 경기 과열과 과잉 생산 방지에 중점을 두고, 여신과 토지 긴축을 위주로 하는 통화정책, 재정정책, 토지정책 등 수단을 채택했다. 비록 제6차 거시적 조정의 지속 시간이 비교적 길고, 목표도 다소 변동(2004-2006년은 과잉생산 문제 억제, 2007-2008년에는 경기과열 및 인플레이션 방지)되었으나, 거시적 조정이 갈수록 일종의 시장경제 변동에 대한 임시적인 개입 조치로 변화하였다. 이에 따라 거시적 조정이 국민경제관리의 정상적인 행위인지 여부가 이론적인 논쟁거리가 되었다.

필자가 이 문제에 대해 의견을 밝힌 적이 있는데(刘瑞, 2006), 시장경제 시스템에 있어 국민경제관리는 통상 두 가지 형태(정상적과 비정상적)로 나뉜다는 종전의 견해를 되풀이하고 싶다. 일반적으로 말하면 시장 메커니즘의 기능이 제대로 작동을 할 때 국민경제에 대한 관리는 계속 존재하지만, 이러한 관리는 정상적인 절차에 따라 이루어지기 때문에 관례적이고 통상적이며 절차적인 국민경제관리 행위에 속한다. 간단히 말해서, 이러한 경우에는 정부가 세금을 그대로 거두고, 토지는 그대로 심사, 비준하며, 자금은 그대로 사용하는 것이다. 시장 메커니즘이 광범위하고 심각한 실패가 나타날 때에는 비로소 국민경제관리를 임시적 개입조치로 바꿀 필요가 있다. 이 때 바로 비정상적인 국민경제관리 행위가 나타난다. 서양의 경제이론은 이 두 가지 형태의 국민경제관리 행위를 모두 정부 개입이라고 부른다. 서양의 고전경제이론은 자유시장은 자체적 조정 기능이 있어 정부 개입이 필요 없다고 여기며, 일단 정부가 개입하면 정상적 개입이든 비정상적 개입이든 모두 다 정부 개입으로 간주한다. 20세기 케인스주의가 대두되면서 사람들은 정부 개입의 필요성에 대해 더 진일보한 인식을 하게 되었다.

　　중국적 특색의 사회주의 시장경제 실천이 제시한 바와 같이, 중국의 시장경제가 처음부터 정상적인 국민경제관리 행위가 존재하지만 시장이 실패했을 때 비정상적인 국민경제관리 행위로 대응할 필요가 있는데, 이런 비정상적인 국민경제관리 행위가 바로 거시적 조정이다. 이로 인해 중국 특색의 경제발전 모델은 두 가지 형태의 국민경제관리 방식을 내포하고 있다. 거시적 조정은 핵심적인 지위를 가지며 특정한 인지적 가치를 가진다. 필자는 중국의 국민경제관리와 그 거시적 조정의 이론적 패러다임을 완전히 별도로 구축하라고 주장하지는 않는다. 결국 중국의 개혁개방은 전통적인 계획경제 이론의 패러다임을 기본적으로 종식시키고 많은 서양 시장경제 이론을 도입하였다. 다만 공통성이나 보편성보다는 특수성에서 출발하여 중국 국민경제관리와 그 거시적 조정 이론의 패러다임을 세우고, 중국의 특수성과 세계의 공통성 혹은 보편성과 결합하여 거시적 조정 이론 패러다임의 수립을 완성하며 중국 특색의 국민경제관리 이론 패러다임의 구축을 완결해야 한다는 것을 주장하고 싶다.

참고문헌

吴敬琏. 计划经济还是市场经济. 北京：中国经济出版社, 1993.

马洪. 继续深化计划管理体制改革. 瞭望, 1990(18).

北方十三所高校编写组. 政治经济学(社会主义部分). 西安：陕西人民出版社, 1979.

王亚文等. 比较计划理论、体制和方法. 上海：上海社会科学院出版社, 1991.

厉以宁. 我的市场经济观. 南京：江苏人民出版社, 1993.

宋涛. 论计划经济与市场调节相结合. 中州学刊, 1991(6).

当代中国计划工作办公室. 中华人民共和国国民经济和社会发展计划大事辑要1949-1985. 北京：红旗出版社, 1987.

国家计委体制改革和法规司. 十年计划体制改革概览. 北京：中国计划出版社, 1989.

魏礼群, 韩志国. 计划体制改革问题论争. 北京：光明日报出版社, 1984.

魏礼群等. 社会主义市场经济与计划模式改革. 北京：中国计划出版社, 1994.

刘国光. 重要的是尊重价值规律. 求是, 1990(12).

刘国光等. 不宽松的现实和宽松的实现. 上海：上海人民出版社, 1991.

刘国光. 刘国光选集. 太原：山西人民出版社, 1986.

李铁军. 关于指导性计划问题的一些观点简介. 宏观经济管理, 1985(2).

吕汝良, 吴微, 刘瑞. 关于指导性计划的调查报告(内部调研报告), 1992.

邓小平文选, 第3卷. 北京：人民出版社, 1993.

李鹏. 市场与调控——李鹏经济日记. 北京：新华出版社, 2007.

李鹏. 关于国民经济和社会发展"九五"计划和2010年远景目标纲要的报告. 北京：人民出版社, 1996.

杨伟民. 规划体制改革的理论探索. 北京：中国物价出版社, 2003.

李震中. 计划经济学. 北京：中国人民大学出版社, 1983.

刘瑞. 宏观调控的定位、依据、主客体关系及法理基础. 经济理论与经济管理, 2006(5).

刘瑞等. 社会经济发展战略与规划：理论、实践、案例. 北京：中国人民大学出版社, 2006.

제 6 장

국가발전규획 수립에 관한 경험 및 교훈

제1절 국가발전규획 수립 절차

중국의 규획수립에 관한 조례에 따르면 규획수립 과정은 기초작업, 규획초안 작성, 규획 간의 연계, 논증, 심사 및 승인, 공시, 실행, 평가 및 수정 등 단계로 구성된다.

1. 규획 수립의 기초작업

과학적으로 규획을 수립하기 위해서는 우선 규획의 기초작업을 단단히 하여, 다양하고 초보적인 규획 구상을 제시해야 한다. 기초작업은 중대한 의의를 가지며, 기초작업의 착실함 여부와 질의 높고 낮음은 향후 규획초안 작성, 심사 및 승인, 실행과 직접 관계된다. 과거의 전통적 규획은 기초작업을 그다지 중시하지 않았지만, 현재는 기초작업을 충분히 중시해야 한다. 국가발전규획의 기초작업은 일반적으로 새로운 규획을 실행하기 2년 전부터 시작된다. 기초작업은 기초 조사, 정보 수집, 과제 연구 및 규획에 포함되는 중대 프로젝트에 대한 논증 등을 포함한다.

(1) 경제정보의 수집

비교적 완전한 경제정보를 수집하는 것은 경제 예측과 규획 수립을 진행하는 기초이고, 경제규획의 성공 여부는 경제정보 수집작업의 수준과 질 그리고 경제의 실제상황에 대한 파악 정도에 달려 있다고 할 수 있다. 또한 경제규획을 집행하는 과정에서도 경제정보 자료로부터 벗어날 수 없다. 세계경제의 일체화 정도 및 중국 국민경제의 대외 의존도가 높아짐에 따라 국가발전규획을 수립하기에 앞서 반드시 국제경제발전 상황과 관련된 필요 정보를 수집해야 한다.

(2) 국내 경제현황에 대한 정확한 분석 및 경제발전과정에서 존재하는 문제 발굴

수집된 각종 경제정보에 대한 체계적인 분석을 기초로 하여 중국 국민경제 발전과정에서 존재하는 문제를 찾아내야 한다. 정보 분석과 각종 의사결정을 요하는 문제에 대한 진단을 기초로 하여 핵심문제와 주요 갈등을 파악하고, 문제의 본질과 발생 원인을 밝혀 올바른 처방을 내림으로써 효과적인 해결방안을 찾아야 한다. 국가발전규획의 입안자는 오로지 기존의 성과에 만족해서는 안 된다. 과거를 돌아보지 않고, 미래를 향해야만 미래의 도전과 경쟁의 압력을 빠르게 느낄 수가 있으며 시급히 해결해야 할 새로운 문제를 끊임없이 발견함으로써 지속적으로 새로운 국면을 개척하여 중국 국민경제와 사회발전을 촉진할 수 있다.

(3) 경제발전 추세의 정확한 분석, 예측 및 경제사회발전의 기회 모색

전세계적 경제 및 사회 발전상황을 전면적으로 고려하고, 국제경제사회 속에서 중국의 발전상황을 정확히 판단하여, 중국 국민경제와 사회발전의 유리한 조건과 불리한 요인을 찾아내야 한다. 규획을 수립하는 과정에서 규획 기간 내의 국내외 정치, 경제, 사회 및 과학기술 발전추세에 대해 정확히 예측하고, 모든 유리한 조건과 불리한 요인이 중국 미래의 국민경제와 사회발전에 미치는 영향을 충분히 고려하여 경제사회 발전의 기회를 모색하여야 한다.

(4) 중대한 문제에 관한 전문적 연구 실행

위에서 기술한 작업에 기초하여 아래와 같은 작업을 실행해야 한다. 첫째, 현재 실행하고 있는 규획에 대하여 평가 및 총결산 작업을 진행하며 규획목표와 임무의 완성 상황에 대한 연구를 통해 현재 국민경제와 사회발전의 성과와 존재하는 문제 등을 분석해야 한다. 둘째, 차기 규획 기간에서 직면할 주요 갈등, 국내외 정치 경제 환경의 변화, 진일보한 발전의 기본 조건, 해결해야 할 주요 문제, 취해야 할 중대 조치 등을 연구하여 국가발전규획의 기본적인 방향과 구상을 제시하고, 이를 위해 중대한 과제에 대한 연구를 진행해야 한다.

우선, 국가발전규획의 초안 작성을 수행할 조직을 편성한다. 일반적으로 정부 규획부서 내부에서 뛰어난 인재들을 선발해 조직하되, 필요시 외부 기구에서 인력을 차출하여 참여토록 할 수 있다. 기초 작업의 순조로운 진행을 보장하기 위해 정부 예산에서 특별자금을 지출하여 기초 작업을 위한 물질적 여건을 제공해야 한다. 그 다음에 국가발전규획 기간 동안에 다뤄야 할 중요 문제 리스트를 작성하고, 규획의 기본 방향과 구상, 중대한 명제로부터 연구 주제를 제시하며 아래와 같은 방법으로 연구를 전개해야 한다.

① 내부 조사연구. 정부 규획부서 내부의 관련 처(處), 실(室)을 조직하여 관련 주제에 대한 연구를 진행한다.

② 외부 위탁. 정부 규획부서 외부의 관련 중점 과학연구기구, 중점 대학교, 중요한 업계, 협회 등을 조직하여 관련 주제에 대한 연구를 진행한다.

③ 공개 입찰. 경쟁 메커니즘을 도입하여, 규획의 주제에 관한 입찰 정보를 발표하고, 입찰 참여 대상에 대한 자격 심사, 입찰서 내용 평가, 성과물 대조 평가 등을 통해 최종입찰 대상을 선발한다.

④ 건의사항 공개모집. 대중매체를 통해 사회구성원들에게 규획에 관한 건의사항 모집을 공포하고, 피드백 정보에 대한 선별작업을 진행하여, 이를 규획 초안 작업에 반영한다.

2. 규획 초안의 작성

규획 초안의 작성은 체계적 분석과 각 방면의 광범위한 의견수렴의 기반 위에 진행한다. 이는 미래 시기의 경제사회발전의 새로운 목표, 새로운 경로, 새로운 구상, 새로운 대책을 찾는 과정이며, 다방면의 학문적 지식과 지혜, 경험을 활용하여 혁신을 추진하는 과정이다.

규획부서는 국민경제와 사회발전 상황에 근거해 총체적 목표를 설정하며, 국민경제와 사회발전의 주요 규획지표 초안과 총체적 정책 프레임을 연구하여 수립한다. 종합규획은 각 부서, 각 산업에서 전문규획을 수립하는 기반이자 근거이며, 각 전문규획은 종합규획에 어긋나서는 안 된다. 또한 각 부서는 국민경제의 종합규획에 따라 자신의 실제 상황을 결합하여 각자의 전문규획에 관한 제안을 제시하며 반복적인 균형과 조정을 거친 뒤에 각 전문규획을 확정한다. 규획 초안 작성 시 일부 연구인력을 차출하여 초안 작업 또는 최종안 협의과정에 참여시키고, 각 주요 종합부서의 의견을 수렴한 후에 국무원에 보고한다. 그러한 후에 국무원 지시의 주요 취지에 근거해 규획부서는 재차 절차에 따라 진일보하게 규획을 수정한다.

3. 규획 초안의 연계 및 논증

규획의 과학성을 보장하고, 각 방면의 이익을 보다 잘 대변하기 위해 정부 규획부서는 규획 초안을 관련 부서에 보내어 의견을 수렴해야 하는데, 이것이 바로 규획 초안의 연계라고 불린다. 관련 부서는 규획 초안을 받은 날로부터 30일 근무일 내에 서면 형식으로 의견을 피드백 해야 하며, 연계를 거치지 않은 규획안은 승인을 요청하거나 공포할 수 없다. 규획안의 연계에 있어 전문규획과 지역규획은 동급 및 상위급 종합규획을 따르고, 하위급 정부 규획은 상위급 정부의 규획을 따르며, 전문규획 간 상호 모순이 없어야 하는 원칙을 따라야 한다. 성(자치구, 직할시)급 행정구역 간의 지역규획을 수립 시에는 토지이용종합규획과 도시규획 등 관련 영역 규획의 요구사항을 충분히 고려해야 한다.

규획 초안의 논증은 규획의 과학성을 보장함에 있어 중요한 절차라 할 수 있다. 규획 논증에 있어 규획수립부서의 반복적인 퇴고, 논증 및 끊임없는 수정뿐만 아니라 전문가위원회의 논의도 포함된다. 규획 논증 과정에서 규획논증을 위한 전문가위원회를 설립해야 하며, 동 위원회는 각기 다른 영역의 전문가들로 구성해야 한다. 전문가 논증을 거치지 않은 규획은 서면으로 승인을 요청하거나 공포될 수 없으며 전문가 논증을 거친 규획은 전문가들의 논증보고서가 첨부되어야 한다. 규획논증의 주요 내용은 다음 네 가지 방면으로 구성된다.

(1) 규획 초안의 실행가능성에 관한 논증

실행가능성 논증은 기술과 경제적인 측면에서 건설 프로젝트 실행가능성에 대한 과학적 분석방법을 의미한다. 국가발전규획이 확정된 이후, 규획목표를 실현하려면 어느 정도의 건설 프로젝트가 없어서는 안 된다. 하지만 이와 같은 건설 프로젝트는 자원조건의 제약으로 인해 일정한 시간 내에 무한대로 규모를 확장할 수 없다. 따라서 국가발전규획 수립 시 규획의 구체적 프로젝트에 대해 실행가능성을 분석해야 한다. 발전규획 목표의 성공적인 의사결정은 국민경제 발전에 중요한 추진 역할을 하지만 잘못된 발전규획은 경제발전과 국민생활에 심각한 결과, 심지어 재앙을 가져올 수 있다. 따라서 규획초안 작성 작업이 완성된 후 사회, 경제, 정치, 자원 등 각 방면의 상황에 근거하여 규획의 실행가능성에 대한 논증을 통해 규획의 적실성과 실현가능성을 확보해야 한다.

(2) 규획 초안의 조화성에 관한 논증

국민경제는 복잡하게 뒤얽힌 거대한 시스템으로서 수직적, 수평적으로 교차된 관계들로 이루어져 있다. 규획의 각 목표를 순조롭게 실현하기 위해서는 반드시 규획의 조화성에 대해 논증해야 한다. 규획 논증 단계에서 조화성 분석은 각종 방법을 통해 국민경제의 각 서브시스템 간의 관계를 잘 처리하여 전체 국민경제가 건전하고 조화로운 발전을 이루게 해야 한다. 조화성 분석은 국민경제 규획을 과학적으로 수립하는 필요 절차이며 국가발전규획의 목표를 순조롭게 실현하기 위한 중요한 보장이라 할 수 있다.

(3) 규획 초안의 효익성에 관한 논증

현재 중국의 경제발전에 있어 여전히 '3고 1저' 즉, '고속도, 고소모, 고오염, 저효익' 현상이 나타나고 있어 경제성장 방식의 전환이 아직 완전히 이루어지지 않았는데, 이는 중국 경제의 지속 가능한 발전에 아주 불리하다. 이 같은 상황을 전환하기 위해 향후 경제발전의 효익성을 분석하고, 경제발전규획의 효익성에 대한 논증을 해야 한다. 여기서 말하는 효익이란 경제적 효익뿐만 아니라, 사회적 효익까지 포함되며 이와 같은 효익 분석의 목적은 경제적 효익과 사회적 효익의 합을 최대화하는 데 있다.

(4) 규획 초안의 위험성에 관한 논증

규획을 수립하는 과정에서 다양한 선택 가능성이 나타날 수 있으며 이 같은 다양한 가능성 중에서 선택을 해야 하는 상황에 직면할 수 있다. 일반적으로 일정한 경제행위의 수익과 위험은 정비례 관계이므로 규획목표가 지나치게 높다면 위험 또한 높아질 것인데, 실패하면 중국 경제발전에 중대한 영향을 미칠 수밖에 없어 중국 경제의 조화로운 발전에 불리할 것이다. 중국의 경제발전에 대해 과학적으로 규획하기 위해서는 규획의 위험과 수익을 합리적인 범위 내에서 통제해야 한다.

4. 규획 초안의 심사 및 승인

국가발전규획은 경제사회발전의 목표 및 방향과 관련되어 중국의 경제사회발전에 중대한 영향을 주기 때문에 규획의 심사, 승인은 엄정한 일일 수밖에 없다. 일반적인 방법에 따르면 전국적인 중장기 규획은 내부 편성이 완성된 후, 우선 각종 회의를 통해 각 지역, 각 부서, 그리고 관련 기업의 의견을 충분히 수렴한 다음에, 조정을 거친 규획초안을 국무원에 제출하여 내부 심의를 받는다. 수차례 실질적인 심의와 수정을 거친 후, 최종적으로 전국인민대표대회에 정식 제출하여 심의를 받는다. 규획이 전국인민대표대회의 심사, 승인을 거치는 것은 실질적으로 규획을 재차 논증하는 과정이며 규획의 과학성을 보장하기 위하는 것이다. 전국 최고 권력기구의 승인을 받은 후, 국가발전규획은 필요한 법적 심사, 승인 절차를 완성한 것이며 법적 효력을 가진 문건이 된다.

규획수립부서가 규획승인기관에 규획 초안을 제출 시, 규획수립에 대한 설명을 보고하여야 한다. 규획 수립에 관한 설명은 다음과 같은 사항을 필히 명기해야 한다. 첫째는 규획의 수립과정이다. 둘째는 의견 수렴과 규획의 연계 및 전문가의 논증 상황이다. 셋째는 의견 수렴과 규획 연계 및 전문가 논증 가운데 수용하지 않은 중요 의견 및 그 사유이다. 그 외에 논증보고서와 법률 및 행정법규에서 규정한 기타 필요한 관련 자료도 규획 초안 제출 시 함께 보고해야 한다.

5. 규획의 공시

국민경제와 사회발전규획 초안이 전국인민대표대회에서 승인을 받은 이후, 국무원에서 책임지고 각급 정부, 경제관리기관과 관련 기업을 조직하여 철저히 실행하도록 한다. 이에 첫 번째 절차가 바로 규획의 하달이다. 즉 국가의 규획을 구분하여 각 부서와 각 성(직할시, 자치구)에 하달하고, 행정 등급별로 한 단계 한 단계씩 규획의 각 실행 단위에 하달한다. 법률 및 행정법규에 별도로 규정이 있거나 국가 기밀과 관련된 것을 제외하고, 규획안이 법적 절차를 거쳐 결정 또는 승인 후 즉시 공시하여야 한다.

6. 규획의 실행

규획의 실행은 국민경제규획 관리체제에 있어 핵심 단계라 할 수 있다. 국민경제와 사회발전 규획의 임무를 순조롭게 실행하는 것은 정부, 기업, 그리고 국민의 공통 책임이다. 국민경제규획의 실행 과정을 조직하는 데는 규획 하달의 형식, 규획 실행 시 사회적 메커니즘의 운용, 규획의 실현 방법 등 내용들이 포함되며, 또한 규획 실행 상황에 대해서도 일상적이고 체계적인 검사와 감독을 실시해야 한다. 규획실행

상황에 대한 조사는 규획관리기구가 규획실행 과정에서 나타난 문제를 적시에 발견하기 위해 규획 실행의 중요 단계를 추적, 관찰하는 것을 의미한다. 규획 실행에 대한 심사는 규획관리기구가 규획을 집행하는 지역, 부서, 단위의 규획 지표 달성도를 심사함을 의미한다. 규획실행 과정 중의 검사와 감독은 규획관리과정을 평가 및 검사하는 필요한 절차이다. 규획의 수립은 규획 전 과정의 시작이며, 정보수집부터 규획의 탄생까지는 규획의 첫걸음에 불과하다. 규획이 현실 성과로 나타나야만 비로소 규획의 전 과정이 마무리되었다고 할 수 있다. 따라서 규획이 과학적으로 수립되었다고 해서 결코 모든 일이 완성되었음을 뜻하지 않으며, 규획의 실행과정에서 규획 임무의 진행 상황, 실행 과정에서 나타난 문제들을 제때에 파악하고, 규획 집행 상황에 대한 감독, 검사를 강화하며 규획목표가 질적, 양적 측면에서 완성되어야만 과학적이고 완전한 규획 과정이라 할 수 있다. 예정된 규획 목표에 따라 그 실제 완성도를 검사하고, 규획 목표 및 임무 실현을 보장하는 것은 과학적 규획 수립 이후 가장 중요한 임무이며, 규획 완성도에 대한 검사 및 감독을 강조하는 주된 이유이기도 하다. 따라서 국가 규획이 원활히 집행되기 위해서는 규획 수립과 실행에서 얻어진 성공 및 실패의 경험을 충분히 활용하여 규획실행에 대한 심사 및 평가를 진행해야 한다.

7. 규획의 평가와 수정

규획 평가는 규획 실행의 일정 기간 혹은 종결 이후, 규획의 목표, 효익, 영향과 법률 준수 등 상황에 대해 체계적이고 객관적인 총평 및 분석을 진행함을 의미한다. 규획 실행에 대한 총평 및 분석을 통해 규획 예정목표의 집행 및 완성도, 주요 효익지표의 완성도, 경제발전과 사회진보에 미치는 영향 및 규획 실행 과정에서의 준법 상황을 파악한다. 또한 평가 및 분석을 통해 규획 실행 과정에서 나타난 문제를 발견하는 동시에 수정 의견을 제시하고, 적시에 효과적인 정보를 피드백 하여 미래 새로운 규획의 의사결정과 새로운 규획의 과학성 제고를 위한 의견을 제시한다. 정부 규획부서는 규획 실행 과정에서 규획 실행 상황에 대한 평가를 실시할 수 있으며 평가결과는 규획 수정의 중요한 근거가 된다. 평가는 정부 규획부서에서 자체적으로 진행할 수도 있고 다른 기구에 위탁할 수도 있다.

규획이 수립 및 실행된 이후, 일반적으로 규획의 변동은 좋지 않지만 현실적 경제 상황이 끊임없이 변화하는 과정에 처해 있기에 새로운 상황이 나타나면 적시에 규획에 대해 필요한 조정을 해야 한다. 시장경제에서 고정불변의 규획은 불가능하며 현실적이지도 못하다. 바로 이처럼 매번 진행되는 규획조정은 규획과 실제 상황이 가능한 한 부합하게 해 궁극적으로 만족할 만한 결과를 가져올 수 있다. 시장경제에서 정부 규획의 수립 또한 시행착오를 거치기에 처음부터 끝까지 규획치의 고정불변을 완고하게 추구하기보다는 규획의 실행 과정에서 실제 상황에 맞추어 유연하게 조정해야 한다.

규획 초안이 작성된 이후 규획 내용 중에 객관적인 실제와 어긋나는 게 없는지 검토하고, 비교적 큰 차이가 있다면 적절한 수정조치를 취해야 한다. 여기에는 초안의 조정과 목표의 수정이 포함된다. 사실상 규획의 수정은 자주 일어나는 상황이다. 규획에서 설정한 기간이 길어질수록 불확실성 요인이 증가할 수밖에 없으므로 규획 수정 또한 중요해질 수밖에 없다. 장기 규획에 있어 이 같은 상황은 분명히 일어날 수밖에 없으며 5개년 규획이라 할지라도 실제 상황에 따라 내용을 수정해야 한다.

규획의 심의 및 수정단계에서 전국적 규획 회의 개최가 필요한데 사람들로 하여금 이 시기의 규획과 관련한 문제들을 인지하게 하고, 각 지역, 각 부서, 각 단위로 하여금 충분히 다른 의견을 제시하도록 하여 그 정당한 이익 요구사항을 고려해야만 규획 실행 과정에서의 맹목성과 어려움을 줄일 수 있다. 규획 초안 작성 기구는 각 방면의 의견수렴 후 규획 초안에 대한 수정 및 보완을 진행한다. 따라서 규획 수립과정에서 중앙과 지방, 규획 주관부서와 기타 경제관리부서, 국가와 기업 간의 협의 또는 조율과정은 각종 정보가 교류되는 과정으로서 경제사회 발전에 관한 이해도를 끊임없이 높이고, 적시에 단편적이고 비현실적인 인식과 예측을 수정하거나 배제할 수 있으므로 규획의 의사결정이 보다 더 과학성, 민주성, 실행가능성을 갖추도록 할 수 있다.

평가 또는 다른 요인으로 규획 수정이 필요한 경우 정부 규획주관 부서는 규획수정 방안을 제시하고, 규획수립 절차에 따라 자체적으로 결정하거나 승인을 요청한 후 즉시 공시해야 한다.

제2절 국가발전규획 지표의 선택

'제12차 5개년 규획'의 지표 체계를 보면 24개 규획 지표 가운데 지령적 지표가 12개로 모두 민생, 에너지, 환경보호와 관련된다. 그 밖에 절반 정도에 이르는 지도적 지표 중에서 경제발전에 관한 지표는 3개에 불과하다. '제11차 5개년 규획'에 비하면 지표 분류 방면이나 지표 속성(지령적과 지도적) 방면(〈표 6-1〉, 〈표 6-2〉 참조)에서 중앙정부는 민생과 환경보호와 관련된 지령적 지표의 비중을 높이고, 경제성장과 관련된 지표의 영향력을 희석시켰다. 그러나 경제 목표를 규획지표 체계에서 퇴출시켜야 하는가, 또한 환경보호 목표를 규획지표로 설정할 수는 있으나 실제 행동으로 옮길 수 있는가 등에 관한 문제는 주의할 필요가 있다.

〈표 6-1〉 제11차 5개년 시기 경제사회 발전의 주요 규획 지표

영역	규획 지표	2005년	2010년	연평균 증가율(%)	지표 속성
경제 성장	국내총생산(GDP) (조 위안)	18.2	26.1	7.5	지도적
	1인당 GDP(위안)	13985	19270	6.6	지도적
경제 구조	GDP 대비 서비스업 부가가치 비중(%)	40.3	43.3	[3]	지도적
	서비스업 취업 비중(%)	31.3	35.3	[4]	지도적
	GDP 대비 연구개발 지출 비중(%)	1.3	2	[0.7]	지도적
	도시화율(%)	43	47	[4]	지도적

영역	규획 지표	2005년	2010년	연평균 증가율(%)	지표 속성
인구 자원 환경	전국 총 인구(만 명)	130756	136000	〈8‰	지령적
	단위당 GDP 에너지 소모 감소율(%)			[20]	지령적
	단위당 공업 부가가치 물 소모 감소율(%)			[30]	지령적
	농업 관계용수 유효사용지수	0.45	0.5	[0.05]	지도적
	공업 고체폐기물 종합 이용률(%)	55.8	60	[4.2]	지도적
	농지 보유량(억 헥타르)	1.22	1.2	−0.3	지령적
	주요 오염물 배출 감소율(%)			[10]	지령적
	삼림 점유율(%)	18.2	20	[1.8]	지령적
공공 서비스· 국민 생활	국민 평균 교육 기간(년)	8.5	9	[0.5]	지도적
	도시 기본 양로보험 가입인구(억 명)	1.74	2.23	5.1	지령적
	신형농촌합작의료[1] 보급률(%)	23.5	〉80	〉56.5]	지령적
	5년간 도시 취업 인구 증가(만 명)			[4500]	지도적
	5년간 농업 이전 인구(만 명)			[4500]	지도적
	도시 등록 실업률(%)	4.2	5		지도적
	도시 주민 1인당 가처분소득(위안)	10493	13390	5	지도적
	농촌 주민 1인당 순수입(위안)	3255	4150	5	지도적

주 : [ ] 안의 수치는 5년간 누계치

〈표 6-2〉 제12차 5개년 규획 시기 경제사회발전의 주요 규획 지표

영역	규획 지표	2010년	2015년	연평균 증가율(%)	지표 속성
경제 발전	국내총생산(GDP) (조 위안)	39.8	55.8	7	지도적
	GDP 대비 서비스업 부가가치 비중(%)	43	47	[4]	지도적
	도시화율(%)	47.5	51.5	[4]	지도적

---

1   역주 : 신형농촌합작의료는 일종의 농민에 대한 의료보험인데, 이는 정부가 조직하고, 농민이 자발적으로 참여하며 개인 비용 납부, 단체와 정부 지원의 방식을 채택하여 큰 병 치료비용을 일괄 조달하는 공공의료제도이다.

중국 경제발전 전략과 규획의 변천 및 혁신

영역	규획 지표		2010년	2015년	연평균 증가율(%)	지표 속성
과학 기술 교육	9년 의무교육 취학인구 증가율(%)		89.7	93	[3.3]	지령적
	고등학교 취학인구 증가율(%)		82.5	87	[4.5]	지도적
	GDP 대비 연구개발 지출 비중(%)		1.75	2.2	[0.45]	지도적
	인구 만 명당 특허 보유량(건)		1.7	3.5	[1.6]	지도적
자원 환경	농지 보유량(억 묘²)		18.18	18.18	[0]	지령적
	단위당 공업부가가치 물 소모 감소율(%)				[30]	지령적
	농업 관개용수 유효사용지수		0.5	0.53	[0.03]	지도적
	1차 에너지 소모의 비화석원료 비중(%)		8.3	11.4	[3.1]	지령적
	단위당 GDP 에너지 소모 감소율(%)				[16]	지령적
	단위당 GDP 이산화탄소 배출 감소율(%)				[17]	지령적
	주요 오염물질 배출 감소량(%)	화학 산소 수요량			[8]	지령적
		이산화유황			[8]	지령적
		암모니아/암모늄			[10]	지령적
		질소산화물			[10]	지령적
	삼림면적 증가	삼림 점유율(%)	20.36	21.66	[1.3]	지령적
		삼림축적량(억 ㎥)	137	143	[6]	지령적
국민 생활	도시 주민 1인당 가처분소득(위안)		19109	〉26810	〉7	지도적
	농촌 주민 1인당 순수입(위안)		5919	〉8310	〉7	지도적
	도시 등록 실업률(%)		4.1	〈5		지도적
	도시 신규 취업 인구(만명)				[4500]	지도적
	도시 기본양로보험 가입 인구(억 명)		2.57	3.57	[1]	지령적
	도농 기본의료보험 가입률(%)				[3]	지령적
	도시 보장형 주택 건설(만 가구)				[3600]	지령적
	전국 총 인구(만 명)		134100	〈139000	〈7.2‰	지령적
	평균 수명(세)		73.5	74.5	[1]	지도적

주 : [ ] 안의 수치는 5년간의 누계치

---

2   역주 : 1묘(亩)=666.67㎡

1. 거시적 조정 목표가 규획지표에 미치는 영향

어떤 거시경제학 교과서든 펼쳐보면 거시경제정책의 목표에는 일반적으로 경제성장, 물가안정, 완전고용, 국제수지균형 이 네 가지 목표가 포함됨을 발견할 수 있다. 중국의 국민경제관리 당국에서도 이 같은 관점을 받아들이고 있다.[3]

서방 선진국은 근 100년 동안 정부의 시장개입 경험을 토대로 점차 시장경제의 메커니즘이 미시경제 활동에 대해 자동 조절하게 하는 동시에 시장경제의 거시적 측면에 대한 정부의 조절과 통제를 포기할 수 없다는 사실을 인식하게 되었다. 아울러 오랜 기간에 걸쳐 쌓여온 경험과 그 성과에 의하면 거시적 관리목표는 주로 다음의 네 가지 방면에 집중되어 있다. 첫째, 경제성장, 즉 제품과 서비스의 생산량 증가를 의미하는데 대표적 지표로는 실질 GDP가 있다. 둘째, 물가안정, 주로 각종 유형의 인플레이션에 초점을 맞추는데 대표적 지표로는 CPI(소비자물가지수)가 있다. 셋째, 완전고용, 즉 마찰적 실업 공제 후의 구조적 실업과 유효수요 부족으로 인한 비자발적 실업, 더 좋은 일자리를 찾기위한 자발적 실업을 의미하며 대표적 지표로는 실업률이 있다. 넷째, 국제수지균형, 이는 일정기간 동안 한 나라가 다른 나라와의 경제적 거

---

3   2011년 3월 8일 중국 국가발전개혁위원회 부비서장, 대변인 리푸민(李朴民)은 중국 정부망 인터뷰에서 『2010년 국민경제와 사회발전계획 집행 상황과 2011년 국민경제와 사회발전계획 초안에 관한 보고』를 해설하면서 네티즌과 커뮤니케이션 시 "현재 세계 각국은 경제성장과 물가안정, 완전고용, 국제수지균형을 거시경제의 4대 조정 목표로 이해하고 있다."고 지적하였다.

중국 경제발전 전략과 규획의 변천 및 혁신

래에 따른 외화 수급을 의미하는 것으로 대표적인 지표로는 국제수지표의 경상계정과 자본, 금융계정이 있다.

케인스주의(Keynesianism)로 대표되는 거시경제 주류이론은 위에서 기술한 4대 목표의 이론적 해석을 수립했다. 즉, 폐쇄경제체제에서는 경제성장이 완전고용을 이루기 위한 전제조건이지만, 동시에 인플레이션을 초래하여 물가 안정에 직접적인 영향을 주기도 한다. 필립스곡선(Phillips Curve)과 그 수정 곡선은 보다 체계적으로 경제성장, 물가안정, 완전고용 삼자의 관계를 나타냈다. 개방경제체계에서는 한 나라의 경제적 안정은 수출입과 자본유동의 균형을 통해 이루어진다. 틴버겐의 법칙(Tinbergen's Rule)[4]은 방법론적 차원에서 목표와 수단 사이의 대응관계를 분석했으며, 목표는 수단 사이에서 일정한 조정 역할을 유지해야 함을 강조했다. 그러나 위 네 가지 목표 사이의 관계에 대한 이론적 해석은 정작 실천 중에 부딪치는 문제를 해결할 수 없었다. 1970년대 이후, 오일쇼크로 인한 스태그플레이션 현상에 따라 한편으로는 경제성장이 정체되고, 다른 한편으로는 물가가 고공행진을 계속하였다. 필립스곡선은 UFO(미확인 비행물체)처럼 나타나 재정정책 강화를 특징으로 하는 케인스주의 신화를 무너뜨렸다. 미국 프리드먼주의(Friedmanism)로 대표되는 통화공급학파는 통화를 잘 관리하면 스태그플레이션 문제를 해결할 수 있다고 믿었으며, 고정비율에 따라 통화 공급량을 증가시키면 환율 안정, 경제 성장, 완전 고용, 물가 안정을 실현할 수 있다고 생각했다. 1980년대에 이르러 독일 정부는 더 이상 경제성장을 추구하지

---

4   J. 丁伯根 : 『经济政策 : 原理与设计』, p.80, 北京 : 商务印书馆, 1988.

않고, 통화정책의 개입 역할을 강화하였다.[5] 하지만 2008년 세계 금융위기가 폭발한 이후 통화정책 강화를 특징으로 하는 이 이론은 사실상 실패로 돌아갔다.

서방국가의 실천 경험으로 미루어보아 소위 '마의 사각지대'라 불리는 4대 목표 간의 관계를 처리함에 있어 두 가지 기본 원칙이 존재한다. 첫째는 경험에 따라 4대 목표의 양적 기준치를 설정하고, 이 같은 기준치를 초과하지 않는 것을 거시경제 관리의 기본 임무로 삼는다. 미국의 예를 살펴보면 백여 년 동안의 경험에 의해 경제성장률을 3% 정도, 인플레이션은 3% 이내, 실업률은 4% 정도, 국제수지는 기본적으로 서로 상쇄하는 수준으로 통제하였다. 둘째, 4대 목표를 모두 고려할 수 없을 때, 우선순위에 따라 거시경제 관리목표를 선정한다. 2008년 세계 금융위기 대응을 예로 들자면, 미국은 취업 증가를 최우선적 관리목표로 정했다. 이 밖에도 21세기에 접어들면서 지속 가능한 발전 이념의 전파와 함께 서방 선진국들도 적극적으로 생태환경 보호 등을 거시적 조정의 목표와 함께 조율하기 시작하였다.

중국은 1992년 정식으로 시장경제체제를 채택한 이후, 시장경제에 대한 개입도 서방 선진국의 4대 관리목표를 따랐다. 그러나 중국의 시장경제체제는 중국 특유의 제도적 토양과 국정 여건을 기초로 점진적으로 구축되었기에, 내용적으로나 양적으로나 그 거시경제 관리 목표가 서양과 크게 다를 수밖에 없다.

---

5   杨仲伟, 李波主编 ： 『联邦德国经济体制与宏观经济政策』, p.25, 郑州 ： 河南人民出版社, 1988.

첫째, 중국의 거시적 조정의 목표는 총량 목표뿐만 아니라 구조적 목표도 존재한다. 이 같은 이원적 목표 구조는 일원적 목표 구조와 확연히 차이가 난다. 서방 선진국들의 거시경제 관리목표는 그 시장경제 발전이 비교적 성숙단계에 접어든 후 형성된 것이므로, 이 같이 성숙된 시장경제는 거시경제 관리를 위한 기본 전제조건을 제공하게 되었는데, 즉 경제의 일체화가 관리 목표의 일원화를 불러왔고, 4대 관리 목표에 있어서도 모두 총량적이라는 것이다. 이와 달리 중국의 경제는 장기적으로 루이스(W. Arthur Lewis)가 정의한 이원구조 단계에 머물러 있기에, 거시적 조정의 목표 또한 필연적으로 이원적일 수밖에 없다. 정부는 총량적 불균형 문제에 대처하기 위해 총량적 목표를 채택하고, 구조적 불균형 문제에 대처하기 위해 구조적 목표를 채택하였다. 1970년대 말 이래 매번의 중대한 거시적 조정을 돌아보면, 중국은 항상 경제구조 조정을 거시적 조정의 우선적인 혹은 중요한 위치에 두고, 기타 경제총량 안정의 목표와 함께 제시하였다. 이는 중국의 거시적 조정 목표 선택의 편향성이라기보다는, 중국의 거시적 조정 목표 선택의 불가피한 선택이라 할 수 있다. 왜냐하면 중국은 오랫동안 이원적 또는 삼원적 경제구조에 처해있었기 때문에, 거의 모든 경제총량 문제는 모두 경제구조 문제와 연관되어 있다.

둘째, 중국은 경제적 조정목표를 확립했을 뿐만 아니라, 더 나아가 사회적 조정목표를 확립하였다. 1980년대 이래, 거시적 조정의 선두주자였던 국가계획을 경제 및 사회발전 계획이라 이름을 바꾸었으며, 조정 목표에 사회 거시적 조정 내용을 추가하였다. 『국민경제 및 사회발전 제12차 5개년 규획요강』과 원쟈바오(溫家寶) 국무 총리가 제11기 인민대표대회 제4차 회의에서 발표했던 『정부업무보고』를 예로 들자면, '제12차 5개년 규획'에서 제시된 주요지표는 경제 발전, 과학 기술 및 교육, 자원 환경, 국민 생활 등 4대 영역으로 구성된 총 24개 지표인데 그중 대부분의 지표가 모두 사회 및 환경 방면의 지표였다. 또한 2011년 『정부업무보고』에서는 "GDP 성장률 8% 정도, 경제 구조의 진일보한 개선, 주민 소비물가 증가율 4% 정도, 도시 신규 취업 인구 900만명 이상, 도시등록실업률 4.6% 이하, 국제수지 상황의 지속적 개선 등을 올해 국민경제 및 사회발전의 기대 목표로 확정한다. 기본적인 구상은 경제발전 방식의 전환을 위해 좋은 환경을 조성하여 각 방면에서 경제구조 조정의 가속화, 발전의 질과 효익성 제고, 취업 증가, 국민생활 개선, 사회 융화의 촉진에 중점을 두도록 유도한다."고 제시하였다. 이로 미루어 보면 2011년 규획에서 확립한 거시적 조정 목표는 성장, 물가, 취업, 국제수지, 구조 조정, 발전방식 전환 등을 내포하고 있을 뿐만 아니라 사회 발전의 거시적 조정과 연관된 취업, 민생, 사회 융화 등 목표와 서로 조화를 이루어야 한다고 강조하였다. 이처럼 경제 및 사회의 거시적 조정을 함께 중시하는 것은 중요한 이론적 의의와 실천상의 혁신적 의의를 갖는다.[6]

셋째, 중국의 거시적 조정 목표는 절대 이 네 개로 끝나지 않으며, 우선 순위도 상황에 따라 결정된다. 서방 선진국의 거시적 관리 목표는 네 개로 이를 가리켜 '마의 사각지대'라 부른다. 아울러 사자 간의 관계

---

6   胡祖才, 刘瑞主编：『社会发展宏观调控：理论、实践、创新』, 北京：中国市场出版社, 2009.

와 상관없이 모두 완전고용을 최우선적 과제로 삼고 있고, 다음으로는 물가 안정이며, 경제 성장과 국제수지 균형은 일반적으로 부차적인 목표로 고려된다. 그러나 중국의 거시적 조정 목표 수는 네 개를 훨씬 뛰어넘으며, 네 개의 총량 목표 달성 외에 구조조정 또한 중요한 목표라 할 수 있다. 뿐만 아니라 21세기에 진입한 뒤로 에너지 절약 및 오물 배출 감소, 자원 및 환경 보호 또한 중요한 목표가 되었다. 또한 매 시기 거시적 조정 임무의 차이에 따라 상황을 봐서 일부 거시적 조정 목표를 별도로 수립하는데, 개발구 정리(1993년과 2004년), 과잉생산능력 감축(2004년), 부동산 조정(2007년) 등을 예로 들 수 있다. 이처럼 비교적 구체적이고 실제적인 조정 목표들은 전형적인 서양 거시경제 교과서에 나온 이론으로만 보면 이해하기 어렵기 마련이다. 사람들은 이에 대한 논쟁을 계속할 수도 있지만, 중국 정부는 실무적이고 책임 있는 태도로 현실 경제생활에서 나타나는 문제들을 해결했으며, 이것이 중국의 거시적 조정이 누차 성공했던 까닭이기도 하다.

마지막으로 중국 거시적 조정의 목표 선정이 융통성 있고, 조정 시간 및 소위 정치적 주기의 구애를 받지 않는다. 서방 선진국에서는 경제 주기적 변동에 대응해 실행하는 조정 조치가 모두 단기적 조정에 속하는데, 케인스주의(Keynesianism) 관리 원칙이 전형적인 예로 중장기가 아닌 단기적 조정만을 강조할 뿐이다. 따라서 이 같은 단기 조정은 총량적이고 시급한 목표만을 선택할 수밖에 없는데, 중장기 구조적인 목표를 선택 시, 3-5년을 기다려야만 실현이 가능하다면, 이때 즈음에는 대다수 서방 국가들은 정권 교체가 이뤄졌기에 그 누구도 다음 단계의 조정 목표를 고려하지 않을 것이다. 이 같은 정치제도적 스케줄은 정부로 하여금 눈앞의 조정 임무와 그 목표만을 생각하게 하며 장기적이고 까다로운 목표는 후임자 심지어는 정치적 라이벌에게 넘기게 된다. 2008년 미국 금융위기가 발생할 당시, 미국은 조지 부시 정부와 오바마 정부의 정권교체기로서 조지 부시는 떠나기에 급급했기에 증시 부양책은 대체로 위험증권과 금융기구 문제를 해결하는 데 초점을 맞췄으며 미국 실물경제 진흥과 취업기회 증가와 같은 구조적 문제들은 오바마 신정부에서 실현되어야만 했다. 이와 같은 임시방편으로 고통을 완화시키는 응급방안은 객관적으로 위기를 해결할 수 있는 골든타임을 상실하여 최단 시간 내에 위기를 해결할 기회를 놓치게 만들었다.

중국의 거시적 조정을 돌이켜보면, 정치제도의 장기적 안정이 목표 선정의 안정성과 연속성을 보장했다. 목표 선택에 있어 융통성을 추구할 수 있어 소위 말하는 4대 목표로 고정되지 않고, 편협한 이익득실에 제한받지 않으며, 실무적인 국민경제 관리 원칙을 실행하였다. 또한 거시적 조정의 시간 장단 역시 절대적이지 않은데, 이는 정권교체라는 정치적 압력이 없어 정부는 안정적인 정치환경 속에서 거시적 조정 목표의 실현에 전념할 수 있다. 만약 거시적 조정이 효력을 잃는 상황이 발생하더라도 목표 선정이 부적절한 게 아니라 통상적으로 다른 방면에서 발생한 문제 때문이다.

요약해서 말하자면 중국의 거시적 조정 목표는 갈수록 명확해지고 있으며 거시적 조정 목표를 실현하기 위한 행동지표인 국민경제 및 사회발전 규획 지표도 실천 과정에서 점차 체계화되고 있다(〈표 6-3〉 참조).

목표 속성 1	목표	목표 속성 2
경제 목표	1. 국내총생산(GDP) 성장	총량적 목표
	2. 소비자물가지수(CPI)의 기본적 안정	총량적 목표
	3. 단위당 생산가치 에너지 소모 감소	구조적 목표
	4. 서비스업 성장	구조적 목표
	5. 전략적 신흥산업 발전	구조적 목표
	6. 국제수지 균형	총량적 목표
	7. GDP 대비 연구개발지출 비중 상승	구조적 목표
	8. ……	
사회 목표	9. 도시 등록실업률 감소	총량적 목표
	10. 도농 주민 소득 증가	구조적 목표
	11. 인구 총규모 통제	총량적 목표
	12. 오염물 배출 통제	총량적 목표
	13. 중대한 안전성 사고 감소	구조적 목표
	14. 사회보험 가입률 증가	구조적 목표
	15. ……	

주 : ① 생략 부호는 일부 조정 목표가 실제 상황에 따라 선정될 수 있음을 표시한다. ② 구조적 목표는 쉽게 정의 내릴 수 없으나, 대체로 발전 방식의 전환, 경제구조의 최적화, 제도적 변혁 등을 구조적 목표로 설정할 수 있으며 일반적으로 경제학에서도 이 같은 지표를 구조적 목표로 이해하고 있다.

2. 주요 규획지표에 관한 논의

(1) 국내총생산(GDP)은 규획목표로 설정할 필요가 있는가?

전통적인 거시경제이론에서는 경제성장을 모두 주요 목표로 보며 이 같은 경제성장을 나타내는 주된 지표는 바로 GDP 성장률이고, 이

외에 1인당 GDP 지표도 있다. 1997년 아시아 금융위기 이후, 중국의 거시적 조정에 있어 GDP 8% 성장률을 기준점으로 삼았다. 그러나 최근 들어 GDP는 각종 비판의 표적이 되어 버렸다. 언론은 소극적인 정부의 성과주의를 GDP 성장 추구와 연관 지었고, 지방정부의 각종 정책적 실수를 지나친 GDP 성장률 추구와 관련 지었다. 이와 함께 학계에서도 GDP 논의 과정에서 각종 다른 지표(행복지수, 녹색 GDP)로 기존의 GDP를 대체하자는 견해가 제기되고 있다. 이 때문에 규획에서 안정적인 GDP 성장률 유지를 목표로 설정할 것인지에 대한 논의도 나오고 있다.

필자는 실사구시의 관점에 따라 계속 GDP 성장률을 규획지표로 삼아야 한다고 생각한다. 첫째, 비록 GDP 지표 자체가 한계를 가지고 있지만, 그럼에도 불구하고 GDP는 여전히 하나의 국가 또는 지역 경제발전을 측정하는 가장 유용한 지표이다. UN이 세계 각국에 권장하는 국민계정체계(SNA)에 따르면, 일반적으로 하나의 국가 또는 지역의 시장주체가 1년간 창출한 최종 재화와 서비스의 총합이 바로 GDP이다. 이는 단지 하나의 국가 또는 지역의 일정한 시기 내 경제활동을 측정하는 총량 지표이고, 일정한 시기와 생산 조건에서 창출된 부의 규모의 크기를 나타내는데, 설사 1인당 GDP라 할지라도 친환경적인지, 개인소득 분배가 합리적인지에 대해 판단할 수 없을 뿐만 아니라 국민생활이 행복한지, 즐거운지 등 주관적 가치를 반영할 수 없다. 대다수 경제학자들은 모두 GDP가 경제활동 외의 정보와 추구하는 가치 등을 담고 있지 않음에 동의한다. 둘째, 오늘날 중국은 굴기 중인 개발도상국으로서 GDP 성장률을 추구하는 것은 너무도 당연한 일이다. 중국은 원래 세계에서 자본 축적이 가장 많은 경제대국이었지만, 19세기 중엽에 이르러 쇠락하기 시작했으며 최근 수십 년 사이에 겨우 현대적 의미의 경제성장을 이루었다. 이제 어느 정도의 성과를 거두었을 뿐인데 가볍게 GDP 성장률 추구를 포기하는 것은 미래 세대에 대해 지극히 무책임한 처사이며, 이는 반드시 단절되어야 한다. 셋째, 다른 지표로는 GDP를 대체할 수 없다. 현재 국내외에서는 새로운 지표체계로 전통적 GDP 지표를 대체해야 한다는 목소리가 높아지고 있는데 이 중에서도 녹색 GDP와 국민행복지수를 대표로 들 수 있다. 그러나 녹색 GDP는 현행 통계 시스템에서 일련의 기술적 난제들을 해결할 수 없는데, 예를 들면 환경 비용을 명확히 측정할 수 없을 뿐만 아니라 환경을 복원하고 보호하는 투입 비용을 부의 창출 성과로 GDP에 합계할 경우, 오히려 시장교역 원칙에 근거하여 확립된 생산 계산 준칙을 왜곡할 뿐이다. 또한 국민행복지수(GNH)[7]로 GDP를 대체할 경우, 총량지표의 객관성과 비교가능성 원칙에 더욱 더 부합되지 않는다고 생각할 수밖에 없다. 비록 이와 같은 대체 지표들은 좋은 의도에서 출발하여 보다 정확하고 전면적인 사회 진보의 성과를 나타내려 했지만 경제활동은 어디까지나 경제활동이며 시종일관 비경제활동과 구분된다 할 수 있다. 유물주의 역사관에 따르면 경제활동은 전체 인류활동의 물질적 기반으로서 객관적 독립성과 최종 결정권을 특징으로 하고 있다. 다른 활동들은 상부구조로서 경제활동에 대해 의존성, 상대적 독립성, 일정조건하의 반

---

7   沈颢, 卡玛·龙拉主编 : 『国民幸福 : 一个国家发展的指标体系』, 北京 : 北京大学出版社, 2011.

작용성 등과 같은 특징을 가지고 있다. 만일 억지로 하나의 종합지표를 사용하여 이 같은 활동들을 통째로 집어넣을 경우 오히려 번거로움만을 더할 뿐이며 인류 활동의 이중적 속성을 말살하는 것에 지나지 않는다.

GDP 성장률을 규획지표로 유지할 필요성은 있는데 동시에 이를 '과학적 발전관'[8]과 결합할 필요가 있다. 첫째, GDP 성장을 추구함에 있어 발전 방식의 전환을 장기적인 과제로 삼고, 구조적 목표의 실현과 결합해야 한다. 발전 방식의 전환 과정은 구조적 목표, 즉 수요 구조 및 산업 구조 최적화의 과정이며 양자는 내용 상 일치한다. 따라서 발전 방식의 전환과 GDP 성장을 추구하는 것은 결코 모순되지 않으며 오히려 요구가 더 높아 발전 방식의 전환 과정에서 GDP 성장의 지속과 안정을 보장하는 것이다. 둘째, 일부 지표를 보충해 GDP 성장 지표의 부족함을 보완함으로써 보다 엄밀하고 과학적인 목표 지표체계를 확립한다. 예로 들면 소득격차계수(지니계수), 소비계수(엥겔지수), 에너지소비지수와 GDP 성장률을 함께 고려하여 사람들로 하여금 경제성장이 가져올 기타 결과에 대해 종합적으로 고려하게 함으로써 종합적인 판단과 처리를 가능토록 한다. 셋째, 보다 종합적인 지표체계를 구축하여 GDP 지표만으로 지방정부, 기업과 사업 기관의 성과 및 효익을 평가하는 것을 지양한다.

---

8   역주 : '과학적 발전관'은 후진타오(胡錦濤) 정부가 2008년에 제시한 국가발전관이다.

(2) 소비자물가지수(CPI)는 어떻게 조정하는가?

CPI는 세계 각 시장경제국가에서 보편적으로 받아들여지고 있으며 생활형편을 가름하는 중요한 지표이다. 여론은 정부에서 정기적으로 발표하는 CPI가 진정한 민생상황을 반영하지 못한다고 비판하며 학계에서도 지표의 구성에 대해 다른 견해를 제기하고 있다.

물가수준(Price Level)의 기본적 안정은 의심할 여지없이 세계 각국이 견지하고 있는 조정목표 가운데 하나이다. 기본적으로 안정된 물가수준은 시장경제 운영을 위한 안정적 예기를 제공하고, 사회경제 생활이 정상적인 상황을 유지하도록 하는데, 반대로 물가수준의 지속적 상승세는 인플레이션을 의미한다. 그러나 물가수준이 각종 요인들의 영향을 받아 변동이 일어나는 것도 정상적이다. 여기서 물가수준에 있어 기본적 안정이라는 그 정책적 의미는 물가의 기복이 있음을 인정하는 것이다. 물가는 상품 가치와 수요 공급 상황을 화폐 단위로 나타내는 것으로서 시장경제에서 대다수의 경우에는 자발적으로 형성되어 자원 배치의 방향과 변화를 민감하게 반영한다. 사람들은 바로 가격 변동에 따라 자신들의 경제적 행위를 조정한다. 자발적으로 형성된 물가는 시장경제의 운영을 조절하고, 자원 배치의 효율을 제고하는 레버리지의 역할을 한다. 과거 계획경제의 패착은 정부가 물가를 인위적으로 '계획화'하는 바람에 계획가격이 상품 가치와 수요 공급 상황의 변화에 따라 민감하게 변화하지 못할 뿐만 아니라 경직된 가격 메커니즘이 자원 배치의 방향을 왜곡시켰다. 물론 시장경제에도 가격의 '맹점'이 있고, 이와 같은 '맹점'에 있어서는 필요한 정부의 행정적인 가격 책정 조치가 유지되어야 하지만, 전반적으로 말해 가치법칙과 수요공급법칙을 존중하는 기초 위에서 물가수준을 조정해야 한다. 달리 말해 시장경제에서 물가수준에 대한 조정은 계획경제에서의 물가수준에 대한 조정과는 다르다.

2011년의 물가수준 상승 통제에 관하여 아래와 같은 몇 가지 사항에 대해 주의할 필요가 있다. 첫째, 종합적인 조정수단을 통해 물가수준 상승을 조절해야 하며 한 가지 수단만으로 해결하려는 생각은 지양해야 한다. 이번 물가수준 상승을 유발시킨 것은 단순한 통화적 요인에 의한 것인가 아니면 복잡한 비통화 요인에 의한 것인가? 적어도 현재까지 분석된 바로는 비통화적 요인이 지배적이다. 물가수준 상승을 조정하기 위해서는 '조합형 조치'를 취해야 하며 단순히 통화정책에 의지해서는 효과를 보기 어렵다. 이자를 올리고 예금지급준비율을 높이기만 하면 물가수준이 자연적으로 떨어지겠거니 하는 생각은 현실적이지 못하다.

둘째, 물가 상승의 유형을 구분하여 조정의 중점을 확정해야 한다. 물론 이 같은 문제를 판단하는 것은 상당히 어렵지만 자세히 관찰하면 일부 특징들을 발견할 수 있다. 예컨대 자원성 제품의 원가와 인건비는 장기적인 상승세가 존재하는 반면 농산물과 농부산물 가격 상승은 단기성과 주기성을 가지고 있다. 인위적으로 일부 제품 가격을 올려 물가수준 상승을 유발하는 것은 단기 투기적 성격이 강하고, 통화 유동성 과잉으로 인해 일어나는 물가수준 상승은 잠재성과 불확실성을 가지고 있으며 세계적인 미국 달러화의 공급 과잉은 대규모 수입상품 가격의 상승을 유발하지만 위안화의 가치 상승은 이러한 가격상승효과를 상쇄시킬 수 있다. 이에 따라 물가통제는 한편으로 물가 상승의 단

기성, 투기성 행위를 억제해야 하고, 다른 한편으로는 잠재적인 물가상
승 요인이 현실화되는 것을 방지하는 동시에 장기적인 물가 상승에 대
해 용인하는 태도를 취해야 한다.

셋째, 그 어떤 시장 물가를 조정하는 정책 및 조치라 할지라도 모
두 시차(time lag) 효과가 발생할 수밖에 없기 때문에 실행한 조치에 대해
서 관찰 기간을 두어야 한다. 또한 단기간 내에 각종 통제 조치들을 집
중적으로 내놓는 것은 결코 현명한 방법이 아니다.

넷째, 물가 조정은 예견성이 있어야 하며, 나선형 인플레이션 발생
을 방지해야 한다. 물가상승은 하나의 관점을 유발하였는데, 즉 실제소
득 수준의 하락을 막기 위해 명목소득과 기타 복지 혜택을 CPI와 연관
지어 소득과 복지 혜택이 물가수준의 변동에 따라 움직이도록 한다는
것이다. 사실 이렇게 증가된 소득은 결국 제품 원가에 할당되어 다시
물가 상승을 불러와 나선형 인플레이션에 빠지게 할 우려가 있다. 일부
국가들은 인플레이션이 심각한 시기에 이 같은 조치를 취한 바가 있었
으며, 심지어는 임시방편으로 물가를 동결하기도 했다. 그러나 물가의
사후 반등 상황을 보면 이러한 방법들은 모두 예견성이 부족하다.

(3) 단위당 국내총생산의 종합 에너지소비 지표는 어떻게 실현할 것인가?

중국은 '제11차 5개년 규획'부터 GDP 단위당 에너지소비계수를
중요한 지표로 삼아 5년 안에 20% 감소를 목표로 매년 4%씩 감소하
도록 설정했다. '제12차 5개년 규획'에서는 이러한 지표를 더욱 강조했
을 뿐만 아니라 이와 관련된 기타 에너지 및 환경 지표를 거시적 조정

의 목표로 제시한 바 있다. 이 같은 목표를 설정한 의도는 명확하다. 즉 이러한 지표 달성을 통해 친환경, 녹색 성장, 저탄소 경제, 순환 경제 등 지속 가능한 발전을 실현하고자 함이지만, 실행을 거듭한 결과 이와 같은 목표는 개선될 필요가 있음을 보여주었다.

첫째, 전통적인 석탄 소비량을 표준 계량단위로 삼는 것은 이미 국제수준에 크게 뒤떨어졌다. 현행 국제적 선진 기준은 주로 석유, 전력 및 태양광 등의 소비량을 표준 계량단위로 채택하고 있다. 물론 각국의 에너지 소비구조가 다르고, 자국의 상황에 따라 어떤 표준 계량단위를 따를지 정하겠지만 그럼에도 부인할 수 없는 사실은 이 같은 계량방식이 신형 공업화의 에너지 소비 상황을 반영하고 있다는 것이다. 비록 중국의 현재 석탄 소비량이 전체 에너지 소비량에서 차지하는 비중이 비교적 많지만(60% 초과) 미래의 에너지 발전방향에서 볼 때, 비석탄 에너지가 미래 에너지의 주요한 부분이 되어야 한다. 뿐만 아니라 표준 석탄을 종합 에너지 소비 계량단위로 삼는 것도 오해를 낳을 수 있다. 중국은 2000년부터 1만 위안 생산액 당 종합 에너지소비가 지속적인 하락추세임에도 불구하고 실제적으로 이미 탄소 배출량이 세계 1위인 에너지 오염 대국이 되었다. 이로 미루어 보아, 전통 공업화 시대의 종합 에너지소비 표준은 신형 공업화의 상황을 반영할 수 없기에 가능한 한 빨리 비석탄 에너지 계량표준을 채택해야 한다. 이는 석탄 에너지를 대체하는 에너지 혁명을 추진하는 데 유리할 것이다.

둘째, 종합 에너지소비 지표에서 하위 지표를 세분화하여, 실행 가능성 있는 수단으로 지표 달성을 보장해야 한다. 언론 보도에 따르면 '제11차 5개년 규획'이 실행된 후기, 각급 정부는 5년 안에 종합 에너지 소비에 대한 20% 감축 목표를 달성하지 못할 것을 염려해 전기 공급을 끊어 전기 소비를 제한하는 방법을 사용하게 되었다. 기업은 제품 주문량 완성을 위해 불가피하게 디젤 발전기를 구비해야 하는데, 한동안에 경유 공급이 부족하게 되면서 공기 오염도 심각해졌다. 이와 같은 현상은 종합 에너지소비 지표의 실행에 있어 실제적 문제가 존재하고 있음을 시사한다. 단위당 생산가치의 에너지소비 지표는 종합적 성격이 매우 강한 지표로서 석탄, 가솔린, 디젤, 등유, 화력 전기, 수력 전기, 원자력 전기 등 여러 에너지 소비가 포함되어 있어 단 하나의 지표만으로 조정하는 경우 이들 모두 포함하기 어렵기 때문에 종합 지표를 각 에너지 소비별로 세분화하여 조정해야 한다. 이렇게 할 때만 종합 지표의 실현을 보장할수 있고, 동시에 모든 면을 다 돌볼 수 없는 상황을 방지할 수 있다. '제12차 5개년 규획'을 시작으로 환경 조정 지표에 단위당 GDP의 이산화탄소 배출량 감소율, 화학적 산소 요구량(chemical oxygen demand) 총 배출량, 이산화황 총 배출량, 암모니아 질소 총 배출량, 질소 산화물 총 배출량 등 5개 지표를 추가함에 따라 상대적으로 '제11차 5개년 규획'보다 진보가 있었다. 그러나 이러한 세부 지표의 달성을 보장하기 위해 구체적인 실행 가능한 수단이 있어야 하는데 단지 장관을 문책하는 방법으로는 부족하다.

(4) 국제수지균형은 어떻게 달성하는가?

개방경제에서 국제수지균형을 유지하려는 노력은 반드시 필요하다. 국제수지균형은 국내 경제가 외부 경제의 충격을 막아내는 보호작용을 한다. 그러나 지금과 같은 글로벌 경제 추세에서 한 국가의 국제수지균형을 유지하는 것은 결코 쉬운 일이 아니다. 사실상 중국은 대외적으로 경제를 개방한 이래, 국제수지균형은 단 한 번도 실현된 적이 없었는데 주로 경상계정과 자본계정의 쌍둥이 흑자를 보여주었다. 이 같은 불균형의 직접적 원인은 중국의 상품무역은 항상 흑자를 기록하여, 외환강제결제제도 하에서 매년 거대한 외환보유고가 누적되었기 때문이다. 이에 따른 위험성은 외환(달러화, 엔화 또는 유로화)이 평가절하되면 중국의 외환 자산가치가 줄어든다는 것인데 만일 현행 외환강제결제제도를 지속할 경우 동액 상당의 위안화가 유통되는 만큼 인플레이션의 압력을 방출할 수 있다. 물론 현재와 같은 상황에서 국제수지의 불균형 문제는 해외 일부 전문가들이 주장하는 것처럼 중국의 경제 붕괴를 불러오지는 않겠지만, 그럼에도 이 문제는 심각하다. 매년 『정부업무보고』에서 주요 지도자들은 국제수지 상황에 대한 개선을 강조할 뿐 국제수지 균형의 실현을 강조하지는 않았다. 사실상 거시적 조정에서 이와 같은 중요한 목표의 선정은 이미 유연성을 잃어 수동적인 국면에 접어들게 되었다.

국제수지균형이라는 목표 실현을 위한 유연성을 제고하기 위해서는 몇 가지 방향을 고려해 볼 수 있지만 모두 이상적인 선택은 아니다. 첫째, 위안화 환율 변동의 탄력성을 높인다. 위안화 환율은 국제 시장의 시세에 따라 변동하는 경우, 자연히 국제수지균형 유지를 위한 유연성을 높일 수 있다. 하지만 중국의 국제 경쟁력이 주로 가격 우위에서 나오기에 주동적으로 위안화 환율을 일정 수준에서 관리하는 것을 포기하고, 환율 변동을 그대로 내버려두는 것은 현명한 방법이 아니다. 둘째, 외환강제결제제도를 폐지한다. 이 같은 조치는 인플레이션의 압력을 해소할 수 있지만 새로 증가한 대량의 외환이 시장에 남아 있는 것도 거대한 위험요소가 된다. 또한 자본계정이 아직 개방되지 않은 상황에서 새로 증가한 외환은 해외 시장으로 유출될 것이며 이는 자본의 유출을 뜻한다. 반대로 자본계정이 개방된 상황에서 새로 증가한 외환은 국내의 투자수요를 불러올 수 있다. 셋째, 수출주도형 발전 방식을 전환한다. 이 같은 방법은 근본적으로 장기간 동안 형성된 국제수지의 쌍둥이 흑자(경상수지 흑자, 자본수지 흑자) 국면을 해소할 수는 있지만 일련의 구조조정이 필요하며 중장기적으로 완성해야 하기 때문에 현재의 목표를 실현하는 데에는 큰 도움이 되지 않는다.

다만 걱정되는 점은 중국의 국제수지균형에 대해 성숙한 정책적 고려가 부족하다는 것인데, 이는 향후 중국 경제가 경제 글로벌화 과정에서 건전한 발전으로 나아가는 데 있어 잠재되어 있는 최대 위험요소라 할 수 있다.

제3절 국가발전규획의 사회적 참여

국가발전규획의 수립은 기술적 요구가 높은 사업이다. 이 같은 기술성, 전문성이 강한 사업의 경우 사회 대중에게 알려 대중들이 이를 이해하고, 적절한 방식에 따라 규획 수립 과정에 참여하도록 하는 것은 시장경제에서 규획수립기구의 중요한 임무라 할 수 있다. 규획 경험이 있는 일부 시장경제 국가에서, 규획수립 기구와 인원의 중요한 임무 중의 하나가 바로 사회 대중들을 조직하여 규획 수립 과정에 참여하도록 하는 것이다.

1. 규획에 관한 사회참여도 제고의 중요 의의

사회참여는 의사결정 민주화의 구체적 실현이며, 규획 수립 과정에서 과학적 발전관을 철저히 구현하는 방법이기도 하다. 규획의 사회참여는 일반적으로 규획주관부서와 연관 정부기구 외에 사회기구, 민간조직, 당파 조직, 해외 기구와 개인이 각자의 형식으로 정부 규획의 연구, 초안 작성, 편제 및 심의 과정에 개입함을 의미한다. 현재와 같은 사회경제 여건하에서 규획 수립 과정에서 사회 참여도를 높이는 것은 다음과 같은 의미를 가진다.

(1) 시장경제체제 자체가 규획의 사회참여도 제고를 요구함

중국이 개혁 개방 정책을 실행한 이후, 신분이 서로 다른 각종 경제주체가 빠르게 발전하여 이미 국유경제를 중심으로 다원적 경제주체가 공존하는 국면이 형성되었다. 경제주체의 다원화는 객관적으로 규획 수립에 반드시 사회 각계각층이 광범위하게 참여하는 과정을 요구하는데, 이는 정부, 기업, 사회 각계의 공통된 인식을 구현하며 시장경제의 요구를 반영한다. 규획 전체의 수립 과정은 정부가 주도하지만 이는 정부가 규획 수립의 모든 과정과 단계를 독점하는 것과 동일시될 수 없다. 규획이 수립되는 과정에서 반드시 모든 경제주체의 의견을 충분히 수렴하고, 각 경제주체의 이익과 그들 사이의 이해관계 조화를 고려해야 한다. 규획의 수립 과정에서 사회적으로 공통된 인식에 도달하고 각 사회집단의 이익을 고려하여 상호 간의 조화를 이루어야만 국가 발전규획이 견실한 사회적 기반을 갖춰 규획의 질과 수준을 제고할 수 있다. 그 중에서 특히, 기업과의 교류를 강화해야 한다. 규획 목표, 그 중에서도 특히 경제목표는 결국 기업 활동을 통해서만 달성될 수 있기 때문에 기업이 국가 발전규획 수립 과정에 참여하는 것은 국가와 기업의 목표를 일치시킴으로써 규획 실행의 어려움과 장애요인을 낮추는 데 도움이 될 것이다.

(2) 규획 성격의 전환은 규획의 사회참여도 제고를 요구함

새로운 시기에 규획의 지령적 역할은 약화되는 반면, 지도적 역할은 점차 강화되어 규획지표 및 규획 프로젝트가 점차 약화되거나 간소화되고 있다. 그리하여 거시적 조정, 사회진보, 생태환경, 경제효익, 경제구조 등 방면에 집중되는 특징을 보이고 전통적인 지표는 갈수록 줄어들면서 규획은 규획지표에서 규획요강 위주로 전환되고 있다. 또한 규획은 사회 전반의 미래 발전 추세와 발생 가능한 문제, 신흥산업과 국제 및 국내 정세 변화에 대한 예측 등 관련 정보를 제공하는 역할도 담당하고 있다. 따라서 규획은 국가가 예전과 같이 경제발전을 중시하는 것에서 정부의 서비스 기능 강화, 경제 및 사회의 균형발전 촉진을 중시하는 것으로 전환을 구현하고, 발전규획의 전략성, 거시성, 조화성, 지도성과 예측성을 보다 더 중시해야 한다. 이와 같이 규획의 정보 제공과 이해관계 조정 역할을 충분히 발휘하기 위해 규획 수립에서 민주주의적 협의 및 조정과정을 거쳐 사회적 참여도를 높여야 한다. 각 부처, 각 지역의 의견뿐만 아니라 다양한 방식을 통해 사회적 역량을 모아야 한다. 특히 규획과 관련된 전문가, 학자, 업계, 사회단체 대표를 규획 수립 과정에 참여시켜 규획 의사결정의 민주화, 공개화, 규범화를 실행하는 한편 규획 수립 과정의 투명도를 높여야 하는데 이들 모두는 사회 각계각층의 적극적인 참여를 기반으로 구축되어야 한다.

(3) 규획의 과학성 향상은 규획의 사회참여도 제고를 요구함

거시경제 관리에서 규획이 중요한 역할을 발휘하려면 규획의 과학성을 높여야 한다. 규획의 과학성을 높이려면 규획을 수립하는 당사자들이 다양한 시각과 루트를 통해 많은 사회경제에 관한 정보를 수집해야 하고, 이 같은 기초 위에서 선별 및 가공, 예측 분석, 방안 작성, 평가와 우선순위 선정, 우수 방안 확정 등을 진행해야 한다. 건전한 사회적 참여제도가 없다면 규획이 견실한 정보적 기반을 갖추기가 어렵다. 규획 수립 및 실행에 있어 사회적 참여를 보장하는 것은 규획의 과학성, 유효성을 보장하는 전제조건이다. 사회 각계각층의 적극적인 참여와 협력을 기반으로 사회 각계각층이 광범위하게 규획 수립과 중대한 정책의 결정에 참여하게 하고, 과거의 전문가 예측과 지도층 결정에만 의존하던 방식을 탈피해 더 큰 범위에서 더 많은 협의 및 조정을 진행한다. 또한 규획 수립의 민주화, 공개화, 규범화를 실행하고, 규획 수립의 투명도를 높여 사회 각계각층이 중대한 문제에서 합의점에 도달하게 해야만 과학적 발전관에 부합하는 국가발전규획의 수립을 보장할 수 있어서 국가발전규획의 조정 목표와 임무 실현을 확보할 수 있다.

2. 규획의 사회참여도 제고에 관한 국제적 경험

제2차 세계대전 이후, 서방 시장경제국가와 일부 신흥공업국가들이 자국의 경제를 부흥시키고, 선진국가를 따라잡기 위해 규획 조정 및 협의 메커니즘을 잇따라 도입하였다. 그 중에서 전형적인 국가로는 일본, 프랑스, 한국 등이 있는데, 이러한 국가들은 자국의 특징과 결합하여 규획을 수립하는 과정에서 사회참여도를 높이기 위해 특색 있는 조정 및 협의 제도를 구축하여 적지 않은 성과를 거두었다.

(1) 일본의 '자문' 제도

일본은 경제규획을 수립하는 과정에서 자문 방식을 취하였는데, 정보의 수직적 교류와 민관(民官)의 협력 및 조화를 통해 광범위한 사회적 참여를 이루어냈다. 규획을 수립하기에 앞서, 내각 총리대신이 경제심의회에 자문을 구하면 경제심의회는 규획의 수립 및 중요한 경제정책 문제에 대해 조사 및 심의를 책임지고, 내각 총리대신에게 의견서를 제출한다. 그 다음 경제기획청 등 유관 부서의 협조 하에 규획 초안을 작성하고 내각회의에 상정하여 통과되면 공시한다. 따라서 일본 규획의 수립은 실질적으로 경제기획청 부속기구인 경제심의회를 중심으로 진행된다 할 수 있다. 경제심의회는 기업계, 금융계, 노동조합, 학계, 언론계 및 소비자 단체 등에서 식견 있는 인사로 구성되는데 인원은 30명 정도 된다. 경제심의회는 총리대신의 위탁을 받아 백여 명의 위원과 전문위원, 임시위원을 동원하여 여러 분과위원회를 구성함으로써 각각 규획의 목표, 정책 및 구체적인 실행 방침에 대한 조사와 심의를 진행하는데 이러한 과정에는 필요한 정보자료 수집, 모형 분석, 대기업들과의 광범위한 협의 등이 포함된다. 일본의 독특한 정부의 개입 전통은 기업이 상향적 보고를 정부에 대한 협력 의무로 생각하게 해 정보의 수직적 교류가 정부와 상공업계 간 긴밀히 협력하는 유효한 방식으로 정착되었다. 일본에서는 어떤 규획이든 공시에 앞서 경제심의회가 조직한 회의에서 각 방면의 충분한 협의, 토론, 설득 및 반설득을 거쳐 합의점을 도출한다. 이러한 과정은 오랜 시간이 소요되며 그 중에서 중요한 규획은 준비되는 과정에서부터 공시, 실행되기까지 일년 정도의 시간이 걸린다. 비록 규획의 수립 과정에 소요되는 시간이 길지만 규획 자체가 충분한 협의를 거친 결과물이며 각 방면의 이해관계, 특히 각 대기업의 이해관계가 기본적인 합의점에 도달했기에 실행 시 저항이 비교적 작다.

(2) 프랑스의 '협상' 원칙

프랑스의 '협상' 원칙은 정부 관원과 '사회적 파트너'(각 업계의 대표 및 사회각계 대표)와 충분한 협의와 대화를 거쳐 규획을 공동 수립하는 것을 의미한다. 가급적 규획이 각기 다른 계층의 요구를 반영하기 위해 각 방면의 의견을 청취하고, 여러 차례 토론과 조정을 거쳐 합의점에 도달한다. 현대화위원회(현재는 계획업무위원회로 개칭됨)는 프랑스 규획 수립 과정에서 가장 중요한 협의기구로서 프랑스 규획총국의 직접적인 지도 아래 업무를 수행한다. 현대화위원회는 각기 다른 경제 및 사회 분과로 구성되고, 구성원은 정부 관원, 업계 대표, 노조 대표, 사회단체 대표, 정부에서 초빙한 전문가 등 각 방면의 인원들이 포함되며 인원 수는 대체로 20-50명 정도된다. 현대화위원회의 주요 임무는 정부 관원과 각 영역의 '사회적 파트너'의 대화를 통해 해당 영역의 규획을 수립하고, 사회적 합의점에 도달하며 사회 각계의 이익을 반영하는 것이다. 현대화위원회는 부서와 업종에 따라 수직적으로 구성된 전문위원회도 있고, 각 부서 간의 공통된 의제에 따라 수평적으로 구성된 전문위원회도 있으며, 또한 공동체사무위원회와 지역발전위원회도 있다. 공기업과 민간기업은 모두 규획 수립 과정에 직접 참여할 수 있는데, 대표를 보내 현대화위원회에 참여하거나 프랑스 규획총국 산하 부서와 직접적인 관계를 유지하기도 한다. 이는 기업에서 국가규획 내용을 파악하고, 발전목표와 국가정책을 명확히 하는 데 도움이 된다. 프랑스 규획총국은 현대화위원회가 작성한 규획 보고서 초안을 바탕으로 국가규획에 관한 초안을 수립하고, 정부 행정부서와 사회 각계각층, 각종 이익집단과의 여러 차례 협의, 검토를 거쳤기에 국가규획은 각계각층과 경제주체가 공동으로 받아들일 수 있는 행동강령이 된다. 따라서 프랑스 국가규획은 실행시 비교적 순조롭게 진행되며 기본적으로 예상하는 목표치를 달성할 수 있다.

(3) 한국의 '민간자주혁신' 방식

한국은 경제기획원(현재 한국 재무부와 합쳐져 재정경제원으로 개편됨)에서 규획 수립을 책임진다. 규획 초안이 내각에 상정되어 승인을 받기에 앞서, 규획 목표와 정책 추세에 대한 각 방면의 의견을 광범위하게 수렴하여 내각 승인을 받은 후 정부 각 부처에 송부된다. 경제발전규획의 수립 과정에서 경제기획원은 유관 부처와 조율을 거쳐야 할 뿐만 아니라 공기업과 민간기업들의 적극적 참여를 장려하고, 경제발전의 외적 환경과 경제발전 목표, 규획기간 내의 정책방향을 공동으로 논의하며 규획을 수립하기에 앞서 민간의 의견을 광범위하게 수렴함과 동시에 대중들이 자신의 독창적인 견해를 제시하도록 장려하는데, 이를 '민간자주혁신' 장려라고 한다. 각 영역 규획 수립 시 정부는 토론회 형식으로 각계 전문가, 각 영역의 공기업 및 민간기업의 의견을 수렴한다. 이 같은 협의를 거쳐 한편으로는 규획을 수립하는 공무원들로 하여금 경제발전 전반에 대해 보다 더 전면적으로 파악하게 하며 다른 한편으로는 민간기업들로 하여금 정부의 경제전망에 대한 견해와 정부의 거시정책 방향을 이해할 수 있도록 한다. 더욱 중요한 것은 민간기업들이 정부가 정책 개입을 통해 달성하고자 하는 경제목표를 이해하도록 함으로써 민간기업의 규획 수립을 촉진하는 작용을 불러온다. 한국은 규획을 수립하는 과정에서 각계각층의 경제문제에 관한 상이한 견해를 경청하고, 그 중에서 유익한 제안을 받아들이는 것은 사회적 공감대를 이끌어내는 데 중요한 역할을 한다. 토론과 분석을 통해 좋은 의견을 모으고, 민간 경제주체들로 하여금 거시경제 문제에 대해 정확히 이해하도록 하며 미래를 준비하도록 하는 것은 국가규획의 순조로운 실행에 중대한 의의가 있다.

　　종합해서 말하자면, 일본, 프랑스, 한국 등 국가는 규획 수립 과정에서 사회 각계각층의 광범위한 참여를 중시하고, 규획이 소수의 결정권자들과 전문가만의 일이 아니라고 강조한다. 가정, 기업, 사회공동체, 지역에 분산된 목표를 하나의 집단적, 사회적 목표로 만들어 규획 집행과 실행 과정에서의 자각성과 능동성을 크게 제고하였다.

3. 건전한 국가발전규획의 사회참여제도 구축

중국의 국가발전규획 수립의 역사적 경험을 살펴보고, 외국 사례들을 참고하여 중국적 특색을 지니고, 광범위한 사회적 참여와 협의 및 대화가 있는 규범적인 조직제도를 구축하는 것은 시급한 일이라 할 수 있다. 정부는 대중들이 규획 수립에 적극적으로 참여하도록 유도하고, 프로젝트 공모, 프로젝트 입찰, 전문가위원회, 연구토론회 등 방식을 통해 규획의 과학성과 유효성을 높여 사회 각계가 중대한 문제에 있어 합의점에 도달하도록 이끌어 내야 한다.

(1) 규획의 협의 및 대화제도 구축

첫째, 규획 방안의 수립은 관련 전문가, 학자 및 사회단체와 협의 및 대화를 해야 하는데 특히, 관련 연구기구의 역할 발휘를 중시하며 다양한 형식을 통해 우수한 전문가 참여를 유도하여 전문가 의견을 충분히 수렴해야 한다. 둘째, 관련 부서와의 협상뿐만 아니라 다양한 기업의 참여를 장려하고, 환경보호, 경제발전 목표 및 규획기간의 정책 방향을 놓고 함께 토론해야 한다. 셋째, 현행 '단방향 의견수렴' 방식 개선을 통해 규범적인 쌍방향 협의 및 대화 제도를 구축하여 정부 차원의 정보기구, 자문기구, 연구기구뿐만 아니라 민간 차원의 상공회의소, 업계협회도 참여하고, 국유기업, 단체기업, 민간기업도 참여하는 민주적인 협의를 진행해야 한다. 넷째, 기업, 특히 대기업과의 협의 및 대화를 강화해야 한다. 규획 수립 단계에서 정부부처는 기업이 예측 자료와 통계 데이터를 제공하도록 하여 규획 수립 시 참고하는 한편 주무부처와 연관 경로를 통해 각 기업에게 거시경제 목표, 규획 구상 및 중대 조치 사항 등을 통보해야 한다. 이 밖에도 정부 규획주관부서는 규획수립기구를 각계각층의 대표들로 구성하고, 규획방안의 조정과 비교를 주도함으로써 상호 간 조화적이고 연계된 실행방안을 만들도록 해야 한다.

종합해서 말하자면 과거 정부 주관부처에서 주도했던 폐쇄적인 규획수립 방법을 개혁하고, 규획의 협상 및 대화 제도를 구축하여 점진적으로 규범화 및 법제화함으로써 규획의 수립 과정을 사회 각계 대표들이 공동으로 참여하는 새로운 규획수립체제로 바꿔야 한다.

(2) 규획조정제도의 구축

새로운 규획체제가 실행되면 국가규획의 주요 내용은 경제의 종합적, 총량적 지표를 중심으로 하는 일련의 수량적 지표와 산업정책을 중심으로 하는 경제 및 기술정책과 결합된 새로운 체계로 이루어진다. 규획 조정 과정에서 해결해야 할 것은 주로 지표 체계의 연계, 정책 체계의 통일, 정책체계와 지표체계 간의 조화 등의 문제이다. 국가발전규획 조정의 주요 형식은 각종 조정회의이며 이를 통해 규획의 순조로운 실행을 보장한다. 행정 등급이 다르거나 또는 동일한 등급 부서 간의 조정을 위해 엄격한 연석조정회의 제도를 세우고, 정부 규획주관부서에서 우선 각 경제주무부처와 전문가들의 의견을 수렴하여(규획자문회의 형식을 취할 수도 있음) 초보적인 규획 조정 구상을 제시한 다음에 각 지역 또는 각 부서의 연석회의를 소집해 조정하도록 한다.

한편 정부와 기업 간의 규획 조정에 대해서는 사회적 조정협의제

중국 경제발전 전략과 규획의 변천 및 혁신

도를 수립할 필요가 있다. 규획의 실현 가능성과 실효성을 보장하기 위해 정부는 각종 전문경제학회, 업계협회로 하여금 실질적인 경제활동에 보다 많이 참여하게 하여 경제조정 과정에서 역할을 발휘하도록 하고, 규획 목표와 경제정책 수립 시 업계협회, 대기업, 중점기업 및 관련 전문가가 참여하는 토론회를 개최하여 충분한 의견을 교환하도록 하며 특정 업종에 대한 기업 진입 수량 기준 확정, 기업의 기술 개선과 설비 갱신기한 시간표의 확정, 특정 보호정책의 수립 및 취소 등에 있어서는 우선적으로 관련 분야의 인사 및 전문가의 지지를 받아야 한다.

(3) 규획 정보 교류제도의 구축

중점지역, 기업, 업종, 사회단체 등은 규획목표를 실현함에 있어 중요한 역할을 맡으며 정부 규획부서는 이들과 직접적인 대화 및 정보에 관한 교류제도를 구축해야 한다. 규획 수립 단계에서 정부 규획부서는 중점지역, 기업, 업종, 사회단체 등에 예측 분석 자료와 통계 데이터 제공을 요구하며 비교적 충분한 경제정보를 얻어 거시경제 운영에 대한 정확한 판단과 조정을 가능하게 하여 규획 수립에 참고할만한 정보를 제공한다. 다른 한편으로는 관련 주무부처를 통해 이들에게 거시경제 목표와 규획 구상, 중대 조치 등에 관한 정보를 통보하며 이들의 자주적 의사결정이 국가발전규획의 요구에 부합되도록 유도해야 한다.

규획 실행단계에서 정보 교류를 강화해야 하고, 규획 실행과정 중 정보를 빠르고, 정확하며 완전하게 수집, 전달 및 피드백함으로써 규획 조정과 향후의 규획 수립을 위한 참고를 제공해야 한다.

규획이 완성단계에 접어들면 규획의 경험과 교훈을 보다 잘 정리해야 한다. 주의할 점은 지식경제와 정보화 시대에 접어든 오늘날 경제의 글로벌 추세에 직면하는 상황에서 중국은 세계경제 변화와 그 추세에 대한 분석을 강화해야 하며 세계경제 변화의 흐름과 중국 경제발전과 관련도가 높은 국가 또는 지역의 발전상황 및 정책변화를 면밀하게 주시하고 추적분석해야 한다. 규획 수립 시 국내 발전과 대외 개방에 관한 전반적인 계획을 세우고, 국내 균형과 대외 균형을 동시에 고려해야 하며 국제경제에서 발생할 수 있는 전달효과(pass through effect)를 중시해야 한다.

(4) 규획 자문제도의 구축

규획 자문제도의 구축은 거시적 의사결정의 과학화, 민주화 추진에 있어 중대한 의의를 가진다. 규획자문은 주로 정책 및 의사결정 자문, 프로젝트 자문, 기술 자문, 국제 관련 자문, 사회 심사 및 검증 자문, 회계 자문, 물가 자문, 시장 변화 자문과 각종 정보 자문 등이 있다. 그 중에서 정책 및 의사결정 자문, 프로젝트 자문은 국가발전규획 수립 및 실행과의 관계가 가장 밀접하다. 그 밖에도 어떤 문제에 관한 해법을 찾기 위해 외국 유관 기구 및 전문가에게 자문을 구할 수도 있다. 규획 수립 과정에서 각종 전문가들로 구성된 분석평가팀을 설립할 수 있으며 각종 정보 데이터와 분석모형을 활용하여 경험적 판단과 정성적 분석 등을 할 수 있다. 또한 각계 전문가들과 일선 근무자들의 의견을 광범위하게 수렴하여 사회 전반적인 참여를 구현할 수 있다. 정부 규획부처는 국가 발전규획을 수립하는 과정에서 업무진행 상황에 따라 각종 자문회의 및 심의회의를 개최하여 관련 지방, 부처 의견을 수렴하고 받아들일 뿐만 아니라 주동적으로 사회 각계 대표, 특히 중요한 상공업 기업, 업계 협회, 시장 조직과 중개기구, 소비자 단체, 경제연구 및 자문기구, 대학교와 기타 사회 단체를 소집하여 국가 발전규획의 수립과 의사결정 과정에 참여시키거나, 또는 '전문가 버전'의 발전규획과 평가보고서 등의 형식으로 의사결정자에게 참고자료를 제공할 수 있다. 상하이시(上海市)는 '제11차 5개년 규획'을 수립하는 과정에서, 상하이 사회과학원 주도 하에 '전문가 버전'의 '제11차 5개년 규획'을 수립하였다. 이를 수립하는 과정에서 사회 각계, 특히 기업계의 의견을 경청했는데 아무런 이해관계가 없고, 재정자금의 제약을 받지 않아서 오히려 더 투명하고, 객관적이었다. 상하이시 정부는 이 같은 '전문가 버전' 규획이 아주 중요한 귀감이 되리라고 판단했다.

그 밖에도 규획의 사회 참여도를 높이는 과정에서 정부와 시장의 관계를 잘 처리해야 한다. 예를 들면 2008년 업계협회가 『10대 산업진흥 규획』수립에 참여한 것은 특수한 상황에 대한 특수한 처리지만, 격려 차원의 규획으로서 확실히 유익한 시도라 할 수 있으며, 이는 업계협회가 실제적인 상황을 보다 더 잘 이해하고 있기 때문이다.

제4절 규획의 실행 및 모니터링

규획의 수립은 단지 규획 과정의 첫 단계에 불과하며 규획의 목적은 실행에 있다. 규획을 아무리 잘 짜더라도 만일 실행을 통해 실현하지 못하면 이는 어디까지나 휴지조각에 불과하다.

계획경제에서 규획은 지령적 성격이 강하고, 지표는 구분하여 각급 행정구와 부서에 하달되며 규획의 실행에 있어 메커니즘 상의 문제는 존재하지 않는다. 그러나 시장경제에서 시장 주체는 자주권을 가지며 기업은 더 이상 국가 규획의 일선 단위가 아니기 때문에 국가발전규획을 실행하는 것은 매우 중요한 문제로 떠오를 수밖에 없다.

어떤 규획의 실행이라 할지라도 당초 기대와 오차가 발생할 수밖에 없으며 규획 실행 주체의 집행력 또한 다르기 때문에 규획 실행 상황에 대해 상시적이고 체계적인 검사와 모니터링이 필요하다. 규획의 모니터링은 국가발전규획의 요구와 경제사회발전에 관한 각 지표 간의 상호관계에 근거하여 그 발전 형세에 대해 적시적으로 정확한 분석 및 판단을 하는데, 각 주관기관에서 적시에 적당한 조정 조치를 취해 경제사회 발전이 기대목표에서 심각하게 빗나가는 현상을 피하기 위한 일종의 수단이다. 따라서 규획의 모니터링은 국가 경제 모니터링의 중요한 구성부분이라 할 수 있다.

1. 규획의 실행 및 관리

규획의 실행은 오랫동안 규획 사업 중 상대적으로 취약한 부분이다. '규획의 수립을 중시하고, 실행을 경시하는' 문제는 상당히 보편적이어서, 사람들은 단순히 규획을 만들기 위해 규획을 수립하고, 규획의 집행에 대해서는 관심을 가지지도, 중시하지도, 연구하지도 않는다. 규획이 공시되면 그것으로 끝이고, 이로 인해 규획의 실행과 규획 간 괴리, 심지어 규획의 형식만 갖추어 작성하여 사실상 규획 임무가 쓰여진

종이에 불과한 경우도 있다. 따라서 규획 실행의 중요성과 규획실행 과정의 어려움, 규획집행 관리의 취약성 관점에서 앞으로 규획의 실행을 보다 중시해야 하며 규획집행에 대한 관리를 더욱 중요시할 필요가 있다.

(1) 규획실행 방식의 전환

계획경제체제에서 국가발전규획은 대체로 지령적 성격이 강하다. 규획이 실행되는 방식은 부처와 지역에 따라 계획지표를 구분한 뒤 순차적으로 규획 임무를 하달하고, 일선단위(주로 기업)까지 규획실행 책임을 확정하는 것이다. 일선단위는 무조건적으로 상위 정부 부서에서 하달된 계획임무를 수행해야 한다. 사회주의 시장경제 조건하에서 국가발전규획은 지도적 성격을 갖추고 있기에 규획의 실행 방식 또한 근본적 변화가 일어날 수밖에 없다.

지도적 규획 또는 정책적 규획은 주로 발전의 방향과 목표를 강조하고, 기업에 대해 일반적으로 행정 구속력을 가지지 않으며, 주로 정보를 제공하는 차원에서 지도한다. 소수의 예견성 지표에 대한 구분도 단지 기업에게 보다 구체화된 경제 정보를 제공하기 위함인데 이를 통해 정부의 의도를 나타내고, 기업이 거시적 목표에 부합하는 생산과 경영에 관한 의사결정을 내리도록 유도한다.

여기서 지적해야 할 점은 국가발전규획에서 확정된 목표와 임무는 각급 정부에게 구속력을 갖는다는 것이다. 지방 정부와 중앙 각 전문관리부서, 국가종합관리부서는 국가발전규획을 실현하는 조직적 보장으로서 적절한 조치를 취해 국가규획이 실행되도록 책임을 져야 한다. 국가발전규획이 지방 정부와 중앙 각 부서에게 규정한 임무와 목표는 각급 정부의 경제사회 정책 수립 및 경제조정 수단 운용에 관한 기본적인 근거이며 경제관리부서, 특히 경제조정 방안을 구체적으로 집행하는 부서는 이를 조정과 실행에 있어 기본적인 근거로 삼아야 한다.

중국의 역사적 경험으로 보면 국가발전규획의 순조로운 실행을 위해서는 최소한 다음과 같은 보장이 전제되어야 한다. ① 각급 정부의 지지, ② 규획 실행을 보장하는 기본 정책과 중대 조치의 타당성, ③ 규획목표 실현을 지원하는 중대 건설 프로젝트의 순조로운 실행, ④ 필요한 자원 보장, 특히 국가재정과 금융부서의 협조, 지원 및 긴밀한 협력, ⑤ 사회 대중의 이해와 공감 및 적극적 참여, ⑥ 국가발전규획의 수립, 실행, 조정, 통제, 수정, 모니터링, 평가에 관한 법률적 보장, ⑦ 기타 객관적 조건의 보장, 예를 들면 유리한 국제환경 및 대형 자연재해 없음 등이다.

(2) 규획실행관리의 절차 및 수단

① 규획의 공시와 홍보. 규획은 일단 승인을 거치면, 법률 및 행정 법규에서 별도의 규정이 있거나 국가 기밀과 연관된 것 외에는 즉시 공시해야 한다.

규획 공시의 주체, 방식과 시간에 대해 현행 법률에는 명문화된 규정이 없고, 일부 문건만 관련 내용이 있을 뿐이다. 현재 채택하고 있는 기본 원칙에 따르면 규획의 공시 권한은 심사, 승인 권력기관에 속하는데 전국인민대표대회에서 통과된 국가종합규획은 전국인민대표대회 상임위원회에서 대외에 공포한다. 국무원에서 심사, 승인된 전문규획, 지역규획의 경우 국무원의 문건형식으로 대외에 공포하고, 국무원 유관부서에서 심사, 승인된 규획은 부서의 문건형식을 통해 대외에 발표되며, 이와 동시에 적절한 형식을 취해 신문, 인터넷 등 대중매체에 공개적으로 발표한다. 각 성(직할시, 자치구) 등 지방 규획의 공시도 기본적으로 이와 같은 형식을 따른다.

규획이 공시됨과 동시에 규획의 홍보를 잘 해야 한다. 규획 실행의 관건은 규획을 통해 각급 간부들과 광범위한 대중들의 사상을 통일하는 데 있으며 규획을 전체 국민의 공통된 인식으로 전환하여 행동으로 옮기도록 하는 데 있다. 각종 회의 및 문건을 충분히 활용하고, 신문, 티브이, 방송, 인터넷 등의 역할을 활용하여 규획홍보에 전력해야 한다. 규획을 하나의 종합적인 개념으로 홍보할 뿐만 아니라 규획수립의 경위, 근거 자료, 형세 판단, 실행 중점, 지향 목표 등 세부적인 내용을 자세하고 분명하게 설명하여 대중을 충분히 격려시키는 한편 대중을 교육하고, 동원하며, 조직함으로써 규획 실행을 위해 함께 노력하도록 해야 한다.

② 규획 임무의 분담, 하달 및 실행. 각급 정부에서는 규획 임무의 하달과 실행을 책임지고, 종합규획에서 확정한 목표 임무를 각 부서, 지역 및 규획 실행 단위까지 하달한다. 이는 규획 실행을 위한 중요한 조직적 보장이다. 주의할 것은 사회주의 시장경제 하의 규획 임무의 구분 및 하달은 계획경제체제하의 규획 임무의 구분 및 하달과 근본적으로 다르다는 점이다. 예컨대 국가발전규획 중 대다수의 전망성, 예견성을 지닌 지표들은 각 부서와

지역에 구분, 하달하면서 엄격하게 실행, 완성을 요구할 필요는 없으며 국가 전체의 상황만을 다루는 규획도 부서별 및 지역별로 구분할 필요가 없다. 정부는 주로 자체적으로 조직, 관리를 하여, 책임지는 영역 중의 일부 지표만을 분해하고, 실행하도록 하며 합리적인 공공자원 배치 및 효율적인 행정역량 운영을 통해 임무 완성을 보장하는 역할을 담당한다.

③ 규획 실행을 위한 보장성 조치의 실행. 첫째, 연간계획을 통해 추진한다. 과거 규획 실행의 취약한 부분은 주로 5개년 규획과 연간계획의 실행을 유기적으로 연계하지 못한 데 있다. 연간계획은 중장기 규획 실행의 중요한 수단으로서 중장기 규획을 통해 연간계획의 수립과 실행을 인도해야 한다. 즉, 5개년 규획의 임무와 목표를 연도별로 구분하여 매년 계획대로 실행하고, 단계별로 추진하며 구체적으로 실행한다. 동시에 연간계획의 실행 상황을 모니터링하고, 중장기 규획 실행과정에서 나타난 문제점과 편차를 적시에 발견하여 조정한다.

둘째, 규획에서 확정된 중대 프로젝트를 잘 실행하도록 한다. 중대 프로젝트에 대한 합리적인 안배와 건설은 규획 실행에 있어 견실한 기반이자 중요한 근거가 된다. 종합계획이든지 전문계획이든지 간에 주요 발전지표는 구체적인 프로젝트의 건설을 통해 실현된다. 따라서 프로젝트의 기초 작업과 시공 건설을 잘 처리하여 프로젝트를 기한 내에 완성할 수 있도록 보장해야 한다.

셋째, 정책의 지도적 역할을 중시한다. 시장을 기초로 하는 발전규획을 실행하기 위해 정책의 지도적 역할이 중요하다. 따라서 정부는 기업이 규획 목표임무를 실현하도록 인도하는 데 있어 규획, 재정, 금융 등 수단의 종합적인 운용, 물가, 세수, 이율 및 환율 등 경제적 레버리지의 역할 발휘에 의지해야 한다. 아울러, 규획 기간 내 환경의 커다란 변화와 규획 실행과정에서 직면하는 문제에 근거하여 적절한 경제정책과 조치를 수립하고 실행 과정에서 정책적 효과에 대한 모니터링을 강화하며, 거시적 조정 정책의 집행 방식, 집행 상황, 집행 효과, 시장 주체의 규획 인지도 등에 대한 분석에 따라 정책 방향을 유지하거나 조정하도록 해야 한다.

2. 규획 모니터링 제도의 구축 및 보완

규획 수립의 과학성과 규획 실행의 효율성을 높이기 위해 규획 모니터링 제도를 구축 및 보완하는 것은 매우 필요하며 규획 모니터링 제도는 다음과 같은 내용을 포함한다.

(1) 거시경제 운영의 정기적(계절별, 월별, 순별) 모니터링 제도

일반적으로 거시경제의 모니터링은 월별 또는 계절별로 진행하며 모니터링 데이터와 사전에 설정된 경계치의 비교를 통하여 기술적 처리를 거쳐 분석하는데, 경제 변동이 빈번할 때는 결정적 역할을 하는 일부 중요 지표는 순별로 모니터링해야 한다. 이와 동시에 국민경제 발전을 저해하는 공급 부족 제품과 국민경제 발전의 탄력계수가 비교적 큰 제품에 대한 공급과 수요 상황을 모니터링해야 한다. 아울러 국내생산에 커다란 영향을 미치는 수출입 물자의 국제시장 가격에 대해서도 상시적인 모니터링을 실시해야 한다. 위에서 기술한 거시적 모니터링 외에도 필요에 따라 지역 및 업종별로 모니터링 제도를 수립해야 한다.

(2) 규획의 사전, 사중, 사후 모니터링 제도

사전 모니터링은 규획이 실행되기에 앞서 진행하는 예방적 모니터링을 뜻하며 주로 규획의 의사결정에 관한 과학성 및 실현 가능성의 유무를 모니터링한다. 사중 모니터링은 규획실행 과정에서 진행되는 일상적인 모니터링을 의미하며 주로 규획 실행의 결함과 편차를 발견하고, 원인을 분석하며 이에 상응하는 대책을 취한다. 사후 모니터링은 규획실행 이후 진행되는 종합적, 심사적 모니터링을 뜻하는데, 즉 이미 완성된 경제 활동에 대해 규획 의사결정의 실행여부를 분석하고, 실제와의 편차가 발생하는 원인을 밝히며 책임소재를 분명히 하는 한편 성과를 평가한다. 중국의 각급 인민대표대회에서 규획에 대한 심의와 승인은 바로 사전 모니터링에 속하고, 규획집행 상황에 대한 심의와 승인은 사후 모니터링에 속하며 국가 종합경제부처에서 정기적으로 발표하는 경제운영 분석 보고서는 사중 모니터링이라 할 수 있다.

(3) 국가, 사회, 국민의 역할 분담 및 결합을 통한 모니터링 제도

국가주도적 모니터링은 국가가 중심이 되어 국가 권력을 운용해 실행하는 모니터링을 뜻하며, 비교적 강한 권위성과 실효성을 가진다. 사회주도적 모니터링은 사회조직과 시민단체가 중심이 되어 규획의 실행 과정에 대한 모니터링을 의미한다. 국민주도적 모니터링은 공민이 부여받은 권리를 발휘하여 고소, 민원 신청 및 언론매체 등을 통해 규획실행 과정에 대한 모니터링을 뜻한다. 사회주도적 모니터링과 국민주도적 모니터링은 국가주도적 모니터링의 유력한 지원수단이자 필수적인 보완 역할을 담당한다.

(4) 경제주체 내외부가 결합된 모니터링 제도

경제주체의 내부 모니터링은 두 가지 차원을 포함한다. 첫째, 규획을 집행하는 경제주체가 자신의 행위를 검사하고 통제한다. 둘째, 규획을 집행하는 동일 경제조직 내부 또는 동일 주관부처 산하의 단위 간에 상호 모니터링한다. 내부 모니터링은 상시성, 적시성 및 전면성이라는 장점을 가지지만 자체 영역 업무에 제한을 받기도 하며 행정 지도자의 간섭을 쉽게 받는 결점도 가지고 있다. 외부 모니터링은 국가기관 또는 사회조직의 모니터링 담당자들이 규획집행 단위의 경제활동을 모니터링하는 것을 의미하며 이는 객관적이고 공정적이라는 특징을 가지고 있다.

(5) 중점 모니터링과 일반 모니터링을 결합한 모니터링 제도

일반 모니터링은 경제 운영에 관한 전면적 검사 및 감독을 뜻하며 중점 모니터링은 당과 국가의 요구 혹은 국민의 신고에 근거하여 특정 부서나 특정 경제활동을 대상으로 진행되는 전문 모니터링을 의미한다.

위에서 기술한 규획 모니터링 제도 외에 각 규획 영역의 성격, 규획 관리의 내용, 사회 재생산 과정 각 부분의 상황에 따라 규획 모니터링 제도를 각각 세울 수 있다.

3. 규획 모니터링의 주요 내용

(1) 국가규획의 의사결정, 거시경제의 중요목표 및 계수에 대한 모니터링

국가규획의 의사결정을 모니터링하는 목적은 규획 의사결정 판단의 정확성과 과학성을 보장하고, 규획 의사결정 과정에서의 실수를 적시에 발견하여 시정 조치를 취하는 것이다. 거시경제의 중요목표와 계수에 대한 모니터링은 주로 사회 총 공급과 총 수요의 균형, 경제성장률, 산업구조의 전환목표와 대책, 소득분배 구조, 대내외 무역규모와 구조, 물가지수, 실업률, 국제수지균형 상황, 경제적 효익 및 연관된 중요 정책의 합리성과 실행가능성 등에 대한 모니터링을 포함한다.

(2) 거시경제 경기변동 평가, 분석 및 예측

주요 거시경제 지표의 흐름을 분석하여 경기 변동의 규칙성을 연구하고 경기 예측을 진행할 수 있다. 시장경제에서 경제 운영은 필연적으로 일정한 정도에서 변동이 일어날 수 있는데, 이 같은 경제 변동의 원인은 복잡하다. 뿐만 아니라 경제변동이 경제발전과 국가 거시적 조정 정책의 선택에 커다란 영향을 미칠 수도 있다. 때문에 거시경제의 경기상황을 모니터링하고, 그 추세와 경제발전에 미치는 영향을 예측하는 것은 국가발전규획의 수립과 실행에 중요한 의의를 가진다.

(3) 자금 운용 실태 모니터링

자금 구조를 최적화하고, 자금이용의 효율성을 높이며 국민경제의 균형발전을 촉진할 뿐만 아니라 국가발전규획의 목표를 순조롭게 실현하기 위해서는 전 사회적인 자금 운용에 대해 모니터링을 실행할 필요가 있다. 모니터링의 주된 내용으로는 각 부처의 자금 운용과 전 사회 자금배치계획 간의 연계, 재정부처와 금융부처 간, 재정부처 및 금융부처와 규획부처 간 자금 운용과 배치의 상호 협력과 조율 상황 등이 있으며 그 밖에 각종 사회 자금의 보유량, 흐름, 분포구조 및 흐름 방향 등도 있다. 모니터링을 통해 문제를 발견하고, 조치를 취하며 재정제도와 기율을 강화하는 한편 각 단위의 경제결산을 보강하고, 자금분배 구조를 개선함으로써 자금 손실과 낭비를 감소하고, 경제 효율성을 제고할 수 있다.

(4) 시장 운영 상황 모니터링

사회주의 시장경제에서 시장은 자원 분배에 있어 기초적 조절 작용을 일으킨다. 시장의 조절이 긍정적인 역할을 하기 위한 전제조건은 시장 운영이 정상적이고 질서가 있어야 하며 시장주체의 행위가 규범적이어야 하는데, 규획의 모니터링은 이러한 전제조건을 실현하기 위한 중요한 보장이라 할 수 있다. 모니터링의 목적은 바로 정당한 교역의 보호와 불법 행위의 금지, 공정 경쟁의 실현, 시장의 정상적인 운영 유지에 있다. 시장에 대한 모니터링에는 교역 당사자의 경영활동 합법성에 대한 모니터링, 교역 상품의 품질 및 안전성, 환경표준과 상장 합법성에 대한 모니터링, 교역 가격, 도량 방법 및 표준, 상표 사용 등에 대한 모니터링이 포함된다.

(5) 대외무역 상황 모니터링

현재 세계 경제발전의 국제화 추세는 갈수록 뚜렷해지고 있는데 이는 한 국가의 경제에 있어 기회를 제공할 수도 있지만 동시에 도전이 될 수도 있다. 거시경제 관리의 한 가지 중요한 임무는 적시에 이러한 기회를 발견하여 잡는 것이며 도전에 맞서 중국 경제가 세계경제의 큰 환경 속에서 부단히 발전할 수 있도록 촉진하는 것이다. 현재 중국의 수출입 무역, 용역수출, 대외협력, 외자유치, 대외투자 등이 모두 빠르게 증가하고 있으며 국내 경제의 세계경제에 대한 의존도는 갈수록 높아지고 있다. 어떻게 국제시장을 개발하고, 해외 자원을 활용할 것인지는 중국 경제의 진일보한 발전을 위해서 연구해야만 하는 중요한 과제로 부상되었다. 따라서 중국 대외경제무역 상황에 대한 모니터링을 강화하는 것은 중국 규획 모니터링의 중요한 내용이 되었다.

그 밖에 중대한 정책 조치의 실현 정도, 일부 돌발성 사건이 규획 실행에 미치는 영향도 규획 모니터링 내용에 포함되어야 한다.

4. 규획 모니터링의 실행

규획 실행에 대한 모니터링은 주로 수량적 지표를 근거로 한다. 따라서 먼저 모니터링의 평가지표체계를 확정해야 하는데 이는 모니터링을 위한 기초적인 작업이다. 과학적이고, 합리적인 평가지표체계를 통해야만 과학적이고 공정한 평가결론을 내릴 수 있다. 일반적으로 모니터링의 평가지표체계를 구축할 때 지표는 대표성을 갖춰야 하고, 안정적인 데이터 출처가 있어야 한다. 그 다음으로, 모니터링을 위한 건전한 정보원을 만들어야 한다. 이를 위해 각급 주관부처 간의 수직적 정보교류를 강화할 뿐만 아니라 규획 주관부처와 재정, 금융, 대외무역, 통계 등 동급 부처와의 정보교류를 강화하고, 중점 도시, 중점 기업, 중점 시장 등 모니터링 중점 대상과의 연계도 강화해야 한다. 각급 규획 주관부처는 정보교류 방면에 있어 선두 역할을 함으로써 모니터링 정보의 공유와 충분한 운용을 촉진해야 한다. 마지막으로 대량의 정보라 할지라도 과학적인 처리를 거쳐야만 의미가 있기 때문에 각종 과학적 방법을 종합적으로 운용하여 수집된 정보를 정리 및 처리토록 해야 한다. 모니터링을 진행하는 과정에서 채택 가능한 방법은 많은데, 각종 거시경제 분석모형, 그 중에서도 특히 거시적 모니터링 모형과 조기경보모형 등이 있다. 규획 모니터링은 다음과 같은 실행단계를 거친다.

① 정보 수집. 가장 중요하고, 전형적인 모니터링 부분과 내용을 파악하고 직간접적인 조사를 통해 해결할 문제를 가장 잘 설명할 수 있는 정보 자료를 수집한다.

② 계량화 분석. 회계, 통계 등 업무 부처를 통해 얻어진 정보자료를 정리, 종합, 분석하여 규획 모니터링을 위한 전면적, 체계적, 정확한 정산 데이터를 구축한다.

③ 검사 검증. 정책 검사, 현장 검사, 재무 검사를 통해 진상을 규명한다.

④ 원인 분석. 정산 및 검사 결과를 토대로 깊이 분석하여 문제를 발견하고, 원인을 밝혀 결론을 내린다.

⑤ 오차 수정. 오차 수정의 조치를 확정한다. 여기에는 수정 대상, 수정 방식 및 수정 실행 시기가 포함된다.

제5절 규획의 효과 평가 및 수정

규획의 목적은 실행에 있지만, 실행 과정에서 불가피하게 새로운 상황과 문제에 직면해야 하는데 이러한 상황이 규획 실행에 영향을 미칠 것인지, 규획 집행 상황은 어떤지, 각종 정책 조치의 집행 효과는 어떤지, 심각한 편차가 나타났는지, 조정할 필요가 있는지, 조정을 어떻게 해야 하는지 등의 모든 것이 규획의 순조로운 집행과 직접적으로 관계되어 있으며 규획 목표와 임무의 실현은 결국 규획의 평가와 수정에 의존해야 한다.

1. 규획 평가의 개입 시기

규획 평가는 개입 시기에 따라 전기, 중기 및 후기 평가로 구분된다. 전기 평가는 사전 평가라고도 불리는데, 규획이 실행되기 이전에 진행하는 평가를 뜻한다. 중기 평가는 과정 평가라고도 하는데, 이는 규획의 집행 시작부터 완성 전까지 모든 시점에 대한 평가를 의미한다. 후기 평가는 이미 완성된 규획에 대한 평가를 뜻한다.

전기, 중기 및 후기 평가는 시기뿐만 아니라 내용에서도 큰 차이를 보인다. 전기 평가는 주로 규획의 실행가능성을 평가하는데, 역사적, 경험적 자료를 주된 평가의 근거로 삼으며, 사용한 데이터도 대부

중국 경제발전 전략과 규획의 변천 및 혁신

분 예측 및 추정적 성격을 가지고 있다. 중기 및 후기 평가는 모두 규획이 실행된 이후의 평가에 속하며 양자는 공통점도 있고 차이점도 있으며, 상대적으로 독립적이면서도 긴밀하게 연관되어 있다. 중기 평가의 목적은 주로 전기 평가의 질적 수준을 검토하거나 실행 과정에서의 중대 변화와 그 영향을 평가하며 실행과정 중의 난제와 문제를 진단하여 이를 타개할 대책과 빠져나갈 길을 찾는 데 있다. 중기 평가의 핵심은 평가를 통해 규획실행 과정과 방법이 규획에서 당초 정해진 예정 목표와 일치성을 유지하고 있는지, 예정 목표를 실현하는 데 도움이 되는지를 검토하는 것이다. 후기 평가의 기본 목적은 규획이 완성된 실제 상황과 예정 목표를 대조함으로써 규획 수립의 정확성과 예정 목표의 달성도를 조사하는 데 있다. 또한 규획의 각 실행단계를 돌이켜 봄으로써 규획의 성공과 실패 원인을 밝히고, 규획 관리의 경험과 교훈을 정리하여 보완 및 개선할 방법을 제시한다. 아울러, 후기 평가의 결과를 향후 수립될 규획에 피드백하고, 향후의 규획 수립 및 관리의 수준을 높이도록 한다. 중기 및 후기 평가는 모두 실제 자료에 근거하며 평가의 주된 내용은 큰 차이가 없지만, 중기 평가는 후기 평가의 근거이자 기초이며 후기 평가는 중기 평가의 연장선상에 있다.

현재의 상황을 미루어 보면 중국의 전기 평가는 상대적으로 보편적이나, 후기 평가는 간략하게 진행되며 중기 평가는 거의 이루어지지 않고 있다. 본장에서 규획실행 과정의 평가라 함은 중기 및 후기 평가를 뜻한다. 그 중에서도 중기 평가의 개입 시점은 국가발전개혁위원회에서 제시한 바에 따라 5개년 규획 집행의 3년 또는 4년째에 진행되는 것이 적절하다.

2. 규획 평가의 주요 내용

각급 규획은 국민경제와 사회발전의 각 영역과 광범위하게 관련되지만, 평가 내용은 규획의 모든 방면을 포괄할 수 없다. 통상적으로 규획의 실행 상황에 대한 평가는 규획의 목표 평가, 효익 평가, 영향 평가 및 준법 평가 등 네 개의 방면을 포함한다.

(1) 목표 평가

규획이 실행된 이후, 사람들의 주된 관심사는 다름아닌 규획목표의 완성 상황이다. 국민경제와 사회발전 목표는 규획의 핵심 구성부분이며 경제와 사회의 양적 변화는 모두 통계지표의 양적 변화의 특징으로 나타난다. 규획의 실제 집행과정에서 불가피하게 다양한 요인의 영향을 받아 애초에 예상한대로 집행되는 것이 불가능하기 때문에 실제 집행결과는 대체로 규획 예정목표와 일정한 차이가 있다. 이러한 편차가 발생되는 원인은 여러 가지가 있는데, 규획 수립 시 이미 문제가 있었거나 집행상의 문제일 수도 있다. 또한, 집행과정에서 발생한 문제는 외부 요인의 영향 때문일 수도 있고 내부 요인의 영향 때문일 수도 있다. 따라서, 규획에서 제시한 주요 목표의 실현 정도와 추진 속도를 평가해야 하는데, 평가의 중점은 주로 목표치와 실제치의 차이와 이러한 차이가 발생한 원인을 체계적으로 분석하는 것에 있다. 이와 같은 체계적인 분석을 위해 다음 다섯 가지 질문에 답해야 한다. 첫째, 어떤 방면에서 편차가 발생했는가? 둘째, 어디에서 발생했는가? 셋째, 언제 발생했는가? 넷째, 편차 정도는 얼마나 심각한가? 다섯째, 편차가 발생한

중국 경제발전 전략과 규획의 변천 및 혁신

원인은 무엇인가? 집행과정에서 생긴 중요한 편차 문제를 파악하고, 이러한 문제가 발생한 실제 원인을 분석해야만, 규획의 집행 결과에 대한 과학적 평가를 진행할 수 있다.

(2) 효익성 평가

효익성 평가는 규획 실행을 위한 투입 대비 산출에 대한 분석 및 평가를 의미한다. 여기에는 규획 자체의 투입 대비 산출에 대한 평가가 포함되는데, 규획의 산출 관점에서 규획이 국민경제에 미치는 영향을 살펴보고 규획의 국민경제에 대한 공헌도를 평가하는 한편 규획의 투입 관점에서 규획수립과 규획목표 실현을 위해 지출된 모든 비용을 살펴보면서 투입의 구조와 합리성 등을 분석한다. 또한, 전체 국민경제 효익과 유관 지방, 업종 등의 경제 효익성에 대한 투입, 산출 분석도 포함된다. 물론 일부 비경제적 영역, 예를 들면 교육, 위생 등의 효익성 평가는 이 같은 일반적인 투입, 산출 분석방법을 따를 수 없으며, 영역에 따라 각기 다른 주안점을 가져야 한다. 더욱 중요한 점은 효익과 비효익을 발생시키는 각종 원인을 찾고 적절한 조치를 취해 문제를 해결해야 한다.

(3) 영향 평가

규획 실행의 결과가 국가에 미치는 영향은 환경, 소득, 취업 등 방면을 계량화하여 사회적 가치기준 또는 가치판단으로 가늠해 볼 수 있다. 종합규획의 관점에서 말하자면, 영향 평가는 전체 경제와 사회발전에 미치는 영향을 연구하는 것으로, 여기에는 지역발전 기회의 평등 수준, 도농 주민 소득, 취업과 생태환경 보호 등 거시적 측면에 미치는 영향이 포함된다. 특히 지속 가능한 발전이 갈수록 사람들의 가슴속에 깊이 뿌리내리는 상황에서 규획의 영향 평가는 더욱 더 필수불가결하다.

(4) 준법 평가

규획의 실행 상황에 대한 평가는 규획의 목표 달성도와 규획 효익성 등을 분석할 뿐만 아니라 이러한 목표를 실행하기 위한 수단이 어떠한지, 규획 집행과 관련된 법률법규를 준수하였는지 여부를 살펴보아야 한다. 이는 현재 중국의 법률체제가 개선의 여지가 크고, 국민의 법의식이 높지 않는 상황에서 보다 현실적인 의의를 가진다. 여기에는 규획 자금의 분배와 사용, 설비 구매, 각종 규정 및 제도 수립이 국가의 법률 및 정책과 일치하는지 여부 등이 포함된다.

이상과 같은 평가는 각기 중점을 가지고 있으며 각기 다른 측면에서 경제활동 혹은 규획의 성과를 측정하기 때문에 실제 평가 시에는 평가 내용을 전체적으로 파악하여 전면적이고 체계적인 종합 평가를 진행해야 한다.

3. 규획 평가의 실행

(1) 규획 평가의 조직 및 실행

규획의 평가는 매우 복잡하면서도 중요한 작업이다. 따라서 특정 기구에서 평가의 조직과 실행을 책임져야 한다. 평가의 조직과 실행의 책임은 주로 두 가지 문제와 연관된다. 첫째, 규획의 평가 작업은 누가 조직하는가? 둘째, 평가 업무는 구체적으로 누가 집행하는가?

누가 조직하는가의 문제는 주로 평가 임무의 성격에 따라 결정되어야 한다. 통상적으로 규획평가는 두 가지로 구분되는데, 첫째는 규획 자체에 대한 평가이며 둘째는 규획의 집행 상황에 대한 평가이다. 전자는 규획 자체가 실제 상황과의 부합정도, 규획의 실제 성과에 대한 평가를 중시하며, 후자는 주로 규획 목표의 달성도와 각 책임 주체 및 실행 주체의 책임 완성도를 평가한다. 이론적으로 규획 자체에 대한 평가는 규획 수립기구에서 책임져야 하고, 규획 집행 상황에 대한 평가는 규획의 심사승인 기구에서 책임져야 한다. 따라서 규획 평가를 조직하는 당사자는 규획 심사승인기구일 수도 있으며 규획 수립기구일 수도 있다. 현재 일반적으로 '수립한 자가 책임진다'는 책임분담 방법을 취하며 주로 규획수립기구에서 평가 조직을 책임진다. 장기적으로 보면 이러한 책임분담 방법은 법률에 따라 명확히 규정될 필요가 있다.

누가 집행하는가의 문제에 대해서는 사실상 두 가지 상황으로 구분된다. 첫째, 평가의 조직 당사자가 집행하는 방법이 있는데 이를 내부 평가라 하며 주로 행정적 평가의 형식을 취해 규획수립기구 또는 상위 규획 주관부처가 직접 구체적인 평가를 진행한다. 이 같은 방법의 장점은 정보 피드백이 빠르고, 소요되는 비용이 비교적 적다. 결점으로는 인력 자원이 부족하고, 평가에서 다루는 범위와 깊이가 제한되어 있으며 같은 기구에서 모니터링을 진행하므로 자체 이해관계와 직접 연관되어 평가 결론의 객관성과 공정성에 영향을 미치기 쉽다. 또 다른 방법은 평가의 조직 기구는 조직만 책임지고, 구체적인 평가 업무는 투자컨설팅 회사, 전문평가기구 등 외부기관에 위탁하는 것인데 이를 외부평가라 한다. 이러한 방법의 장점은 규획의 기술적 분석이 비교적 정확하고, 평가의 입장이 보다 객관성과 공정성을 갖추고 있지만 결점으로는 외부 평가기관의 규획 실행 상황에 대한 이해가 부족하고, 규획실행 단위 또는 이해관계 부처와의 협력에 있어 어려움에 직면할 수도 있으며, 소요비용이 비교적 높다.

실제 평가를 진행하는 과정에서 어떤 방법을 취할 것인지는 규획 평가의 목적, 내용, 업무량, 완성 시한, 경비 상황 등을 고려해 확정해야 한다. 현재는 대체로 내부평가를 외부평가보다 선호한다. 그러나, 인력 부족과 평가의 공정성 문제를 해결하기 위해서는 사회 각계 전문가와 사회 대중들의 참여를 유도하여 의견을 제시하도록 해야 한다. 장기적인 관점에서 말하자면 규획평가 조직 기구는 보다 많은 구체적인 평가 업무를 외부기구에 위탁해야 한다.

(2) 규획 평가의 절차 및 단계

① 평가 목적을 명시한다. 평가조직기구에서 평가 대상을 명확히 정하고, 평가의 주요 임무와 기본 요구를 제시한다.

② 구체적 평가업무 담당기구를 확정한다. 평가조직기구는 협상 또는 입찰 등 형식을 통해 외부 평가기구에 집행을 위탁할 수 있으며, 자체적으로 기구를 만들어 평가를 실시할 수도 있다.

③ 평가실행 방안을 수립한다. 평가업무 담당기구에서 평가 임무를 맡은 직후, 이에 대한 준비 절차에 들어가 구체적인 평가실행 방안을 제출하는데, 그 내용에는 평가 인원의 배치, 조직기구, 진도 시간표, 평가 방법, 평가 결과물의 형식, 경비예산 등이

포함된다.

④ 평가를 진행한다. 평가를 위한 조사를 실행하고, 데이터 자료를 수집한 후 데이터 자료의 완전성, 정확성을 확인 및 심사하여 비교 분석 및 논증을 진행하는 동시에 과학적인 방법을 통해 규획성과에 대해 합리적으로 평가하고, 존재하는 문제를 찾아내며 경험과 교훈을 정리하는 한편 적절한 의견과 제안을 제시하도록 한다.

⑤ 평가보고서를 작성한다. 각종 평가 결과를 모아 평가 보고서를 작성한 후 위탁부서 또는 상위 부서에 제출한다.

4. 규획의 수정

규획 실행과정에서 경제운영 결과와 규획목표 간에 차이가 발생하는 경우가 있다. 그 원인으로는 거시경제가 통제불능인 경우이며 이 때 정책강도를 높이거나 보완책을 내놓는 등의 조치를 취하여 괴리문제를 해결해야 하며 또한 규획 수립 후 현실이 변화되거나, 규획 수립 시의 판단 착오 또는 구체적인 정책과 규획 요구 간의 불협화음 등의 경우에는 규획이나 정책을 수정해야 한다.

(1) 규획 수정의 필요성

국민경제 및 사회발전규획의 실행과정에서 발전 환경과 기타 객관적인 상황의 변화에 따라 규획에 적당한 수정 조치를 취함으로써 규획 실행에 양호한 작용을 불러올 수 있다. 그 필요성은 다음과 같다.

첫째, 규획 실행의 유연성을 보장하고, 발전환경 변화에 대한 적응성을 높인다. 규획 실행과정에서 대부분의 목표는 환경 변화와 직접 관련된다. 규획 실행과정에서 발전환경의 변화에 따라 적당한 수정을 하지 않으면 규획과 환경이 완전히 어긋나는 사태로 이어질 수 있기 때문에 정해진 거시경제 목표는 사실상 실현되기가 어렵다.

둘째, 규획의 과학성을 보장하고, 규획의 체계성을 유지한다. 규획 수정은 부정적인 환경영향을 상쇄할 수 있고, 규획의 내적인 독립성을 높임으로써 규획의 실행결과가 특정 환경으로 인해 변하지 않도록 한다. 이는 또한 규획의 과학성을 높이는 효과적인 방식이다. 따라서, 발전적 관점에서 규획 실행과정에서 발생하는 문제들을 다루고, 발전 환경의 변화에 따라 실행 중인 규획을 적절히 수정하여 경직되고 수동적인 국면이 발생하는 것을 방지해야 한다.

셋째, 규획 실행과정에서, 규획을 적절히 수정하는 목적은 국민경제 및 사회발전 목표를 보다 잘 실현하기 위함이다.

따라서 규획이 실행되는 동안 내외부 환경에 중대한 변화가 일어나 당초 규획의 방향과 목표가 실행가능성을 상실하게 될 때, 규획을 수정하는 것은 필연적이다.

(2) 규획 수정 시 주의 사항

규획 수정은 국민경제 및 사회발전에 전반적으로 연관되어 있으므로 신중하고, 적시에 그리고 적절하게 규획의 수정 작업을 진행해야 한다.

① 반드시 수정해야 한다는 충분한 근거가 있어야 한다. 규획 수정

중국 경제발전 전략과 규획의 변천 및 혁신

의 주요 원인은 객관적 형세의 변화이다. 일반적으로 이러한 변화에는 국제 정치경제 형세 또는 국내 거시경제 형세의 변화, 돌발사건, 특별한 기회의 출현, 일부 중대한 정책과 조치들이 집행되는 과정에서 발생하는 문제 등이 포함된다. 이러한 모든 변화는 신중한 모니터링과 평가를 거쳐 결론에 도달한 후에야, 수정에 대한 의견 및 제안을 제시할 수 있다.

② 법정 절차를 이행해야 한다. 규획 수정은 단순히 장관의 의지로 법정 절차를 대체할 수 없으며 법률과 제도상에 규정과 제한이 명시되어야 한다. 수정이 필요한 규획은 규획수립 기관에서 법정 절차에 따라 수정 방안을 제시하며 해당 법정기구의 심사승인을 거친 뒤에 공시해야 한다.

③ 수정된 규획에 대해 지속적인 재평가와 재모니터링을 진행해야 한다. 경제 운영 환경은 계속 변화되기 때문에 어떤 규획이든지 한번의 수고로 모든 것을 해결할 수 없으며 수정된 규획이 안정적인 실행을 유지할지라도 그것은 상대적인 것이다. 규획의 실행은 시종 하나의 실행부터 평가 및 모니터링, 수정, 재실행, 재모니터링, 재평가까지의 동태적 과정이며, 필요한 경우 재수정까지 거쳐야 한다. 따라서 수정된 이후의 규획도 동일하게 재모니터링과 재평가의 과정을 거쳐야 하며 적시에 새로운 상황과 문제를 발견하고, 조치를 취하여 해결토록 해야 한다.

규획의 수정 내용은 규획 목표의 수정과 정책, 조치의 수정이라는 두 가지 방면이 있다. 규획 수정은 엄격히 법정 절차에 따라 진행되어야 하며 국가 규획의 엄숙성과 권위성을 유지해야 한다. 또한, 규획을 수정할 때는 규획의 종합적인 균형에 주의해야 하며 수정된 규획은 여전히 체계성, 조화성, 상호 의존성을 갖춘 완전한 체계를 보장해야 한다.

지역 규획의 개선 및 완비

지역 조정은 거시적 조정의 중요한 내용이고, 지역규획은 또한 지역 조정의 중요한 근거가 된다. 시장경제국가들의 규획체계는 흔히 지역규획을 중심으로 하고 있는데 중국의 지역 규획은 줄곧 규획체계에서 시급히 강화가 요청되는 취약한 부분이다. 세기의 전환이라는 역사적 시기에 있어, 특히 금융위기라는 커다란 배경에서 미래 지역 규획의 새로운 흐름과 특징을 전망하고, 기존의 이론과 경험을 정리하여 시대적 특징에 맞는 새로운 지역 규획의 이론체계를 구축하는 것이 중요한 현실적 의미를 가진다.

제1절 지역 규획의 기본 함의

지역 규획은 인구, 경제, 자원, 환경 간의 관계 및 지역 간의 관계를 조화하는 지역개발과 국토정비 방안으로서 지역개발 전략의 명확화, 지역발전 방향의 인식, 지역공간 배치의 최적화, 지역 갈등의 해소 등에 있어 중요한 역할을 수행한다.

지역규획이란 지역 사회 및 경제 발전과 건설에 관한 총체적인 안배를 의미하는데, 지역의 체계적 발전 규율에 대한 과학적 인식을 기반으로 지역 공간에 입각해 지역 내 존재하는 문제에 맞게 지역 내 경제, 사회, 자원, 환경 등에 대한 조화와 관리를 진행하면서 지속 가능한 발전을 실현하는 공간적 규획이다. 그 중에는 지역 간 규획과 지역 내 규획이 포함된다. 전자는 주로 지역 간의 발전 불균형 또는 지역 간 분업과 협력에 관한 문제를 해결하고, 후자는 일정 지역 내의 사회경제발전과 건설에 대해 전면적으로 규획하는 것을 의미한다.

　지역 규획은 주로 일정 지역 내의 중대한 기반시설 건설, 산업 배치, 생태환경 보호 및 관리, 자원개발과 이용 등 중요한 문제들을 다룬다. 이는 지역경제 발전의 특정한 문제를 다루는 것이지 모든 방면의 문제를 다루는 것은 아니다. 지역 규획은 국민경제와 사회발전 규획에 대한 구체적인 공간에서의 세분화가 아닐 뿐만 아니라 각 전문규획에 대한 지역적인 총합도 아니므로 그 내용이 각 방면을 빈틈없이 고려할 필요는 없다. 지역 규획의 출발점과 지향점은 지역의 조화로운 발전을 촉진하여 지역 내 자원에 대한 보다 합리적이고 효율적인 배치를 함으로써 각 이익주체의 상생을 실현하는 것이다. 따라서 지역 규획은 지역 간 경제의 조화로운 발전을 촉진하는 것이고, 지속 가능한 발전전략을 실현하는 중요한 메커니즘이며 중국의 시장경제에서 정부가 조절 가능한 자원을 이용하여 정부의 발전 구상과 정책적 의도를 실현하는 효과적인 수단이다. 지역 규획은 또한 규획 지역의 특정한 문제를 해결하거나 특정 목표를 이루기 위해 실시하는 전략, 발전 구상, 배치 방안 및 정책 조치 등을 의미하는 것으로 규획 지역의 경제사회 발전 및 건설 문제에 대한 전략적 의사결정을 내리고, 그 지역의 개발 및 정비에 관련된 중대한 건설 사업의 입지 공간을 구체적으로 확정하며 각 부서 간의 종합적 조정을 위한 총제적인 방안을 마련하는 것이다.

지역 규획은 일정한 공간 범위가 필요하다. 지역규획의 유형이 많고 내용이 광범위하며 실천성에 대한 요구도 높기 때문에 실제 상황에 근거하여 융통성 있게 지역규획의 공간 범위를 확정해야 한다. 한마디로 말하면 규획에 대한 통일성과 관리의 편리성을 모두 고려하는 관점에서 규획 지역의 공간 범위를 확정해야 한다. 주요 기준은 다음과 같다.

첫째, 행정구역을 지역 규획의 공간 범위로 확정한다. 행정구역이란 국가의 정치적 권력과 의무를 원활하게 수행하기 위해 권력의 등급과 해당 등급의 관리가 대등한다는 원칙에 따라 전국 국토를 권력 등급별로 구획한 행정단위이다. 지역 규획은 일반적으로 행정구역에 따라 지역 규획의 공간 범위를 정하는데, 이는 지역규획의 실행 가능성을 보장하는 데 유리하다.

둘째, 경제 구역을 지역 규획의 공간 범위로 확정한다. 경제 구역은 경제활동의 공간 단위이다. 주로 도시와 도시군 규획, 공업단지 규획, 관광단지 규획 및 농촌지역 규획이 포함된다. 경제 구역을 지역 규획의 공간 범위로 확정하는 것은 규획 지역 내의 경제기반과 발전 잠재력의 상대적인 일치성을 보장하고, 지역 내의 경제적 연계성을 강화하며, 규획 지역의 경제적 기능 분담을 명확히 하는 한편 지역의 비교우위를 발휘하는 데 있어 유리하기 때문이다. 지역 규획이라 함은 통상적으로 행정구역 간의 경제 구역을 공간 범위로 하는 규획을 말한다.

셋째, 자연 구역을 지역 규획의 공간 범위로 확정한다. 자연 구역은 일반적으로 지표상의 자연적 특징의 유사성과 차이성에 따라 구분된

다. 자연 구역마다 내부의 자연적 특징이 유사한 반면 구역 간의 차이
성은 비교적 뚜렷하다. 자연 구역에 대한 지역 규획은 일반적으로 자연
자원의 종합적인 개발 및 이용 또는 생태환경 정비와 관련되어 있는데,
예컨대 섬 지역 개발, 유역 지역 개발, 호수 지역 개발 등을 들 수 있다.

넷째, 문제 구역을 지역 규획의 공간 범위로 확정한다. 문제 구역은
경제발전에 있어 유사한 문제 또는 장애 요인이 존재하는 구역을 뜻한
다. 이러한 지역에 대한 규획은 대부분 지역경제발전 중의 공통적인 문
제 해결이나 장애요인의 해소를 목표로 삼는데, 흔히 볼 수 있는 것은
후진된 빈곤 지역의 개발규획, 동북지역의 구(舊)공업기지의 재개발규
획 등이다.

다섯째, 특별 구역을 지역 규획의 공간 범위로 확정한다. 이러한 지
역 규획 중에 대표적인 것은 경제특구 규획, 경제기술개발구역 규획,
보세구역 규획 등이다.

제2절 지역 규획의 역할과 의의

중국 사회주의 시장경제체제가 점진적으로 수립되고 완비됨에 따
라 거시경제 조정체계에도 근본적인 변화가 일어났는데, 지역규획과
지역정책이 갈수록 거시조정체계의 중요한 구성요소가 되어 점차 중
요한 역할을 수행하게 되면서 지역규획이 가지는 의의가 중요하게 되
었다. '제11차 5개년 규획'은 지역규획의 위상을 크게 부각시켜 지역경
제의 발전전략, 공간적 배치, 구조조정의 중점과 방향을 점차적으로 명

중국 경제발전 전략과 규획의 변천 및 혁신

확히 하고 있다.

첫째, 지역 규획은 지역 간 균형발전을 촉진하기 위한 중요한 수단이다. 시장경제에서 시장의 작용은 지역 간 격차를 좁히는 것이 아니라 확대하는 경향이 있다. 서구의 시장경제국가들의 경험을 보면 지역 간의 균형발전을 촉진하기 위해 지역 규획과 지역 정책을 취하지 않을 수 없었다. 중국은 땅이 넓고 각 지역의 자연, 사회, 인문 여건 차이가 커 지역 간의 발전 불균형 문제가 비교적 두드러진 편이다. 서구 국가들의 발전 경험을 중국의 현재 상황과 견주어 보면 사회주의 시장경제에서 지역 간 발전수준의 격차를 줄이는 한 가지 중요한 방법은 바로 국가가 지역규획과 지역정책의 수립 및 실행에 관여하여 지역 간 균형발전을 촉진하는 것이다.

둘째, 지역 규획은 중국의 지역발전의 중대한 문제를 해결하는 데 필요하다. 지역경제의 균형발전을 촉진하고 지역 간 격차가 확대되는 추세를 점진적으로 해소하는 것은 전면적인 샤오캉(小康) 사회 건설을 위한 중대한 임무이다. 지역 간 균형발전을 실현하기 위해서는 국가가 거시적 차원에서 공간 전반에 대한 배치를 확정하여 지역경제를 지역 실정에 맞게 대책을 수립함으로써 특색적인 지역경제를 발전시켜 나가야 한다. 현재 지역발전 과정에서 직면하고 있는 중대한 문제, 예컨대 중점지역 개발전략의 수립, 지역경제 전반에 대한 합리적인 배치, 중대한 기반시설 조성과 중대한 생태환경보전 프로젝트 건설 등에 대해 모두 지역 규획을 통한 조정이 필요하다.

셋째, 지역 규획은 시장경제에서 중국의 경제관리체제를 완비하는 객관적인 요구이다. 중국의 전통적인 경제관리체제에서 다루는 한 가지 중요한 내용은 중대 프로젝트에 대한 심사, 승인을 하는 것이다. 이처럼 각 프로젝트에 따라 진행하는 심사 및 승인의 방식과 행정구역 중심의 경제관리모델은 해당 프로젝트가 지역 건설 여건 및 관련 영역에 대한 종합적인 조화가 부족했기 때문에 지역 생산력 배치의 최적화, 지속 가능한 발전에 부정적인 영향을 초래하였다. 지역 규획은 지역의 비교우위와 생산요소의 공간적 배치의 합리성, 경제사회 발전과 인구, 자원 간의 조화를 중시함으로써 중국 경제관리체제의 완비와 국제 현대 경제관리체제와의 연계를 촉진하는 데 유리한 면이 있다.

넷째, 지역 규획은 중국 규획체계를 가능한 빨리 완비시키는 데 필요하다. 현재 중국의 경제관리 방면에 있어 거시적 영역의 법률적 시스템 구축이 뒤처지는 문제가 존재하고, 규획사업에 있어서도 거시적 규획은 법적 근거가 미비한 문제가 존재한다. 예컨대 지역규획과 도시규획, 토지이용규획 간에 규획 목표, 규획 내용 등 면에서 조정의 법적 근거가 부족하므로 여러 가지 문제가 발생하고 있다. 따라서 지역규획 수립과 그에 상응하는 법률 및 법규 구축을 중시, 강화하는 것이 관련 규획 간의 조정과 규획체계 완비에 유리할 것이다.

제3절 지역 규획의 임무 및 내용

위에서 서술한 바와 같이 지역 유형상의 차이에 따라 각 지역의 발전 조건과 자원 상황이 다르기 때문에 지역 규획을 통해 해결해야 하는 중점 문제가 서로 다르고 지역규획 임무에도 차이가 있다. 지역 규획은 전략성, 공간성 및 구속력을 지닌 규획이지 단순한 지도적, 예측적인 규획이 아니다. 지역 규획의 주요 임무는 아래 네 가지 방면으로 요약할 수 있다.

1. 규획 지역의 발전 방향 명확화

지역규획의 전략적 지위를 명확히 하고, 지역 경제사회의 발전방향을 제시하는 것은 지역규획 수립에 있어 최우선 과제이다. 지역 경제사회의 발전방향을 확정하려면 충분한 근거가 있어야 하는데 최소한 다음 다섯 가지 방면을 고려해야 한다.

첫째는 국가 경제사회발전의 거시적 배경이다. 일정 시기의 국가 경제사회의 발전방향은 지역 경제사회발전의 중점, 속도, 정책을 결정하여 지역발전에 큰 배경을 형성한다. 둘째는 규획 지역의 자원과 경제사회의 발전 현황이다. 지역의 자연 및 인문자원은 지역 경제사회발전의 기초이고, 현황은 미래발전의 기반이므로 지역 경제사회발전 현황과 미래 발전 추세를 종합적으로 분석하는 것은 지역 경제사회 발전방향을 확정하기 위한 필연적인 요구이다. 셋째는 주변 지역의 발전 현황과 그 지역과의 상호 관계이다. 지역 경제사회의 발전은 광범위하게 연계되는 경제활동으로 한 지역의 발전에 있어 주변 지역과 여러 유형의 관계가 발생할 수밖에 없다. 지역 경제사회발전 방향의 확정은 이러한 관계와 분리될 수 없다. 넷째는 지속 가능한 발전 원칙이다. 지역발전의 목적은 최적의 경제적 효익 뿐만 아니라 최적의 사회적 효익과 생태 환경적 효익도 이루는 것이다. 따라서 지역 규획의 방향을 확정함에 있어 종합적인 효익을 추구하는 지속 가능한 발전의 원칙을 견지해야 한다. 다섯째는 과학기술의 발전 추세이다. 지역발전의 선진성은 선진 과학기술의 발전을 통해 실현될 수 있는 것이기에 지역발전도 반드시 선진 과학기술을 동력으로 삼아야 한다. 과학기술의 발전 흐름을 정확히 인지하여 지역발전이 과학기술 발전의 실제적인 추세를 따라갈 수 있도록 해야 한다.

2. 규획 지역의 경제사회 발전목표 수립

지역발전 방향과 목표는 통일적이다. 발전방향은 대개 정성적으로 표현되는 반면 발전목표는 발전 방향을 정량적으로 반영하는 것으로 총제적 목표와 구체적 목표로 구분될 수 있다. 총체적 목표는 규획 사상을 고도로 개괄하는 것이고, 구체적 목표는 발전방향의 심화와 구체적인 구현인데, 일련의 지표로 나타난다. 지역의 발전 조건을 종합적으로 평가하고, 지역의 전략적 지위를 정확히 인식하여 지역의 국가 전체 분업에 대한 지위와 역할을 명확하게 하는 것은 지역발전 목표 수립에 있어 중요한 부분을 이룬다. 지역의 미래 발전에 영향을 주는 여러 조건에 대해 가능한 정성적인 분석을 기반으로 계량적 분석을 해야 한다. 이처럼 정성적 분석과 정량적 분석이 결합되어야만 미래의 경제사회 발전을 비교적 정확히 예측하여 지역발전 목표 수립을 위한 근거를 제공할 수 있다. 지역 규획의 목표가 정확히 수립되어 있는지를 검증하기 위해 다음과 같은 다섯 가지 차원을 고려할 수 있다. 첫째, 규획 목표는 노력을 통해 달성할 수 있어야 한다. 둘째, 규획 목표는 포용성과 총괄성을 가져야 한다. 셋째, 규획 목표는 지역발전의 여러 방면의 상황을 반영할 수 있어야 한다. 넷째, 규획 목표는 반드시 구체적이고 명확하여 해석의 유일성을 가져야 하는 한편 시효성이 있어야 하기 때문에 목표 실현의 시간을 정해야 하고 어떤 목표든 일정한 실현 시간을 적용해야 한다. 다섯째, 규획 목표는 공간적인 유일성을 가져야 하므로 한 가지 목표는 특정된 하나의 지역에만 적용되어야 한다.

3. 규획 지역의 중점 발전영역, 중점 발전지역 및 중대 프로젝트 확정

지역발전에 대한 지역규획의 지도적 역할 발휘와 지역규획 방안의 실행을 위해서는 중점발전 영역과 지역을 확정하는 것이 매우 중요하다. 이는 사실상 전체 지역발전을 추진하는 성장거점(growth pole)을 확정하여 경제자원, 인력자원 및 과학기술자원을 집중함으로써 보다 큰 집적 효과(combined effect)를 이루도록 하는 것이다.

우선 중점 발전 영역을 선정해야 한다. 일정 기간 동안 어떤 영역을 지역발전의 중점으로 선정할지, 어떻게 선정할지는 고정된 패턴이 없으며 그 당시와 그 지역의 구체적인 상황에 따라 구체적으로 분석 및 결정을 하여야 한다. 주력산업부문을 중점 발전영역으로 확정하여 산업 간의 균형 및 조화로운 발전을 실현하고, 보조산업과 기초산업을 한층 더 발전시키는 것은 지역의 새로운 성장거점을 육성하고, 지역의 장기적인 지속 가능한 발전을 확보하는 한편 지역 경제사회의 전반적인 발전을 이끌기 위한 것이다. 다음으로는 중점 발전 지역을 확정해야 한다. 지역 유형별 규획은 지역규획의 정수라 할 수 있다. 이론적으로 서로 다른 지역, 서로 다른 발전 단계에 놓여 있는 동일한 지역에 대해서는 차별화된 발전모델을 취해야 한다. 지역규획에 있어 지역 발전 단계와 지역의 전반적인 능력에 근거하여 중점 발전 지역을 선택해야 한다. 중점 지역의 선택은 임의적이 아니라 일련의 지표 비교 및 전문가의 논증을 거쳐야 한다. 마지막으로 중대한 건설 프로젝트를 확정해야 한다. 중대한 건설 프로젝트 확정은 종합규획과 단계적인 목표의 요구에 따라 확정해야 하고, 정부 주관부서의 안배와 지역의 산업발전 규획을 종합적으로 고려하여 지역발전의 중점을 바탕으로 건설 시기를 정해야 한다. 일반적으로 기반시설 건설 프로젝트는 정부부서의 관련 안배에 근거하고, 산업발전 프로젝트는 기업이 제안한 후 초보적인 실행 가능성 연구를 진행함으로써 지역발전을 선도하고 촉진하는 기반을 조성해야 한다.

4. 규획 지역의 산업배치 방안 수립

지역 경제사회발전의 수요에 따라 지역발전의 우위와 제약요인을 종합적으로 평가하는 기초에서 시장 수요와 지역 간 경제의 연계를 충분히 고려하고, 규획 지역의 기반시설 등의 조건과 기존 산업 기반에 대한 객관적인 평가를 통해 지역의 발전방식을 정확하게 정하며, 지역 경제의 공간 구조를 최적화하여, 생산력을 합리적으로 배치하는 것은 지역규획의 관건이자 핵심적인 임무이다.

공간 범위가 비교적 큰 지역의 규획을 수립 시에는 해당 지역의 미

중국 경제발전 전략과 규획의 변천 및 혁신

래 경제사회 발전의 공간 구조를 규획해야 한다. 여기에는 미래의 중심 지역과 주변 지역과의 관계, 주요 기반시설의 건설 및 산업 기능의 배치 구조 등이 포함된다. 공간 범위가 비교적 작은 지역의 규획을 수립 시에는 기반시설 배치 방안에 대한 구체적인 규획 외에 교육, 위생의료, 상업 및 무역, 문화, 체육, 엔터테인먼트, 관광 등 주요 공공서비스 시설도 포함한다. 그 밖에 지역 규획은 자연환경 보전 및 수자원 보호, 지역 위생 조건 개선 등에 대한 구체적인 제안을 하고 예상 문제점에 대한 응급 대처방안도 마련해야 한다.

제4절 지역 규획과 기타 규획과의 관계

지역 규획은 국민경제 및 사회발전 규획, 도시 규획, 국토 규획 등과 직간접적으로 연관되어 있으며 규획 기능이 부분적으로 교차되어 있다. 동시에 각종 규획의 조화 및 연계 과정에 있어 지역 규획은 위와 아래를 이어주는 중요한 역할을 담당한다. 따라서 지역 규획과 기타 규획과의 관계에 대해 분석이 필요하다.

1. 국민경제 및 사회발전 규획과의 관계

국민경제 및 사회발전 규획은 주로 시간적 단계에 따라 국민경제의 '유량'(flow)지표를 규획 수립의 대상으로 하여 부문 간(수직적) 조율에 입각하는 반면, 지역 규획은 자원과 국토 여건에 따라 사회 및 경제

자원의 공간적 배치를 대상으로 하여 지역 간(수평적) 조율을 강조한다. 중국의 국민경제 및 사회발전 규획은 기본적으로 현급(縣級) 이상의 각급 행정구역의 규획을 기초로 수립되며 범위는 행정구역의 공간 범위를 위주로 한다. 반대로 지역 규획은 행정구역의 공간 범위를 넘어 행정구역 간의 경제적 구역을 위주로 하기 때문에 중국의 여러 성(자치구, 직할시)으로 조합된 공간이 될 수 있고, 성급(省級) 행정구역 내의 여러 중점지역으로 조합된 공간이 될 수도 있다. 또한 경제의 글로벌화와 지역화가 가속화됨에 따라 중국의 지역 규획은 중국의 일부 지역 뿐만 아니라 주변 국가의 일부 지역과도 관련된다.

지역 규획은 국민경제 및 사회발전 규획과도 어느 정도 관련성이 있다. 국민경제 및 사회발전 규획이 지역 규획에 대해 지도역할을 하고, 지역 규획은 국민경제 및 사회발전 규획을 일정한 공간에서 실행하고 검증하는 것이라 할 수 있다. 지역 규획은 공간자원의 배분을 위주로 하는 규획으로서 공간자원의 조정을 통해 이념적 규획에서 실행적 규획으로 전환한다. 이는 국민경제 및 사회발전 규획을 지역 공간에서 수동적으로 실행할 뿐만 아니라 더욱 중요한 것은 '공간 진입'에 대한 규정(즉 공간 자원의 공급량, 구역별의 개발제한 등)을 마련함으로써 사회경제발전에 필요한 조정을 주도적으로 실시하면서 국민경제 및 사회발전 규획의 비합리적인 부분을 수정하는 것이다. 지역 규획은 국가 및 지역경제의 발전정책과 사회적 개조의 의도를 공간환경건설에 종합적으로 반영해야 할 뿐만 아니라 규획을 통해 관련 경제 및 사회정책 목표에 대해서도 제안해야 한다.

2. 도시 규획과의 관계

선진국의 규획사업 발전 과정을 보면 먼저 도시 규획이 있고 후에 지역 규획이 있다. 지역 규획은 도시 규획과 밀접한 관계가 있어 분리될 수 없다. 양자는 모두 장기적 발전 방향과 목표를 명확히 하는 기초에서 특정지역의 각종 건설에 대한 종합적인 배치를 진행하는 것이다. 광의의 도시, 예컨대 대도시 및 그 외곽지대 또는 '현(縣)이 설치된 시(市)' 지역은 그 규획을 줄여서 도시규획이라고 말한다. 이러한 규획은 그 자체가 지역규획의 성격을 가지고 있다. 베이징(北京), 상하이(上海), 광저우(廣州) 등과 같은 일부 대도시의 도시규획은 지역규획으로 볼 수 있다. 심지어 중위엔(中原) 도시군규획, 창주탄(長沙, 株州, 湘潭) 도시군규획 등도 새로운 시기의 도시 규획에 있어 대표로 꼽히고 있다. 협의의 도시, 즉 대도시 시역(市域) 또는 작은 도시의 규획은 줄여서 성진(城鎭) 규획이라 불린다. 이러한 규획은 지역규획의 영향을 받는데, 즉 성진(城鎭)의 발전 방향, 성격, 규모 심지어 규획 구조에 이르기까지 지역 조건의 제약을 받는다. 도시 및 도시가 소재하는 지역을 '점(點)'과 '면(面)'의 관계에서 보면 지역규획은 도시 규획의 중요한 근거가 되므로 도시규획의 수립은 도시 소재 지역의 지역규획과 일치성을 유지해야 한다. 그런 의미에서 도시 규획은 지역 규획의 연속 또는 구체화라고 할 수 있으며 반대로 지역 규획은 도시 규획에 의해 풍부해지고 완비되어져 견실한 기반을 마련할 수 있다.

중국의 도시규획은 주택 및 도농 건설부에서 주관한다. 이는 전문 관리부서이지 종합 관리부서는 아니다. 따라서 『도농규획법』에도 불구하고 주택 및 도농 건설부의 도시규획은 종합적인 조정역할을 발휘함에 있어 커다란 제약을 받고 있다. 반면에 지역규획은 서로 다른 행정 구역 간의 경제적 구역을 위주로 하는 공간 규획으로서 종합적인 조정의 성격을 가진다. 규획의 등급별 측면에서 본다면 지역규획은 도시규획의 기반 위에서 발전해 왔지만 지역규획은 도시규획보다 등급이 높은 규획이다.

3. 국토 규획과의 관계

국토 규획은 국가 사회 및 경제발전의 총체적 전략방향과 목표 그리고 규획 지역의 자연, 사회, 경제, 과학기술 등 여건에 따라 전국 또는 일정한 지역의 국토 개발, 이용, 정비 및 보호 등을 전면적으로 배치하는 것이다. 지역규획과 비교하면 내용과 기능적 특성에서 어느 정도 유사성을 가지고 있다. 즉, 둘 다 전반적, 장기적이며 총체적인 임무 달성에 치중하여 규획 대상에 있어 모두 종합적인 성격을 가진 경제적 구역이다. 또한 양자에 영향을 미치는 요인은 모두 다 자연, 경제, 사회, 기술 등의 방면을 포함하고, 규획의 수립과 실행이 다양한 부서와 학문과 연관되며 다양화된 규획목적과 단계적인 규획중점을 지니고 있다. 공간적 규획의 관점에서 보면 지역규획과 국토규획은 모두 지역 공간에 대한 과학적, 합리적인 이용을 통해 특정 지역의 인구, 자원, 환경 및 사회의 조화로운 발전을 실현하는 것을 추구한다. 양자의 수립에 있어 지역규획은 국가발전개혁위원회에서 수립하고, 국토규획은 국토자원부에서 주관한다. 지역규획과 국토규획은 각기 다른 행정관리부서에 의해 수립되지만 모두 지역의 조화로운 발전을 추구한다.

한편 지역규획과 국토규획의 출발점은 다르다. 국토규획은 단일 행정구역에 대한 공간 이용효익의 최대화에서 출발하여 국토의 개발, 이용, 정비 및 보호를 중점적, 전면적으로 규획하는 것으로 그 결과는 연관된 각 행정구역에 대한 전체적 이익의 최대화를 보장할 수 없다. 반면에 지역규획은 조화로운 행정구역 간의 관계를 목적으로 하여 이익이 서로 관련된 각 행정구역의 전체적 이익을 극대화하기 위한 것이다. 지역규획은 성격상 공간 규획 범주에 속하며 각 건설 프로젝트 배치의 공간적 조화를 보다 더 중시한다.

4. 주체기능구역[1] 규획과의 관계

주체기능구역 규획과 지역 규획의 목적은 모두 각 지역 발전 조건과 발전 상황의 차이가 큰 현실에 근거하여 구체적인 실정에 맞게 적절한 대책을 세워 특색 있는 지역 경제를 발전시키는 한편 조화롭게 발전하는 지역구도를 실현하는 데 있다. 주체기능구역 규획은 본질적으로 일종의 지역규획이며 지역규획을 한층 더 세분화하고 심화하는 것이다. 주체기능구역 규획은 지역의 주요 기능의 발휘를 더욱 중시하고 공간 배치에 대한 지도력과 구속력을 강조하며 이에 근거하여 자원배치, 인구분포, 주요 기반시설배치, 공공서비스의 공간적 배분 및 지역 정책 등을 규획하는 것이다. 따라서 주체기능구역 규획은 이론적 체계, 이

---

1   역주 : 주체기능구역에 관한 자세한 내용은 제9장을 참조하기 바란다.

념, 내용, 공간구조 및 실행보장 등 방면에서 지역규획에 혁신적인 영향을 미칠 수 있다. 주체기능구역 규획은 지역규획에 대한 진일보된 최적화이고, 전략적, 기초적, 구속적인 규획이며 지역규획의 공간개발과 배치 방면에 있어 기본 근거로 삼을 수 있는 한편 각 지역의 우위와 특징에 따라 차별화된 발전전략 수립을 강조하기 때문에 기초적인 공간배치 규획, 개발행위를 규범화하는 제약적 규획으로 생각할 수 있다.

또한, 주체기능구역 규획은 주체기능구역 구획 사업을 전개 및 추진하기 위한 단계적인 실행방안이며, 주체기능구역의 조성을 추진하는 데 필요하고 중요한 수단이다. 주체기능구역 규획은 단일 행정구역, 자연구역 또는 경제구역 등의 규획과는 달리 자원환경의 수용능력, 현재 개발밀도와 발전 잠재력에 근거하여 미래 지역의 인구 분포, 생산력 배치, 국토 이용, 도시화 구조 등에 대한 통합적인 계획에 따라 국토공간을 여러 유형의 공간단위로 구획하는 것이다. 반면 지역규획의 공간적 범위는 일반적으로 단일 행정구역, 자연구역, 경제구역 등에 입각한다. 그러나 주체기능구역 규획의 기본 단위는 단일 행정구역 등에 국한되지는 않지만 실제 운영에서는 기존 행정구역 규획에 의존하며 단지 일부 구역, 특히 개발제한구역과 개발금지구역에서만 단일 행정구역의 범위를 뛰어넘는 주체기능구역을 조성한다.

중국 경제발전 전략과 규획의 변천 및 혁신

제5절 지역 규획의 발전 방향

경제 글로벌화에 따라 지역규획 각 방면의 내용은 변화된 환경과 규획의 요구에 적응하기 위해 끊임없이 변화되어야 한다. 따라서 지역 규획의 혁신을 끊임없이 진행하여 지역 규획이 지역경제 발전을 조율하는 역할을 강화해야 한다.

1. 미래 지역규획의 새로운 특징

(1) 조화성

새로운 시기 지역규획의 핵심임무는 지역에 대한 종합적인 조화를 도모하는 것이다. 시장경제에서 각 지역, 지역 내의 각 영역 및 부문, 기업 및 집단은 모두 자신의 이익과 발전의 요구가 있으므로 지역규획의 수립은 바로 지역 전체 이익에 따라 각 방면의 이익을 조화시켜 상생발전을 추구하는 것이다. 종합적인 조화는 지역규획이 국민경제 각 부문 간의 수직적 관계 및 각 지역 간의 수평적 관계, 나아가 국가, 지방, 집단 및 개인 간의 이익 조화를 구현할 뿐만 아니라 경제효익, 사회효익, 생태효익 간의 조화까지 관련된다.

(2) 구속성

지역규획은 구속력이 있는 규획이여야 한다. 지역규획 수립의 목적은 지역 내 각 유형 주체기능구역의 '한계선'을 확정하고, 지역 내 '점, 축, 면'을 규획하여 각 주체기능구역과 기반시설 건설을 구체적인 공간에서 실행하는 것이다. 지역규획은 도시규획, 토지규획과 같은 하위 단계의 공간규획 수립의 근거가 되며 주로 지방정부의 행위를 그 구속 대상으로 한다. 구속성에는 두 가지 의미가 있는데 규획의 내용적인 측면에서는 '무엇을 허용하지 않을지'에 대한 규획의 강도를 높이는 것이고, 규획의 메커니즘 측면에서는 정책 체계의 수립, 각 계층의 협의, 중재기구의 설립 등을 통해 지방정부의 규정 위반 현상 및 지역 간 갈등 문제에 대해 적기 처리가 가능하도록 해야 한다.

(3) 개방성

지역발전은 이미 전세계적인 발전과 긴밀하게 연관되어 있으며 전통적인 지역규획 중의 '지역 관점에서 지역을 조정하는' 방법은 더 이상 지역경제 발전을 제대로 이끌 수 없다. 새로운 시기의 지역규획은 지역을 전국 나아가 세계라는 커다란 시스템에 두고 지역의 발전조건, 지역의 우위와 열위 등을 보다 거시적인 관점에서 분석한다. 그리하여 지역의 발전전략과 목표를 수립하고, 지역 간의 행정적인 속박을 타파하는 한편 시장의 자원배치를 기반으로 통합적으로 계획하면서, 합리적으로 분업하여 각 지역의 비교우위를 발휘하여야 한다.

(4) 유도성

전통적인 지역규획은 종종 정부의 지령적 계획을 통해 자원을 배치하고, 생산력의 공간적 배치, 인구주거지의 공간적 이동, 도시와 농촌 건설의 공간적 발전과 기능의 선정 등에 대한 결정은 경직적 특성이 있기 때문에 시장경제 발전의 가변성과 유연성에 적응되기가 분명히 어렵다. 새로운 시기의 지역규획은 정부기능의 전환 요구에 적응해야하며 인도와 조화에 중점을 두어야 한다. 지역 경제사회정책을 수립하고 지역 자원과 기반시설의 공유 메커니즘 구축을 통해 지역경제 활동을 유도해야 한다.

2. 지역규획 이념의 혁신

지역규획은 새로운 형세하에서 건전한 메커니즘을 갖추어야 하는 것 외에 규획입안자들이 고정관념을 깨고 규획 수립의 이념을 혁신하여 규획에 대한 철저한 실행을 보장하여야 한다.

(1) 인본주의 이념

인류 문명의 끊임없는 진화와 더불어 인간의 생존상황, 존엄성, 가치와 의미는 점점 더 많은 관심을 받게 되면서 전세계적으로 인본주의 관념이 보편적으로 받아 들여지고 있다. 과학적 발전관의 인도 아래 지역규획은 인본주의라는 새로운 이념으로 사람들의 마음에 다가오고 있다. 지역규획은 인본주의 이념에 따라 규획의 수립부터 실행까지 대중들의 이익을 최우선으로 하고 인간화, 인문화 및 대중의 참여도를 구현하여 지역규획에 대한 전통적인 관직 중심의 틀을 깨면서 지역규획 안에서 사람들의 뜻을 충분히 반영함으로써 대중들의 수요를 만족시킨다. 이에 따라 각 사회 구성원과 사회단체에게 돌아가는 이익이 가능한 최대가 되고, 대중의 만족도를 규획의 성패를 가늠하는 근본적인 기준으로 삼는다. 구체적으로 이러한 과학적 규획의 이념은 다음 몇 가지 측면을 포함한다.

첫째, 대중들의 요구를 충족시키는 것이 규획의 주요내용이다. 인본주의 이념은 사람 중심, 사람 요구, 사람 감정 및 지각, 사람 간 상호작용 등 방면에서 시작하여 대중들의 요구에 진정으로 부합하는, 즉 '부유한 백성'이라는 목적을 실현할 수 있는 합리적인 규획을 수립한다.

둘째, 대중들은 규획에 대한 충분한 알 권리와 발언권을 가진다. 한편으로는 규획 지역의 대중들은 현지의 발전상황, 변화 및 향후 지역의 규획 방향과 구상에 대해서 충분한 인식과 이해를 가져야 한다. 다른 한편으로는 대중들은 규획 방안에 대해 행위적으로 반응할 수 있으며 현지 주민들은 자신의 발전 요구, 각 이익단체는 규획에 대한 가치 취향에 따라 규획 주무부서에 자신의 의견과 견해를 제시할 수 있다.

셋째, 대중들은 규획에 대한 참여권을 가진다. 대중들이 자신의 생활환경에 대해 잘 이해하고 있는 동시에 자신의 향후 생활환경에 깊은 관심을 가지고 있음에 따라 단순히 정부 부서와 전문가에 의해 수립된 규획 방안은 실제 상황에 맞지 않아 규획의 실행에 영향을 미칠 수밖에 없다. 규획수립 과정에 대중들을 끌어들이고, 규획입안자와 대중 간의 교류와 소통을 촉진함으로써 규획의 실행가능성과 만족도를 제고할 수 있다.

(2) 지속가능발전 이념

지속가능발전은 자연자원환경 보호를 기반으로 한다. 경제발전을 장려하고, 인류의 삶의 질 개선과 향상을 목표로 하는 발전 이론과 전략은 일종의 새로운 발전관, 도덕관, 문명관으로서 많은 분야에서 중요하게 여겨지고 있다. 지속가능발전이란 경제, 사회, 자원, 환경 보호가 조화롭게 발전하여 서로 뗄 수 없는 시스템을 말한다. 경제발전의 목표를 달성하고, 인류가 생존을 위해 의지해야 하는 대기, 담수, 해양, 토지, 숲 등을 보호하여 자손후대들의 영속적인 발전과 함께, 평안히 살면서 즐겁게 일할 수 있도록 하여야 한다. 지속가능발전은 환경보호와 연관이 있지만 같지는 않다. 환경보호는 지속가능발전의 중요한 방면이다. 지속가능발전의 핵심은 발전이지만 엄격한 인구통제, 인구자질 향상, 환경보호의 전제하에 경제와 사회의 발전을 요구한다. 지역 규획에 있어 지속가능발전을 기본 이념으로 삼아 규획 수립과 실행의 전체 과정에서 지도적 역할을 발휘하도록 해야 한다.

지역규획을 수립 및 실행할 때는 경제, 사회 및 생태목표가 조화롭고 통일성을 가져야 한다. 지역발전 목표를 정할 때 각 지역의 특성에 맞춰 지역경제발전과 사회발전과의 관계를 잘 조화시키고, 경제, 사회 발전, 인구, 자원, 환경과의 관계를 잘 조율시켜야 한다. 경제성장과 사회진보를 고려하는 동시에 사회공정, 환경보호 등 방면의 내용도 함께 고려하여 지역발전이 환경, 자원 및 사회문화 등에 대한 구체적인 목표와 조치를 마련해야 한다. 지역 이익을 고려할 때 현재 이익과 장기적 이익, 부분적 이익과 전체적 이익을 함께 고려해야 하며, 뿐만 아니라 전세계의 전체적 이익과 장기적 이익도 중요하게 고려해야 한다. 저개발지역에 대해서는 적절한 편향과 보호를 취해야 하고, 지역 내 각 계층 주민의 요구와 생활에 관심을 가져야 한다. 이를 통해 지역 주민의 생활수준 제고와 절대다수의 이익이 구현되도록 해야 한다.

(3) 지역의 조화로운 발전 이념

그 동안 지역 내 도시 간의 공간적 '근접'과 행정상의 규획, 건설, 협력 등 방면에서의 '소외'는 종종 도시 간의 '가깝지만 소외된' 난처한 관계를 유지해 왔으며 각 도시는 각자의 행정관할구역에 입각하여 발전규획을 수립 및 실행함으로써 각 도시마다 '근린궁핍' 상황을 초래하였다. 이와 함께 도시 간에 점점 긴밀해지는 사회경제 관계와 지역 간의 현저한 상호영향에 따라 행정구역 간에 대한 조화롭고 통일적인 규획은 매우 필요할 뿐만 아니라 절박하다고 할 수 있다. 따라서 지역규획은 조화로운 발전의 이념을 수립하여야 하고, 각 지역의 특성과 우위를 충분히 이용하며 지역 간의 상호보완적, 총체적 우위와 종합적 비교 우위를 최대한으로 살려 국제분업 및 경쟁에 참여하는 협동력을 형성하는 한편 경제사회의 전체적인 발전을 촉진하는 동시에 지역 간 격차를 줄여야 한다. 지역 규획은 이러한 이념에 따라 다음과 같은 방면으로 구현된다.

첫째, 공간 규획과 경제사회발전 규획의 조화. 공간은 경제사회발전을 위한 주요 물질적 수단이고, 경제사회발전은 공간구조 변화의 근본적인 추진력이며 지역 전체의 조화로운 발전을 이루기 위해서는 공간 규획과 경제사회발전 규획의 상호 조화가 필요하다. 둘째, 규획 간의 조화를 위한 부서 간의 협력. 지역규획은 하나의 유기적인 시스템으로서 부서 간의 의사소통과 협상이 필요하다. 셋째, 행정구역 간 규획의 조화. 행정구역 간의 공간 규획은 전체성을 가지고 있기에 단일 행정구역의 관점에서 규획을 다루면 행정구역 간의 지역 발전은 무질서한 상태에 빠질 수 있다. 따라서 지역규획을 수립 및 실행함에 있어 지역의 조화로운 발전 이념을 관철시켜야 한다. 넷째, 규획 기간의 조화. 단기목표와 장기목표의 연속성과 전체 규획의 시간적 연속성은 문제 해결과 목표 수립 간의 연계를 요구한다. 즉, 장기적 발전목표와 현실적 조건과의 관계를 고려해야 한다. 이 밖에 행정구역 간 및 부서 간의 지역 규획도 규획 기간에 대한 조화를 고려해야 한다.

(4) 동태적 비교우위의 발전 이념

전통적인 지역발전 이념은 지역이 소유한 자연자원의 우위가 지역 발전의 능력과 잠재력을 결정하고, 지역의 자연자원에 대한 가공능력과 생산규모가 경제발전 수준을 결정한다고 인식하였다. 이는 전통적인 공업화의 자체적 특징에 의해 결정된 것이다. 정보화와 후(後)공업화 시대가 도래됨에 따라 이러한 자원결정론은 점차 의문과 도전을 받고 있으며 지역의 지적자원, 정보화수준, 종합적인 사회환경 등은 지역발전의 새로운 결정요인이 되고 있다. 종합적인 경쟁우위는 자연자원의 우위를 대체하여 지역발전은 더 이상 '자연자원'에 의존하지 않고 '능력'에 의존하게 되었다. 더 중요한 것은 종합적 경쟁우위가 자연자원의 우위를 대체하는 흐름 속에 지역발전은 점차 동태화되어 지역의 발전동력, 경쟁우위 및 비교우위가 끊임없이 대체적(代替的)으로 변화하고 있다는 점이다. 동태적 비교우위를 핵심으로 하는 동태적 지역발전 이념은 지역규획이 비교적 높은 탄력성과 확실한 실행가능성을 가질 것을 요구한다. 탄력성은 지역 사회경제발전에서 나타날 수 있는 여러 가지 불확실성에 대처하기 위한 것이다. 지역발전은 외부의 여러 방면에 영향을 받아 발전이 빨라 예상 목표를 초과할 수 있고, 반대로 발전이 더뎌 예상 목표에 미치지 못할 수도 있다. 규획 수립 시 열린 시각으로 문제 해결 방법을 고려해야 하며 폐쇄적으로 '지역 범위 내'에 맞춰 규획해서는 안 된다. 이 밖에도 규획 방안은 비교적 높은 탄력성을 유지해야 하며 인구 규모, 공간 및 기반시설 배치 등 방면에 있어 모두 미래 발전에 여지를 남겨야 한다. 실행가능성은 노력을 통해 달성 가능한 규획의 실행가능성으로 경제적 가능성, 기술적 가능성, 정책적 허용성 등이 포함된다.

3. 지역규획 내용의 전환

(1) 공간 규획을 지역 규획의 주요 내용으로 함

지역 규획은 일종의 경제사회발전을 목적으로 하는 규획일 뿐만 아니라 공간자원의 분배를 주요 조정수단으로 하는 지역 공간에 대한 규획, 즉 '공간 진입'에 대한 규정을 마련하여 '공간 통제'를 실행하는 것이다. 이는 지역 규획이 이념적 조정 규획에서 실행적 조정 규획으로 전환하는 관건적인 요소이다. 지역규획은 공간규획이지 산업규획이 아니며 전통적인 생산력 배치 및 도시체계 규획에 중점을 둔 지역규획을 공간자원 배치에 중점을 둔 지역규획으로 전환하는 것은 새로운 시기에 규획 발전의 중요한 방향이다. 오늘날 환경 속의 지역규획은 경제사회발전과 공간지역을 겸한 규획으로서 경제사회발전규획에 대한 수동적인 실행일 뿐만 아니라 '공간 진입' 규정(공간자원의 공급량, 지역의 기능별 발전에 대한 제한 등)을 통하여 주도적으로 경제사회발전에 대해 필요한 조정을 하고, 그 중의 불합리한 부분을 수정하는 것이다. 즉 지역규획은 국가와 지역경제 발전정책 및 사회개조의 의도를 공간적 환경에 반영해야 할 뿐만 아니라 규획을 통해 관련 경제사회정책 및 의도에 대한 제안 및 보완책을 제시함으로써 경제사회발전과 공간활용 상호 간의 조화를 이루도록 해야 한다.

(2) 종합형 규획에서 문제 해결형 규획으로의 전환

지역은 변화 중에 있는 복잡한 종합체로서 주도면밀한 종합형 규획으로 인해 규획의 중점이 분명하지 못하여 규획의 목적성과 통제가능성도 상실하였다. 현재 중국의 각 지역은 전환기를 맞아 각기 다른 지역발전 문제에 직면하고 있다. 지역 규획은 '중점 문제'에 역점을 두고, 문제 해결에 도움이 되는 내용에 대해 규획하여 각 규획의 특정지역, 특정시점, 특정요구에 맞춰 지역규획사업의 효율을 제고하는 것이 필요하다. 이 점에서 일본의 국토종합규획은 매우 대표성을 가지고 있다. 일본의 제1차 국토규획은 생산력의 최적화 배치를 실현하는 것이었고, 제2차 및 제3차 국토규획은 전국 경제발전의 불균형 문제를 점진적으로 해결하는 것이었으며 제4차 국토규획은 정보화, 국제화 및 인구 노령화 문제에 역점을 두는 한편, 제5차 국토규획은 일본이 글로벌 경제사회발전 중에서 경쟁지위의 강화와 높은 수준의 지역문화 구축을 규획의 중점으로 삼았다.

(3) 도시중심의 규획에서 도농통합 규획으로의 전환

전통적인 지역규획은 주로 경제 및 생산 분야에 주안점을 두고, 지역의 경제중심인 도시를 규획 사업의 중점으로 삼으며 다른 지역(자연

지역, 생태 지역, 농촌 지역)은 도시발전을 위한 배후지로만 본다. 이처럼 '이원적인' 사고의 특징은 지역규획에 있어 매우 두드러져 있다. 경제 발전에 따라 도시와 농촌의 경계가 갈수록 모호해지면서 도시와 농촌 지역의 발전이 긴밀하게 연계되어져 있다. 농촌 지역은 더 이상 도시에 생산요소를 제공하는 것이 아니며 도시와 농촌 지역의 다양한 요소들이 상호 보완 및 유동에 따라 농촌 지역의 경제, 사회 및 생태의 가치는 재발견되어 농촌 지역의 건강한 발전은 도시의 지속가능발전에 있어 기반이 된다. 경제발전의 혁신적인 메커니즘은 전통적인 도시 이외의 공간을 우선적으로 발전시키고, 도시에서 농촌 지역으로의 일방적인 확산 방향을 어느 정도 변화시켜 도시 이외의 농촌 지역은 더 이상 도시의 자원 수요를 일방적이고 수동적으로 공급하지 않는다. 따라서 지역 규획에서는 도농의 통일적인 규획이 주요 내용이 될 것이다.

(4) 목표형 규획에서 실행형 규획으로의 전환

다른 유형의 규획과 비교 시 지역 규획이 보다 거시적, 장기적, 전략적이다. 따라서 지역규획의 각종 '최종목표'를 구체적인 실행 가능한 '행동 과정'으로 옮기는 것은 지역 규획의 성패를 결정하는 관건이기 때문에 규획의 실행 절차와 실행 조치를 중시해야 한다. '공간 규제'는 시장 메커니즘을 기반으로 하여 지역건설자금의 분배와 정책 방향의 조정, 기반시설의 건설 등을 통한 지역규획의 원활한 실행을 보장하는데, 이것은 시장경제 환경에서 매우 중요한 의미를 가진다.

4. 지역 규획 보조기술의 활용

지역 규획에 있어 대량의 경제사회 방면 자료의 수집, 저장 및 분석 작업이 필요하다. 지역규획의 수립 및 실행 과정에서 현대정보기술 및 과학적 조사방법이 대체 불가능한 중요한 역할을 할 것이다.

지역 규획에서는 RS(원격 감지), GIS(지리정보 시스템), GPS(글로벌 위치 측정 시스템) 등 최신기술을 전면적으로 활용하여 RS로 영상정보를 수집하고, GPS로 정밀하게 측정하여 위치와 고도의 데이터를 획득해 기하학적인 교정을 실시하며 GIS로 대량의 영상 또는 비영상 공간정보 및 속성정보를 저장 및 관리해야 한다. GIS의 강력한 공간분석 기능을 활용함으로써 지역 분석을 진행하여 지역 규획을 위한 정확한 현황정보를 제공하는 한편, GIS와 인터넷을 활용하여, 전자지도 및 각종 정보를 제공하며 대중들이 규획에 참여하는 동시에 규획의 내용을 잘 이해할 수 있도록 해야 한다. 또한 컴퓨터 계량분석기술을 활용하여 기존의 정성적 분석 위주의 연구방법을 바꾸고, 정량적 분석을 실시하며 과학적 지역발전 모형을 구축함으로써 지역발전에 대한 예상 목표가 가능한 지역의 실제 발전과 부합하도록 하여 지역발전을 보다 잘 지도하도록 해야 한다.

제6절 지역 규획에 관한 이익 조화

지역 규획은 행정구역 간의 경제적 지역을 위주로 함에 따라 행정구역 간의 이익 조화는 지역규획 실행 효과에 큰 영향을 미친다. 중국의 지역규획 추진에 있어 성(자치구, 직할시)급 행정구역 내 지역규획, 예컨대 『창주탄(長沙-株州-湘潭) 도시군 지역 규획』, 『랴오닝(遼寧) 연해 경제벨트 발전 규획』 등은 성급(省級) 정부의 강력한 추진에 힘입어 이익 조화가 상대적으로 용이한 편이다. 하지만 성(자치구, 직할시)급 행정구역 간의 지역규획, 예컨대 『중부지역 굴기 규획』, 『창장(長江) 삼각주 지역 발전 규획』 등은 이익 조화에 큰 어려움을 겪고 있어 아직은 관련 메커니즘에 대한 모색이 필요하다. 아래에서는 후자를 중점으로 다룬다.

1. 이익 조화의 주요 장애 요인

지역에 대한 주체의식, 경쟁의식이 갈수록 높아짐에 따라 지방정부의 이익의식이 또한 현저하게 높아지고 있어 지역규획에서의 지역 간 경쟁은 점차 치열해지고 있다. 지역 간의 이익 충돌은 지역경제의 지속적 빠른 발전을 제약하는 주요 요인이 되었다. 지역 규획사업 추진에 있어 지역 간의 이익관계를 잘 조정하여 지역의 조화로운 발전을 위한 여건을 조성하려면 다음과 같은 세 가지 장애 요인에 유의해야 한다.

첫째, 생산물 및 생산요소 이동에 관한 장애. 규획 지역의 생산물시장과 생산요소시장이 충분히 융합되지 않아 시장진입과 시장경쟁에 있어 대량의 이익 충돌과 모순이 발생하는데 이는 지역 간 시장의 통합을 더디게 하며 규범적이고, 질서적이며 공정한 경쟁 및 통일적 생산물 시장과 생산요소시장을 형성할 수 없게 한다.

둘째, 산업 간의 분업 및 협력에 관한 장애. 규획 지역의 비교우위가 충분히 발휘되지 못하고, 지역 간 산업 이전 및 분업에 관한 제도적 장애는 여전히 존재하여 지역통합에 있어 지역 간 산업 이전과 분업 네트워크의 형성이 불가능하다. 지역 간 산업 분업과 협력 관계 및 산업 발전의 이익 관계를 조화롭게 조정하는 것이 지역경제의 통합발전을 추진하는 데 있어 관건이지만 현재 상황으로는 큰 어려움이 존재한다.

셋째, 지방정부 간 협력에 관한 장애. 지역의 조화로운 발전 과정에서 존재하는 지방 세수 이익의 충돌과 갈등, 지방정부 관원의 승진과 성과평가 경쟁이 초래한 이익 충돌 및 갈등 등은 지방정부 간 경쟁이 절정을 치닫게 하고, 지방보호주의 성행뿐만 아니라 지역시장 폐쇄 및 독점 문제를 심각하게 만들고 있다.

지역 규획 중 이익 조정이 해결해야 할 장애 요인들을 아래의 〈그림 7-1〉과 같이 지역의 조화로운 발전목표와 장애 요인의 삼각형의 관계로 나타낼 수 있다. 삼각형의 세 변은 지역규획의 이익조정이 직면하는 세 가지 주요장애를 나타내며 삼각형의 세 각은 각각 지역규획 이익 조정의 세 가지 주요목표를 나타낸다. 이 그림에서 볼 수 있듯이 지역 간 산업의 통합목표를 실현하기 위해서는 지역 간 경제협력 중 산업 간 분업과 협력에 대한 장애를 해소하는 동시에 지방정부 간 협력에 대한 장애를 해소해야 한다. 지역 간 시장의 통합목표를 이루기 위해서는 생산물과 생산요소의 이동 장애, 지역 간 산업의 분업 및 협력에 대한 장애를 제거해야 한다. 지역 간 제도적 통합목표를 실현하기 위해서는 생산물과 생산요소 이동의 장애, 지방정부 간 협력에 대한 장애 요인을 해결해야 한다.

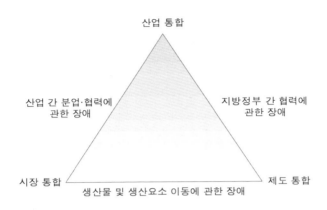

〈그림 7-1〉 지역 간 이익의 삼각 관계

2. 이익 충돌의 근원

지역 규획 추진에 있어 이익 충돌은 성(자치구, 직할시)급 행정구역 간 뿐만 아니라 지급시(地級市) 간, 지급시(地級市)와 시·현급(市縣級) 행정구역 간에서도 광범위하게 존재하며 그 근원은 다음과 같은 방면에서 나타나고 있다.

(1) 관념과 발전 이념의 단편성

중국은 오랜 봉건사회를 거치면서 봉건사회의 잔존사상이 아직 사라지지 않아 행정등급 관념이 뿌리깊게 자리잡고 있고, 관직 중심의 행정체계, 지방 분할, 제후(諸侯)의식이 매우 보편적이어서 사업 추진 시 먼저 자기 본위주의 의식이 드러나게 된다. 시장경제가 가장 발달된 창장(長江)삼각주와 주장(珠江)삼각주도 이러한 전통 관념은 보편적이라 지역마다 자기 지역을 중심으로 할 뿐만 아니라 제각기 자기 생각대로만 행정을 처리하며 인근 지역을 골짜기로 삼는 근린궁핍의 경향이 매우 심각하다. 주지하는 바와 같이 인간의 관념은 항상 사물에 대한 인식, 판단과 의사결정에 영향을 미쳐 결국 행동에 영향을 미친다. 바로 이런 전통적 관념들이 주관적으로 공감대 형성을 어렵게 하고, 지역 간의 조화로운 발전을 가로막고 있다.

또한 '발전은 철칙'이라는 사상적 지도 아래 사회 전체가 발전을 추구하는 적극성은 지대하지만 지방정부의 발전에 대한 이해는 비교적 단편적이어서 기본적으로 발전을 경제성장으로 본 결과 '한 쪽은 강하고, 한 쪽은 약한' 불균형 국면을 초래하였다. 다시 말하자면 과거에는 불균형 발전방식을 채택하여 성장속도는 빨랐지만 지속가능성은 떨어져 생존환경의 파괴와 삶의 질 저하를 초래했다. 미래에는 전면적인 규획을 세우고, 조화로우며 균형적인 발전 방식을 추구해야 하며 그 발전추세는 원활하고 안정적이어야 한다.

(2) 이익 조정 메커니즘의 미비

지역규획 조정의 본질은 이익의 조정이다. 과거의 지역규획은 공간, 산업, 생태환경과 기반시설의 조정만을 중요시하여 각 행정구역 간의 이익 조정을 소홀히 했다. 대다수의 경우 '지역 전체 이익'만을 제시하고 각 행정구역의 이익은 지역 전체 이익을 따라야 한다고 강조했다.

하지만 이러한 지역 전체 이익은 명확하지 않아 지방정부는 각자의 이익 관점에서 자기 행정구역의 경제적 성과만을 추구함으로써 도시의 공간적 배치, 도시 기능의 선정, 산업 간의 분업 및 협력, 기반시설 건설 등 방면에서 필요한 조정이 부족하여 지역 간의 경제적 상호보완과 협력에 대한 동력이 약화되었다. 현재의 체제적 환경하에서 부정할 수 없는 점은 지방정부 그 중에서도 특히 하부조직 정부가 경제사회발전에서 중요한 역할을 맡고 있고, 지방의 경제발전을 추진하는 주체로서 정부 주도라는 역할이 매우 뚜렷하다. 지방정부가 지방 이익의 대변자로서 당연히 자기 지역의 이익 극대화를 도모하여야 한다. 시장경제의 발전 과정에서 보여주는 바와 같이 경제의 효율성과 시장의 개방성은 정(正)의 상관관계를 가지며 여건이 허용된다면 지방정부는 곧 적극적으로 협력을 도모할 것이다. 그러나 시장경제에서 협력은 경쟁의 기반 위에서 전개되는 것으로 정부도 예외가 아니며 만약 협력의 이익에 대한 정확한 평가와 효율적인 분배 메커니즘이 부족하고, 각 협력자가 협력의 비용보다 더 큰 성과(또는 보상)을 보장받지 못한다면 지방정부는 협력에 대한 적극성이 없을 것이다.

(3) 행정구역 경제의 영향

행정구역 경제란 행정 구획이 지역 경제에 대한 강한 구속성으로 생겨난 특수한 지역경제의 현상으로 중국 지역경제가 수직적 운영시스템에서 수평적 운영시스템으로 전환하는 과정에 형성된 일종의 지역경제 유형이다. 행정구역 경제의 전형적인 특징은 아래 다섯 가지 방면으로 요약할 수 있다. 첫째는 기업이 시장 경쟁에 참여하는 과정에

중국 경제발전 전략과 규획의 변천 및 혁신

존재한 지방정부의 경제적 행위이다. 둘째는 생산요소의 행정구역 간 이동에 대한 지방정부의 통제이다. 셋째는 각 행정구역의 산업구조 동질화현상이 현저해지고, 경제구조의 안정적인 상태가 유지된다. 넷째는 행정구역의 경제적 중심과 행정적 중심이 고도로 일치된다. 다섯째는 행정구역 경계 지대의 경제가 쇠약해진다.[2] 이론적으로 말하자면 한 국가에 지방정부의 행정적 분할이 없다면 행정구역 간의 경제는 일반적으로 분할 현상이 나타나지 않고, 지역경제 일체화 또는 네트워크화의 규칙에 따라 운영된다. 그러나 중국은 특수한 역사와 체제 환경에 따라 각급 행정구역의 경제적 기능이 매우 뚜렷해 정부의 경제 개입이 매우 심각하다. 이에 따라 행정구역 간의 경계는 '보이지 않는 벽'처럼 가로막혀 지역경제의 수평적 연계에 대해 강한 구속력이 생기고, 행정구역 간의 생산물과 생산요소의 이동이 심각한 장애를 받아 지역경제 일체화가 실현되기 어렵다.

(4) 관원 성과평가제도의 영향

오랫동안 중국은 지방경제발전, 지방정부 및 관원 성과에 대한 평가에 있어 과학적, 합리적인 방법과 기준이 부족하여 경제적 지표를 지나치게 강조하고, 사회, 문화, 자원, 환경 등의 기타 지표를 소홀히 하였을 뿐만 아니라 단기적인 성과만을 중요시하여 장기적인 성과와 지속발전 잠재력에 대한 육성에 미흡하였다. 성과가 승진과 연관되기 때문에 지방정부가 이러한 성과지표에 따라 단기적 경제성장에 매몰되

---

2   刘军德 : 中国转型期凸现的"行政区经济"现象分析, 理论前沿, 2004(10).

어 지역의 전반적으로 조화로운 발전을 등한시한 것은 부당한 선택이라고 말할 수는 없다. 이러한 성과평가 메커니즘은 지방의 총생산, 재정수입, 취업 등을 주요지표로 삼아 지방정부와 정부관원을 동원하여 지역경제발전의 적극성을 부추기는 한편 지방정부와 정부관원이 단편적으로 자기 지역의 이익과 단기 이익만을 좇는 지방보호주의 행위를 초래하였다. 결국 지역의 경제발전은 속도만 따지고 질과 효익을 따지지 않을 뿐만 아니라 지역의 국지적 이익만 살피고, 전체적 이익을 돌보지 않는 등의 행위를 부추겨 지역 간 통합시장 구축과 산업 간 분업 및 협력에 대한 장애요인으로 작용하였다. 또한 지방정부 간의 투자금, 프로젝트 및 자원 등에 대한 쟁탈전을 격화시켜 지방보호주의와 단기적 성과 및 이익에만 급급한 행위를 조장했다. 단기적 성과를 지나치게 강조함에 따라 생겨나는 또 다른 문제점으로는 행정구역 간 반복게임(repeated games)의 가능성이 떨어져 지방정부와 관원이 임기 내 비용과 부작용을 따지지 않고 오로지 성장만을 추구하면서 자원 남용, 대출 급증, 생태 파괴 등의 불량현상을 초래하였다.

(5) 지역 간 조정 메커니즘의 미비

중국의 현재 상황으로는 행정적 관여가 부족하여 협상만으로 조정의 목적을 달성하기가 쉽지 않아 정책 실행의 효과도 장담하기 어렵다. 중국의 행정체계에는 지역구획의 실행과 지역의 조화로운 발전 과정에 나타나는 문제점을 조정하고 권위 있는 지역 간 조정메커니즘이 아직 구축되지 않았다. 기존의 지역 간 조정기구는 대부분이 '의사기구'라 항상 논의는 하지만 결론을 도출하지 못하였다. 비록 결론이 있더라

중국 경제발전 전략과 규획의 변천 및 혁신

도 실행을 보장하는 조치가 부족했다. 이 외에 자발적으로 만들어진 지역 간 조정조직도 있지만 대부분이 산만하고, 비공식적이며 낮은 효율을 지닌 기구이어서 이익 조정의 중책을 맡기가 어렵다. 성급(省級) 정부가 해당 행정구역 내의 '스텔스(stealth)' 조정기구로서 역내 경제의 발전을 고려 시 그 권위가 어느 정도 각 지급시(地級市) 및 시·현(市縣) 간의 지역 조정과 협력을 추진할 수 있지만 현재의 체제 속에서 성급(省級) 행정구역 간 지역조정의 실행은 매우 어렵다. 성급(省級) 행정구역 간의 지역규획을 수립하려면 성급(省級) 행정구역 간의 조직기구 구축을 통해 규획 수립, 실행 및 이익 조정을 추진하여야 한다.

3. 지역규획 이익 조정에 관한 제안

전통적인 지역규획의 이익 조정은 주로 중앙정부의 계획적 수단 및 행정적 수단에 의존하여 시장의 힘에 대한 활용이 부족하였다. 중국의 사회주의 시장경제체제 개혁이 끊임없이 심화되고 정부 기능이 전환되면서 정부의 활동방식과 활동범위 등이 점차 변화됨에 따라 전통적인 지역 간 이익조정에 관한 메커니즘은 효력을 잃게 되기 마련이다. 새로운 이익공유 및 이익보상 메커니즘을 구축하는 것은 지역 간의 이익 갈등을 조정하고, 지역 간의 조화로운 발전을 실현하는 데 유리한 작용을 할 것이다.

(1) 지역 간 이익조정기구의 구축

지역 규획 중 각 지방행정 주체 간에 질서 있는 경쟁 구도를 조성하기 위해 중국과 같은 수직적 행정관리체계를 가진 국가에서 지역규획의 이익 조정은 일정한 조직기구에 의해 조직되고 실행되어야 한다. 이에 행정등급별의 지역통합관리조정기구의 구축을 고려할 수 있고, 그에 상응하는 규획과 조정의 권한을 부여한다. 또한 편평(flat)화된 관리조직과 공통플랫폼을 조성함으로써 지역 내 각 행정주체를 통일시켜 현재 각 부서에 분산된 지역관리기능을 집중할 뿐만 아니라 각 지역에 대한 지원역량 및 방향을 통합적으로 고려하여 지역 간 장벽의 제약을 최소화하고, 상호 간의 거래비용을 낮추며 지역경제의 통합을 촉진한다. 이러한 조정기구는 관련 지방정부의 지역 간 이익 충돌에 대한 제소, 조사, 조정의 접수 및 처리, 조정의견 제출 등의 책임을 가지며 지역 간 이익 충돌을 조정 및 중재한다. 국내외 지역경제통합의 경험을 참고하여 조정기구는 상설기구 또는 정기적 협상기구의 형식을 취할 수도 있고, 중앙정부의 관련 부서 및 사회각계에서 다방면으로 참여할 수도 있다. 이와 동시에 지방정부 간의 경제협력조직, 예컨대 정부 연석회의, 지역 업계협회, 민간조직 등의 역할이 충분히 발휘되도록 해야 한다.

(2) 지역 간 이익조정 메커니즘의 완비

합리적인 지역협력은 전통적인 행정명령의 방식으로 실현되는 것이 아니라 이익관계를 연결고리로 하는 경제촉진형 중심으로 추진되어야 한다. 공동이익 메커니즘은 지역규획 중 이익조정의 핵심기반 및 원동력이고, 한 지역의 이익을 훼손 또는 제한함으로써 다른 지역의 이익을 추구해서는 안되며 각지의 서로 다른 발전단계와 발전이익에 대한 충분한 존중을 기반으로 하여 사전 조정과 사후 조정이 결합된 지역 이익조정 메커니즘의 수립 및 완비를 통해 각지가 지역협력에서 상생 및 발전을 실현할 수 있어야 한다. 여기서 사전조정이란 지역 간 사전 협의를 거쳐 지역협정이나 지역공약을 체결해 각 지역 모두가 동등한 발전 기회와 경제적 이익을 누릴 수 있는 권리를 가지도록 함으로써 기회평등, 공정경쟁의 원칙을 구현하는 것을 뜻한다. 사후조정은 사후에 다양한 경로를 통해 지역협력 참여로 입은 손실에 대해 일정한 보상을 하거나 지역 내 발전이 더딘 후진지역에 일정한 지원을 함으로써 이익 동시 고려 및 적절한 보상을 실시하는 원칙을 구현하는 것을 말한다.

이 밖에도 지역이익 조정에 관한 메커니즘을 수립, 완비하는 데 있어서 이익공유와 이익보상, 이 두 가지 문제에 유의해야 한다. 이익공유라 함은 산업정책의 조정을 통해 동일 산업의 이익이 각지에 합리적인 배분되도록 하고, 가능하면 각지의 경제적 이익을 배려함과 동시에 각지의 비교우위를 활용하여 지방 간 산업의 합리적인 수직적 배치 구조의 실현을 통해 각 산업의 이익이 각 지역에서 합리적인 공유가 실현될 수 있도록 해야 한다. 이익보상은 각 지방의 단기적 이익과 지역의 장기적 이익이 일치하지 않을 때 장기적 이익을 위해 단기적 이익을 포기하는 경우 보상이 가능하도록 해야 하는 것을 뜻한다. 이에 지역공동 발전기금제도 수립을 통해 지역이 공유하는 공공서비스시설, 환경시설, 기반시설 등 건설에 자금을 제공하는 방식을 고려해 볼 수 있다.

(3) 지역이익 조정방식의 모색

지역 규획의 이익조정 과정은 정부의 의도와 행위를 근간으로 해야 하지만 단지 정부의 의도와 행위에 의존해서는 안 된다. 그 실현을 위해서는 시장의 자유화에 따라 경제에 내재된 잠재력을 활용하여 기업과 기업가의 이윤 추구 의지와 행위에 의존해야만 그 조정 역할이 발휘될 수 있다. 이로써 자본과 생산요소가 보다 큰 공간적 범위와 시장에 배치되고 지역경제의 활력이 높아져 자원의 최적화 배치 및 경제구조의 상호보완과 개선이 점차 실현되면서 지역 전체의 경제, 사회의 융합 및 발전을 촉진할 수 있다.[3] 지역 규획의 이익조정은 각 방면에서 공동으로 참여한 지역협정 또는 지역공약의 방식을 취할 수 있고, 영역별 협상이나 양자 간 협의 형식을 채택할 수도 있다. 전자는 지역 규획 이익조정의 주요방식이다. 예컨대, 지역공약의 방식에는 자연자원의 통일적인 개발이용, 공동시장의 개방, 대외무역, 기술개발, 투자유치, 토지임대 등 방면의 통일적인 법규, 종합 조정 및 관리제도 구축 등이 있다. 후자는 지역규획 이익조정의 보조 형식이며 이는 영역 또는 양자 간의 협상을 통해 지역 협력의 참여로 입은 손실에 대해 필요한 이익을 보상하는 것이다. 예컨대 투자와 산업 이전 과정에서 일정한 세금환급과 GDP 지표 구분 등의 방법을 취해 자본과 산업 이출 지역에 대해 적절한 보상을 실시함으로써 지역규획 이익조정의 역할을 강화한다.

---

3   王克修 : 对泛珠三角洲区域利益协调机制建设的思考, 湖南行政学院学报, 2008(5).

제7절 사례 연구 : '창장(長江) 삼각주 지역 규획'의 이익 조정에 관한 경험 및 교훈

창장(長江) 삼각주 지역은 중국에서 종합적 능력이 가장 출중한 지역으로, 사회주의 현대화 건설 전반에서 중요한 전략적 위상과 선도적 역할을 하고 있어 중국 개혁개방과 경제사회 발전에 관해 중대한 의의가 있다. 창장(長江) 삼각주 지역의 경제사회 발전을 위해 2008년 8월 국무원은 『창장(長江) 삼각주 지역의 개혁개방 및 경제사회발전 가속화에 관한 지도 의견』을 심의 및 통과시켰다. 처음으로 중앙문건의 형식으로 창장(長江) 삼각주 지역 경제발전에 관한 지도의견을 제시하였다.

최근 들어 창장(長江) 삼각주 지역(이하 '창삼각 지역')의 협력에서 발전 대세는 명백한 사실이지만 지역 협력이 강화됨에 따라 각 지방정부 간의 이익 충돌도 증가하고 있다. 창삼각 지역의 성장거점 역할을 강화하기 위해서는 지역경제통합이라는 조정메커니즘을 구축해야 한다.

1. 현행 이익 조정 메커니즘

현재 상하이시(上海市), 장쑤성(江蘇省)과 저장성(浙江省)(이하 '1개 시, 2개 성')은 공동적인 문제를 해결하기 위해 지역의 전체 이익을 추구하고 있으며 이익 조정 방면에서 적극적인 모색과 혁신을 통해 이미 적지 않은 성과를 이루었는데 정부 간 제도적 협력 분야에서 하드웨어적 협력에서 소프트웨어적 협력으로, 경제 부문에서 민생 부문으로, 기반시설의 공동 건설 및 공유에서 공공서비스의 일체화로 확장되어 기본적으로 다음과 같은 세 단계의 조정 메커니즘이 형성되었다.

첫째는 의사결정 단계인데, 이는 '1개 시, 2개 성' 정부의 주요 지도자가 정기적으로 협의하는 메커니즘이다. 해당 메커니즘은 주로 '1개 시, 2개 성' 정부의 주요 지도자들이 지역발전의 중대한 전략적 문제에 관해 정기적인 협의회담을 개최하여 지역협력의 총체적 요구사항과 중요사항을 연구하여 확정한다. 2004년 상하이(上海)에서 '1개 시, 2개 성' 정부의 주요 지도자가 회담을 가져 정기적인 협의 메커니즘에 시동을 걸었다. 2005년에는 저장성(浙江省)에서 '1개 시, 2개 성'의 주요 지도자가 회담을 가져 교통, 과학기술 혁신, 환경보호, 에너지 등 네 가지의 플랫폼 구축을 중점 추진하기로 확정하였다. 2006년 장쑤(江蘇)에서 '1개 시, 2개 성'의 주요 지도자들은 회담을 열어 창삼각 지역 규획과 관련된 문제를 논의하였고, 새로운 출발선에서 과학적 발전관을 지도의 중심으로 삼아 창삼각 지역의 연동과 조화로운 발전을 가속화하여 지역협력에 관한 새로운 국면을 창설할 것을 결정하였다.

둘째는 실행 단계인데, 이는 '1개 시, 2개 성'의 상무 부성(시)장이 주재하는 '후(沪)쑤(蘇)저(浙)[4] 경제협력 및 발전 좌담회' 형식의 메커니즘이다. 2001년 '1개 시, 2개 성' 정부 지도자가 공동으로 발의하여 주요 지도자들이 확정한 각 사업의 중점을 구체적으로 샐행하는데 '고위층 지도자가 교류와 협의를 하고, 간담회의는 임무를 명확히 하며, 연락팀은 종합적인 조정을 추진하는 한편 전문적 실무팀은 추진 및 실행

---

4   역주 : 후(沪)는 상하이시(上海市), 쑤(蘇)는 장쑤성(江蘇省), 저(浙)는 저장성(浙江省)의 약칭이다.

을 진행하는 협력 메커니즘'을 구축하였다. 간담회에서는 '비교우위의 상호보완, 긴밀한 협력, 상호 이익 및 혜택, 공생 발전'의 원칙에 따라 지역발전 환경의 최적화를 중심에 놓고 '1개 시, 2개 성'의 공통 관심사인 경제협력 및 지속가능발전에 관한 문제를 공동으로 연구 및 논의한다.

셋째는 운영 단계인데, 이는 '1개 시, 2개 성'의 관련 부서 간 교류 협상하는 전문 협력 메커니즘과 창삼각 16개 도시 시장이 참여하는 창삼각 도시 경제조정회의 메커니즘이다. 이에는 주로 공통 관심사인 각 성(시) 간 또는 도시 간의 중대 사항을 중심에 두고 관련 부서 간의 연석회의제도 또는 연계제도가 수립되어 있다. 창삼각 도시 경제조정회의의 기본 임무는 '후(沪)쑤(苏)저(浙) 경제협력 및 발전 좌담회'의 결의를 관철시켜 실행에 옮기는 것으로 각 도시의 발전 요구에 따라 도시 간 협력 프로젝트의 실행을 추진하며 도시 간의 실질적 문제를 조화롭게 해결한다.

현재 창삼각 지역의 협력은 어느 정도 진전이 있어 일련의 중대한 전문적인 연구가 진행됨에 따라 사회보장, 관광, 교통, 정보, 과학기술, 교육, 환경보호, 신용 등 방면에서의 협력이 실효를 거두었다. 교육 방면의 협력을 예로 들면 창삼각 지역은 '창삼각 교육종합개혁실험구'를 함께 만들 계획이다. 또한, 의료보험 협력에 있어서는 2008년 12월 1일, 상하이시(上海市)와 항저우시(杭州市) 양 지역은 의료보험센터 전용 인터넷 서비스를 실시, 양 지역의 의료보험센터에서 서로 창구를 개설하는 확대서비스를 제공하여 현지의 보험가입자 의료비 심사, 결산 수속을 상호 위탁처리하는 서비스를 실시하였다. 그 후 상하이시(上海市)와 닝보시(宁波市)는 정식으로 의료보험비 정산을 양 지역에서 상호 대행하는 서비스를 시작하였다. 창삼각 지역은 금융위험에 공동으로 대처하는 플랫폼을 구축하고, 상호 금융기구 도입을 실시하여 융자대행 등의 협력을 추진할 예정이다.

창삼각 지역은 연이어 지역 도로화물운송 체계 구축, 지역 정보자원 공유, 지역 관광 협력, 지역 생태오염 공동 방지, 지역 규획 및 지역 인적자원 협력, 지역 신용체계 구축, 자주혁신 공동 추진, 지역 에너지 협력 등 중점 영역의 협력을 위한 전문조직을 수립하였다.

2009년 3월 27일에는 금융, 의료보험, 전시컨벤션, 세계박람회 등이 2009년 창삼각 협력의 중점 영역으로 확정되었으며 그중 의료보험 및 금융 협력이 가장 많은 관심을 받았다. 2009년 10월, 난징(南京)에서 열린 창삼각 지역 사회보장 협력과 발전 연석회의 제1차 회의에서 『창삼각 지역 의료보험 실행 및 관리 방법(의견모집문)』을 발표하고, 창삼각 지역 사회보장 협력 전문조직을 구성하여 의료보험 연계 서비스 협력을 추진하였다. 상하이시(上海市)는 2009년 11월에 항저우시(杭州市), 닝보시(寧波市), 자싱시(嘉興市), 후저우시(湖州市), 안지시(安吉市) 등지와 의료비의 지역 간 정산을 실현하였다.

2. 창삼각 지역에 나타난 이익 충돌

산업의 동질적 구조는 창삼각 지역의 지역 협력에 영향을 미치는 중요한 문제이다. 상하이시(上海市) 당대연구소의 『2008년 창삼각 지역 발전 보고 : 협동 혁신과 과학기술의 발전』에 따르면 창삼각 '1개 시, 2개 성' 산업구조의 동질성이 심각해 산업 구조의 70% 이상이 유사하다고 밝혔다. 각 성(시)의 주요 산업 중 전자정보, 자동차 및 부품, 석유화학, 식품음료, 직물 및 인쇄 등이 유사하다. 창장(長江) 하류 연안에서는 거의 모든 도시가 선박 제조를 핵심산업으로 삼고 있다. 창삼각 16개 주요 도시 중 11개의 도시는 자동차 및 부품, 8개 도시는 석유화학, 12개 도시는 통신산업을 주력 산업으로 추진하고 있다.[5]

2009년 상하이(上海), 장쑤(江蘇), 저장(浙江), 안후이(安徽) 등지의 조사 연구에 따르면 창삼각 지역은 여전히 산업의 동질적 구조와 무질서한 경쟁, 지역시장 통합의 미비, 공공기반시설과 정보자원의 공동 건설 및 공동 향유 실현의 부진, 환경보호와 산업 이전 압력의 증대 등 발전의 난제가 존재한다.

첫째, 투자유치 방면에서 악성적인 경쟁이 존재한다. '1개 시, 2개 성'은 외자유치에 있어 경쟁적으로 가격을 낮추어 국가의 허용 조건을 초과한 우대 정책을 제공한다. 국가가 요구하여 납부해야 하는 공과금 이외에도 지방정부가 받아야 할 토지 분양금을 거의 포기할 뿐만 아니라 기반시설 건설기금도 포기하였다. 세수 방면에서는 창삼각의 대다수 지역이 '2년간 면제, 3년째부터 50% 면제'의 기업 소득세 우대정책의 최저기준을 이미 돌파했고, 비개발구의 기업들이 개발구의 우대정책을 누리는 문제도 아주 흔하게 발생하였다.

둘째, 지역 장벽은 이익 경쟁으로 나타나 통일된 시장체계가 행정구획으로 인해 분할되었다. 장쑤(江蘇), 저장(浙江)의 많은 유명기업들이

---

5   戚本超, 景体华 : 中国区域经济发展报告(2008-2009年), p.236, 北京 : 社科文献出版社, 2000.

상하이시(上海市)의 자원을 활용하기 위해 기업의 본부를 상하이시(上海市)로 이전했고, 상하이시(上海市) 정부 또한 엄청난 열정으로 그들의 투자를 환영하였다. 상하이시(上海市) 정부의 지도자들이 장쑤(江蘇), 저장(浙江) 일대를 시찰할 때 심지어 주동적으로 이러한 기업들의 상하이시(上海市) 이전을 요청하였지만 이런 행위를 장쑤(江蘇), 저장(浙江) 현지 정부는 자기 지역의 경제 기반을 파괴하는 도발행위로 보고 현지의 세수원 유실을 피하기 위해 이들 기업의 상하이시(上海市) 진출을 강력히 저지하였다.

셋째, 중복적인 항만 건설이 진행되면서 자원 낭비를 초래하였다. 상하이시(上海市)가 해운거점을 건설하기 위해 상하이(上海) 양산(洋山)에 300억 위안을 들여 대형 항만을 건설하여 2005년 12월 9일 양산(洋山)항이 개항하였다. 이로 인해 창장(長江)의 항구 지대로서 장쑤(江蘇) 남부지역 각 항의 통합력이 부족하게 되었을 뿐만 아니라 닝보(寧波)항을 동방의 대항구로 성장시키려는 희망도 허사가 되었다. 상하이(上海) 양산(洋山)항과 닝보(寧波) 저우산(舟山)항은 76㎞밖에 떨어져 있지 않지만 협력은 오히려 진행이 어려웠다. 2006년 1월 1일 저장(浙江)성 성장인 뤼주샨(呂祖善)이 직접 주관하는 '닝보(寧波) 저우산(舟山)항 통합사업'이 정식으로 가동되었다. 항저우(杭州)만 해상대교가 상하이(上海)를 거치지 않고 자싱시(嘉興市) 경계를 지나갈 수밖에 없었던 이유는 닝보(寧波) 측에서 화물이 양산항이 아닌 베이룬(北仑)항을 거치길 원했기 때문이다. 상하이(上海) 국제항만그룹(SIPG)은 "닝보(寧波)항과 토의하여 공동투자회사를 만들어 항만 투자에 공동 참여하는 방안을 검토하고 있다."고 밝혔다. 하지만 2008년 금융위기 시 항구의 물동량을 보전하기 위해 상하이(上海)항과 닝보(寧波)항은 부두비(컨테이너 운반료) 인하를 통해 경쟁하고 말았다.

넷째, 상하이(上海) 남부 지역의 부상은 장쑤(江蘇) 남부 지역의 발전에 타격을 주었다. 항공 운송 방면에서 상하이시(上海市)는 쿤산(昆山)이 홍차오(虹橋) 공항에 '상하이(上海)는 당신을 환영합니다.'라는 슬로건을 내걸어 상하이(上海)에 투자하려는 기업들을 빼앗아간 것으로 보고 있다. 이에 따라 2002년 10월, 국제선 항공편을 모두 홍차오에서 푸동(浦東)으로 옮기면서 장쑤(江蘇) 남부의 쑤저우(蘇州), 쿤산(昆山), 우장(吳江)의 IT산업이 심각한 타격을 입어 물류 비용이 대폭 늘어나게 되었다. 쑤저우(蘇州), 쿤산(昆山)에서 홍차오 공항까지 이동 시간이 차 기준으로 2시간가량 더 늘어나게 된 것이다. IT산업은 화물의 빠른 진출을 요구하기에 항공운송에 크게 의존한다. 공항 간의 경쟁은 국제 IT산업 투자에 대한 쟁탈전을 시사한다. 장쑤(江蘇) 남부 지역은 스스로 국제공항을 건설하는 것을 고려하기 시작했는데 이는 쑤저우(蘇州)와 우시(無錫)가 공항의 입지선정 문제를 두고 다투게 만들었다. 장쑤성(江蘇省)은 우시(無錫)의 쉬방(碩放)과 창저우(常州)의 번니우(奔牛) 두 공항 중에 하나를 선택하여 장쑤(江蘇) 남부지역의 국제공항으로 확장 건설하는 한편 상하이(上海) 홍차오(虹橋), 푸동(浦東) 양대 공항의 투자 기업에 대한 '잠식'에 대처하면서 투자 기업이 상하이(上海)로 유실되는 것을 막을 계획이다.

다섯째, 사물인터넷산업에 대한 도시 간 경쟁이 치열하였다. 상하이(上海), 쑤저우(蘇州), 우시(無錫), 자싱(嘉興) 등 여러 도시가 사물인터넷 산업 발전을 선점하기 위해 선점하기 위해 앞다투어 경쟁을 벌이고 있다. 2009년 8월 원쟈바오(溫家寶) 총리가 우시(無錫)를 시찰할 때 우시(無

錫)를 '감지 중국'(感知中國)의 중심지로 만들 것을 제안했다. 이리하여 우시(無錫)는 한순간에 중국 사물인터넷 산업의 최대 핫스팟으로 떠올 랐다. 2010년 2월, 중국이동통신(China Mobile)에서 정식으로 쑤저우시(蘇 州市) 정부와 '감지 중국(感知中國)' 운영센터·쑤저우(蘇州) 프로젝트 협력 협의를 체결하여 쑤저우(蘇州)를 사물인터넷의 지역운영센터로 조성하 고자 했다. 2010년 3월, 상하이시(上海市)는 정식으로 중국과학원 상하 이(上海) 나노연구소와 협력하여 자딩구(嘉定區)에 상하이(上海) 사물인 터넷센터를 설립해 중국에서 가장 경쟁력이 있고 국제적 영향력을 가 진 사물인터넷연구개발센터, 엔지니어링센터, 응용센터 및 핵심기술산 업화 클러스터를 만들겠다고 공식 발표했다. 상하이시(上海市)는 사물 인터넷 산업을 향후 정보산업 중의 중점발전산업으로 지정하였다. 하 지만 몇 년 전에 중국과학원(CAS)은 이미 자싱(嘉興)에 사물인터넷센터 를 설립하였다. 사물인터넷 산업 발전에 대한 경쟁은 창삼각 지역에서 절정 단계에 접어들었다.

사물인터넷 산업 발전에 관해 중앙 정부 측면에서는 어떠한 관련 사업계획도 없다. 2009년 이후부터 이러한 문제는 여러 부서와 위원회 의 관심을 받고 있지만 이를 실질적으로 추진함에 있어서는 연관된 관 련 부서가 6개나 될 정도로 조정이 더뎠고 어려웠다.

여섯째, 상하이(上海), 장쑤(江蘇), 저장(浙江) 3개 성(시)의 도시권 발 전 방향에 관한 논쟁이 심각하였다. 상하이시(上海市)는 전통적 핵심권 이 '시역(市域)에서 교외 지대로 확장하는' 발전 방식을 견지하였지만 쑤저우(蘇州), 우시(無錫), 항저우(杭州), 닝보(寧波)는 도시 기능 차이의 구 현을 추구하여 도시 간 상호 보완적인 발전 방식을 채택하고자 하였다.

쿤산(昆山) 등 장쑤(江蘇) 남부 현급시(縣級市)의 경제발전수준은 상하이시(上海市) 교외 지대의 현(縣)보다 높았지만, 상하이시(上海市)가 교외 지대의 현(縣)을 시역(市域)으로 통합하는 발전의 입장을 취하게 되면서, 상하이시(上海市)가 가져야 할 원거리의 영향력을 크게 저하시켰다.

'창삼각' 지역 포괄 범위의 변화에서도 지역 협력의 어려움을 볼 수 있다.

1992년 14개 도시 협력 실무팀(위원회) 주임 연석회의가 가동되었다. 1997년 타이저우시(泰州市)는 양저우시(揚州市)에서 분리되어 14개 도시에서 15개가 되었는데, 15개 도시가 창삼각 도시경제합동회를 구성하여 실질적인 협력의 발걸음을 내디뎠다. 2003년 저장성(浙江省) 타이저우시(台州市)를 회원으로 받아들여 16개 도시로 규모가 확장됐다. 이와 동시에 회원 가입을 원하는 도시에 대해 문턱을 높였다. 그 후에 '1개 시, 2개 성'의 협력 형식으로 발전하였다.

안후이(安徽)를 창삼각 지역으로 편입하여 '3+1'의 구도를 만들어야 하는지에 대한 논란이 있었는데 이는 이익 배분의 문제에서 기인한 것이었다. 다른 성(시)는 자기 성(시)의 산업이 안후이(安徽)로 빠르게 이전하여 자기 성(시)의 경제발전에 부작용을 미칠 것을 우려하였다. 안후이(安徽)는 주요 에너지기지로서 석탄 매장량이 화동 지역의 1/2에 달하고, 인건비와 토지 사용료도 비교적 낮다. 안후이(安徽)성 정부는 안후이(安徽)를 창삼각 지역의 산업 이전의 시험구 및 시범구로 조성되기를 희망하고 있었다.

3. 이익 조정의 주요 어려움

(1) 경직적인 행정 장벽을 제거하기 어려움

중국의 현재 체제적 환경 및 이익 주체가 많은 상황하에서 지역경제 사회발전의 조정은 매우 어려운 과정이 될 수밖에 없다. '1개 시, 2개 성' 간의 이익 조정은 내재적 동력이 부족하여 지방정부는 임기 내에 양호한 성과만을 좇아 해당 지역의 이익극대화를 목표로 하게 되면서 지역발전 과정에서 발생하는 이익 충돌에 대해서는 자기 지역의 이익만을 고려하게 되어 지역의 통합적인 발전과정에 장애요인으로 작용하였다. 창삼각 지역에서 지역 협력의 우선적인 이익은 주로 각 지역 자체의 이익이며 기업의 미시적인 측면의 협력도 지방정부의 행정적 장벽에 의해 제약을 받고 있다. 지방 간 협력의 성과평가 제도의 부재로 인해 '1개 시, 2개 성'의 주요 지도자들의 측면에서 확정된 공유 플랫폼 건설과 전문 협력 영역에 관한 평가, 격려 및 감독의 메커니즘이 미비하여 경제구역 경제와 행정구역 경제가 갈등이 생길 때마다 행정구역 경제가 항상 우선적인 순위를 갖는다. 또한 기존 각 측면의 조정 메커니즘은 행정구획의 공간 기준과 사고 방식에 제약을 받아 행정적 장벽에 대한 돌파는 자발적으로 이루어지기 어렵다.

(2) 권위적이고 종합적인 지역 조정 메커니즘의 미비

지역 규획은 경제사회의 발전과 밀접한 관련이 있는 도농 건설, 기반시설 건설, 국토자원개발 및 이용과 생태환경보호 조정 등을 다룬다. 이 과정에서 부문 간, 지역 간, 부문과 지역 간의 다양한 이익 갈등과 국가와 지방 간, 집단과 개인 간 등 여러 이익 갈등이 포함된다. 종합적인 조정을 제대로 하는 게 쉽지 않은 것이 분명하고, 과거의 적지 않은 규획들은 종합적인 조정 방면에서 부족함이 명백히 존재한다. 대다수 규획의 종합적 조정은 주로 소수 규획 입안자의 통합 방안을 문건과 도면 형식으로 만들었는데, 각 이익 관계자의 충분한 협의를 거친 것은 아니었다. 창삼각 지역의 발전 문제는 국가적 차원으로 격상돼 어느 정도 의미에서는 해당 규획의 행정적 권위를 강화했지만 미래 새로운 규획의 실행 과정에서 회피할 수 없는 행정적인 분할 문제를 어떻게 해결해 나갈지에 대해서는 전혀 언급하지 않았다. 현재의 세 단계의 조정메커니즘[6]은 지방정부 엘리트 간의 협상, 소통, 대화에만 그쳤는데, 정부 간의 협의가 실행 가능한 제도적 내용으로 전환되려면 많은 노력이 필요하다. 대다수의 경우에는 '협상, 연구 및 토론은 쉽고, 규획의 입안도 비교적 용이하지만 이를 추진 및 실행하는 과정은 매우 어렵다.'는 문제가 존재한다.

창삼각 지역 연동의 가장 큰 문제점은 행정적 장벽에 있고, 이를 전면적으로 총괄하는 행정 조직이 부재하다는 것이다. 따라서 지역 조정의 핵심은 행정적인 제약을 돌파하고, 갈등을 해소하여 각 방면의 이익을 조화롭게 하는 것이다.

---

6   역주 : 세 단계의 조정 메커니즘은 의사결정 단계의 조정, 실행 단계의 조정 및 운영
     단계의 조정 체계를 뜻한다.

(3) 합리적인 지역 이익 보상메커니즘 구축 진전이 더딤

지방 이익은 지방 정부의 중점 관심사다. 창삼각 지역 협력이 추진되기 어려운 중요한 원인은 지방 이익의 요구가 넘쳐나고 있기 때문이다. 창삼각 지역의 지방정부 협력에 있어 지금까지 책임의 부담, 이익의 공유라는 협력제도 수립을 전혀 고려하지 않았다. 창삼각 지역의 협력은 최대한 빨리 지역적 프로젝트 건설의 이익공유 메커니즘을 구축하는 한편 지역 간 산업 이전, 이윤 및 세수의 분할, 토지이용 지표, 물환경 정비, 에너지 절약 및 오염물질 배출 감축 등 방면에서 수익 분배및 조정 메커니즘 등에 대한 연구를 가능한 빨리 진행해야 한다. 아울러, 가능한 빨리 중대 프로젝트 건설 책임의 공동부담 메커니즘과 지역생태보상 메커니즘을 구축하고, 재정이전지불 방식을 혁신하여 장기적이고 효력 있는 생태보호 메커니즘을 마련해야 한다.

또한 각 지방의 이익 다툼으로 인해 2006년 완료될 예정이었던 『창삼각 지역 발전 규획』이 여러 차례 연기되었다. 해당 규획의 수립 작업은 중앙 부서에서 지방정부까지 총 400명 가까이 동원되었다. 동시에 전문적인 조직 기구를 구성하였는데, 국가발전개혁위원회의 관원과 각연관된 성·시(省市)의 지도자는 모두 조직 기구의 구성원이 되었고 중국과학원(CAS), 중국사회과학원(CASS), 쑤저우(蘇州), 저장(浙江), 상하이(上海) 세 지역의 중요 대학, 지역규획연구기구 등도 동원되었다. 해당규획의 수립은 거의 2년이 걸렸지만 지방 정부에서 적극적 호응을 얻지 못한 주요 원인은 지방마다 요구사항이 많고, 차이도 커 규획의 초안이 각 도시의 요구를 충족시키지 못할 뿐만 아니라 심지어 대다수 도시의 요구도 만족시킬 수 없었기 때문이었다.

창삼각 지역의 경제일체화 발전에서 각 관련 도시의 발전 방향 선택 문제가 두드러지게 나타났다. 현재 상하이시(上海市)와 장쑤성(江蘇省), 저장성(浙江省)의 각 도시 간의 발전 방향은 유사하고, 기능적인 분업이 명확하지 않아 산업의 저수준, 저효율의 동질화 구조, 과도한 경쟁 현상이 존재하고 있다. 따라서 창삼각 지역 규획은 각 지방의 발전 방향에 대한 명확한 역할과 분업에서의 지위를 정해야 하고, 각 도시는 각자의 발전 방향과 중대 프로젝트 조성을 지역 규획에 포함시키도록 노력해야 한다.

제8장

시·현급(市縣級)[1] 행정구역 규획체제의 개혁

국가발전규획은 중국 각급 정부가 경제활동을 통제하고 나아가 경제사업을 안배하는 지도적 문건이지만, 다양한 요인으로 인해 그의 지도성과 실행가능성은 시·현급(市縣級) 행정구역으로 내려갈수록 약해지므로 시장경제 발전, 도시화 촉진, 도농(都農)통합과 정부기능 개혁 추진에 적용되기 어려운 측면이 있다. 따라서 규획체제 개혁의 심화, 그 중에서도 시·현급(市縣級) 행정구역의 규획체제를 개혁하는 것이 시급하다. 시·현급(市縣級) 행정구역의 규획체제를 개혁하는 방향은 시·현 국민경제 및 사회발전 규획과 도시규획체제 간의 통합을 고려할 수 있고, 시·현의 국민경제 및 사회발전 규획과 도시규획에 기초하여, 새로운 도농(都農)발전규획 체계를 실행할 수도 있으며, 더 이상 별도의 시·현급(市縣級) 행정구역의 국민경제 및 사회발전규획과 도시규획을 독자적으로 만들 필요가 없다. 2003년 10월, 중국 국가발전개혁위원회에서는 장쑤성(江蘇省)의 수저우시(蘇州市), 푸젠성(福建省)의 안시현(安溪縣), 광시(廣西)자치구의 친저우시(欽州市), 스촨성(四川省)의 이빈시(宜賓市), 저장성(浙江省)의 닝보시(寧波市)와 랴오닝성(遼寧省)의 쫭허시(莊河市)

1　역주 : 중국의 행정구역은 성(省), 부성급시(副省級市)와 지급시(地級市), 현(縣)과 현급시(縣級市), 향진(鄕鎭) 네 단계로 구획되어 있는데, 여기서 시·현급(市縣級) 행정구역 규획 체계는 부성급시, 지급시, 현과 현급시의 규획체계를 말한다.

를 규획의 개혁 시범소로 지정한 바 있다.

제1절 발전규획과 도시규획 간의 상충점과 문제점

전통적인 계획경제체제가 미친 영향으로 인해 발전규획과 도시규획이라는 두 가지 규획은 규획 기간이 상이하고, 법률적 지위도 달랐는데, 그 외에 더욱 심각한 상충점과 문제점은 규획 간의 연계성이 부족할 뿐만 아니라 서로 어긋나기에 사실상 양 규획체제가 평행선을 달리고 있다고 말할 수 있다.

1. 발전규획과 도시규획 간의 조화성이 낮음

양 규획은 각기 다른 행정부서에서 주관했는데, 이로 인해 '하드웨어적 규획'과 '소프트웨어적 규획'이 서로 어긋나는 상황을 초래하게 되면서 경제개발과 도시개발, 생태환경보존 사이의 각종 상충문제를 유발하였다. 아울러 도시 자원의 최적화 배치 비용이 높을 뿐만 아니라, 기회비용도 상당히 높다. 이 밖에 중심 도시는 고도로 도시화된 구역으로서 경제, 사회 발전과 인구, 자원, 생태환경이 도시건설과의 연관성이 높기 때문에 발전에 관한 방향과 경로를 체계적으로 수립하는 작업은 상당히 어려운데, 이로 인해 발전규획은 지역적 관점에서 조정 및 발전의 기능을 발휘하기 어렵고, 경제와 사회 발전에 있어 구체적인 토지이용의 중점영역 및 방향을 고려하거나 확정할 수 없다. 비록 도시

규획은 지속적으로 규획의 방법과 내용을 혁신했으나, 경제, 사회, 인구, 자원과 환경이라는 큰 틀에서 도시의 공간자원 분배와 토지의 합리적 이용을 고민하는 것 또한 쉬운 일이 아니다. 발전규획은 본래 도시규획의 가이드 라인이지만, 실행 과정에서는 도시규획이 발전규획을, 반대로 발전규획은 도시규획을 근거로 하는 경향이 있고, 특히 시·현급(市縣級) 도시규획의 편제가 국민경제와 사회발전규획을 따르지 못하는 상황이 연출되기도 한다. 그 밖에 도시규획의 실행성은 상대적으로 높지만 과학성이 부족하며, 특히 시·현급(市縣級) 도시규획의 법적 지위가 낮고, 편제 수준이 상대적으로 높지 못해 실제로 실행되지 못하는 현상이 종종 발생하곤 한다.

2. 발전규획과 도시규획 내용이 부분적으로 중첩 교차되어 일치하지 못함

체제적 요인으로 인해 대다수 도시에서는 양 규획의 수립 과정에서 정상적인 소통과 유기적인 융합이 부족하여 도시발전의 핵심 주제와 건설 내용을 파악하지 못하는 경우가 있다. 5년 기간으로 하는 발전규획은 도시종합규획에 비해 내용 조정이 쉽지만 관료 의지에 따라 단기적 이익만을 강조해 도시 발전의 과학성을 소홀히 하는 경향이 있어 지속 발전 가능성의 장애요인으로 작용한다. 이와 달리 도시규획은 상대적으로 안정적이며, 일단 수립되면 수정될 때까지 집행되는 특징을 가지고 있다. 따라서 같은 내용임에도 불구하고 양 규획에서 서로 다르게 다루는 경우가 종종 보인다. 시장경제체제가 확립된 이후, 정부의 요구와 시장의 수요를 만족시키기 위해, 도시 경제와 사회 등 방면의 동향을 분석해야 하며, 도시 규획을 순수 물질적 측면만을 다루는 규획에서 비물질적 측면과 물질적 측면을 함께 중시하는 방향으로 발전해야 한다. 이 밖에도 양자는 발전 조건 분석, 총체적 목표, 산업 발전, 중점 사업 배치 등 내용에서 교차, 중복, 불일치되는 현상이 일어나기도 하며, 심지어 상호 충돌되는 경우도 종종 있어, 종국적으로는 양 규획이 서로 동떨어지는 국면이 연출됨에 따라 인력, 물자, 재력과 시간 등을 불필요하게 소모하는 경우도 있다. 따라서 양 규획이 상호 충돌되는 상황이 벌어질 경우 이 같은 문제는 해결되기 어려운 면이 있다.

이런 상충점을 감안할 때, 도시 규획과 국민경제 및 사회발전 규획을 하나로 묶는 것이 필연적인 추세이기도 하고, 상충점을 해결하는 가장 근본적인 대응방안이라 생각된다.

제2절 시·현급(市縣級) 행정구역 규획체제 개혁의 필요성과 실행 가능성

1. 규획체제 개혁의 필요성

(1) 규획 조정기능 강화의 필요성

시·현급(市縣級) 행정구역 규획은 거시적, 전략적 및 정책적 성격을 갖추어야 할 뿐만 아니라 목표성과 실행 가능성도 함께 갖춰야 한다. 기존 실천 과정에서 보여주는 바와 같이 시장경제의 발전과 정부 기능

중국 경제발전 전략과 규획의 변천 및 혁신

이 전환되면서 현재 규획체제로는 이 다섯 가지 성질의 유기적 통일을 이루어낼 수 없다. 규획은 정부의 거시적 조정 수단임에도 불구하고 이미 제 역할을 하지 못하기 때문에 전면적인 개혁과 혁신을 진행해야 하고, 발전 규획과 도시 규획의 장점을 취하는 한편 서로의 단점은 과감히 버리고 과학적인 통합을 이뤄내 새로운 규획체제를 수립할 필요가 있다.

(2) 국제 기준과 연계의 필요성

미시적 차원에서 보자면 국제적인 발전 규획과 도시 규획은 대체로 토지이용 규획과 조정을 핵심 내용으로 하는 도시 규획의 형태로 나타나며 이들의 사회적 기능은 다음과 같다. 경제 규획을 통한 경제의 안정적 성장과 산업구조의 합리적인 배치를 통해 경제 발전에 이바지하고; 토지 규획을 통해 토지자원을 합리적으로 개발 및 이용하며; 각종 사회 서비스를 제공하는 한편, 특별 기금을 제공하여 환경 복원 및 보존, 국립 공원과 박물관 조성 등 사업에 사용하고; 사회 분배를 조절하여 저소득 가정과 개인에게 공동 주택과 재취업 교육 등을 제공한다. 이 다섯 가지 기능은 정부의 기능을 비교적 잘 나타내어 발전규획과 도시규획이 국제 기준을 따르게 한다.

(3) 정부 기능 전환의 필요성

사회주의 시장경제체제의 건설과 개선 사업이 진행될수록 각급 정부는 기능을 전환해야 하며 정부와 기업의 기능을 분리하고, 직접적인 경영 주체의 역할에서부터 벗어나 사회 공공 서비스와 사회적 희귀자원 분배에 더 많은 힘을 써야 하며, 거시적 조정, 공공 서비스, 사회적 보장 등 정부의 기능을 강화해야 한다. 이에 따라 정부의 경제 성장을 추구하는 목표는 사회의 종합적 발전을 추구하는 목표로 대체되어, 공정성 목표, 환경보호 목표, 사회적 취약층의 이익 보장에 더욱 집중해야 할 것이다. 또한 정부 행정체제도 '작은 정부로 큰 사회를 위해 일하는' 모델로 전환해야 하며 이를 위해서는 규획체제에 대한 개혁과 조정이 필요하다.

(4) 도시화 추진의 필요성

도시는 경제와 사회 발전의 매개체로서, 도시화 추진 사업은 국가의 총체적 전략의 가장 중요한 구성 요소이다. 빠른 도시화의 추진은 앞으로 일정한 시간 안에 경제 발전의 주된 동력이 될 것이다. 도시화 추진이 가속화되는 가운데 도시 공간의 합리적 배치와 도시 내부 기능의 조정, 규획 기능의 확충, 도시화 추진으로 인한 소도시의 난개발, 도시병, 약탈식 자원 개발, 환경 오염, 생태 파괴 등 일련의 문제들을 방지하는 것이 각급 정부, 그 중에서도 시·현급(市縣級) 정부가 직면하고, 중시해야 할 가장 중요한 임무라 할 수 있다. 발전규획과 도시규획의 통합, 도시 및 농촌 종합 발전 규획을 수립하는 것은 이미 피할 수 없는 과제로 대두되었다.

그 밖에도 시·현급(市縣級)의 행정구역으로 말하자면, 시·현은 중국 행정구획의 기본 단위이자, 도시와 농촌의 연계 및 조화로운 발전을 직접 조정하는 기본 단위로서, 그 조정 기능이 상대적으로 자주적이고, 완전하며 중국 도시화 추진 과정에서 시·현급(市縣級) 규획의 통합적 개혁은 매우 중요한 현실적 의의가 있다.

2. 규획체제 개혁의 실행 가능성

(1) 발전규획과 도시규획의 상호 의존성

우선 비록 양 규획은 서로 다른 부서에서 주관하고 있지만, 이들의 실행 목적은 모두 도시의 지속 가능한 발전을 촉진하는 것이며, 다른 점이 있다면 도시규획은 도시 또는 도시 공간의 정의 및 개발 건설에 치중하는 데 반해, 발전규획은 주로 도시 발전 내용의 확정과 정책 수립에 집중되어 있다. 양 규획은 이론상으로나 규획 실행 측면으로나 모두 일정한 정도의 상호 의존적 관계를 보여주며, 이는 양 규획의 통합에 전제조건을 제공해 줄 수 있음을 시사한다. 사실상 현행 발전규획과 도시규획은 정도의 차이가 있지만 경제와 사회 발전과 도시 건설을 유도하는 역할을 하는데, 가장 중요한 원인은 바로 양자 모두 상대방의 장점을 적극 받아들였기 때문이다. 만약 도시규획에서 일정한 발전 내용이 뒷받침되지 않는다면 이는 영혼이 없는 회화 작품과 같을 것이고, 만일 발전규획이 일정한 공간에 적용할 수 없다면 이는 공중누각과 같을 것이다.

(2) 시·현급(市縣級) 발전규획과 도시규획 발전 방향의 통일성

도시 규획의 공간적 범위는 갈수록 시역(市域)에서 관할구역 전역으로 넓어져가고 있는 추세이다. 이 때문에 도시규획체계에는 성·진(城

鎭)체계규획[2]을 추가로 세워 도시 규획의 한계점을 보완하고, 관할구역 전체를 도시 주변의 위성도시들로 대체함으로써 도시와 농촌을 통합적으로 규획하는 방향으로 발전해가고 있다. 현재 규획의 실천에서는 도시 규획의 '전면적, 포괄적' 이념을 실행하는 방법을 모색하고 있으며, 도시와 농촌의 통합적 규획은 미래 도시 규획의 주요 발전 방향이 될 것이다. 한편 국가 발전 규획은 중앙정부의 거시적, 조정적 규획에서 점차 지방정부의 실행적 및 실용적 규획으로 변화할 것이고, 시·현급(市縣級) 행정구역으로 내려갈수록 규획 내용이 보다 구체적이라서, 지방적 특색이 반영될 것이며 목적성, 실용성에 대한 요구도 높아질 것이다. 또한 시·현급(市縣級)의 발전규획과 도시규획은 서로의 장점을 취함으로써 규획의 실행 과정에서 이미 비교적 좋은 성과를 거두었기에 양자의 통합을 위한 기반이 다져졌다고 할 수 있다.

(3) 도농(都農)일체화는 시·현급(市縣級) 발전규획과 도시규획 통합을 위한 유리한 조건 마련

경제가 발전할수록 도농(都農)의 경제적 관계는 더욱 가까워지는데, 도시의 기개발된 구역과 미개발된 구역 간의 경계가 갈수록 모호해지고, 도시의 생산, 생활과 연관된 기능과 인프라가 갈수록 농촌지역으

---

2   역주 : 성·진(城鎭)은 도시와 도시 주변의 소형 위성도시(鎭)를 약칭하는 것으로 성·진(城鎭)체계규획은 도시의 시역(市域) 및 관할구역의 소형 위성도시를 포괄하는 넓은 의미의 도시체계규획을 뜻한다. 중국의 관련 규정에 따르면 진(鎭)은 성급(省級) 인민정부의 승인으로 설립된 것도 있고, 현급(縣級) 인민정부의 승인으로 설립된 것도 있는데 일반적으로 전자는 진(鎭), 후자는 집진(集鎭) 또는 향진(鄕鎭)이란 명칭을 사용한다.

로 이전되고 있으며 시·현 관할구역 내의 각 위성도시들은 예전의 자급자족형 경제에서 분업형 경제로 전환되는 동시에 중심도시가 위성도시들에 미치는 영향력이 갈수록 커져, 도시 규모는 빠른 속도로 커지면서, 미개발된 구역의 건설 강도가 높아지는 등 특징이 나타나고 있다. 따라서 규획의 중점을 도시의 기개발된 구역에서 더 큰 공간적 범위로 확대할 필요가 있으며, 미래의 도시 규획이 행정구역 전체를 아우르는 것은 필연적 추세로 도농(都農)일체화는 발전규획과 도시규획의 통합을 위한 객관적인 조건을 제공하고 있다. 이 밖에도 각 시·현급(市縣級) 행정구역은 오랜 세월 동안 국민경제 및 사회 발전규획을 만드는 전통이 있으며, 한 차례 또는 여러 차례의 성·진(城鎮)종합규획을 세워본 경험이 있기에, 이는 발전규획과 도시규획의 통합을 실현하는 데 경험적 조건을 제공하고 있다. 또한 중국의 대부분 토지 자원은 국가 소유인데, 이는 토지 이용을 중심으로 하는 도농(都農)발전규획 실행에 유리한 조건을 제공하고 있다.

그러나 규획체제의 개혁은 다른 체제의 개혁과 맞물려야 하며, 현재 상황으로 보아 법률적 근거, 관련 기구 설치 등 방면에서 제약이 있다. 규획이 시·현(市縣)급 행정구역에서 통합되기 위해서는 법률적 근거가 있어야 한다. 또한 규획이 실행되는 과정에서 관련 부서와의 관계를 다루어야 하며, 규획의 통합은 관련 기관의 통합과도 맞물려 진행해야 한다.

제3절 시·현급(市縣級) 행정구역 규획체제 개혁의 실행

1. 개혁의 총체적 방향 및 목표

중국의 실제 상황에 근거하여 시장경제가 발달한 선진국의 성공사례를 거울삼아 근본적으로 국가발전규획체제와 도시규획체제를 개혁하기 위해서는 반드시 시장경제발전에 상응하는 규획 운영 시스템을 수립하여 시장경제 조건하에서 국민경제와 사회발전, 도농(都農)건설에 대한 효과적인 조정을 실현할 수 있도록 보장해야 한다. 개혁의 총체적 방향과 목표는 사회주의 시장경제 체제와 도농(都農)경제 일체화의 요구에 따라 '작은 정부로 큰 사회를 위해 일하는' 행정 모델에 입각하여 규획에 관한 입법을 기초로 함으로써, 시·현급(市縣級) 행정구역 측면에서 현재 실행되고 있는 국민경제와 사회발전규획과 도시규획을 통합하면서 경제, 사회, 인구, 문화, 환경 및 도시의 공간적 발전 등 내용을 하나로 묶는 도농(都農)발전규획을 수립해야 한다.

2. 개혁의 구체적 구상

도농(都農)일체화 발전 추세에 부응하기 위해 새로운 규획체계는 중국 실제 상황과 결합하는 한편 국제 기준과 접목하는 공간적 규획 체계로서 도농(都農)일체화를 위한 규획체계가 되어야 한다. 새로운 도농(都農)발전규획은 경제, 사회, 인구, 문화, 환경 등 내용을 융합해야 하는 규획으로서 행정구역에 있어 다른 유형의 규획을 통솔하는 지도적인 규획이 되어야 한다. 또한 새로운 규획 체계에는 전략 규획, 종합 규획, 구역 규획, 조정 규획, 세부 규획 등 다섯 가지 측면의 규획을 포함해야 하는데, 이들은 공간 범위의 크기와 내용의 심도는 각기 다르지만, 모두 종합적인 규획의 성격을 가지고 있다. 한편 이 다섯 가지 규획은 필요에 따라 특정 분야에 대해 전문적인 규획을 세울 수도 있는데, 예컨대 토지이용 규획, 환경보호 규획, 기반시설 건설 규획 등이다.

(1) 전략 규획

도농(都農)발전전략 규획은 도농(都農)지역 발전의 청사진으로서 도농(都農)발전의 중대한 전략적 문제와 공간상의 기본 구조를 확정한다. 전략 규획은 도시발전을 필두로 경제, 사회, 인구, 문화, 자원, 환경 등의 내용을 융합하며, 전략적 방향과 발전목표, 공간 배치 및 정책적 조치 등 4개 부분의 내용을 포함한다. 전략 규획은 도시규획도를 첨부해야 하며, 도상(圖像)자료뿐만 아니라 설명문도 함께 제공함으로써 규획 내용을 일목요연하게 나타내야 한다. 현행 중·장기 규획과 다른 점은 도농(都農)발전규획은 규획 구역의 발전을 목표로 하고, 경제, 사회, 문화, 인구, 생태, 환경 등 다양한 분야를 다루고 있으며, 정부의 의도를 나타내는 데 주력한다. 물론 정부의 의도는 대중의 이익과 소망에 기초해야 하고, 법률과 시장경제 운영 규칙에 따라야 한다.

(2) 종합 규획

종합 규획은 전략 규획의 지도 아래, 행정관할구역 내의 각 도시와 향진(鄕鎭) 등 행정구역에 대한 각 용도의 토지 배치를 중심으로 하는 규획을 의미한다. 새로운 도농(都農)종합규획은 규획 범위를 점차 시·현급(市縣級) 행정구역 전역으로 확대시키고, 현행 규획에 포함되지 않은 농촌지역을 포함한 규획을 실현함으로써 도농(都農)일체화를 이루는 한편 도농(都農)지역의 인구 분포, 산업 구조, 역할 분담, 토지 배치, 기반시설 건설, 환경 및 생태 보존 등 각 방면에 걸쳐 종합적인 규획을 진행토록 해야 한다.

(3) 구역 규획

대도시는 종합 규획에 기초해 다시금 구역별로 규획을 세울 수 있으며, 도시에서 관할하는 행정구역 전역을 여러 개 구역으로 나누어 미시적 차원에서 각 구역 규획과 연계될 수 있도록 해야 한다. 구체적 내용은 다음과 같다. 각 구역의 토지 사용 성격, 거주 인구 분포, 건설용지 면적의 확정; 시·구급(市區級) 공공시설 배치 및 토지 점용 면적의 확정; 1차 및 2차 간선 도로의 너비 및 주요 교차로, 광장, 주차장 위치의 확정; 녹색 부지, 강 및 호수의 면적, 고압선 및 전선주 위치의 확정; 대외 교통 시설, 명승고적의 토지 점용 면적과 문물 유적지, 전통문화거리 보호 범위의 확정 및 공간 형태 보호 요구 사항의 제시; 지하 파이프라인의 위치, 방향, 직경, 서비스 제공의 범위 및 시설 용지 범위의 확정 등이다.

(4) 조정 규획

조정 규획은 종합 규획과 구역 규획에 기초해 도농(都農)지역의 토지이용 성격, 인구 분포, 공공 시설 및 기반시설의 배치, 토지 개발강도,

환경 보호 등에 대해 세부적 요구와 스케줄을 제시하고, 토지이용 성격에 맞는 건축물 건설 규정을 제정하여 세부 규획을 만드는 데 근거를 제공한다.

(5) 세부 규획

세부 규획은 작은 공간 범위 내에서 각 용지의 개발활동에 대하여 평면적 및 공간적 배치를 진행함을 뜻하는 것으로서 상위급 규획에서 규정된 토지이용 성격과 개발강도에 따라야 하고, 토지의 개발과 공간 관리에 대한 지도를 받아야 한다. 따라서 세부 규획은 상위급 규획을 근거로 도농(都農) 건설에 소요되는 각종 물질적 요소를 개발 예정 구역에 공간적 배치를 진행해야 한다. 이 규획을 통해 도시 전체 구역 건설에 대한 종합적인 규제를 실현할 뿐만 아니라 세부 규획의 청사진은 농촌 건설을 위한 과학적 근거를 제공할 수도 있다. 세부 규획의 주요 내용은 건설 조건과 기술 및 경제성에 대한 종합적 분석, 건축물과 녹지의 공간적 배치, 경관 규획과 설계, 총평면도 작성, 도로 시스템의 규획 및 설계, 녹지 시스템의 규획 및 설계, 파이프라인 설치 규획 및 설계, 수직 규획 및 설계(vertical planning), 공사 및 철거 작업량, 총 소요 비용의 계산, 투자 수익률 분석 등을 포함한다.

3. 규획체제 개혁을 위한 조직 기구의 설치

도농(都農)발전 규획에 대한 제도적 개혁은 규획체제 자체의 개혁이고, 이는 도농(都農) 관리체제에서 정부의 역할 전환과 관련되며 정부

조직 기구 조정과 또한 관련된다. 시·현급(市縣級) 행정구역의 규획체제 개혁을 위하여 새로운 발전규획위원회를 전담 기구로 출범시켜 볼 수 있다.

조직 기구 조정은 다음과 같은 두 가지의 방법을 취할 수 있다. 첫째로는 새로운 발전규획위원회를 조직하는 것이다. 이는 지방의 발전개혁위원회와 규획국(처)를 기초로 규획국(처)의 일부 규획기능과 발전개혁위원회의 규획기능을 합치고, 산하에 상대적으로 독립된 전문적 규획원(소)을 신설함으로써 규획원(소)이 규획국(처)에 예속되어 규획을 시(市) 행정부에서 결정하는 전통 방식을 개혁하여, 공인규획사 제도 확립에 기반해 규획원(소)이 행정부처의 제약을 받지 않으면서 순수한 기술적인 조직으로 전환됨을 의미한다. 구체적으로 말하면 규획국(처)의 기능을 나누어 규획 기능은 새로 설립된 발전규획위원회에 병합시키고, 나머지 기능은 시장에 개방하여 기업과 같은 자주 경영관리방식을 택하도록 한다. 또한 규획 전문가와 학자, 사회 각계각층의 대표들과 각 부처의 책임자들, 기술자들이 공동으로 상설 도농(都農)규획전문가 자문위원회를 조직하여 도농(都農)발전 규획에 대해 심사 및 결정 의견을 내리고, 규획의 실행상황을 조사하여 조정 또는 수정의견을 제시한다. 이 위원회는 시장 직속이며 위원회 임원의 임면은 인민대표대회의 비준을 거친다. 비록 이 위원회는 도농(都農)발전규획에 대한 결정권은 없지만 거부권은 있다.

둘째로는 도시발전규획위원회를 만드는 것이다. 이 위원회는 시급(市級) 조직으로서, 시장이 직접 주임을 맡고, 산하에 사무실을 둔다. 도농(都農)발전규획의 수립과 실행은 지방발전개혁위원회, 건설국, 규획

『중화인민공화국 국민경제 및 사회발전 제11차 5개년 규획요강』에서는 처음으로 주체기능구역 구축을 제시하였다. 이는 지역별로 주체기능을 설정하고 이에 따라 지역정책과 성과평가 체계를 조정하여, 공간개발 질서를 규범화함으로써 합리적인 공간개발 구조를 형성함을 의미한다. 주체기능구역의 제시는 중국 공간개발관리에 대한 구상과 전략에 있어 중대한 혁신이라 할 수 있으며 지역의 조화로운 발전전략의 확충과 심화로서 중요한 이론적, 현실적 의의를 가지고 있다.

제1절 주체기능구역 및 주체기능구역 규획

1. 주체기능구역의 제시 및 함의

개혁개방 이래, 중국 경제는 빠른 속도로 발전했으며, 도농의 모습은 갈수록 새로워졌다. 하지만 국토 공간을 개발하는 방면에서 올바른 지도가 결여되어 있어 지역 격차의 확대와 함께 일부 지역의 과도한 개발로 인한 생태환경 악화, 지역 간 불균형 심화 등의 문제가 발생했다. 이러한 문제들은 모두 중국의 개발 비용을 증가시키는 요소로서, 중국의 향후 지속 가능한 발전에 심각한 도전이 되고 있다. 따라서 현행 공간개발의 방식을 조정하고, 공간이용의 효율성을 높이는 것이 이미 시급한 과제가 되었다.

이러한 상황 때문에, 중국공산당 제16기 중앙위원회 제5차 전체회의와 국가의 제11차 5개년 규획에서는 주체기능구역 구축을 추진하는 전략적 임무를 제시하였다. 『중국공산당 중앙위원회 제11차 5개년 규획 수립에 관한 제안』에서 최초로 "개발 최적화, 개발 중점화, 개발 제한 및 개발 금지라는 요구에 따라 각 지역의 기능적 역할을 명확히 하고, 이에 합당한 정책과 평가지표를 수립하여 차별화된 지역발전의 구도를 점차 확립한다"고 제시하였다. 『중화인민공화국 국민경제 및 사회발전 제11차 5개년 규획요강』에서는 이 문제에 대해 상세히 논술했으며, 특히 "지역의 조화로운 발전" 부분에서 한 장을 할애해 주체기능구역 문제를 다루었는데, 즉 "자원환경용량, 개발밀도와 발전 잠재력에 근거하여 미래 중국의 인구 분포와 생산력 배치, 국토이용과 도시화 구도를 통일적, 종합적으로 고려해 국토공간을 개발최적화구역, 개발중점구역, 개발제한구역 및 개발금지구역 등 네 가지의 주체기능구역으로 분류하고, 지역별로 주체기능을 설정하는데, 이에 따라 지역 정책과 성과평가 체계를 완비하여 공간적 개발 질서를 규범화함으로써 합리적인 공간개발 구조를 형성한다." 다시 말하자면, 주체기능구역의 조성을 추진하는 것은 과학적인 발전관을 실천으로 옮기는 것으로서 지역의 조화로운 발전을 촉진하는 새로운 전략이고, 새로운 구상이며 새로운 조치이다.

주체기능구역은 각 지역의 자원환경용량, 현재의 개발밀도와 발전 잠재력 등에 착안하여 개발이라는 관점에서 미래 각 지역의 공간개발 방향, 개발 순위와 개발 강도에 대한 전반적인 구상이다. 주체기능구역의 함의는 다음과 같은 방면으로 이해할 수 있다.

첫째, 주체기능구역은 각 지역의 발전 기반, 자원환경 수용능력과 전략적 지위 등에 근거하여, 각 지역의 발전 이념, 방향 및 방식의 유형을 확정하는 것으로서 지역발전을 위한 전체적인 요구를 강조한다. 둘째, 주체기능구역은 공업구역, 농업구역, 상업구역 등 일반적 의미의 기능구역과 다르고, 자연보호구역, 홍수방지구역, 개발구역 등 특별기능구역과도 다르다. 이는 일반기능과 특별기능을 모두 수용하는 기능적 구역으로서 일반기능과 특별기능의 존재와 발휘를 배척하지 않는다. 셋째, 주체기능구역은 공간 척도에 따라 분류할 수 있는데, 시·현급(市縣級) 행정구역을 기본 단위로 하는 주체기능구역이 있고, 향·진급(鄕鎭級) 행정구역을 기본 단위로 하는 주체기능구역도 있으며 이는 공간 관리의 요구와 능력에 따라 결정된다. 넷째, 주체기능구역의 유형, 공간적 경계와 범위는 비교적 긴 시간 동안 안정적인 상태를 유지하되, 지역의 발전 기반, 자원환경용량과 전략적 지위 등의 변화에 따라 조정할 수 있다. 현 단계에서는 일부 지방이 자신들의 실제 상황에 따라 주체기능구역의 유형을 분류함에 있어 차별화된 모색을 허용해야 한다. 다섯째, 개발 최적화, 개발 중점, 개발 제한 및 개발 금지에 나타난 '개발'이라 함은 주로 대규모의 공업화와 도시화 활동을 뜻한다. 개발최적화는 경제사회 발전을 가속화하는 동시에, 경제성장의 방식과 질, 그리고 효익을 더욱 중시하여 좋으면서도 빠른 발전을 실현하는 것을 의미한다. 개발중점이란 모든 방면을 중점적으로 개발해야 한다는 의미가 아니라, 지역의 주체기능 유지를 위한 프로젝트를 중점 개발함을 뜻한다. 개발제한은 지역의 생태 기능을 유지하기 위해 보호적인 개발을 진행함을 의미하며, 개발의 내용, 방식 및 강도를 제한함을 뜻한다. 개발금지는 모든 개발 활동을 금지한다는 것이 아니라, 지역의 주체기능과 부합되지 않은 개발 활동을 금지하는 것을 의미한다.

2. 주체기능구역의 역할 및 방향

자원환경용량 및 현재 개발밀도와 발전 잠재력에 근거해, 미래의 인구 분포, 생산력 배치, 국토 이용과 도시화 구도를 통일적, 종합적으로 규획해야 한다. 『중화인민공화국 국민경제 및 사회발전 제11차 5개년 규획요강』에서는 국토 공간을 개발최적화구역, 개발중점구역, 개발제한구역 및 개발금지구역 등 네 가지 유형의 주체기능구역으로 나누었다.

(1) 개발최적화구역

개발최적화구역이란 경제가 비교적 발달되어 있고, 인구가 비교적 밀집되어 있으며 개발 강도가 비교적 높아 자원환경 문제가 두드러진 지역을 뜻한다. 개발최적화구역이라는 개념을 제시하는 이유는 경제밀집지역에 과도한 개발이라는 잠재적 위험이 존재하기에 개발 내용을 최적화할 필요성이 절실히 요구되고 있는 한편 갈수록 격렬해지는 국제적 경쟁 가운데 중국의 국가 경쟁력을 강화해야 하는 전략적인 필요성이 있기 때문이다. 따라서 개발최적화구역은 국가 경쟁력을 제고하

중국 경제발전 전략과 규획의 변천 및 혁신

는 중요한 지역이 되어야 하고, 전국의 중요한 인구 및 경제의 밀집지역이 되어야 하며, 전국의 경제사회 발전을 이끄는 선두주자가 되어야 한다. 이를 위해 질적 성장과 효익 제고를 우선 순위에 두어야 하고, 경제의 지속적 성장세를 유지해야 하며 글로벌 분업 및 경쟁의 참여 수준을 끌어 올려, 우선적으로 자주적인 혁신역량을 키워야 할 뿐만 아니라 경제구조의 최적화와 발전 방식의 전환을 실현하여 사회주의 시장경제체제를 완비해야 한다.

(2) 개발중점구역

개발중점구역은 일정한 경제기반과 비교적 높은 자원환경용량을 갖추고 있고, 발전 잠재력이 비교적 크며 경제집적과 인구 조건이 비교적 양호한 지역을 뜻한다. 개발중점구역의 개념을 제시한 이유는 지역발전의 종합적 전략을 실현하고, 발전 공간을 확대하며 지역의 조화로운 발전 촉진에 대한 요구를 만족시켜야 할 뿐만 아니라 경제발전이 소수 지역에 과도하게 집중되는 현상을 피하고, 그 인구, 자원 및 환경의 압력을 줄일 필요가 있기 때문이다. 개발중점구역은 또한 국토 전체를 모두 중점적으로 개발해야 한다는 뜻이 아니라, 개발의 강도를 통제하고, 경제를 집적시킬 뿐만 아니라 그에 부합하는 규모의 인구를 집적시켜 공업화와 도시화를 추진하는 동시에 적정 규모의 농경지를 확실하게 보호하고, 자원 소모를 경감함으로써 생태환경의 손해를 줄이는 것이다.

개발중점구역이 경제와 인구를 집적시키는 중요 지역이 되어야 하고, 국가경제 발전을 지탱하는 중요 성장거점이 되어야 한다. 이를 위해 경제구조를 최적화하고, 효익을 높이며 자원을 절약하는 동시에 환경 보호에 기반하여 경제발전을 가속화하고, 공업화와 도시화를 추진하며 개발최적화구역의 산업 이전을 이어받을 뿐만 아니라 개발제한 및 금지구역의 인구 이전을 흡수하도록 해야 한다. 또한 단기적, 중기적, 장기적 개발의 순위를 구분하고, 현재 개발이 전혀 필요 없는 지역을 이후 발전구역으로 보류하여 필요한 보호 조치를 취하여야 한다.

(3) 개발제한구역

개발제한구역은 국가 농산품의 공급 안전 및 생태 안전과 직접적인 관련이 있기 때문에 대규모적이고 강도 높은 공업화 및 도시화 개발에 적합하지 않는 지역을 말한다. 개발제한구역의 개념을 제시한 이유는 생태환경의 지속적 악화 추세를 전면적으로 억제하고, 농경지의 과다하고 빠른 감소 문제를 해결하는 데에 절실히 필요하며 근본적으로 해당 지역의 국민생활 수준을 높이기 위한 장기적 대책이기 때문이다. 개발제한구역은 주로 대규모적이고 강도 높은 공업화와 도시화 개발 활동을 제한하는 것이지 그 자원환경이 수용 가능한 산업발전을 제한하는 것이 아니며 사회발전을 제한하는 것은 더더욱 아니다. 이러한 지역에 대해서는 재정보조금을 통해 공공 서비스와 생활 조건이 개선되도록 지원하고, 지역 교육 수준 향상을 통해 주민들이 자발적으로 능력을 갖춰 다른 지역에 이주하게 함으로써 인구 및 취업의 압력을 경감시킨다.

개발제한구역은 국가 농산품 공급을 안전하게 보호하는 중요 기지이자 국가 생태 안전을 보장하는 중요한 지역이다. 농업 구역은 농업 발전을 최우선 과제로 삼고, 경작지를 철저히 보호하며 농업의 종합적 생산능력을 높이는 데 주력해야 한다. 생태 구역은 생태 회복과 환경 보호를 최우선 임무로 삼고, 수자원 함양, 수토 보전, 사막화 방지, 생물 다양성 유지 등 방면에서 능력을 강화해야 한다. 농업기능과 생태 기능을 보호 및 발휘한다는 전제하에 광산업 개발과 관광, 농림제품 및 기타 생태형 산업을 적절히 발전시키고, 점상(點狀) 형태의 개발 방식을 견지함으로써 개발강도를 엄격히 통제한다. 동시에 집약적으로 도시를 건설하고, 도시의 공공 서비스 기능을 중점적으로 강화하며 농촌 인구와 생태 구역의 초과 인구에 대해 질서 있는 이전을 유도해야 한다. 또한 자연식생을 엄격히 보호하고, 과도한 방목, 무질서한 광산 개발, 산림 훼손 및 황무지 개간, 초원과 습지 개간 등의 행위를 금지해야 한다.

(4) 개발금지구역

개발금지구역은 법에 근거해 설립된 각종 자연, 문화 보호구역으로 자연보호구역, 문화자연유산, 관광명승지, 산림공원, 지질공원 등을 포함한다.

개발금지구역은 자연, 문화유산을 보호하는 중요한 구역이 되어야 하는데, 대표성이 있는 자연 생태계 보호구역, 멸종 위기에 직면한 희귀 야생동식물의 자연집중구역, 특별한 가치를 가진 자연유적 소재지와 문화유적을 포함한다. 이러한 지역을 보호하기 위해 관련 법률, 법규와 규획에 따라 강제적인 보호를 실행하고, 원상태와 완전성을 유지하며 인위적인 요소가 자연생태에 미치는 영향을 통제한다. 동시에 구역에 부합되지 않는 개발 활동을 엄격히 금지하고, 거주 인구를 질서 있게 점진적으로 타 지역으로 이주시켜야 한다.

3. 주체기능구역 규획의 내용

주체기능구역 규획은 중국공산당 제16기 중앙위원회 제5차 전체회의에서 제안하고, '제11차 5개년 규획'에서 안배한 하나의 중요한 사업으로서 과학발전관을 관철하고, '5대 통합계획'[1]을 실현하는 중대한 조치이며, 중화민족의 장기적인 발전을 위한 중대한 의의를 가지고 있다.

(1) 주체기능구역 규획의 전개

주체기능구역규획은 자원환경용량, 현재 개발밀도 및 지역 발전잠재력에 대한 종합적, 계량적 평가를 기초로 개발최적화, 개발중점, 개발제한과 개발금지 네 가지 지역의 공간적, 수량적 배치를 확정하고, 각종 주체기능구역의 개발강도, 개발방향 등의 발전 및 보호에 관한 통제적 지표와 관련 정책을 수립하여 공간을 통제적으로 규획함을 의미한다. 주체기능구역 규획은 주체기능구역 조성사업을 전개하는 단계적인 실행방안으로서, 주체기능구역 조성사업 추진을 위해 필요한 수단이라 할 수 있다. 2006년 10월 공포된 『전국 주체기능구역규획 수립 사

---

1   역주 : '5대 통합계획'은 중국공산당 제16기 중앙위원회 제3차 전체회의에서 제시되었으며 과학적 발전관의 핵심내용으로서 '도시와 농촌, 지역과 지역, 경제와 사회, 인간과 자연, 국내 발전과 대외개방' 등 5대 영역의 조화로운 발전의 실현을 위해 통일적이고 전면적으로 계획하는 것을 의미한다.

업 전개에 관한 통지(국무원 판공청 발표 [2006] 85호)』에서는 "전국 주체기
능구역규획의 수립은 '제11차 5개년 규획'의 새로운 조치로서 각 지역
의 자연조건, 자연환경 상황 그리고 경제사회 발전 수준과 관련되어 있
고, 전국의 인구 분포, 국토이용, 도시화 및 지역의 조화로운 발전 구도
와도 연관되어 있다."고 지적하였으며 또한 "현재 주체기능구역규획
수립 사업의 주요 임무는 전국 주체기능구역 규획의 기본 방향을 제시
하고, 전국 주체기능구역 규획에 관한 지도 의견을 제정하여 『전국 주
체기능구역규획(초안)』을 수립하는 것이다."라고 강조하였다. 각 성(자
치구, 직할시)에서는 국가의 주체기능구역 사업 추진에 관한 기본 구상
과 지도에 따라 적극적으로 주체기능구역 규획과 건설 활동을 전개하
고, 일부 성(자치구, 직할시)은 별도의 장 또는 절로 주체기능구역 규획을
『제11차 5개년 규획 요강』에 포함시켰다. 각 지방에서 수립한 『제11차
5개년 규획요강』을 살펴보면, 일부 성(자치구, 직할시)은 국가에서 정한
주체기능구역의 발전 방향에 따라 현지 실정과 결합하여 관할 구역 내
의 각 주체기능구역의 발전 방향 및 지역 정책 등을 차별적으로 규정하
였다.

(2) 주체기능구역 규획의 의의

주체기능구역 규획은 과학적 발전관을 전면적으로 실행하는 것이
자 사회주의 및 조화로운 사회 구축을 위한 중대한 조치로서, 인본주의
적 사상을 견지함에 있어 도움이 되고, 지역 간 공공서비스 수준의 격
차를 줄이며 지역 간 조화로운 발전을 촉진함과 동시에 경제, 인구의
공간적 분포와 자원환경용량의 조화를 유도하는 데 이롭고, 또한 인구

와 경제, 자원환경의 공간적 균형을 촉진시키며 근원적으로 생태환경의 악화 추세를 억제할 수 있을 뿐만 아니라 기후변화 완화, 자원절약, 환경보호에 유리하고, 실정에 맞는 정책, 조치 및 성과평가 체계를 수립, 실행함에 도움이 됨으로써 지역 조절을 강화하고 개선할 수 있다.

첫째, 주체기능구역 규획은 인본주의 발전을 모색하는 기본적인 요구이다. 현재 중국이 지역발전을 추진하는 과정에서 나타난 두드러진 문제점은 일부 지역에서 단순히 지역경제의 규모 확대를 통한 지역 격차 감소를 출발점으로 삼았다. 동시에 경제 규모가 크고, 성장속도가 빠른 일부 지역은 이에 해당하는 규모의 노동인구를 흡수할 수 없게 되어 지역 간 국민생활 수준과 공공서비스 보급 수준의 격차를 확대시켰다. 주체기능구역의 조성 사업을 추진하는 과정은 인본주의를 견지하는 것으로 모든 사람이 샤오캉(小康)사회의 행복한 생활을 누리게 한다는 관점에서 덜 발달된 지역의 경제발전을 지원해야 하는데, 일부 생태환경이 취약하고 경제발전의 조건이 좋지 못한 지역의 인구가 점진적으로 이전될 수 있도록 인도해야 한다. 경제 발전, 인구 이전, 재정이전 지급 등과 같은 다양한 방식을 통해 지역 간의 국민생활 수준, 공공서비스 보급 수준 등의 방면에서 격차를 줄임으로써 모든 국민이 개혁 발전의 성과를 누릴 수 있도록 해야 한다.

둘째, 주체기능구역 규획은 공간의 합리적인 배치를 실현하는 효율적인 방법이다. 현대화를 실현하는 것은 결코 모든 국토에서 공업화와 도시화를 추진하자는 뜻이 아니다. 중국의 경제사회 발전 과정에는 각 지역 모두가 경제규모를 확대하고, 공업화와 도시화를 추진하려는 경향이 있다. 만일 이와 같은 상황이 지속된다면 각 지역 간의 과도한

중국 경제발전 전략과 규획의 변천 및 혁신

경쟁과 중복 건설을 야기함으로써 지역 간의 조정과 기능적 보완을 어렵게 할 것이다. 주체기능구역 조성 사업 추진은 지역발전의 종합적 전략에 기반해 어떤 지역을 중점 개발하고, 어떤 지역의 개발 강도를 통제하며 어떤 지역을 개발해서는 안되는지를 명확히 하는 것으로서 실제 상황에 따라 유리한 방향으로 적합한 경제 배치와 인구 분포를 이끌어 내고, 자원환경용량에 부합한 인구, 경제, 자원환경의 공간적 균형을 촉진해야 한다.

셋째, 주체기능구역 규획은 자원절약과 환경보호에 대한 절실한 필요에 따른 것이다. 중국의 수자원과 토지자원이 부족하고, 생태환경이 취약해 여러 지역에서 대규모 공업화와 도시화를 추진하는 것은 적합하지 않다. 현재 일부 지역에서는 생태환경을 고려하지 않고 맹목적인 개발로 인해 대량의 농경지가 점용되어 생태계 기능의 퇴화를 격화시키고 있다. 주체기능구역 조성 사업 추진은 각 지역의 자연생태 조건과 토지 자원, 수자원 및 기타 자원의 상황을 종합적으로 고려하여 어떤 지역이 자연생태의 보호를 주체기능으로 삼을 것인지 명확히 하는 것인데, 인구와 경제가 자원환경용량이 비교적 높은 지역에 밀집되게 하여, 자원을 절약 또는 집약적으로 이용함으로써 자원의 이용 효율을 제고하면서 근원적으로 생태환경의 악화 추세를 통제해야 한다.

넷째, 주체기능구역 규획은 거시적 조정을 강화하고 개선하는 중요한 조치이다. 중국은 지역이 광범위하고, 각 지역의 자연 조건과 발전 기반의 차이가 크기 때문에 단순히 행정구역 또는 산업에 따라 정책을 수립하고, 투자를 배치한다면 각 지역의 발전 과정에서 직면하는 시급한 문제를 효율적으로 해결할 수가 없다. 동일한 기준으로 각 지역의 경제사회 발전의 성과를 평가하는 것 또한 지방정부의 사업에 대한 객관적 평가를 어렵게 만든다. 주체기능구역 조성 사업 추진은 각 주체기능구역의 발전 방향에 대해 각기 다른 요구를 제시하는 것으로서 차별화된 지역 정책과 성과평가 체계를 수립 및 실행하여 비교우위에 기반해 투자 중점 및 발전 방향을 확정하는 한편 자원환경용량을 기초로 각 지역의 발전속도와 경제 규모를 규정하는 등 거시적 조정의 합당성과 유효성을 제고하는 것이다.

(3) 주체기능구역 규획의 전략적 목표

주체기능구역 규획의 전략적 목표는 조화롭고 지속 가능한 낙원을 구축하고, 지속적인 경제성장을 실현하며 도시와 농촌 간의 격차를 줄이는 한편 지속 가능한 발전의 역량을 키워 국제경쟁력을 제고하는 데에 있다.

기본적으로 주체기능이 분명한 국토 공간을 조성한다. 개발최적화 및 개발중점 구역은 경제와 인구의 집적을 주체기능으로 하는 동시에 생태 제품과 농산품 공급 기능을 가진 도시화의 공간인 반면 개발제한과 개발금지 구역은 농산품과 생태 제품 공급을 주체기능으로 하는 동시에 기타 적합한 경제적 기능을 가진 농업 및 생태 공간이다.

기본적으로 인구 분포와 경제적 기능 배치의 조화를 실현한다. '대(大)지역은 균형, 소(小)지역은 집적'이라는 개발 방식을 채택하는데, 주요 도시화 공간에 전체 인구의 60% 정도, 경제의 70% 정도를 집적시켜 경제 규모를 지속적으로 증대시키는 동시에 농업 공간 및 생태 공간의 인구를 점차적으로 감소시키도록 한다.

중국 경제발전 전략과 규획의 변천 및 혁신

기본적으로 인구 분포, 경제적 기능 배치와 생태환경의 조화를 실현한다. 자연보호구역 등 생태기능구역의 생태 기능을 효과적으로 회복하고 제고하여, 생태계의 안정성을 강화한다. 개발최적화 및 개발중점 구역은 개발 강도를 통제함으로써 생활 공간, 생산 공간 및 생태 공간이 합리적이고, 적절한 밀도를 가지는 공간 구도를 형성한다.

기본적으로 공공서비스 보급의 균등화를 실현한다. 점차적인 인구이전, 점진적인 재정이전지급의 증가와 함께 자원환경이 수용 가능한 범위에서 적절한 산업을 발전시켜서, 개발제한 및 개발금지 구역의 공공서비스 보급 수준과 생활 조건이 현저히 개선되도록 하면서 지역 간 및 도농 간 생활 수준의 격차를 줄이도록 노력한다.

제2절 주체기능구역 규획의 수립

전국 주체기능구역 규획의 수립은 자연환경용량, 현재 개발밀도 및 발전 잠재력에 근거하여 미래 중국의 인구 분포와 경제 배치, 국토 이용과 도시화 구도를 종합적으로 고려하는데 국토 공간을 개발최적화구역, 개발중점구역, 개발제한구역 및 개발금지구역 등 네 가지의 주체기능구역으로 구획하고, 각 구역의 주체기능에 따라 지역 정책과 성과평가 체계를 조정 및 완비하며 공간개발 질서를 규범화하는 한편 합리적인 공간개발 구조를 이룸으로써 인구, 경제, 자원환경, 도농 및 지역의 조화로운 발전을 실현한다.

1. 규획 수립의 기본 구상

(1) 규획 수립의 기본 원칙

인본주의 사상을 견지해, 인구와 경제가 국토 공간에서 합리적이고 균형적인 분포를 이루도록 이끌어내고, 점진적으로 각 지역과 도시 및 농촌 주민들이 모두 공평한 공공서비스를 누리게 하며 집약적 개발을 견지하여 중요 산업이 상대적으로 집적 발전하도록 한다. 동시에 인구가 상대적으로 집중 거주토록 하여 도시군을 주체 형태로 하고, 기타 위성도시들이 주변에 점상(點狀) 형태로 분포된 도시화 구도를 이루어 토지와 수자원 등 자원의 이용 효율을 높임으로써 지속 가능한 발전 능력을 제고해야 한다. 자연 존중을 견지하여 개발은 자연생태를 잘 보호하는 것을 전제로 하고, 발전은 환경이 감당할 수 있는 수용능력을 기초로 하며 생태안전을 확보한다. 동시에 환경의 질을 끊임없이 개선하고, 인간과 자연의 조화로운 공존을 실현하며 도농의 종합적인 개발을 견지해 도시화 지역이 농촌 지역을 지나치게 침식하는 현상을 방지해야 한다. 아울러 농촌 인구의 도시 이전에 필요한 공간을 제공하고, 육상과 해상의 종합적인 규획을 지속 추진하여 해양 의식을 강화하는 한편 해역 자원환경용량을 충분히 고려함으로써 육지 및 해상의 조화로운 개발을 이루어야 한다.

따라서, 주체기능구역 규획의 수립은 다음 몇 가지 방면의 관계를 적절하게 처리해야 한다.

첫째, 개발과 발전의 관계를 잘 처리해야 한다. 발전은 실체적 진리로서 반드시 과학적, 합리적이고, 질서 있는 적절한 개발의 기반 위에 구축되어야 한다. 중국은 현재 공업화, 도시화의 발전이 가속화되는 단계에 있으므로 전국 주체기능구역 규획을 수립 및 실행에 있어 대규모 개발 과정에 대한 개발최적화 및 개발중점 구역을 명확히 하는 한편 자원환경용량에 근거하여 개발제한 및 개발금지 구역을 확정하면서 양호하고, 빠른 발전을 실현해야 한다.

둘째, 정부와 시장의 관계를 잘 처리해야 한다. 전국적인 주체기능구역 규획은 정부의 국토 공간 개발에 대한 전략적 구상 및 총체적 안배인데 이는 국가의 전략적 의도를 구현하는 것으로서 정부는 주체기능구역 역할에 근거하여 공공 자원을 합리적으로 배치하는 동시에 시장의 자원 배치라는 기초적인 작용을 충분히 발휘하고, 법률 및 법규와 지역정책을 완비하며 각종 조치를 종합적으로 운용함으로써 시장주체의 행위가 주체기능구역 역할에 부합되도록 이끌어야 한다.

셋째, 국지적 이익과 전체적 이익의 관계를 잘 처리해야 한다. 주체기능구역의 조성 사업을 추진하는 것은 전체적인 이익에서 출발해 국가와 국민의 전체적 이익과 장기적 이익의 최대화를 추구하는 것으로서 국지적 이익이 전체적 이익을 따르면서도 전체적 이익 또한 국지적 이익을 고려해야 한다.

넷째, 주체 기능과 기타 기능과의 관계를 잘 처리해야 한다. 주체기능구역은 주요 기능과 주도적 역할을 강조하는 동시에 보조적 역할과 부차적 기능을 배척하지 말아야 한다. 개발최적화 및 개발중점 구역의 주체 기능은 경제와 인구를 집적시키는 것이지만, 그 외에도 생태구역, 농업구역, 관광휴양구역 등이 있어야 하며, 개발제한 구역의 주체 기능은 생태환경을 보호하는 것이나, 생태와 자원환경의 수용 가능한 범위 내에서 특색을 가진 산업을 발전시킬 수도 있으며, 광산 자원을 적절히 개발할 수도 있다.

다섯째, 행정구역과 주체기능구역의 관계를 잘 처리해야 한다. 주체기능구역 규획의 수립은 모두 행정구역에 맞춰 지역정책 수립과 성과평가를 진행하는 방식을 바꾸고, 주체기능구역 규획의 실행도 일정 권한을 가진 행정구역에 의탁해야 한다.

여섯째, 각종 주체기능구역 간의 관계를 잘 처리해야 한다. 각종 주체기능구역 간에는 분업과 협력을 통해 상호 촉진 작용을 하도록 해야 한다. 개발최적화구역은 개발중점구역에 산업 이전을 통해 지역 간 인구 및 자원의 대규모 유동과 생태환경의 압력을 경감시키는 한편 개발중점구역은 산업 클러스터 발전을 촉진함으로써 개발제한 및 개발금지구역의 과잉 인구를 수용할 수 있는 능력을 강화하고, 개발제한 및 개발금지구역은 생태 건설과 환경보호를 통해 생태환경의 수용능력을 높여 점진적으로 전국 또는 지역의 생태보호 및 자연문화보호 구역이 되어야 한다.

일곱째, 안정성 유지와 동태적 조정 간의 관계를 잘 처리해야 한다. 주체기능구역의 유형이 일단 확정되면, 임의로 바꿀 수 없다. 아울러, 개발금지구역은 법적으로 엄격히 보호해야 하고, 개발제한구역은 보호를 우선적으로 견지하며 개발중점구역은 경제사회 발전과 자원환경의 수용능력 변화에 따라 시기적절하게 개발최적화구역으로 조정할 수 있다.

(2) 규획의 수립 절차

첫째, 평가 지표를 확정한다. 자원환경의 수용능력, 현재 개발밀도, 발전 잠재력 등 방면의 대표성 지표, 그 중에서도 특히 자원환경 방면의 지표를 중점 지표로 선정해야 한다.

둘째, 국토 공간을 평가한다. 각 지표치에 근거하고, 원격 탐지와 지리정보 시스템 등 공간분석기술을 활용하여 국토 공간에 대한 종합적인 분석 및 평가를 진행하도록 한다.

셋째, 주체기능구역을 확정한다. 평가 결과에 근거하여 각종 주체기능구역의 수량과 각 주체기능구역의 위치 및 범위 등을 정한다.

넷째, 주체기능구역의 기능적 역할을 확정한다. 각 주체기능구역의 기능적 역할, 발전방향, 발전목표, 개발원칙 및 개발 순위를 정한다.

다섯째, 정책 및 조치를 확정한다. 각 주체기능구역의 역할 등에 근거하여 차별화된 지역정책을 수립한다.

주체기능구역 규획의 수립 절차는 〈그림 9-1〉과 같다.

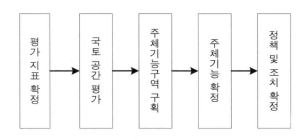

〈그림 9-1〉 주체기능구역 규획의 수립 절차

(3) 규획의 체계

전국 주체기능구역은 국가급 주체기능구역과 성급(省級) 주체기능구역으로 나뉘며, 국가와 성 두 단계로 구분하여 규획을 수립한다.

국가급 주체기능구역 규획은 국토공간 개발 전반에 관한 문제를 주로 해결하며 국토공간 개발의 지도적 사상과 전략 목표, 개발 원칙, 국가 차원의 개발최적화, 개발중점, 개발제한 및 개발금지 구역의 범위, 기능적 역할, 발전 방향, 목표 그리고 정책, 법률 및 법규, 규획 및 성과평가 등 방면의 보장 조치를 포함한다. 국가급 주체기능구역 규획은 전 국토 범위를 다루지는 않는다.

성급(省級) 주체기능구역 규획은 우선 국가급 주체기능구역 규획에 근거하여 해당 행정구역 범위 내에 위치해 있는 국가급 주체기능구역에 대해서는 이와 동일한 유형의 기능 구역으로 확정하며, 해당 국가급 주체기능구역과 수량, 위치, 범위 면에서 일치하도록 한다. 그 다음으로는 국가급 주체기능구역 공간 범위 외의 국토 공간에 대해서는 국가에서 정한 원칙에 근거하여 해당 행정구역의 실제 상황에 따라 성급(省級) 주체기능구역을 확정한다.

시·현급(市縣級) 행정구역의 공간 범위는 비교적 작아 공간 개발과 관리에 관한 문제가 더욱 구체적이라서 주체기능구역을 더 이상 구획할 필요가 없다. 주요 임무는 국가급 및 성급(省級) 주체기능구역 규획이 해당 시·현급(市縣級) 행정구역에 정한 주체기능구역 역할을 수행하고, 각 기능구역의 공간적 '한계선(레드라인)'을 명확히 정하며, 현지의 경제 및 사회발전에 관한 종합규획과 결합하여 각 기능구역의 역할, 발전 방향을 명확히 하는 한편, 주체기능구역 규획에 따라 개발 강도를

중국 경제발전 전략과 규획의 변천 및 혁신

규제하고, 개발의 질서를 규범화해야 한다.

2. 주체기능구역 규획 수립의 주요 임무

전국 주체기능구역 규획은 국가급 주체기능구역 규획과 성급(省級) 주체기능구역 규획으로 구성되며, 국가 및 성 두 단계의 수립 과정으로 이루어진다. 국가급 주체기능구역 규획은 '국가 주체기능구역 규획 수립사업 영도소조'(이하 '영도소조'로 약칭) 및 각 성(자치구, 직할시) 인민정부가 함께 수립하며 규획 기한은 2020년까지로, 중기 평가를 진행해 조정하도록 한다. 성급(省級) 주체기능구역 규획은 각 성(자치구, 직할시) 인민정부에서 시·현급(市縣級) 인민정부를 조직하여 규획수립 작업을 진행하며 규획 기한은 2020년까지이다. 국가급 주체기능구역 규획을 우선적으로 수립하여 국가 전반에 관한 공간 규획의 프레임을 구축한다. 성급(省級) 정부는 국가급 주체기능구역 규획에서 해당 성(자치구, 직할시)에 정해진 각종 주체기능구역의 기본 프레임에 근거하여, 해당 성(자치구, 직할시)의 나머지 국토 공간을 대상으로 주체기능구역 규획의 수립 작업을 진행한다.

전국 주체기능구역 규획 수립의 주요 임무는 국토 공간에 대한 분석과 평가를 기초로 하여 각급 및 각종 주체기능구역의 수량, 위치 및 범위를 확정하고, 각 주체기능구역의 역할, 개발 방향, 관리 원칙 및 지역 정책 등을 명확히 제시하는 것이다.

(1) 국토 공간에 관한 분석 및 평가

전국 주체기능구역규획의 수립은 우선 국토 공간에 대한 객관적인 분석 및 평가를 실시하여야 한다. 과학적으로 지표 체계를 개발하고, 원격탐지와 지리정보 시스템(GIS) 등의 공간분석기술과 방법을 활용하여 전국 또는 해당 지역의 모든 국토 공간에 대해 종합적 분석 및 평가를 진행하며 이를 주체기능구역 확정의 기본적인 근거로 삼는다. 분석 및 평가에 있어 전국적으로 통일된 지표 체계를 적용하되 아래와 같은 요인들을 종합적으로 고려하도록 해야 한다.

첫째, 자연환경의 수용능력, 즉 자연생태 환경이 위협받지 않고, 양호한 생태계를 유지한다는 전제하에 특정 지역의 자원과 환경용량이 감당할 수 있는 경제 및 인구 규모, 그 중에서도 주로 수자원과 토지 등 자원의 풍요도, 수자원과 대기 등 방면의 환경용량, 수자원 및 토지의 유실 및 사막화 등 방면의 생태적 민감성, 생물학적 다양성 및 수자원 함양 등 방면의 생태적 중요성, 지질, 지진, 기후, 바람, 폭풍, 조수 등 자연재해 빈도 등을 포함한다. 둘째, 현재의 개발밀도를 고려해야 하는데, 주로 특정 지역의 공업화, 도시화 수준을 의미한다. 여기에는 토지자원, 수자원의 개발 강도 등이 포함된다. 셋째, 발전 잠재력으로 일정한 자원환경의 수용능력을 기초로 산출한 특정 지역의 잠재적인 발전능력으로, 여기에는 경제 및 사회발전 기초, 과학교육 수준, 지역의 입지 조건, 역사, 민족 등의 지연적 요인 및 국가와 지역의 전략적 방향이 포함된다.

(2) 주체기능구역의 확정

국토 공간에 대한 분석 및 평가를 기초로 삼고, 미래 국토공간 변동 추세에 대한 분석을 근거로 하여 국가급 및 성급(省級) 주체기능구역 규획에서 각종 주체기능구역의 수량, 위치 및 범위를 확정한다. 이로써 각종 주체기능구역의 자원환경 수용능력, 현재의 개발밀도 및 발전 잠재력에 근거해 각종 구체기능구역의 역할, 발전방향, 개발의 순서 및 관리원칙 등을 명확히 해야 한다.

국가 차원에서 정한 네 가지의 주체기능구역은 전 국토를 다루지 않는다. 개발최적화, 개발중점 및 개발제한 구역은 원칙적으로 현급(縣級) 행정구역을 기본 단위로 정하고, 개발금지 구역은 법정 범위 혹은 자연 경계에 따라 확정한다. 주체기능구역 규획은 지역 발전의 종합적 전략과 주체기능구역 조성의 총체적 요구에 따라 주체기능구역 조성을 추진하는 지도적 방침, 주요 목표, 개발 전략 등을 설명하고, 성급(省級) 주체기능구역의 주요 원칙, 시·현급(市縣級) 행정구역이 주체기능구역 조성을 추진하는 과정에서의 주요 책임을 명확히 밝혀야 한다.

성급(省級) 주체기능구역 규획의 수립은 국가급 주체기능구역 규획을 따라야 하고, 행정구역 관할 공간 범위 내에 위치한 국가급 주체기능구역에 대해서는 국가에서 정한 주체기능 유형대로 동일한 주체기능구역으로 확정하여 주체기능구역의 수량, 위치 및 범위가 국가급 주체기능구역 규획과 일치하도록 해야 한다. 행정구역 관할 공간 범위 내의 국가급 주체기능구역 이외의 국토 공간에 대해서는 국가에서 정한 원칙을 근거로 해당 지역의 실제 상황과 결합해 성급(省級) 주체기능구역을 확정하되 원칙적으로는 현급(縣級) 행정구역의 공간 범위를 기본 단위로 정한다. 농업이 주류인 지역은 원칙적으로 개발제한구역으로 정하는 한편, 성급(省級) 행정구역 경계에 걸쳐있는 지역은 동질성이 비교적 높기 대문에 동일한 유형의 주체기능구역으로 정하고, 연해 지역에 위치한 성(省)은 육지 주체기능구역과 해양 주체기능구역을 상호 연계하도록 해야 한다. 개발중점구역은 단기, 중기와 장기로 개발의 시간적 순서를 정하고, 광산 자원이 풍부하지만 생태환경의 수용능력이 비교적 약한 지역은 광산 자원을 적절히 개발할 수 있으나, 원칙적으로 개발제한구역으로 확정해야 한다. 또한 법에 따라 설립된 성급(省級) 자연문화 보호구역은 개발금지구역으로 정해야 한다.

(3) 지역 정책의 완비

국무원에서 발표한 『전국 주체기능구역 규획 수립에 관한 의견』에서는 지역 정책의 수립 및 완비에 관한 주요 방향을 명확히 제시하였다. 이는 기본적으로 공공서비스의 공평화 실현을 목표로 하는 재정정책을 실시하고, 주체기능구역과 영역이 상호 결합된 투자정책을 점진적으로 실행하며 주체기능구역 조성을 추진하는 요구에 따라 산업정책을 수립하는 한편, 주체기능구역 조성의 요구와 토지이용 종합규획에 의거하여 차별화된 토지이용 정책을 실행할 뿐만 아니라 주체기능구역의 역할에 따라 인구 규모를 조절하고, 질서 있는 인구 유동을 유도하며 각 주체기능구역의 환경 수용능력에 근거해 유형별로 관리하는 환경보호 정책을 수립한다.

성과 평가와 행정업적 평가를 더욱 강화해야 한다. 각 주체기능구역의 역할에 따라 성과 평가지표와 행정업적 평가방법을 달리 수립하여야 한다. 개발최적화구역은 경제구조, 자원 소모, 자주 혁신 등에 대한 평가를 강화하는 반면 경제성장에 관한 평가를 줄인다. 개발중점구역은 경제성장, 질적 효익, 공업화와 도시화 수준 및 관련 영역의 자주 혁신 등에 대해 종합적인 평가를 진행해야 한다. 개발제한구역은 생태건설과 환경보호 등에 대한 평가를 중시하는 반면 경제성장, 공업화와 도시화 수준에 대한 평가를 줄여야 한다. 개발금지구역에서는 주로 생태건설과 환경보호를 평가해야 한다.

3. 주체기능구역 규획 수립이 직면한 주요 문제

중국의 국토 면적은 광활하고, 공간적 차이가 뚜렷하며 인구가 많을 뿐만 아니라 인구의 평균 자원보유량이 상대적으로 적고, 시장경제 메커니즘이 아직 건전하거나 완비되지 않음에 따라 주체기능구역 규획사업을 전개함에 있어 각종 어려움과 문제에 직면할 수밖에 없으며 이는 장기적이고 어려운 과제라 할 수 있다.

(1) 보다 분명하고 통일된 인식이 필요함

주체기능구역 규획은 국가 '제11차 5개년 규획'에서 처음 제시된 내용으로서 국제적으로는 아직 참조할 모델이 없고, 국내에서도 상대적으로 관련 연구성과와 실천적 경험이 많지 않기 때문에 사실상 미래 지향적이고 탐구적인 사업이라 할 수 있다. 현재까지 제시된 이론과 방법 모두 실행 과정에서 끊임없이 모색하고 시도해야만 성과를 얻을 수 있다. 바로 이러한 요인 때문에 현재 중앙과 지방 및 각 부서들이 주체기능구역 규획에 대한 인식이 다르며 어떤 면에 있어서는 심지어 모호하기까지 하다. 현재 비교적 일치된 점은 대부분의 지방과 부서들이 이러한 사업을 전개해야 하는 필요성과 절실함에 대해 공감대를 이루고 있다는 것이며 이런 인식이 국가와 지방 경제사회의 지속 가능한 발전에 있어 중요한 의의를 가지고 있다는 것이다. 그러나, 다음과 같은 두드러진 문제도 상존하고 있다.

첫째, 일부 지방과 부서에서는 데이터 수집, 부서 간 조율, 기술 수단 등 방면의 장애와 어려움으로 인해 두려워하는 정서가 강하며, 현 상황에서 이런 사업을 전개하는 것은 시기적으로 성숙하지 않았다는 인식이 존재한다. 둘째, 국가가 주체기능구역 구획의 표준, 단위, 등급 등 중요 문제에 대해 아직 확정을 못하고 있어 적지 않은 지방과 부서에서 관망세와 망설이는 태도를 보이고 있으며 주도적으로 모색하고 시도하려는 적극성이 결여되어 있다. 셋째, 적지 않은 지역과 부서에서는 정해진 정책에 현실과 맞지 않는 생각을 가지고 있어 줄곧 자기들을 개발중점구역에 포함시킬 것을 요구하면서도 개발제한 및 개발금지구역으로 정해지는 것은 원하지 않고 있다. 이러한 문제들은 적시에 해결되어 향후 주체기능구역 규획이 올바른 방향으로 나아가도록 인도해야 한다.

(2) 복잡하고 거대한 기초적 준비 작업에 직면하고 있음

주체기능구역 규획은 자연, 경제 및 사회 등 다양한 방면과 연관되어 있고, 정부 유관 부서, 기업, 민간조직 등의 광범위한 참여가 필요하며 현재 매우 복잡하고 거대한 기초적 준비 작업에 직면하고 있다.

중국 경제발전 전략과 규획의 변천 및 혁신

첫째, 기초적 데이터의 수집과 처리이다. 주체기능구역 규획은 각급 공간 단위의 자원, 환경, 인구, 경제, 사회 등 방면의 기초적 데이터가 필요한데, 적시에 각종 데이터를 수집하여 정확성, 연속성 및 비교성을 보장하는 것은 복잡하면서도 중요한 작업이라 할 수 있다. 둘째, 기술 방법 및 수단의 확정이다. 주체기능구역 규획은 지표의 선택, 표준의 확정, 경계와 단위의 구분 등 기술성이 매우 강한 사업으로서 과학성을 고려해야 할 뿐만 아니라 실행 가능성도 고려해야 하며 중국 공간개발의 기본적 상황과 부합되는 기술과 방법을 제시하는 것이 매우 중요하다. 동시에 기술 차원에서 위성 원격탐지 기술, 지리정보 시스템 (GIS) 등 현대화 기술의 지원이 필요하지만, 적지 않은 지역과 부서에서 단기간 내에 이러한 기술과 인재를 확보하지 못하고 있다. 셋째, 유관 부처 간의 협상과 소통이다. 주체기능구역 규획 사업은 여러 부처의 역할 분담과 협력이 필요하지만, 일부 부서들은 인식이 제대로 되지 않아 소극적으로 관망하는 자세를 취하거나 사업의 어려움을 두려워해 뒷걸음치는 태도를 보이고 있어, 유관 부서 간의 협상과 소통을 강화하는 것은 매우 중요하다. 넷째, 전문기구, 인원 및 경비의 확보 문제이다. 주체기능구역 규획의 수립, 실행, 평가 및 조정은 시스템적 공정이자 장기적 과제이기 때문에 신속하게 전문 기구를 설립하고, 전문적인 기술 요원을 배치하며 필요한 사업경비를 마련하는 것은 주체기능구역 규획의 순조로운 추진을 보장하는 데 있어 기본적인 전제이다.

(3) 관련 정책의 수립 및 실행에 다양한 어려움이 존재함

주체기능구역 규획이 실행에 옮길 수 있는지 여부는 관련 정책의 수립과 실행 효과에 달려있다고 해도 과언이 아니다. 주체기능구역 규획 방안의 수립은 과학적이고 합리적이라 할지라도 이에 맞는 관련 정책의 수립 및 효과적인 실행이 없다면, 주체기능구역 규획은 장기적이고 안정적으로 집행되기가 어렵다. 현재 일부 지방 및 유관 부서가 주체기능구역 규획 사업에 참여하는 주도성과 적극성이 부족한 원인은 이들이 국가 정책에 의구심을 가지고 있기 때문이다. 현재 경제 글로벌화와 국내 지역경제 일체화가 갈수록 가속화되는 시대적 흐름 속에서 주체기능구역 규획의 관련 정책 수립과 실행 효과는 큰 도전에 직면하고 있다. 첫째, 중국은 이미 WTO에 가입되어 있고, 일반특혜관세제도 등은 이미 각국이 공통적으로 따르는 기본 원칙이 되었으므로 주체기능구역 유형별의 정책 설계는 WTO의 기본 요구에 위반해서는 안 된다. 둘째, 중국 사회주의 시장경제체제가 수립된 이래, 계획경제 시기의 자원분배 수단과 지역 정책은 이미 오늘날의 경제사회 발전 추세에 적용할 수 없으며 주체기능구역의 유형별 정책 설계는 반드시 시장경제체제의 방향과 추세에 부합되어야 한다. 셋째, 중국 현 단계의 경제적 실력과 정부의 관리능력 등의 요인이 주체기능구역 차별화 정책의 실행력에 직접적인 영향을 미치며 게다가 중앙과 지방 정부의 목표 방향이 비교적 큰 차이가 있어 주체기능구역 유형별 정책 설계의 난이도를 더욱 어렵게 만들 수 있다. 강력한 관련 정책이 없다면, 주체기능구역 규획은 효과적으로 집행되고 실행되기 어렵다. 또한, 지방 정부에서 기대하는 만큼의 유형별 차별화 정책을 시행한다면 정부의 재정력과 관리능력이 감당하지 못할 가능성이 크다. 따라서 주체기능구역에 대한 차별화 정책을 설계할 때 이러한 요인들을 충분히 고려하고 숙고해

중국 경제발전 전략과 규획의 변천 및 혁신

야 하며 이것이 현재 주체기능구역 규획사업이 직면한 가장 어려운 난제라 할 수 있다.

(4) 강력한 법률적 지원 및 보장이 부족함

중국의 현재 토지이용규획은 『토지관리법』, 도시의 종합규획은 『도시규획법』에 근거를 두고 있고, 기타 각종 전문규획, 예컨대 환경보호, 임업, 수리 등 영역의 발전규획은 모두 상응하는 법률, 법규를 근거로 삼고 있으며 이와 관련된 실행 세칙과 감독부서가 있는데 이는 오랜 기간 이러한 규획이 집행될 수 있게 만든 중요한 법적 보장이다. 외국의 경험에 비추어 보면, 비교적 전형적인 예로 독일은 연방과 주, 두 단계의 행정 단위가 모두 공간규획 방면의 법규를 만들어 각급의 국토 공간 개발규획을 인도하고 통제하고 있다. 중국에서 수립한 주체기능구역 규획은 통솔적, 기초적 특징을 가지고 있으며, 공간개발규획과 기타 각종 전문규획을 수립하는 기초라 할 수 있기에 중앙과 지방 정부는 모두 이러한 규획에 높은 지위를 부여하고 있다. 하지만 경제사회 발전 규획과 마찬가지로 주체기능구역 규획이 관련 법률적 지원과 보장이 부족하여 기타 각종 규획과의 통일적이고 전면적인 연계를 어렵게 할 뿐만 아니라 규획 사업과 이익 방면에 있어 다른 유관 부서와의 조직, 동원, 조율을 어렵게 만들어 주체기능구역 규획 사업의 심도 깊은 전개와 추진에 직접적인 영향을 미칠 수밖에 없다. 따라서 주체기능구역 규획과 연관된 법률, 법규를 조속히 수립하여 주체기능구역 규획의 지위, 성격, 수립 절차, 심사 및 승인 부서, 관리 평가에 대해 명확히 규정하는 한편 주체기능구역 규획의 추진을 위해서라도 법적 보장을 제공해야 한다. 현단계에서는 주체기능구역 규획의 수립을 위해 우선적으로 규획의 수립 절차 규정과 편제 방법을 고려한 다음 전문적 법률과 조례를 수립하여 주체기능구역 규획의 실행과 조정을 규범화하고, 보장하도록 해야 한다.

(5) 현행 각종 규획과의 조화 및 연계 강화가 필요함

'제11차 5개년 규획' 기간 동안, 정부에서는 국가, 성, 시(현)의 3급 규획과 종합규획, 지역규획, 전문규획의 3종 규획으로 구성된 '3급 3종' 규획 체계를 점진적으로 구축해야 한다고 제시하였다. 따라서 주체기능구역 규획과 다른 각종 규획의 관계를 조정하고 연계하는 것은 주체기능구역 규획 사업의 안정적인 추진에 있어 매우 중요하다고 말할 수 있다. 현재 중국의 각종 규획의 수립, 실행 및 감독은 모두 주관 부서에서 책임지고 있어 오랜 기간에 걸쳐 높은 경직성이 형성되었다. 부서 간의 이익 관계, 조사, 연구 및 인식 부족 등 요인의 영향으로 인해 대다수 규획이 객관적인 상황 변화에 따라 적시에 조정되지 못하고 있다. 그리하여 효과적인 지도 및 구속력을 발휘하지 못해 현재 각종 규획 간에 모순과 충돌을 야기하는데 도시종합규획, 토지이용규획, 경제사회 발전규획 '3대 규획' 간의 융합 문제는 이미 적지 않은 지역의 경제와 사회발전에 영향을 미치는 중요 요인이 되고 있다. 현재 전국 상당수의 도시는 모두 도시종합규획과 토지이용규획의 수정 작업을 진행 중이며, '제11차 5개년 규획' 기간 동안 국민경제 및 사회발전규획에서 확정한 각종 목표를 충분히 만족시킬 수 있도록 규획 간의 상호 융합과 조율을 촉진하고 있다. 주체기능구역 규획은 '제11차 5개년 규획'에서 새롭게 제시된 기초적이고, 혁신적인 규획으로서 강력한 통솔력과 독립성을 가지고 있어 가능한 빨리 기타 각종 규획과의 상호 관계를 명확히 하는 한편 기타 각종 규획은 이에 맞게 수정 및 조정되어야 한다. 구체적으로 주체기능구역 규획의 원칙과 역할에 따라 현재 각종 규획에 대한 수정과 조정을 단계적이고 질서 있게 진행해야 하며, 향후 수립해야 하는 각종 새로운 규획에 대해서는 엄격히 주체기능구역 규획의 요구에 따라 각종 규획의 중점과 목표를 확립해야 한다.

제3절 주체기능구역 규획의 정책적 보장

주체기능구역 조성을 추진하고, 주체기능구역 규획을 완성하기 위해서는 일련의 정책적 지원이 필요하므로, 따라서 주체기능구역 규획의 수립에 있어서 중요한 점은 주체기능구역 규획의 관련 정책을 수립, 완성하는 것이다. 이런 정책들은 주로 재정 정책, 투자 정책, 산업 정책, 토지 정책, 인구관리 정책, 환경보호 정책 등을 포함하고 있다. 주체기능구역 유형별로 차별화된 관련 정책의 실행을 통해 주체기능구역 조성을 추진해야 한다.

또한, 중앙 정부에서는 주체기능구역 조성 추진에 대해 가능한 빨리 연구에 착수하는 한편 주체기능구역 규획의 보장적 조치를 실행해야 한다. 지역 정책을 완비하는 것 외에도 주체기능구역 규획과 관련된 법률을 신속하게 수립하여 주체기능구역 조성 추진을 위한 법률적 보장을 제공해야 한다. 중국 규획 체제의 개혁을 빠르게 추진하고, 주체기능구역 규획의 기초적, 전략적, 통제적 성격을 확립하며 주체기능구역 규획과 국민경제 및 사회발전 종합규획, 지역규획, 도농규획, 토지이용규획, 환경보호규획, 교통규획 등의 관계를 명확히 하는 한편 규획 간의 연계를 촉진하여 중국의 규획 체계를 완비해야 한다.

1. 주체기능구역 규획의 보장적 조치

전국 주체기능구역 규획을 실행하고, 주체기능구역의 역할을 명확히 하기 위해서는 관련 정책, 법률 및 법규, 성과평가제도 등을 조정하고 완비함으로써 이익지향적 메커니즘과 정밀한 관리 메커니즘을 구축해야 한다.

(1) 재정정책

공평한 기초적 공공서비스를 목표로 하고, 주체기능구역의 요구에 부합되는 공공 재정 체제를 구축해야 한다.

중앙과 성(자치구, 직할시) 이하의 재정이전지출제도를 완비하기 위해 개발제한 및 개발금지 구역의 공공서비스와 생태환경 보전에 사용되는 재정이전지출을 중점적으로 증가시켜야 한다. 국가 기초적 공공서비스의 범위, 수준 및 지출 표준을 확정하기 위해서는 기초적 공공서비스의 지출 표준을 핵심으로 현행 이전지출제도의 표준 지출 항목을 수정하고, 일반적 이전지출자금 분배의 계산방법에서 주체기능구역을 구현하는 항목을 증설하며, 개발제한과 개발금지 구역에 특별히 사용되는 일반적 이전지출 규모를 점진적으로 확대하는 한편 개발제한과 개발금지 구역의 1인당 기본적 공공서비스 지출 수준과 전국 평균 수준이 대체로 비슷하도록 보장해야 한다. 또한, 현행 재정이전지출 가운데 경작지의 삼림 및 초지 전환, 천연림 보호 프로젝트 등에 대한 이전지출을 기초로 하여 보다 종합적인 생태복원 이전지출의 설치 및 제도화를 추진하는 한편 이를 개발제한과 개발금지 구역의 생태환경 보호에 사용되도록 해야 한다. 생태 이민에 대한 특별이전지출 항목 증설을 연구하여 개발제한과 개발금지 구역의 이주가정 및 이주민 수용 지역에 필요한 보조를 해야 한다. 자연보호구역 단위 면적의 관리보호경비 지출 표준을 제고하고, 경비 총액을 늘리는 한편 그 재정적 보장의 강도를 높여야 한다.

(2) 투자정책

정부 투자는 각 영역에 대한 투자와 주체기능구역에 대한 투자가 있는데, 양자가 결합된 투자 정책을 실행해야 한다.

주체기능구역에 대한 정부 투자는 개발제한과 개발금지 구역의 공공서비스시설 건설, 생태환경 보호를 지원하는 데 중점적으로 사용하는 동시에 각 영역에 대한 정부 투자 또한 각 주체기능구역의 역할과 일치해야 한다. 아울러 공공서비스시설 건설 및 생태환경 보호에 대한 투자는 개발금지구역; 농업 및 생태환경 보호에 대한 투자는 개발제한구역; 도시 기초시설건설 투자는 개발중점구역, 자주적이고 혁신적이며 첨단기술 산업화에 대한 투자는 개발최적화구역으로 기울여야 한다.

(3) 산업정책

주체기능구역의 역할에 따라 산업정책을 분류하고 관리해야 한다.

현행 산업 구조조정의 지도목록을 수정하여 각 유형 주체기능구역의 역할에 따라 적합한 산업 지도목록을 수립해야 한다. 개발최적화구역은 자주적 혁신역량의 강화를 유도하고, 산업구조의 고도화 및 경쟁력을 높여야 한다. 개발중점구역은 관련 산업 역량의 강화를 유도하고, 산업 이전의 수용능력과 자주적 혁신역량을 강화해야 한다. 개발제한구역은 지역적인 특색을 가진 산업 발전을 유도하고, 주체기능구역 역할에 부합하지 않는 산업의 확장을 통제해야 한다. 또한 유형자산 투자방향 조정세금은 주체기능구역과 산업정책에 따라 조정 및 완비하여 투자 프로젝트별로 차별화된 세율을 적용해야 한다. 투자 프로젝트에 대해서는 각 주체기능구역 유형에 따라 각기 다른 부지, 에너지 소비, 수자원 소비 및 오염물질 배출 표준을 실행해야 한다.

(4) 토지정책

전국 농경지 보유량 18억 묘(畝)를 확보하는 목표를 실현하기 위해 차별화된 토지 이용 정책을 실행하고, 집약적인 토지 사용과 토지 절약을 촉진해야 한다.

개발최적화구역의 건설부지 규모를 엄격히 통제하여, 개발중점구역의 건설부지 규모는 적절히 확대하도록 해야 한다. 공업 용지의 증가를 엄격히 통제하고, 도시주거 용지를 적절히 증가시키며 외부 유입인구에 상응하는 도시건설 용지 정책을 연구 및 완비해야 한다. 개발제한과 개발금지 구역에서는 엄격한 토지용도관리제도를 실행하며 수면,

습지, 임지 등 생태 부지의 용도를 바꾸는 것을 엄격히 통제해야 한다.

(5) 인구정책

주체기능구역의 역할에 따라 질서 있는 인구유입과 정착을 유도해야 한다.

개발최적화 및 개발중점구역이 외부 유입 인구를 흡수, 정착시키는 것을 장려해야 한다. 개발최적화구역은 안정적인 일자리와 거주장소를 가지고 있는 유동인구에 대해 점진적인 현지화를 실현해야 하며 개발중점구역은 보다 많은 외부 인구를 흡수해야 한다. 개발제한과 개발금지 구역의 인구는 개발최적화 및 개발중점구역으로 자발적, 안정적으로, 질서 있게 이전해야 한다. 자연보호구역 내의 인구 일부는 이전하고, 일부는 현지에서 관리보호 인원으로 전환해야 한다. 아울러 호적관리제도와 이와 연계된 교육, 의료, 사회보장, 거주 등 방면의 제도적 개혁을 추진해야 한다. 또한, 개발제한과 개발금지 구역에서 취업교육과 기능 훈련을 발전시키고, 노동자의 지역 간 이전 및 취업 능력을 높이도록 해야 한다.

(6) 환경정책

주체기능구역의 기능적 역할과 환경용량에 근거하여 유형별로 관리하는 환경정책을 실행해야 한다.

개발최적화 구역은 보다 높은 오염배출 감축 목표를 실현하기 위해 오염배출량을 감소시키고 보다 엄격한 오염배출 및 환경보호 표준을 실행하며 배출 총량을 통제하는 오염물질의 종류를 증가시켜 생산량 증가와 동시에 오염배출 총량을 대폭 감축시켜야 한다. 개발중점 구역은 환경용량에 근거하여 오염배출 표준을 제고하는 한편 생산량은 높이되 오염배출량은 감축을 실현하고, 환경 수용능력을 유지하여야 한다. 개발제한 구역은 보호를 우선적으로 견지하고, 생태기능을 회복하며 오염배출 총량이 계속 줄어들도록 해야 한다. 개발금지 구역은 관련 법에 따라 오염물질을 배출하는 모든 기업을 폐쇄하고, 제로 배출을 실현하도록 해야 한다. 개발최적화 구역은 국제 선진수준에 따라 산업 진입에 더 엄격한 환경표준을 적용해야 한다. 개발중점 구역은 또한 환경용량에 근거해 산업 진입에 대한 환경표준을 점진적으로 제고해 나가야 한다. 개발최적화 구역은 오염배출권 발급을 엄격히 통제하여 비교적 높은 오염배출권 취득 가격을 정해야 한다. 개발중점 구역은 오염배출권 발급을 합리적으로 통제하고, 합리적인 오염배출권 취득 가격을 정하며 새로운 건설 프로젝트에 대해 오염배출권 거래를 통해 오염배출권을 취득하도록 장려해야 한다. 개발제한 구역은 원칙적으로 오염배출권을 발급하지 않으며 개발금지 구역도 오염배출권을 발급하지 않는다.

(7) 법률 및 법규

법률 및 법규는 공간개발 행위에 관한 준칙이다. 주체기능구역 조성을 위한 추진 요구에 따라 입법 절차를 빠르게 진행하여, 주체기능구역 조성 추진에 유리하고 건전한 법률 체계를 만드는 동시에, 엄격히 준수해야 한다.

『국토공간개발법』, 『지역규획법』을 수립하고, 주체기능구역 규획

과 지역 규획의 법률적 지위를 명확히 정하며『자연보호구역 조례』,
『관광명승지 조례』등을 수정하는 한편『자연보호구역법』을 수립하고,
『기본농업용지 보호 조례』를 수정하며『기본농업용지 보호법』을 수립
해야 한다. 또한 법의 집행력을 높이고, 법에 따라 공간개발의 강도를
엄격히 관리하며 개발 질서를 규범화해야 한다.

(8) 규획 체계

규획 체계는 공간개발 행위에 관한 규범이다. 규획체제 개혁을 추
진하고, 주체기능구역 규획에 따라 각종 규획의 역할을 명확히 하여,
기능의 상호보완성 및 연계의 통일성을 가진 규획 체계를 구축해야
한다.

'제12차 5개년 규획'에 근거하여 국민경제 및 사회발전 종합규획
의 공간 개발과 규제 방면의 내용을 강조함으로써 공간적 구속력 및 지
도적 역할을 강화해야 한다. 지역규획 사업을 강화하고, 개발최적화 구
역과 개발중점 구역의 규획을 수립하며 지역 내 도시구역, 농촌구역 및
생태구역의 범위, 그리고 중요 기반시설 및 공업단지 등의 배치를 명
확히 해야 한다. 각 성(자치구, 직할시)은 각 주체기능구역 규획에 근거해
관련 도시규획, 토지이용규획, 인구, 환경보호, 교통 등 전문규획을 조
정 및 완비하도록 해야 한다. 각종 규획을 심사, 승인 및 실행하기에 앞
서, 연관된 주체기능구역 규획에 근거해 평가 및 연계 작업을 진행해야
한다.

2. 규획 실행의 성과 평가

성과 평가는 공간개발에 있어 가이드 역할을 담당한다. 과학적 발전관을 전면적으로 실행하고, 주체기능구역 조성 추진 요구를 만족시키기 위해 유형별 성과 평가와 심사 제도를 수립 및 완비해야 한다.

개발최적화구역에 대해서는 경제 구조 및 발전방식 전환의 상황을 중점적으로 평가하고, 현대적 서비스업 발전, 자원소모, 환경보호, 자주혁신 및 외부유입 인구의 공공서비스 공평화 수준 등에 대한 평가를 강화하는 한편 경제성장 속도와 기업 투자유치 규모 등에 대한 평가는 약화해야 한다. 개발중점구역에 대해서는 경제성장, 질적 효익, 산업구조, 자원소모, 환경보호, 외부유입 인구 규모 및 외부유입 인구 공공서비스 공평화 수준 등을 종합적으로 평가해야 한다. 개발제한구역에 대해서는 생태보호와 농업발전을 우선적으로 평가하는데, 주로 수질, 수토유실 관리, 삼림 점유율 등 생태환경 상황, 농업 종합생산능력 및 공공서비스 수준 등을 평가하되, 지역 총생산, 재정수입 및 도시화율 등은 더 이상 평가하지 않아야 한다. 개발금지구역에 대해서는 자연문화유산 보호를 우선적으로 평가하되, 주로 자연문화유산 보호의 상황과 공공서비스 수준을 평가해야 한다.

주체기능구역 규획의 구체적 정책 조합은 아래 〈표 9-1〉에서 나타난 바와 같다.

〈표 9-1〉 주체기능구역 규획의 정책 조합

	개발최적화구역	개발중점구역	개발제한구역	개발금지구역
재정정책	첨단기술, 고부가가치산업 발전 장려, 고소모, 고오염 산업 발전 통제, 자원절약, 환경보호 기술 진보 장려	기초시설 개선 지원, 관련 산업 발전 지원, 노동집약적 산업 발전 지원	기초시설, 생태환경 기초시설 건설 강화, 공공서비스 제공능력 강화, 지역적 특색 산업 발전 지원	생태환경 기초시설 건설 강화, 지역 자원환경 조건에 맞는 개발활동 지원
투자정책	주체기능에 맞지 않는 프로젝트 건설 통제	유형자산 투자 증가 기회 제공, 경제 성장축 조성	주체기능에 맞지 않는 프로젝트 건설 통제, 생태환경 보호 프로젝트 건설 지원	주체기능에 맞지 않는 프로젝트 건설 금지, 생태환경보호 프로젝트 건설 지원
산업정책	재정정책 지원 방향과의 일치성 유지	관련 산업 발전 유도, 노동집약적 산업 발전 유도	지역적 특색 산업 발전 유도, 주체기능에 맞지 않는 산업 이출	주체기능에 맞는 녹색산업 발전 장려
토지정책	토지 점용 규모 통제, 고소모 및 고오염 산업 토지 점용 통제	산업 발전에 공간 제공, 도시화 추진에 보다 좋은 용지 조건 제공	주체기능에 맞지 않는 프로젝트 토지 점용 금지, 생태 이민 생활 공간 제공	주체기능에 맞지 않는 프로젝트 건설 토지 점용 금지
인구정책	외부유입 인구 이주 장려, 노동시장 개방 촉진	외부유입 인구 이주 장려, 노동시장 개방 촉진	인구 외부 이전 장려, 노동력 훈련 강화	인구 외부 이전 장려, 노동력 훈련 강화
환경정책	고소모, 고오염 산업 프로젝트 건설 통제, 생태 관리와 환경보호에 대한 재정, 물자, 인력 투입 촉진	'선(先) 오염, 후(後) 정비'의 낡은 개발 방식 답습 방지	생태환경 프로젝트 건설 장려, 오염 배출 총량과 배출 강도 통제	생태환경 프로젝트 건설 장려, 생태 훼손 및 환경오염 개발활동 금지
규획정책	개발활동의 토지 점용 통제, 첨단기술 및 고부가가치 산업 발전 유도	경제 성장축 조성 유도, 노동집약적 산업 발전 유도	주체기능에 맞지 않는 개발활동 통제, 지역적 특색 산업 발전 유도	주체기능에 맞지 않는 개발활동 통제, 지역 생태환경 조건에 맞는 산업 발전 유도
성과평가	첨단기술, 고부가가치 산업 발전 유도, 생태환경 질적 개선 유도, 경제발전방식 전환 유도	경제성장, 공업화 및 도시화 추진 유도, 경제의 질적 성장 유도	지역적 특색 산업 발전 유도, 생태환경 질적 개선 유도	지역 생태환경 조건에 맞는 산업 발전 유도, 생태환경 질적 개선 유도

제4절 주체기능구역 규획에 관한 몇 가지 제안

주체기능구역 건설은 공간을 관리하는 새로운 구상이며 공간개발 질서를 규범화하고 합리적인 공간개발 구조 형성을 촉진하는 데 있어 중요한 이론적, 현실적 의의를 가진다. 그러나 주체기능구역 조성 전략을 실행하는 과정 중에서 어떻게 주체기능구역을 구획하고, 어떻게 유형별로 관리할지에 대해 여전히 적지 않은 문제와 논쟁이 존재한다. 주체기능구역을 구획하고, 주체기능구역 규획을 완성하기 위한 제안은 다음과 같다.

1. 개발금지구역과 개발중점구역은 정책의 중점

'제11차 5개년 규획'에서 개발금지구역은 관련 법에 근거해 설립한 각종 자연 보호 구역을 뜻하는데, 이런 구역의 경우 외부성과 공익성이 강해 시장경제 하에서 정부가 우선 중점적으로 지원해야 하는 지역이다. 이와 같은 구역의 수량과 범위가 상대적으로 명확하고, 면적이 상대적으로 작기 때문에 정책 수립 측면에서 실행 가능성이 있다. 정책적 지원이 필요한 또 다른 지역은 개발중점구역이다. 조건이 비교적 양호한 몇 개 지역을 국가가 중점적으로 지원하는 구역으로 선택하고, 국가 측면의 정책, 자금 및 기타 사회적 자원을 통해 우선적인 발전을 촉진하여 주변, 나아가 기타 낙후한 지역의 발전을 이끌어 나가는 것이 개혁개방 이래 중국에서 지속적으로 실시해온 중요한 발전전략이었다. 실천이 입증하듯이 이러한 전략은 유효할 뿐만 아니라 실행 가능하다.

지역 규획 방면에서 개발금지구역과 같이 개발중점구역의 수량과 범위에 대해서도 명확히 규정해야 한다. 개발중점구역의 확정은 해당 구역의 발전 조건을 고려해야 하는데 주로 고려해야 할 점은 국가 지역발전전략의 요구, 국가 정책의 지원 가능성이라 할 수 있다. 다만 발전 조건이 좋은 지역이라고 전부 개발중점구역으로 지정될 필요는 없다. 유형별 관리의 정책 방면에 있어 개발금지구역의 중점은 국가의 재정투입을 강화해야 하고, 개발중점구역은 체제적 및 정책적 운용 측면에 있어 보다 많은 자주권과 강한 융통성을 부여하도록 해야 한다.

2. 주체기능구역 규획의 동태적 조정 유지

한 지역의 자원환경 수용능력은 결코 고정적으로 불변하는 것이 아니며 기술수준과 경제구조의 변화에 따라 동태적으로 변화할 수 있다. 또한, 한 지역이 장기적으로 얼마나 발전 잠재력이 있는지는 전적으로 그 지역의 자원환경 수용능력에 따라 결정되지 않고, 주로 지역 외부로부터 사회자원을 동원하고 이용하는 능력에 따라 결정된다. 따라서 한 지역의 현재 자원과 환경 상황에 근거하여 향후의 발전 전망에 대해 정확한 판단을 내리기가 어렵고, 한 지역의 현재 자원 환경 상황으로 확정한 주체기능과 발전 방향이 그 지역의 장기적 발전 잠재력 및 발전 방향과 부합하는지 보장하기 어렵다. 인간과 자연의 조화를 촉진하기 위해 주체기능구역에 따라 공간 규획과 유형별 관리는 필요하지만 그렇다고 정부와 규획의 역할을 지나치게 강조하여 각 지역의 발전에 대한 적극성을 꺾어서는 안 된다. 이러한 인식에 근거해 주체기능구역 규획을 기초적 방안으로 삼고, 상황의 발전 변화에 따라 주체기능구역 규획 및 유형별 관리 정책에 대해 적시에 조정하여 규획 자체의 과학성과 유효성을 보장해야 한다.

3. 개발최적화 및 개발제한구역 발전의 유도

개발최적화구역은 대부분 경제가 발달하고, 시장경제체계가 상대적으로 완비되어 있어 기술진보와 시장이라는 수단을 활용하여 자원환경의 수용능력 문제를 해결하는 역량이 강하다. 뿐만 아니라 경제가 발전한 이후에도 지속 가능한 발전에 대한 의식이 끊임없이 제고되고, 동시에 이러한 지역은 구역 구획에 있어 경계를 정확히 확정할 수 없기 때문에 주체기능구역 규획의 지도성과 유도성을 강화해야 하며 시장 메커니즘 역할을 발휘하는 동시에 지방정부의 적극성과 주도성을 발휘해야 한다. 한편 개발제한구역은 분포 공간이 광활할 뿐만 아니라 수량이 많고, 대부분 중서부 지역에 분포되어 있어 자연조건이 열악하며 경제가 상대적으로 낙후되어 있기 때문에 가난을 탈출하고 부를 창출하는 임무가 대단히 어렵고도 막중하다. 현재 국가 재정력은 상대적으로 한정되어 있어 지원과 보상을 실행할 만한 조건을 갖추고 있지 않으며 게다가 이런 지역의 인구 규모가 커서 이전을 통해 자원환경의 압력을 줄이는 방법은 현실성이 떨어진다. 동시에 개발제한구역은 공간적으로 넓고, 유형이 복잡하며 기능이 다원화되어 있을 뿐만 아니라 경계가 모호해 그 기능과 발전 방향을 정확히 확정하는 것 또한 상당히 어렵다. 따라서 이와 같은 지역의 자원환경 문제는 발전 과정에서 끊임없이 해결해야 하는데, 이러한 지역의 규획은 대략적인 가이드라인이 적합하며 자세하게 규획하는 것은 적절하지 않다. 정책적 구상 역시 정부와 시장의 역량을 서로 결합하여 정부 통제와 지원을 강화한다는 전제 하에 시장 메커니즘 작용을 유도함으로써 개발제한구역의 발전을 촉진시켜야 한다.

4. 주체기능구역 규획 감독기구의 설립

주체기능구역 규획을 과학적으로 수립하고, 효과적으로 실행하기 위해서는 국무원이 국가급 주체기능구역 규획위원회를 조직하여 국가급 주체기능구역 규획의 각종 사업을 책임지고 주도해 나가야 한다. 주체기능구역 규획위원회의 첫 번째 임무는 건전한 부서 간 협력 메커니즘을 구축하고, 유관 부서가 참여하는 주체기능구역 규획 및 정책조치 수립사업을 조직하며, 각 부서에 설치된 지역관리 부서와 지역정책 수립, 실행 기구를 통합하여 주체기능구역 규획과 기타 규획과의 연계와 조화를 촉진해야 한다. 또한 지속 가능한 발전의 자금 보장 메커니즘을 구축하여 개발제한구역과 개발금지구역의 생태보상 특별기금 및 개발중점구역의 개발특별기금을 설치하는 한편, 자금 출처는 중앙재정 특별지출금, 현행 미개발지역 발전기금, 소수민족 빈곤지역 생계기금, 구(舊)혁명지역[2] 발전기금, 빈곤층 구제기금, 각 성(자치구, 직할시)의 지방

---

2   역주 : 구(舊)혁명지역은 토지혁명전쟁(1927-1937년) 및 항일전쟁(1937-1945년) 시기에 중국공산당이 창건한 혁명 근거지를 말하며 중국 27개 성(자치구, 직할시)의 1300여 개 현(縣)에 분포되어 있다.

정부 경비, 생태배상 위반 벌칙금과 민간 자본 등을 포함하며 입법을 통해 각종 사업의 안정적인 자금원을 확보하도록 노력해야 한다.

5. 현행 지역정책과의 조화 및 연계

현행 지역정책과 주체기능구역 규획의 관련 정책은 연관성이 있지만, 차이도 있다. 일부 정책들은 상호 시너지 효과를 창출할 수도 있지만 일부 정책들은 상호 상쇄작용을 일으키기도 한다. 또한, 어떤 정책들은 상호 보완되거나, 서로 대체될 수도 있다. 의심할 여지없이 주체기능구역 규획의 관련 정책이 효율적으로 집행되기 위해서는 현행 정책적 자원을 체계적으로 정리하고, 통합함으로써 정책 간의 조화와 연계를 완성해야 한다.

첫째, 각 정책이 지향하는 목표가 일치해야 한다. 현행 지역정책과 주체기능구역 규획의 관련 정책은 모두 지역의 조화로운 발전을 위한 유기적인 구성 요소로서 양자의 목표는 일치해야 하고, 충돌해서는 안 된다. 총체적 목표뿐만 아니라 지역별 목표도 이와 같아야 한다. 양자의 정책적 목표가 일치되면 정책적 마찰을 감소시키는 한편 정책의 효율성을 높일 수 있다.

둘째, 정책적 체계는 통일성을 유지해야 한다. 상술한 두 가지의 정책적 목표가 일치되려면 정책적 체계의 일치성을 유지해야 한다. 현행 지역정책과 수립 중인 주체기능구역 규획의 관련 정책은 모두 특정한 발전 목표를 지향하고 있으며 비록 중앙정부에서 통일적으로 공포하지만 모두 정책 초안 수립 부서의 특정 흔적이 담겨 있어, 중첩 및 교차

중국 경제발전 전략과 규획의 변천 및 혁신

된 부분이 많다. 이러한 상황은 정책적 협력에도 이롭지 않고, 정책적 자원을 낭비하는 결과를 초래하기 때문에 전문적으로 지역정책을 조율하는 부서를 설치하여 각종 지역정책을 조합하고, 통일된 지역정책 체계를 구축해야 한다.

셋째, 주체기능구역 규획의 관련 정책을 우선 순위에 두어야 한다. 현행 지역정책과 수립 중인 주체기능구역 규획의 관련 정책은 서로 다른 시기에 수립되어 매 시기마다 국가발전에 관한 종합전략과 지도적 사상이 완전히 동일하지 않으며 서로 다른 전략적 지도하에 수립된 지역정책의 핵심 내용 또한 자연스럽게 다를 수밖에 없다. 일반적으로 새로 수립된 지역정책은 항상 그 전에 수립된 지역정책에 비해 국가 정세에 보다 부합하고, 경제사회와 환경의 지속 가능한 발전 수요에 적합하며 지역의 조화로운 발전 요구에 부합한다. 따라서 주체기능구역 규획의 관련 정책과 기존의 지역정책이 일치하지 않으면 전자는 후자를 대체해야 한다.

넷째, 현행 지역정책은 점진적으로 조정되어야 한다. 현행 지역정책은 방대하면서 복잡한 체계로서, 이를 조정하는 것은 중앙, 지방, 기업 및 개인의 이해관계의 변동을 일으키기 때문에 사소한 변동이라 할지라도 전체에 영향을 줄 수 있어 신중하게 다루어야 한다. 또한 주체기능구역의 조성은 장기적이고, 어려운 과정이기에 한번에 다 이룰 수는 없다. 역사적 조건의 제한으로 인해 주체기능구역 규획의 관련 정책 또한 지역 발전에 직면하는 모든 문제들을 해결할 수 없고, 시대적 요구에 따라 끊임없이 정책의 변화가 필요하다. 따라서 현행 정책의 조정은 과다한 조정 비용과 과도한 정책 변동을 피해야 하며 점진적인 원칙을 견지해야 한다. 구체적으로는 다음과 같은 방면에서 조화와 연계를 진행할 필요가 있다.

첫째, 규획 수립 방면의 조화 및 연계. 각 지역은 『전국 주체기능구역 규획』을 참조해 새로이 경제 및 사회발전 규획을 심의하거나 수립하고, 그 경제성장 방식과 산업에 대한 선택은 주체기능구역 요구에 부합해야 하며 이와 부합하지 않는 부분은 과감히 조정을 단행해야 한다.

둘째, 재정 및 조세정책 방면의 조화 및 연계. 현행 지역 재정 및 조세정책은 주로 동부, 중부, 서부 및 동북부 4대 지역으로 나뉘며 주체기능구역의 재정 및 조세정책이 수립된 이후, 주체기능구역 정책의 우선 원칙에 따라 현행 지역 재정 및 조세정책에 대해 취사선택을 해야 한다.

셋째, 산업정책 방면의 조화 및 연계. 현재 중국의 산업정책은 주로 개별 프로젝트가 『산업 지도 목록』요구에 부합한지 여부에 따라 심사하여 실행하지만, 이는 한 지역의 산업발전 규모 및 자원환경에 미치는 영향을 종합적으로 파악하기 어렵다. 향후 주체기능구역의 산업 통계자료를 구축하여 특정 지역의 기존 산업 규모, 자원환경의 수용능력, 새로운 프로젝트의 기술경제적 특징 등을 종합적으로 심사하고 산업정책을 실행하도록 해야 한다.

넷째, 토지정책 방면의 조화 및 연계. 토지 사용에 있어 현재는 행정적 구역을 단위로 하여 각 지역의 용지 지표를 할당한다. 즉 중앙에서는 성(자치구, 직할시)급 행정구역 단위로 할당하고, 성(자치구, 직할시)은 시급(市級) 행정구역 단위로 할당한다. 향후 기능구역 단위로 각 지역의 용지 지표를 할당하는 방안을 고려할 수 있다.

중국 경제발전 전략과 규획의 변천 및 혁신

다섯째, 환경정책 방면의 조화 및 연계. 현행 환경정책의 실행은 주로 성급(省級) 이하의 환경감독기구에 위탁하는 방식을 취하고 있다. 이런 기구들은 지방정부에 속해 있어 국가 정책을 집행할 시 지방 이익을 주로 고려한다. 현행 환경감독체계를 기초로 하여 중앙에서 수직적으로 통제하는 환경감독체계를 구축하면서 지방의 보호주의가 환경보호에 대한 개입을 배제하고, 단기적 행위가 장기적 발전에 미치는 영향을 줄여야 한다.

제5절 사례연구 : 허난성(河南省) 주체기능구역 규획 수립 경험

1. 규획 수립사업의 전개

허난성(河南省) 주체기능구역 규획사업 지도부를 설립하고, 주체기능구역 규획 수립을 통일적으로 조직, 지도하며, 주체기능구역 규획 수립 부서 및 주체기능구역 규획 전문가 자문위원회를 설치하여 규획 초안 작성 및 논증 작업을 각각 책임지면서 각 시·현(市縣)과 관련 부서는 적극적으로 협력한다. 구체적인 규획 수립사업은 다음 네 단계에 걸쳐 진행한다.

(1) 제1단계

기초 연구 및 분석 평가 작업을 전개한다. 과학연구기구에 위탁하여 주체기능구역의 분류 및 분류의 기술표준, 주체기능구역의 분류 정책, 개발중점구역, 개발제한구역, 개발금지구역 삼자의 주체기능 선정 등에 대한 연구를 진행하는 한편 허난성(河南省) 관할 시(市)와 유관 부서를 조직하여 국토 공간에 대한 전문적 연구와 종합적 평가를 진행한다.

조사 및 연구 작업을 강화한다. 기타 시범 성(省), 시(市)의 주체기능구역 조성 방면의 성과와 경험을 학습 및 참조하고, 관할 시·현(市縣)을 조직하여 기초적 조사 연구 작업을 전개하며 주체가능구역 규획 수립을 위한 상세하고 확실한 기초 데이터를 제공한다. 또한 관련 청(廳), 국(局)을 조직하여 좌담회를 열어 해당 영역 및 산업의 주체기능구역 규획 수립에 관한 구상과 의견을 검토한다.

시범 시·현(市縣)의 주체기능구역 수립 사업을 조직 및 전개한다. 정저우시(鄭州市) 등 5개 허난성(河南省) 관할 시(市)와 위저우(禹州) 등 4개 현(縣)을 주체기능구역 규획 수립의 시범 시(市), 현(縣)으로 선정하고, 각 시범 시(市), 현(縣)은 조직 및 지도를 강화하며 인원과 경비를 배치하여 허난성(河南省) 주체기능구역 규획 수립에 관한 연구 작업 전개를 적극적으로 협조한다.

허난성(河南省) 주체기능구역 구획 방안을 제시한다. 국가 표준과 지표 체계에 따라 허난성(河南省)의 실제 상황과 결합하여 주체기능구역 구획의 기술방법과 표준, 평가지표 체계 등 기술적 규범을 연구 및 제시함으로써 허난성(河南省) 주체기능구역 규획의 기술 요강을 확정하고, 주체기능구역 구획 방안을 제시한다.

(2) 제2단계

주체기능구역에 관한 전문적 연구보고서를 작성한다. 『전국 주체기능구역 규획』이 공포된 이후, 국가 규획이 지향하는 방향에 근거해 기존 연구 성과에 대한 수정 및 완비 작업을 진행한다. 과학연구기구에서는 주체기능구역의 분류 및 분류의 기술표준, 기능적 역할의 확정 등에 관한 연구보고서를 완성한 다음, 허난성(河南省) 규획사업 지도부에 제출한다.

시범 시(市), 현(縣)의 구체적 주체기능 확정을 위한 연구 작업을 완성한다. 각 시범 시(市), 현(縣)은 국가 규획과 허난성(河南省) 규획에서 제시한 주체기능구역 구획 방안에 기반하여 관할 지역의 국토 공간에 대해 구체적으로 주체기능구역을 구획하고, 관할 지역 내 각종 주체기능구역의 발전 방향에 근거해 공간 규제, 개발 순서 및 프로젝트의 심사, 승인 절차 등을 규정한다.

주체기능구역의 유형별 관리 정책을 연구하여 수립한다. 각 유관부서는 국가에서 제정한 각 기능구역의 지역정책에 근거하여 허난성(河南省)과 관련된 과제의 연구 성과와 결합해, 해당 지역의 실제 상황에 맞는 정책을 수립함으로써 주체기능구역 조성을 추진함에 있어 필요한 정책적 보장을 제공한다.

주체기능구역 규획의 초안 작업을 완성한다. 『전국 주체기능구역 규획』을 참조하여 시범 사업 전개에 기초해 사업의 핵심인원을 차출하여 주체기능구역 규획 수립 작업팀을 조직하고, 시(市), 현(縣) 및 유관부서와 협력하여 주체기능구역 규획 초안을 작성하는 동시에 개발중점구역의 전문규획 수립 작업을 개시하여 초안 완성 후 전국 주체기능구역 규획 수립사업 지도부에 보고한다.

(3) 제3단계

규획 초안 수립작업이 완성된 이후, 기타 관련 규획과의 연계 작업을 진행하고, 연계 의견에 근거해 규획을 수정한 후 전국 주체기능구역 규획 수립사업 지도부에 보고한다.

『전국 주체기능구역 규획』과의 연계성을 강화한다. 적시에 『전국 주체기능구역 규획』과의 충분한 연계를 진행하고, 국가급 주체기능구역 구획과 어긋나는 상황을 피하며 국가급 주체기능구역 구획이 허난성(河南省)의 실제 상황을 두루 고려하도록 노력한다. 규획 초안이 형성된 후, 전국 주체기능구역 규획 수립사업 지도부에 올려 심의를 거친다.

기타 관련 규획과의 연계성을 강화한다. 주체기능구역 규획의 기초적 역할을 충분히 발휘하고, 기존 규획사업의 성과를 충분히 활용하도록 한다. 각 유관 부서는 조화 및 연계 방면의 주도성을 강화하고, 각 규획의 수립작업 가운데 특히, 토지이용규획, 도농체계건설규획, 환경보호규획 등의 수립작업에서 주체기능구역 규획과의 연계성을 충분히 고려해야 한다.

인접 성(자치구, 직할시) 주체기능구역 규획과의 연계성을 강화한다. 생태 시스템의 완전성을 잘 유지하는 동시에 성급(省級) 행정구역 간의 공동이익 문제를 잘 처리하도록 하고, 인접 성(자치구, 직할시) 주체기능구역의 발전 방향 및 개발 정책과 잘 조율해야 한다.

중국 경제발전 전략과 규획의 변천 및 혁신

(4) 제4단계

전국 주체기능구역 규획 수립사업 지도부의 의견에 근거해 규획을 수정하고 완비한 후 주체가능구역 규획 전문가 자문위원회를 조직하여 주체기능구역 규획의 실행가능성을 논증한다. 이렇게 형성된『허난성(河南省) 주체기능구역 규획(심의 송부 원고)』을 전문가 논증 보고서와 함께 허난성(河南省) 정부에 보고하여 심의 및 동의를 거친 다음에, 이를 허난성(河南省) 인민대표대회 상무위원회에 제출, 심사 및 승인을 받아 실행한다. 아울러 허난성(河南省) 주체기능구역 규획에 근거해 개발중점구역의 전문규획을 수정하여 완비한다.

2. 규획 수립사업의 기술적 절차

허난성(河南省) 주체기능구역 구획은 주체기능구역 구획의 근거 및 내용에 따라 지리정보 시스템(GIS)과 원격탐지 등 공간분석 기술과 수단을 활용해 각종 지표를 계량화하고, 계량화 분석모형을 설계한다. 현급(縣級) 행정구역을 성(省) 주체기능구역 구획의 기본 공간 단위로 하고, 단일요소 분석에 기초해 다중요소에 대한 종합적 분석을 진행한다. 또한 각 기본 공간 단위의 자원환경 수용능력, 현재 개발밀도 및 발전 잠재력에 대한 종합적 분석 및 평가를 진행한 다음, 기본 공간 단위별로 주체기능을 확정하고, 주체기능구역 규획에 관한 보고서 및 규획도를 작성한다.

첫째, 시범 지역에서 먼저 주체기능구역 규획사업을 진행하고, 적합성을 검증한다. 허난성(河南省) 내에서 대표성을 가진 지역을 시범 지역으로 지정해 각 지급시(地級市)를 큰 평가 단위로 삼고, 대표성이 있는 시·현(永城市, 鞏義市, 淅川縣)을 작은 평가단위로 한다. 선택한 지표체계와 평가방법을 활용해 시범 지역의 주체기능구역 구획을 진행하는 한편 관련 전문가가 구획 결과에 대해 평가하여 구획 결과가 해당 지역의 실제 상황에 부합하는지를 검증한다. 이에 따라 지표체계와 평가방법을 완비하고 지표체계와 가중치를 조정한 후 최종적으로 실제 상황과 부합하는 지표체계와 가중치를 확정하여 허난성(河南省) 주체기능구역 규획 지표체계 및 평가의 과학성, 합리성, 객관성을 보장하도록 한다.

둘째, 단계별로 주체기능구역을 설정한다. 단일지표를 활용해 개발금지구역(생태기능구역을 중점 고려)을 확정하고, 다시 다중지표를 활용해 개발최적화구역, 개발중점구역, 개발제한구역, 개발금지구역을 확정한다. 개발중점구역 내에서 다시 개발제한구역과 개발금지구역을 확정한 다음, 개발제한구역 내에 다시금 개발금지구역을 확정한다. 구체적인 기술적 절차는 〈그림 9-2〉와 같다.

중국 경제발전 전략과 규획의 변천 및 혁신

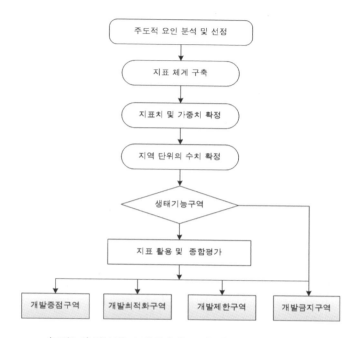

<그림9-2> 허난성(河南省) 주체기능구역 규획 수립의 기술적 절차

    주체기능구역을 구획하는 과정에서 원격탐지 및 지리정보 시스템 (GIS) 등 공간 분석 방법을 활용하고, 지표와 지표를 구성하는 요소의 가중치 확정에는 단계별 분석방법과 델파이 기법 등을 운용하며 각 지표치와 지표분석 결과를 가시적인 도면 방식으로 나타냄으로써 지표와 지표분석 결과를 지역 단위로 구현하고, 지표분석 결과를 정량적 및 정성적 결합 방식을 이용해 종합적 평가를 진행하여 주체기능구역 구획 결과의 시각화를 실현한다. 규획 수립의 기술적 프레임은 아래 〈그림 9-3〉과 같다.

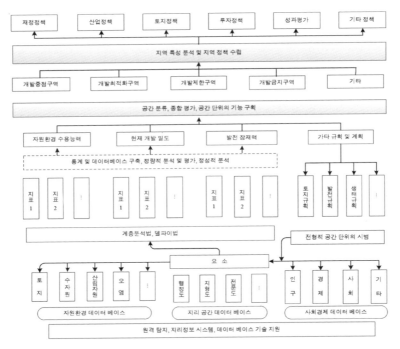

〈그림 9-3〉 허난성(河南省) 주체기능구역 규획 수립의 기술적 프레임

3. 지표 설계

지표 체계가 확정되는 과정에서 국가의 주체기능구역 조성 추진과 관련한 기본적 구상에 근거하여 허난성(河南省) 주체기능구역 지표체계를 확정할 시에는 이를 국가 지표체계와 서로 연계시켜야 하고, 개발과 보호를 상호 조화시키는 원칙을 구현하는 동시에 데이터 수집의 가능성과 대조의 편의성을 고려해야 한다. 지표의 초기적 설계는 〈표 9-2〉와 같다.

중국 경제발전 전략과 규획의 변천 및 혁신

〈표 9-2〉 허난성(河南省) 주체기능구역 규획의 지표 체계(초안)

유형	요소	지표	참고사항
자원 환경 수용 능력	부존 자원 상황	1인당 수자원 점유량	수자원, 통과수, 식수 포함
		1인당 농경지 면적	
		기후자원 생산 잠재력	단위면적당 생물질 생산량(광, 열, 물 포함)
		산림 점유율	
		1인당 임지면적	
		광산자원 잠재가치	
	환경 용량	공업폐수처리율	
		공업폐기물처리율	
		GDP 대비 환경보호비용 비중	
		공기 질 우수 및 양호 등급 일수	
	생태환경 민감도	연간 재해 손실도	각종 재해로 인한 손실 정도 포함
	생태 중요성	국토 면적 대비 중요 생태기능구역 면적 비중	각종 생태기능구역(자연보호구역, 습지구역, 수자원보호구역, 조류보 호구역 등) 포함
현재 개발 밀도	토지자원 개발강도	인구밀도	
		도농화 수준	
		국토 면적 대비 도시 건설 면적 비 중	
		국토 면적 대비 건설용지 면적 비중	
		국토 면적 대비 교통용지 면적 비중	
	수자원 개발강도	다모작 지수	
	환경 압력	수자원 이용률	각종 수자원 포함
		만 위안 GDP 수자원 소모량	
		공기오염지수	$API=max(I_1, I_2 \cdots I_i \cdots I_n)$
		오염물질 배출량	

유형	요소	지표	참고 사항
발전 잠재력	지역 조건	지형 유형	도시 면적 대비 산지, 구릉 면적 비중
		중심도시 영향력	
		도로 통달성	도착 시간 기준
	발전 기반	GDP 대비 2차산업 생산액 비중	
		경제밀도	
		관광업 수입(또는 연간 도착 관광객 수)	관광단지 수 또는 관광숙소 입주율
		GDP 대비 문화산업 투입 비중	문화 대성(大省)의 특징 구현
		1인당 GDP(위안)	
		도시 거주민 1인당 가처분소득	
		농민 1인당 순수입	
		재정수입	
		엥겔계수	
		GDP 대비 과학기술사업 3대 비용 지출 비중	
		GDP 대비 R&D 지출 비중	
		중점 도시 집적도	
		교통망 밀도(각종 도로, 철도)	국도, 성도, 현향(縣鄉)도
	발전 추세	우대 정책	시범구역, 영예 등 특별 칭호 개수
		편차계수	주체기능구역 주도산업 구조와 성급(省級) 중장기규획 주도산업 선정 구조의 편차계수

　　자료상의 한계로 인해 최종 25개 지표(〈표 9-3〉 참조)를 선택하고, 허난성(河南省) 모든 시(市), 현(縣), 구 등 총 138개 평가 단위에 대해 연구를 진행하였다.

〈표 9-3〉 허난성(河南省) 주체기능구역 규획 지표체계 및 가중치

유형	요소	지표
자원환경 수용능력 (0.3)	부존 자원 상황 (0.6)	1인당 수자원 점유량(0.35)
		1인당 농경지 면적(0.35)
		기후자원 생산잠재력(0.15)
		1인당 산림면적(묘) (0.15)
	환경 용량 (0.4)	수량 유실 계수(0.3)
		강풍일수(0.1)
		폭우일수(0.2)
		COD총량/수자원 총량(0.25)
		SO_2배출량/구역면적(0.15)
현재 개발밀도 (0.35)	토지자원 개발강도 (1.0)	인구밀도(0.2)
		도시화수준(0.2)
		전 국토 면적 대비 도시 건설 면적 비중(0.2)
		전 국토 면적 대비 건설용지 면적 비중(0.2)
		전 국토 면적 대비 교통용지 면적 비중(0.1)
		다모작 지수(0.1)
발전 잠재력 (0.35)	지리적 조건 (0.3)	지형 유형(0.4)
		중심도시의 영향력(0.4)
		도로의 통달성(0.2)

유형	요소	지표
발전 잠재력 (0.35)	발전 기초 (0.7)	GDP 대비 2차산업 점유율(0.2)
		경제 밀도(0.2)
		1인당 GDP(0.15)
		도시 거주민 1인당 가처분소득(0.1)
		농민 1인당 순수입(0.1)
		재정수입(0.15)
		GDP 대비 해당지역 과학기술사업 3대 비용[3] 지출 비중(0.1)

4. 주요 한계점

(1) 구역의 크기 문제

구획 작업 진행 시 보다 쉽게 얻을 수 있는 지표는 최신 통계자료를 활용하여 현급(縣級) 행정구역을 기본 평가 단위로 삼고 데이터 수집, 처리 및 분석, 계산을 진행하였다. 그러나 일부 종합 지표의 경우 통계자료로 반영하기 어려운 면이 있는데, 예컨대 기후 및 자원의 생산잠재력, 도로의 통달성, 중심도시의 영향력 등 지표는 원격탐지, 지리정보 시스템(GIS) 등 방법을 활용하여 공간 분석을 통해 얻어진 데이터로서 그물망의 격자처럼 연속적 분포의 특징을 가진다. 또한 킬로미터 크

---

[3]   역주 : 과학기술사업 3대 비용은 과학기술연구사업 발전을 지원하기 위해 국가가 설립한 신제품 시제비, 중간시험비, 중대과학연구사업 보조비를 말하며 이 세 가지 비용은 국가 재정 과학기술 보조금의 중요한 구성 부분으로서 중앙과 지방의 중점 과학기술발전계획을 실시하는 데 중요한 자금공급원이다.

기의 그물망 격자들을 평가 단위로 하되 구역의 크기가 반드시 일치할 필요는 없다. 이는 현 단계의 실질 상황과도 부합되며 데이터의 취득 가능성과 객관성을 어느 정도 보장할 수 있다.

추가 설명이 필요한 점은 허난(河南省)성 주체기능구역 구획을 진행함에 있어 일부 중요한 자연지리 분계선, 예컨대 산지와 평원 분계선, 남북 자연경관 분계선, 기후 분계선 등에 대한 충분한 고려를 하지 않았으며 다음 단계에 이러한 분계선과 과도구역 등 개념에 대해 보완 작업이 필요한데 이는 허난성(河南省) 주체기능구역 구획에 있어 매우 중요하다.

(2) 지표 체계 문제

허난성(河南省) 주체기능구역 구획 시 허난성(河南省)의 자연자원, 경제, 사회에 대한 전면적인 분석이 필요하나 데이터 수집의 한계로 인해 25개 지표(〈표 9-3〉 참조)를 선별해 구획작업을 진행하였다. 구획 결과를 보면 지표체계의 선택이 비교적 과학적이지만 초기 지표체계(〈표 9-2〉 참조)와 비교하면 일정한 차이가 있으며 각 지표의 함의, 구성 및 기능에 대해 보다 과학적인 정의가 필요하다. 이 밖에 인구와 경제 집적능력을 나타내는 인구유동 규모, 지역발전 잠재력을 나타내는 지역 혁신능력, 그리고 지역 정책 및 전략 선택 등에 관한 지표들이 결여되어 있는데 차후 보완 작업이 필요하다.

(3) 지표 계산 방법 문제

주체기능구역 구획 시 각 지표의 함의에 근거하여 각 지표에 대해 초보적인 분석을 한 다음, 극값 표준화법, 범위(range)값(극대값과 극소값의 차) 표준화법 및 점수 계수법 등 방법을 통해 지표치의 표준화 작업을 진행하였다. 구체적으로 말하자면 1인당 경작지 면적, 농민 1인당 순수입 등 격차가 크지 않은 지표는 극값 표준화법을 사용해 표준화하고, 격차가 비교적 큰 지표는 범위값 표준화법을 사용해 표준화하였다. 일부 최적치가 존재하는 지표는 점수 계수법을 통해 표준화하며 중심도시 영향력, 도로 통달성 등 일부 분산기능을 가진 지표는 각 요소의 영향값과 영향반경에 의해 거리감쇠 공식을 적용해 평가 단위의 영향력 계수를 산출하였다. 이러한 방법은 허난성(河南省) 주체기능구역 구획에 있어 여전히 모색 단계에 있기 때문에 진일보한 검토, 연구가 필요하다.

(4) 지표 가중치 책정 문제

허난성(河南省) 주체기능구역 구획 시 각종 지표의 가중치를 확정함에 있어 델파이 기법을 채택하였다. 델파이 기법은 대다수 전문가의 경험을 잘 종합할 수 있어 지표 가중치 판단에 도움이 되었다. 하지만 일부 내용이 비교적 복잡한 지표의 가중치에 대해서는 전문가들의 의견이 일치되기 어려웠다. 예컨대 자원환경 수용능력, 현재 개발밀도 및 발전 잠재력 지표의 가중치는 여러 차례 전문가의 논증을 거쳐 최종적으로 상대적 평균에 가까운 가중치를 채택하였으나 그 합리성에 대해서는 여전히 진일보한 검토가 필요하다. 주체기능구역 구획에 있어 허난성(河南省)의 자연자원, 경제사회 및 환경 등 여러 방면과 관련되어 있기에 전문가에 대한 요구도 비교적 높고, 각 지표의 점수를 매기는 원칙과 방법에 있어서도 보다 구체적인 요구가 필요하다. 이렇게 해야만 보다 객관적으로 각 지표의 중요도를 반영할 수 있으며 이는 다음 작업에서 중시해야 할 문제 중 하나이다.

(5) 주체기능구역 구간 임계치 범위의 확정 문제

각종 영향요인과 종합영향지수에 대한 주체기능구역 구간 임계치 범위의 확정은 각종 영향요인의 빈도 히스토그램(historgram)과 지수곡선 (exponential curve)을 이용해 그 분포 특징에 근거하여 변동폭이 크고, 꺾이는 각도가 가파른 최저점을 각종 기능구역의 분계점으로 삼을 수 있지만, 이런 방법을 통해 개발중점구역, 개발최적화구역, 개발제한구역, 개발금지구역을 구획하는 데 있어 아직 진일보한 검증 및 수정이 필요하다.

(6) 주체기능구역 구간의 정성적 및 정량적 분석 문제

주체기능구역 구간에 있어 각종 요인이 미치는 영향이 한 방향으로 증가하거나 감소하는 추세가 아니라 비교적 복잡한 곡선적 상관관계를 가지고 있기 때문에 각 구간의 임계치 범위와 각종 지표치가 과연 각 주체기능구역의 실제 상황을 반영할 수 있을지에 대해 보다 많은 연구가 필요하다.

(7) 정부 지역발전 정책의 구현 문제

정책 방향과 전략적 선택 등 정부의 의도를 반영할 수 있는 계량화하기 어려운 지표에 대해서는 이번 주체기능구역 구획 과정에서 고려하지 않았지만 정부가 지역 발전을 위해 수립한 정책과 전략적 선택이 주체기능구역 규획에서 구현되는 것은 매우 중요하며 국가와 성급(省級) 측면에서 심도 있는 분석을 진행하는 것이 필요하다.

중국 경제발전 전략과 규획의 변천 및 혁신

제
10
장

국가발전 규획의 법제화

중국이 발전규획을 수립, 시행한 역사가 60여 년이 되었다. 경제체제 개혁이 꾸준히 추진되면서 국가 발전규획도 끊임없이 발전 및 완비되어 비교적 안정적이고 관습적인 수립 방법과 절차도 마련되었지만 그 법제화의 진척은 규획사업 실천에 비해 지체되고 있다. 새로운 역사적 시기에는 규획사업의 개혁 및 혁신을 추진하는 동시에 법적 행정의 요구에 따라 규획의 법제화 건설을 강화하는 것이 중요한 과제이다.

제1절 규획 법제화의 필요성에 관한 분석

적극적인 규획의 법제화 건설은 현재 규획입법이 상대적으로 뒤처지고, 규획사업에 존재하는 여러 문제를 해결하기 위한 중요한 절차로서 규획사업을 끊임없이 풍부하게 발전시키는 한편 규획사업의 규범화, 제도화, 과학화 촉진을 위해 반드시 거쳐야 하는 길이다.

1. 규획 법제화의 의미

규획 법제화는 주로 다음과 같이 두 가지의 기본 의미가 있다. 첫 번째 기본 의미는 일정한 범위 내에서 규획수립의 행위를 규범화하여 규획수립에 상대적으로 안정적인 제도를 갖게 한다. 이러한 제도수립의 주된 목적은 규획수립 자체의 임의성을 방지함으로써 규획수립에 따를 만한 일정한 규정을 가지도록 하여 규획의 범위, 내용, 지표체계에 대해 규범을 마련할 뿐만 아니라 규획수립의 절차, 방법, 단계를 규범화하는 것이다. 다른 한편으로는 규획수립에 대한 외부요인의 지나친 관여를 방지하여 관원의 과도한 주관적인 결정의 영향을 줄이거나 피하도록 한다. 이 두 가지 면의 노력을 통해 규획수립에 투명성, 인식가능성, 과학성, 민주성을 가지도록 하여 규획의 유효성을 제고하는 목적을 실현한다.

두 번째의 기본 의미는 규획의 실행과 평가 측면에서 비교적 안정적인 제도가 있어야 한다는 것이다. 규획수립 이후의 규획 공시는 모든 사회구성원으로 하여금 동일한 시점에서 모두 알 수 있는 기회를 갖도록 하여 규획실행의 대중적인 기반을 다질 뿐만 아니라 규획실행 성과에 대한 검사, 평가제도를 만들어야 한다. 규획은 지도적인 역할만 할 수 있지만, 규획요강이 발표된 이후 규획을 포기하여 탁상공론이 되게 하지 않아야 한다. 규획의 실행 성과에 대해 검사, 평가제도를 실행하는 것은 '규획하여 벽에 걸고 종이에 그렸다가 때가 되면 태워버린다.' 는 현실 상황을 바꿔서 규획이 진정으로 종합적인 지도적 역할을 발휘할 수 있도록 하는 효과적인 방법 중 하나이다.

2. 규획과 규획법

오랜 기간 동안 특히 개혁개방 이전의 계획경제시기에는 많은 사람들이 '계획이 곧 법률'이라고 생각했다. 사실 이러한 관념은 잘못된 것이다. 이론적으로나 실천적으로나 규획과 법률은 분명한 차이가 있어 양자는 서로 다른 범주의 개념에 속한다. 규획과 규획법의 차이는 주로 다음과 같은 몇 가지 측면에서 나타난다.

첫째, 양자의 수립 주체와 절차가 다르다. 중국 『헌법』 규정에 따르면 각급 인민정부는 각급 국민경제와 사회발전규획 수립의 법정 주체이다. 바꾸어 말하면 오직 각급 인민정부만이 규획의 편성권을 가지며 규획에 대한 심사권과 승인권은 각급 인민대표대회에 속한다. 규획법 수립에 있어서는 전국인민대회와 상무위원회에만 규획법 제정에 대한 자격이 주어진다. 요약하면 중국 국민경제와 사회발전규획의 수립 절차는 '위에서 아래로 내려오는 과정'이고, 규획법의 수립은 『입법법』에 규정된 절차에 따라 이루어진다.

둘째, 양자의 성격이 다르다. 중국은 1950년대부터 꾸준히 국가발전규획(계획)을 수립해 왔다. 계획경제체제 시기에 규획이 국민경제 각 방면에서 실행되고 있었지만 규획 수립과 실행을 규범화하는 법은 수립되지 않았다. 1982년 『헌법』은 '국민경제계획'의 명칭을 '국민경제 및 사회발전계획'으로 바꾸고 그에 대한 심사권과 승인권을 전국인민대표대회에 부여했다. 전국인민대표대회에서 심사, 승인된 국민경제 및 사회발전규획(계획)은 어느 정도의 법적 효력이 있지만 그 자체는 법이 아니고, 단지 행정적 규범의 성격을 갖춘 법률적 문건에 불과하다.

규획법은 입법기관에서 제정된 법률로서 일반법률이 지닌 공통 특징을 가지고 있다.

셋째, 양자의 역할이 다르다. 규획은 한 국가나 지역의 일정기간 내 발전전략과 목표를 확정하여 정부의 행동에 대한 지도적 의미와 시장 주체에 대한 인도적 역할을 가지고 있다. 하지만 규획법은 규획주체가 규획 수립과 실행 활동에서 반드시 준수해야 할 행위의 규범이며 규획 주체의 활동은 반드시 규획법을 따라야 한다. 국가의 정책조정이나 매우 중대한 천재지변 등 불확실한 요소가 발생 시 규획 수립기관은 법정 절차에 따라 제때에 규획 임무에 대해 조정을 할 수 있지만 규획법은 상대적으로 안정성이 있어 일반적으로 쉽게 바뀌지가 않는다.

규획법은 규획에 대해 구속력을 가진다. 시장메커니즘의 수동성과 지체성 등의 결함으로 인해 국가는 각종 경제규획과 정책을 수립, 시행하여 세율, 금리, 환율 등 경제 레버리지와 기타 정책적 수단을 활용하여 경제발전을 유도하고 촉진하는데, 이러한 기본방식의 정상적인 운용을 보장하기 위해 국가는 관련 법률 및 법규를 제정하여 규획에 대한 합리적이고 과학적인 수립 및 효과적인 실행을 보장하였다.

3. 규획 입법에 관한 필요성

(1) 사회주의 시장경제의 필연적 요구

우선 규획 입법은 시장주체의 행위를 올바르게 이끌어가기 위한 필연적 요구이다. 국가발전 규획은 사회경제활동 전반을 지도하기 위한 행동강령으로서 과학성, 권위성, 연속성을 가져야 한다. 규획이 이와 같은 '3가지 성격'을 갖추기 위해 그 수립과 실행은 법으로 규범을 정해야 시장주체의 행동을 정확히 유도하고, 오도된 효과를 피하여 전체 국민경제 활동의 질서를 보장할 수 있다. 시장경제는 규획법이 반드시 필요하다. 규획법은 규획사업이 법에 의거할 수 있게 하여 시장주체의 합법적 행위를 보호하고, 시장경제 주체, 객체의 건전한 발전을 촉진한다. 다음으로 규획 입법은 WTO 가입 및 국제적 연계를 위한 필연적 요구이다. WTO의 요구에 따라 정부의 행정행위는 법제화가 되어야 한다. 규획사업 법제화는 규획 수립과 실행의 질을 결정할 뿐만 아니라 규획의 내용이 WTO 규칙과 일치하는지 결정함으로써 궁극적으로 중국 경제가 국제경제와 접목이 될 수 있는지와 세계경제의 대흐름에 융합될 수 있는지를 결정한다. 마지막으로 규획 입법은 경제 및 사회의 조화로운 발전을 위한 필연적인 요구이다. 시장경제에서 경제발전과 사회발전의 내재적 관계가 밀접해짐에 따라 양자 간의 갈등이 자주 발생할 수밖에 없다. 규획사업의 법제화만이 결국 규획의 과학성을 보장하고, 규획이 올바르게 경제발전과 사회진보의 내재적 관계 및 공통요구사항을 반영토록 함으로써 양자의 갈등을 해소하고, 양자가 조화롭게 발전할 수 있는 여건을 조성한다.

(2) 법적 행정의 필연적 선택

법적 행정은 법에 따라 국가를 다스리고, 사회주의 법치국가를 건설하는 주요 절차이자 핵심 내용이며 규획사업 법제화는 규획체제의 법적 행정을 구현하는 구체적인 방식이다. 우선 규획은 국민경제와 사회발전을 지도하는 '헌법'이다. 규획부서의 거시적인 조정에 대한 법적 지위, 규획 수립권, 규획적 조정수단, 규획사업의 절차 등을 모두 법률에 따라 명확하게 규정해야 한다. 이래야만 수립된 규획의 명분이 정당화되어 규획부서가 규획의 법정 주체로서 법에 따라 규획사업을 진행할 수 있다. 다음으로 규획사업을 법제화해야만 각급 정부가 규획사업과 관련된 행정행위를 법적으로 행할 수 있다. 규획의 수립, 실행, 개정은 물론 규획의 감독과 검사 또한 이러하다. 규획은 당과 국가가 정한 일정 시기 내 국민경제와 사회발전 목표에 따라 정부가 조직하고, 규획부서가 책임지며, 기타 유관 부서 및 사회각계가 공동 참여하여 수립되는 것이다. 규획은 일단 인민대표대회에서 승인을 받으면 특정한 법적 효력을 가져야 한다. 각급 정부부서의 행정행위는 규획과 관련된 사항이면 반드시 엄격하게 규획에 따라 조직, 실행해야 하고, 법정절차를 거치지 않으면 임의로 규획을 변경, 수정할 수 없으며 감독검사부서도 엄격하게 규획내용, 법정절차에 따라 규획에 대한 실행상황을 감독, 검사해야 한다.

(3) 새로운 규획체제 구축의 요구

규칙을 따르지 않으면 법이 바로 서지 않는다. 규획의 수립, 실행, 평가 및 수정은 완벽한 제도와 분리될 수 없고, 규획사업의 법제화는 규획 수립을 잘 이루고, 규획 실행을 보장하는 전제조건이다. 우선 이는 규획의 과학성과 권위성을 확보하기 위한 필수 조건이다. 규획의 과학성은 민주적인 기반 위에 세워지고, 규획의 민주성은 법적인 보장이 있어야만 한다. 중국은 시장경제 특히 체제 전환기에 있어 규획사업 중 많은 갈등이 부각되고 있는데 가장 두드러진 갈등은 어떻게 하면 시장

중국 경제발전 전략과 규획의 변천 및 혁신

의 자원 배치에 대한 기초적 역할을 구현하면서 국가의 '의도', 즉 정부의 거시적 조정 기능을 제대로 구현할 수 있는가 하는 문제이다. 이러한 상황에서 규획사업의 법제화를 통해 규획의 수립, 실행, 감독, 검사 등 구체적인 내용을 법률로 규정하여 법률적인 강제실행력과 집행력을 부여해야만 최종적으로 규획의 법적 권위성을 보장할 수 있다. 다음으로 이는 규획의 안정성과 연속성을 확보하기 위한 필수 조건이다. 규획이 시장주체에 대한 지도적 역할을 발휘하려면 규획에 대한 시장주체의 공감대와 지지가 필요하다. 시장주체가 규획에 대한 공감 정도를 판단하는 것은 주로 규획이 각 주체의 이익에 대한 요구를 충족시킬 수 있는지를 보는 것인데 규획의 안정성과 연속성은 그러한 공감 정도를 판단하는 중요한 근거가 된다. 규획의 수립과 실행을 막론하고 모두 국민경제와 사회발전의 내적 규율에 따라 일을 처리해야지 관원의 변동, 또는 관원의 생각, 주의력이 달라져 변화해서는 안 된다. 규획사업은 법제화가 이루어져야만 제도적으로 규획의 안정성과 연속성을 높일 수 있다.

제2절 중국 규획 법제화의 여정

시장경제에서 규획체제는 이전과 비교해서 이미 성격적인 변화가 발생하므로 법률적 방식을 채택해야만 합당한 역할을 발휘할 수 있다. 『규획법』은 중국 법제화의 중요한 내용이다. 제7기 및 제8기 전국인민대표대회상무위원회는 규획법을 전국인민대표대회 입법 계획에 포함시켰고, 국무원은 지난 몇 년간의 입법 계획에서도 규획법을 중요한 입법 사항으로 채택하였다. 전국인민대표대회상무위원회와 국무원의 위탁을 받아 국가계획위원회는 1980년대 초부터 규획법 초안 작업을 시작하였으며 1995년 6월『규획법』(심사송부원고)을 국무원 심의에 제출하였다. 이 원고는 규획의 성질과 원칙, 규획의 관리권한, 규획의 수립과 실행, 총량적 균형과 종합적 조정, 산업정책과 산업구조의 최적화, 지방의 규획, 규획의 사회적 참여 및 법률적 책임 등 문제에 대해 규정을 정하였다. 중국 일부 사람들이 규획과 시장의 관계, 규획의 성격과 위상, 규획의 민주성과 과학성 등 문제에 대해 인식이 부족하므로 규획법은 여전히 심의단계에 있다.

중국의 규획 법제화 추진 과정은 대략 3단계로 나눌 수 있다.

제1단계. 1952년 정무원(현재 국무원) 재경위원회에서 제정한『국민경제계획 수립에 관한 임시시행방법』은 중국에서 규획관계를 조정하기 위한 첫 번째 전문법률이다. 그 후 일부 연관 문건을 제정하였는데 규획의 원칙, 방법, 절차 및 규획기관의 역할, 권한 등에 있어 규정을 완비하였다. 규획사업을 한층 더 완성하기 위해 1963년『계획사업조례(초안)』을 제정했고, 1964년『국민경제계획사업 개혁에 관한 일부 규정(초안)』을 제정하였다.

제2단계. 1984년 국무원이 국가계획위원회의『계획체제 개선에 관한 일부 임시시행규정』을 승인하면서 동 규정은 개혁개방 이후 비교적 중요한 규획법규가 되었다. 1980-1990년 동안 국가계획위원회는『계획법』,『국민경제 안정 및 성장법』에 관한 초안을 마련하여 규획의 수립, 심사 및 승인, 하달, 실행, 수정, 감독 및 검사 과정에서 발생하는 모든 관계를 규범화하려고 시도했지만 결국 실행되지 못했다.

　제3단계. 1999년 국무원 판공청은 국가계획위원회의『제10차 5개년 계획의 수립 방법과 절차에 관한 일부 의견』을 승인하여 '제10차 5개년 계획'의 유형, 성격 및 역할을 규정함과 동시에 규획의 수립 방법과 절차에 관한 규범적인 의견을 제시하였다. 2005년 국무원은『국민경제 및 사회발전규획 수립에 관한 일부 의견』을 발표하여 규획수립의 중요성을 강조하고, '제11차 5개년 규획' 사업에 관한 규획 체계, 규획의 조정과 연계, 사회 참여 및 논증, 심사와 승인, 평가 및 수정 등 문제에 대한 명확한 의견을 제시하였다. 이는 규획관리체제의 개혁, 규획수립방식의 혁신, 규획수립절차의 규범화에 중요한 역할을 발휘하였고, 규획사업의 법제화, 규범화 촉진을 위한 경험을 축적하였는데 이는 경제체제 전환기에 있어 규획사업에 대한 적극적인 모색이라 할 수 있다.

　신(新)중국 수립 이래 특히, 중국공산당 제11기 중앙위원회 제3차 전체회의 이후 중국은 규획관계를 다루는 조례, 규정 및 결정을 연이어 제정하였다. 예컨대『국민경제계획수립 임시시행방법』(1952년 1월 공포),『재정계획사업 강화에 관한 결정』(1960년 1월 반포),『계획체제 개선에 관한 일부 임시시행규정』(1984년 10월 반포),『국가계획 체계에서의 대형공업합작경영기업계획 단독 수립에 관한 임시시행규정』(1987년 3월 반포) 등이 있다. 이러한 규범적 문건은 대체로 전국인민대표대회 및 상임위원회가 반포한 법률, 국무원에서 반포 혹은 승인한 행정법규, 국가발전개혁위원회와 국무원 관련 부서에서 반포한 규정 및 입법권이 있는 지방인민대표대회 혹은 정부가 반포한 지방법규 등 세 가지 유형으로 구분할 수 있다. 이 세 가지 유형 가운데 어떤 것은 규획제도 또는 규획사업에 대해 직접 규정하는 전문적 법률, 법규 혹은 규정이며 예를 들면『종합재정신용대출계획 수립에 관한 통지』,『계획체제 개선에 관한 일부 임시시행규정』등이 있다. 어떤 것은 개별 조항에서 어느 한 방면의 규획사업이나 규획제도에 관한 규정을 하는 법률, 법규 혹은 규정이다. 이런 규범적 문건은 당시 규획사업 강화 및 규획 법제화를 완비하는 데 있어 긍정적인 역할을 했지만 형세의 발전변화로 인해 이러한 규범적 문건 가운데 상당 부분이 새로운 시기의 요구에 맞지 않아 대부분 무기한 방치되고, 일부는 폐지되었다. 사회주의 시장경제의 발전을 보다 더 촉진하고, 국가의 거시적 조정을 보다 더 효과적으로 시행하기 위해서는 규획 법제화에 대한 모색과 실천을 점진적으로 회복하여 규획입법사업을 지속적으로 추진해 나가야 한다.

제3절 규획 법제화의 문제점과 어려움

현재 규획에 관한 법률과 법규에는 여러 문제점이 존재하는데 한편으로는 규획 입법상의 결함과 누락사항이 있어 규획사업의 일부 업무가 법적인 근거가 미비하며 다른 한편으로는 현재 규획 관련 법률 및 법규에 규범적, 과학적이지 않는 문제가 존재하여 시장경제체제 요구에 부합되기 어렵다.

1. 규획 입법에 존재하는 문제점

(1) 법제 건설이 불완전하여 체계성이 부족함

현재 중국은 규획에 관한 기본법이 없다. 규획과 관련된 규정이 여러 법률, 법규에 분산되어 규획과 규획사업의 여러 방면에 있어 통일된 규범과 필요한 법률적 규정이 부족하다. 대부분 법률, 법규가 단지 어떤 종류의 규획 수립이 필요하다는 것만 규정했을 뿐 규획수립 업무에 관한 구체적인 규정은 제시하지 않았다. 구체적으로는 다음과 같다. 첫째, 각급 및 각종 규획 간의 관계가 명확하지 않으며 예컨대 토지규획과 도시규획은 상대적으로 독립되어 자체적인 체계가 형성됨에 따라 양자 간의 연계와 조정이 부족할 뿐만 아니라 '경제사회발전규획'에 대한 종속관계도 명확하지 않아, 서로 교차, 중첩되거나 심지어 모순되는 경우가 있다. 둘째, 일부 영역의 규획 외에 국민경제와 사회발전 규획 요강을 포함한 대다수 규획의 수립 절차는 명확한 규정이 없으며 그저 관례에 따라 규획수립을 할 뿐이다. 셋째, 규획 내용에 대한 요구가 비규범적이며 예컨대 현재 48개에 이르는 법률, 법규에 어떠한 사업을 국민경제 및 사회발전 규획요강에 포함시켜야 되는지를 명확하게 규정하여 대부분 내용은 계획경제적 특징이 강하다. 넷째, 많은 법규가 규획의 법적 지위를 명확히 규정하고 있지만 어떻게 규획을 실행할 것인지에 대해서는 명확한 요구가 결여되어 규획 실행에 있어 법적 보호가 부족하다.

(2) 법적 요구가 통일적이지 않아 규범성이 약함

현재 대부분의 법률, 법규는 각 부서별로 수립하는데 이러한 부서들은 한편으로는 따라야 하는 지도적인 기본법이 없고, 다른 한편으로는 부서 자체 이익에 영향을 받기 쉬워 각 법률, 법규가 규획사업에 대한 요구의 차이가 크다. 예컨대 규획수립 주체와 심사, 승인 주체에 대해『직업병 방지법』에서는 "국무원과 현급(縣級) 이상의 지방인민정부는 직업병 방지규획을 수립해야 한다."고 규정하였다.『교육법』에서는 "국가가 교육발전규획을 수립해야 한다."라고 규정했다. 도로와 항로에 관한 규획은 국무원의 승인을 받아야 하지만 철도에 관한 규획은 수립 주체와 심사, 승인 주체에 대한 명확한 규정이 없다. 국가 및 성급(省級)의 토지이용 종합규획은 각기 다른 주체가 수립을 하지만 그 심사, 승인은 모두 국무원에서 권한을 가지고 있다.

(3) 형세 변화 수요에 적응하지 못함

시장경제체제의 수립에 따라 규획수립과 실행의 외부환경에 커다란 변화가 생겨 규획의 내용, 성격, 역할 등도 이에 따라 조정되고 있다. 하지만 현재 일부 법률, 법규의 내용은 이러한 형세 변화 요구에 부응하지 못하고 있다. 계획수립의 영역을 예로 들면 현재 법률로 규획수립이 명시되어 있는 많은 영역은 이미 더 이상 정부의 직접적인 참여를 필요로 하지 않는다. 또한 현재 어떤 영역의 규획수립 여부는 주로 주관부서의 입법 상황에 따라 결정되기에 규획수립이 반드시 필요한 영역이라 할지라도 규획수립의 법적 보장을 받지 못하는 경우가 있다. 예컨대『항구법』수립 이전에 연안항구 배치에 관한 규획은 공백상태에 있었다.

2. 규획 입법의 어려움과 원칙

시장경제체제의 수립과 완비는 규획의 법제화를 위한 안정적이고 거시적인 환경을 제공했다. 중국의 장기적인 규획사업의 실천 특히, 최근 몇 년간의 적극적인 모색과 과감한 혁신은 규획사업의 법제화를 위해 견실한 이론적 기반과 풍부한 경험을 제공함으로써 규획입법사업의 전개시기가 비교적 성숙되어 그 책무가 매우 절박한 상황에 놓이게 되었다. 그러나, 법제화사업에 있어서는 아직 적지 않은 어려움에 직면해 있다. 그 어려움은 주로 다음과 같다.

첫째, 규획체제 혁신과 정부관리체제 개혁은 긴밀한 관계가 있어 단기간에 장기간에 형성된 부서 간의 업무분담 이익관계를 바로잡기가 어렵다. 정부관리체제의 개혁 방향과 그의 동태적인 발전에 따라 규획 법규를 수립한다는 것은 일정한 어려움이 있다. 둘째, 계획경제에서 시장경제로 전환하는 과도기의 규획사업도 동태적으로 발전됨에 따라 국가발전규획의 성격, 역할, 내용 등도 변화하고 있어 국가규획과 지방규획, 시간적 규획과 공간적 규획은 서로 다른 발전 방향을 가질 수 있으므로 규획의 동태적 발전을 과학적으로 미리 규범한다는 것 역시 어려운 문제이다. 셋째, 규획 자체의 일부 특징, 예컨대 규획대상의 복잡성, 규획내용의 예측성, 발전환경의 불확실성, 규획체계의 다차원성 등도 통일적인 규획 입법을 추진하는 데 적지 않은 어려움이 존재한다.

규획 입법은 민법, 형법 등과 다르며 이는 발전 중에 있는 정부행위를 규범화하는 것이다. 규획 입법에 있어 계승과 발전, 원칙성과 유연성, 적극적인 혁신과 안정적인 추진 사이의 관계를 적절하게 관리하여야 한다. 아울러 규획사업에 대한 원칙적인 요구를 강조하면서 실행에 대한 모색과 혁신을 적극적으로 장려하고, 규획사업을 규범화하는 동시에 이념 전환을 촉진하여 미래 규획의 발전 방향을 이끌어야 한다.

제4절 시장경제국가의 규획 입법에 관한 실천

1. 프랑스 규획 입법의 변천과 특징

프랑스는 제2차 세계대전 이후 규획 입법을 가장 일찍이 진행하고 소요 기간도 길며 독특적이면서도 경제규획이론이 잘 갖춰진 선진국이다. 1947년부터 지금까지 프랑스 정부는 10개 중장기 규획을 수립, 실행하였다. 규획의 이름으로 봐서는 앞 단의 3개 규획은 현대화 및 장비제조규획, 네 번째부터 여덟 번째까지 규획은 경제 및 사회발전규획, 아홉 번째 규획은 경제, 사회 및 문화발전규획이라 불리며 규획 입법이 단순한 경제의 거시적 관리에서 경제, 사회 및 균형발전을 촉진하는 방향으로 나아갔다는 것을 보여준다. 규획의 구속력으로 볼 때 프랑스의 규획입법은 반(半)강제적에서 지도적으로 전환된 후 다시 전략적으로 발전하였다. 따라서 프랑스 규획 입법의 변천은 3단계로 구분할 수 있다.

(1) 반(半)강제적 규획 입법 단계(제1-2차 규획 기간, 1947-1957년)

제2차 세계대전 후의 회복시기를 거쳐 제4공화국 시기에 접어든 프랑스는 경제적으로나 내정, 외교적으로나 곤경에 빠졌다. 따라서 이 시기 프랑스의 규획입법과 그의 주도적인 이념은 경제를 재건하는 것이었으며 이를 기반으로 전면적인 경제의 균형발전, 제품의 질과 노동 생산성 제고에 역점을 두는 한편 국민경제의 구조와 변혁을 중시하였다. 1947-1953년, 프랑스는 첫 번째 현대화 및 장비제조규획을 실행하여 국민총생산(GNP)이 43.2%나 급증하고 공업총생산이 사상 최고 수준을 넘어섰으며 1954-1957년 두 번째 현대화 및 장비제조규획을 시행하여 GNP가 30% 증가했다.[1] 전반적으로 말하자면 프랑스의 제1단계 규획실행은 효과가 좋아 기본적으로 규획 목표를 완성하거나 초과 달성하였다.

1947-1957년은 프랑스 제2차 세계대전 후의 부흥시기였다. 당시의 프랑스는 말 그대로 백폐대흥에 처해 있는 상황이라서 규획의 수단을 사용하여 유한적인 자원을 경제재건에 투입하는 것이 절실히 필요했다. 프랑스 당시 규획은 어느 정도의 강제성이 있었는데 주로 투자 통제와 정부 통제에서 나타났다. 국가 투자의 경우, 이 단계에서 정부가 통제하는 투자가 총 투자의 50% 정도를 차지했고, 1950년대 말에 이르러서는 기업의 약 절반의 투자펀드가 각급 정부기구의 대출에서 비롯되었다. 투자펀드를 통제하는 직접적인 결과는 기업들의 정부에 대한 의존도가 높아져 기업의 행위가 정부측으로부터 여러 가지 제약을 그

---

1   黄文杰 : 『法国宏观经济管理』, p.112, 上海 : 复旦大学出版社, 1990 참조.

만큼 받게 되었다. 가격 통제 측면에서는 제2차 세계대전 이후 초기 프랑스 정부가 공산품 및 주요 소비품의 가격에 대한 통제정책을 취하는 한편 물가와 임금을 동결하는 권한을 가지고 있었다. 예컨대 1946년과 1949년 프랑스 정부는 물가 동결을 위한 법령을 두 차례나 반포했다. 그 외에 프랑스 정부는 통화계획, 수입허가증 등을 통해 대외무역에 영향을 미쳤다. 이 시기에는 정부가 국유기업에 대한 규획적 통제도 비교적 엄격한 편이였다.

(2) 지도적 규획 입법 단계(제3-5차 규획 기간, 1958-1970년)

이 단계는 프랑스 규획 발전의 전성기로 규획의 지도적 특징이 가장 두드러졌다. 이 시기 프랑스 정부는 규획과 시장조절의 관계에 대한 합리적인 처리를 강조했고, 규획과 시장의 장점을 발휘하여 상호 보완적 우위를 형성했다. 이 시기 규획 입법의 목적은 국제경쟁력을 제고하는 것으로 제3차 규획은 국제경제 참여를 제창하였고, 제4차 규획의 중점은 국내재정과 국제수지를 균형 있게 조정하여 국민경제의 발전을 촉진하는 데 있었다. 제5차 규획에서는 산업의 국제경쟁력을 높이는 목표를 명확히 제시하였다. 각 규획은 미래에 국가가 직면해야 할 주요 과제를 적시에 제시하였고, 규획의 발전목표를 확정하며 이에 맞는 경제정책과 조치를 수립하여 계획의 실행을 이끌었다. 기본적으로 첫 번째 단계에서 취한 강제적 수단을 중단하였다. 예컨대 지도적인 소득정책과 가격계약으로 이전의 물가동결 정책을 대체하였다. 하지만 이 시기의 프랑스 정부는 국유기업에 대해 여전히 엄격한 규획적 통제를 유지하고 있었다. 종합해서 말하자면 프랑스 당시의 규획 입법은 시장메커니즘의 역할에 초점을 맞추어 규획과 시장조정의 합리적인 역할 분담을 실행하여 규획 입법은 기본적으로 강제적 규획을 제외하였고, 규획이 경제를 이끄는 지도적 역할이 중시되어 규획의 강제성이 첫 단계보다 약해졌으나 그 실행효과는 오히려 더 좋아 졌는데 프랑스가 세계가 주목하는 '경제의 기적'을 만들어낸 것도 바로 이 시기였다.

(3) 전략적 규획 입법 단계(제6-10차 규획 기간, 1971-1990년대)

1970년대 초 에너지위기를 도화선으로 세계적인 경제위기가 일어나면서 프랑스의 규획 방식이 전례 없는 충격을 받았다. 이 위기는 프랑스 규획입법사의 새로운 전환점으로 자유주의 물결의 대두와 규획 영향력의 약화로 상징되며 이로부터 프랑스의 규획 입법은 지도적 입법단계에서 전략적 입법단계로 진입하였다. 전략적 규획입법이란 구체적인 거시경제지표를 정하지 않고, 경제의 청사진을 그리는 것에 초점을 맞춰 국가의 미래 한 시기의 발전 방향을 제시하고, 그에 알맞게 경제발전에 전략적 의미를 가지는 분야를 우선적 발전 영역으로 선택하여 국민경제의 지속적, 균형적 발전을 유도하는 것이다. 이 시기 프랑스 규획입법의 두드러진 성과 중 하나는 1982년에 반포된 『규획화 개혁법』인데, 이 법은 규획입법사업의 민주화, 계약화, 분권화를 목적으로 하는 규획입법의 개혁방안을 제시하였는데 이 방안은 주로 다음과 같은 네 가지 조치를 포함한다.

첫째, 규획입법사업의 민주화를 강화하고, 규획의 민주적인 수립과 감독을 강조한다. 규획 수립 과정에서 중앙정부의 주도적 방식에서 벗어나 행정기관, 공기업과 민간기업, 학자, 노조와 사회단체의 대표들이 규획 수립에 참여해 정부의 규획을 국가의 규획으로 전환하였다. 이 밖에 국민의회의 규획입법에 대한 심사, 승인과 감독을 강화하여 규획의 심사, 승인은 규획초안의 심사, 승인뿐만 아니라 최종방안의 심사, 승인도 포함된다. 둘째, 규획초안의 작성 작업은 프랑스 국가규획위원회가 총괄한다. 이 위원회는 프랑스 각 지역, 노조 조직과 고용주 조직 그리고 공기업, 민간기업 대표들로 구성되고, 프랑스 규획 총서장이 이끄는데, 프랑스 정부의 기타 부서들은 인원을 파견하거나 기타 방식으로 위원회 업무에 관여해서는 안 된다. 또한, 위원회는 규획사업을 위해 의회와 협의 및 연락도 담당한다. 셋째, 규획 입법권을 하위 기관에 분산, 이관한다. 각 행정구역은 각자의 규획을 수립할 권한을 가지며 자기 지역의 우선적인 건설 프로젝트와 소요자금을 확정할 권리가 있다. 재정권을 분산, 이관하여 각 지방의 재정수입 중 지방정부의 몫에 대한 분배를 허용한다. 넷째, 규획을 계약화하여 규획계약을 규획 실행의 주요 수단으로 한다. 계약 주체의 한 측은 국가, 다른 한 측은 각 행정구역, 각 공기업, 민간기업이나 기타 법인으로 한다. 규획 계약을 통해 국가 관여와 기업의 자주경영을 결합함으로써 국가규획과 기업계획의 관계를 조정한다. 계약 내용은 주로 기업의 계획목표, 기업이 목표를 달성하기 위해 취하는 조치, 기업이 맡은 의무, 국가가 부담하는 의무를 포함한다.

　　서방 선진국 중에서는 프랑스의 규획입법 체제가 독특한 특색을 지니고 있다. 규획 초안은 우선 민간성격인 프랑스 현대화위원회의 내부 협의를 거쳐 프랑스 규획총서가 규획을 입안하고, 프랑스 정부 전문위원회가 의사결정을 한 뒤 최종적으로 의회의 심사, 승인 후 『프랑스

관보』에 공포된다. 규획입법의 전체 과정은 주로 다음과 같은 5개 기구와 관련된다.

① 규획의사결정기구. 규획입법 과정에서 의사를 결정하는 역할은 중앙정부가 담당한다. 규획수립을 준비 시 프랑스 총리는 규획총서장에게 규획수립을 위한 행정명령을 공표하고, 프랑스 정부는 규획 방침과 규획 초안을 심사, 승인하는 권한이 있다. 중앙정부의 조직기구 중 의사결정 역할을 하는 기관은 주로 두 개, 즉 1953년 5월에 수립된 프랑스 부서 간 경제 및 사회규획위원회, 1974년 10월에 수립된 프랑스 중앙규획위원회가 있다. 전자는 프랑스 총리가 소집하여 각 부서의 행동을 조정하고, 규획수립을 지도 및 감독하는 책임을 담당한다. 후자는 프랑스 총리가 매달 한 차례 회의를 주관하며 프랑스 경제재정장관, 규획총서장, 노동부장관, 기타 관련 부서 및 위원회의 행정장관이 참석하여 규획사업의 방향을 정하고, 중기발전을 위한 중대한 정책 및 조치 사항을 확정하는 등의 역할을 담당한다.

② 규획수립기구. 프랑스 규획총서는 총리가 직접 책임을 지는 일종의 상설행정기구로서 규획의 수립업무를 수행한다. 그 역할은 주로 규획의 연구작업을 지도하고, 경제와 사회발전에 관한 연구를 주관하며 규획의 준비작업을 조직하여 규획의 초안을 작성할 뿐만 아니라 규획의 실행을 감독하고 필요시 규획을 수정하는 권한도 가진다. 프랑스 규획총서는 수평적으로 경제, 재정, 지역 등 3개 부를 설치하고, 수직적으로는 농업, 에너지, 수리, 교통 등 10개 국을 배치하였는데 이러한 부서들은 프랑스

규획입법체계의 핵심기구이다.

③ 규획조정기구. 프랑스 현대화위원회는 규획을 수립하는 실무기구이자 조정기구이다. 이 위원회는 기타 규획기구들과 협력을 통해 각종 제안과 방안의 초안을 수립 후 프랑스 규획총서에 제공하여 규획 방침과 초안 작성에 활용하도록 한다. 해당 위원회의 구성원은 프랑스 규획총서가 추천하고, 프랑스 재정부장관이 임명하는데 행정기관, 학자, 노조, 사회단체 등의 대표들을 포함한다. 해당 위원회는 수평적으로 경제규획의 전반을 조정하는 5개 위원회와 수직적으로 경제 각 부문의 활동을 연계하는 23개 위원회로 구성되며 이 밖에 지역 공공 투자 문제를 연구, 합의하는 지역발전위원회와 고위급 규획위원회가 있다.

④ 규획자문기구. 프랑스는 1958년 『헌법』으로 제4차 규획부터 규획 수립에 참여하는 프랑스 경제 및 사회위원회를 규획자문기구로 규정했다. 해당 위원회는 정부, 기업가, 노동자, 농민, 해외 귀국교포 등 각계각층 인사 200명으로 구성되어 있으며 규획 초안과 필요한 자문에 참여할 수 있는 권한을 가지고 있다.

⑤ 규획 심사 및 승인기구. 국민의회가 규획을 최종적으로 심사, 승인하는 역할을 가진다. 제3차 규획부터 국민의회와 참의원이 규획에 관한 기본방침보고서 및 최종규획초안을 모두 심의하도록 규정하고 있다. 최종규획초안은 의회 심의가 일단 통과되면 그 자체가 법률이 되어 바로 실행에 옮겨진다.

중국 경제발전 전략과 규획의 변천 및 혁신

2. 일본 규획입법의 개황 및 특징

일본이 1956년 정식으로 경제자주 5개년 규획을 시행한 이후부터 지금까지 40여 개의 중장기 규획을 수립 및 시행하였다. 이러한 규획 들은 일본의 인구, 취업, 생산, 소비, 노동생산율 및 자연자원 등 방면의 장기적인 발전추세에 대한 조사 및 평가에 기초하여 수립된 것으로서 자국 경제발전의 지도적 사상을 제시했을 뿐만 아니라 정부의 시장경 제에 대한 거시적 조정의 전반적인 특징도 보여주었다. 다시 말하자면 경제규획은 일본의 거시적인 조정법률제도에서 중요한 위치를 차지한 다. 일반적으로 일본의 규획은 대략 다음과 같은 세 가지로 나눌 수 있다.

① 종합형 국토개발규획. 종합형 국토개발규획은 기반시설 조성에 관한 방향, 중점, 배치 구조 및 규모에 관한 종합적인 규획이다. 일본 정부는 이러한 규획의 수립 및 실행을 통해 국토의 종합적 이용과 생산력의 합리적 배치를 도모하였다. 일본은 총 4개의 종합형 국토개발규획을 세웠다. 즉, 1962년 수립된 전국종합개 발규획, 1969년 수립된 신(新)전국종합개발규획, 1977년 수립된 제3차 전국종합개발규획, 1989년 수립된 제4차 전국종합개발규 획이다. 이 4개 규획은 모두 기반시설 조성을 주요내용과 수단 으로 하고, 국토의 종합이용과 개발을 목적으로 하며 규획기한 은 10년에서 20년까지로 각각 다르다. 이러한 유형의 규획은 아 래와 같은 특징이 있다. 첫째, 기반시설 조성의 중점을 개별 항 목의 경제적 효익에 두지 않고 종합적 효익을 중시하여 국민경 제 발전의 전체적 관점에서 각 기반시설의 조성을 통일적으로

계획함으로써 최적의 종합적 효익을 이루도록 하였다. 둘째, 국민경제의 발전전략에 따라 각 경제발전단계의 기반시설 조성 순위를 합리적으로 안배하여 자원을 국민경제발전에 중대한 의미를 지니는 영역과 프로젝트에 배치하였다. 셋째, 종합형 국토개발규획은 관련 법률을 마련하였지만 이는 일종의 윤곽만 그린 청사진과 목표일 뿐 실질적 구속력은 강하지 않았다. 게다가 규획기한도 비교적 길어 불확실한 요소가 많아 규획지표의 목표치와 실제치는 종종 차이가 있었다.[2]

② 국민경제발전규획. 일본의 국민경제발전규획은 1955년의 '경제자립 5개년 규획'에서 1988년의 '경제운영 5개년 규획'까지 모두 11개 규획을 수립했다. 국민경제발전규획은 일본의 거시적 규획조정체계 중 가장 중요한 규획이며 위에서 말한 종합형 국토개발규획과 비교 시 주로 아래와 같은 특징이 있다. 첫째, 국민경제발전규획은 전형적인 구조적 규획으로서 국민경제의 중기적 발전방향과 목표를 규정했을 뿐만 아니라 규획목표를 이루는 방향도 제시하였다. 둘째, 국민경제발전규획은 지도적 규획으로서 민간기업에는 강제적 효력이 없으며 다만 신용대출, 가격 등 경제적 수단과 '창구규제'(window operation)[3], 권고 등 소프트웨어적 조치를 통해 민간기업의 경제활동을 규획에 반영하였

---

2   张杰, 郑欣 : 『日本 : 融东西方为一体的市场经济』, pp.178-180, 武汉 : 武汉出版社, 1997 참조.

3   역주 : 창구규제는 창구지도라고도 하며 중앙은행이 개별 금융기관의 신용대출을 적절한 규모로 조정하고 리스크를 줄이기 위해 실시하는 미시적 금융정책 수단이다.

을 뿐이다. 셋째, 규획의 실행은 충분한 법적 보장, 자금보장, 조직보장의 성격을 지니고 있다. 법적 보장은 각 규획을 입법기관이 모두 법률 혹은 법령의 형식으로 반포하는 것을 말하고, 자금보장은 각 규획 항목의 경중과 완급에 따라 재정 자금이 교부되거나 정책은행이 자금을 대출하는 것을 말하며 조직보장은 각 규획 항목에 모두 정부의 관계 부서가 관리와 실행을 책임지는 것을 의미한다. 넷째, 소수의 규획이 비교적 긴 기간을 필요로 하는 것을 제외하고는 대부분 규획은 모두 5개년 중기규획이다.

③ 공공사업규획. 종합형 국토개발규획과 국민경제발전규획은 모두 종합적 규획으로서 국민경제발전의 모든 영역을 다루고 있는 반면 공공사업규획은 종합형 국토개발규획과 국민경제발전규획의 실행을 보장하는 일종의 구체적 규획이다. 일본의 공공사업규획은 주택, 환경보호, 교통, 항구, 광산 등 여러 영역과 관련되어 있으며 투자규모는 통상 계획투자 총액의 절반이상을 차지한다. 따라서 공공사업규획은 일본의 규획체계에서 중요한 영향을 끼치고 있다. 일본의 공공사업규획은 일본내각회의의 승인을 거쳐 각 주관 부서에서 책임지고 관련 법률에 따라 실행한다. 공공사업규획은 국가 경제 및 국민생활과 관련된 사업으로 투자규모가 크기 때문에 그 조직과 실행에는 어느 정도의 강제성이 있어 규획목표의 실현이 보장될 수 있다.

일본의 경제규획 수립은 내각총리대신이 경제심의회에 자문을 제기하는 것에서 시작된다. 경제심의회는 경제기획청의 규획수립작업을 기초로 하여 각 전문위원회, 분과위원회를 임시 조직하여 조사, 토론,

심의를 거쳐 내각총리대신에게 규획방안을 제출, 내각회의 토론 및 결정 후 정식규획으로 확정된다.

① 규획수립기구. 일본의 규획수립기구는 주로 2개인데 즉, 경제기획청(지금은 내각부로 편입)과 경제심의회이다. 경제기획청은 경제규획의 구체적인 수립 업무를 책임지며 규획과 관련된 정책 방안을 시행함에 있어 종합적인 조정기능을 가진다. 규획초안의 작성과 수정의 구체적인 작업은 경제기획청의 종합규획국에서 맡는다. 규획수립작업에 참여한 구성원은 경제기획청 종합규획국의 내부직원 뿐만 아니라 통산성(현 경제산업성), 대장성(현 재무성) 등 부서와 은행, 기업 및 기타 경제조직에서 차출된 인원들도 포함된다. 규획수립 과정에서 종합규획국은 각 부서의 의견에 대해 연구토론을 진행하고 어느 정도의 사전 조정을 거쳐 그 결과를 규획 초안에 포함시킬 수 있다. 경제심의회는 경제기획청의 부속기구로서 규획초안에 대한 조사, 평가와 논의를 담당하며 그 인원은 재계, 노조, 학계, 언론계, 소비자단체 등의 대표로 구성된다. 그 역할은 경제규획의 수립 및 경제 관련 중요정책과 규획 초안을 조사, 심의하는 것이며 내각총리대신에게 의견 제시의 권한을 가지고 있다. 하지만 규획수정에 관한 권한은 없으며 프랑스의 현대화위원회와 유사한 기능을 담당한다.

② 규획입법 절차. 일본의 규획입법 절차는 다음과 같은 네 단계로 나눌 수 있다. 첫째는 의사결정단계이다. 내각총리대신은 새로운 규획 수립과 관련하여 경제심의회에 자문을 요청한다. 둘째는 규획편성단계이며 내각총리대신의 자문의견에 근거하여 경

중국 경제발전 전략과 규획의 변천 및 혁신

제기획청의 종합규획국이 분석, 예측하고 구체적인 규획 초안을 마련한다. 셋째는 협의단계이다. 각 전문위원회, 분과위원회 그리고 경제심의회는 규획 초안에 대한 조사, 심의를 진행하는데 주로 거시경제 목표와 정책수단에 대한 심층적인 조사, 심의를 거친 다음에 종합 작업을 진행한다. 수정이 필요한 경우 경제기획청의 종합규획국에 제출하고 다시 경제심의회에 전달하는 등의 절차를 거친다. 이 단계는 통상 반년에서 일년 정도 소요되며 그 다음 내각총리대신에게 규획방안을 보고한다. 넷째는 통과단계이다. 내각총리대신은 규획방안을 내각회의에 제출, 토론을 거쳐 통과되면 국회의 심사, 승인 없이 정식 규획으로 확정된다.

③ 경제규획의 실행. 규획실행에 있어 일본 정부의 기능은 아래와 같다. 첫째, 경제정세 변화에 따라 재정과 금융이라는 지렛대를 이용하여 경제를 조절함으로써 적정하고 안정적인 경제성장을 유지한다. 둘째, 관련 법규를 제정, 수정하여 정책과 규획의 실행을 위한 여건을 조성한다. 셋째, '행정적 지도'와 맞춤형 세수, 대출정책 등을 통해 민간기업에 대한 적절한 유도, 장려, 지원 또는 규제를 통해 가능한 한 기업의 행위를 규획목표와 일치되도록 유지한다.

3. 한국 규획 입법의 특징

한국 정부는 1962년부터 '제1차 경제개발 5개년 규획' 실행을 시작으로 7개의 5개년 규획을 실행한 이후 1960년대초의 '절대빈곤' 국가에서 부유한 공업화 국가로 급성장해 '경제의 기적'을 일으켰다. 한국 경제규획의 수립과 실행 과정 전반을 살펴보면 주로 다음과 같은 특징이 있다.

① 규획은 정부가 경제에 관여하는 주요 수단이다. 한국의 경제도약에 있어서 규획이 하는 역할은 대체 불가한 것으로 재정, 금융 등 경제 지렛대와는 비교할 수 없다. 한국의 경제규획 수립 시 발전규획과 예산계획을 결합하여 예산계획으로 발전규획을 지원했다. 또한 규획이 일단 수립되면 각급 정부는 단호하게 실행하여야 했다. 만약 규획을 위반하면 법적 책임이 뒤따르게 되었다. 따라서 규획 자체가 기업과 개인에게 구속력을 가지지는 않지만 정부의 강력한 추진으로 인해 기업에 대한 영향력은 매우 컸다.

② 규획은 명확한 실효성과 실행가능성을 가지고 있다. 규획의 실효성과 실행가능성을 보장하기 위해 한국 정부는 규획수립 시 각 부서와 전문가의 의견을 매우 중요시하여 심층적인 논의와 논증을 거쳐 규획을 더욱 과학적이고 합리적으로 수립하였다. 규획실행 과정에서 한국 정부는 사회, 경제발전의 실제상황에 따라 규획을 시기적절하게 조정 및 수정함으로써 규획 각 지표의 목표치를 실제에 맞도록 설정하여 규획의 실행가능성을 높

였다.

③ 규획은 연속성과 목표성이 있다. 한국의 경제사회발전규획은 '5개년 규획' 위주이며 부문발전규획, 연간경제계획과 전문규획을 포함하는 규획체계를 형성하였다. 부문발전규획은 법적 형식으로 반포되어 각 시기의 국민경제 중점발전산업에 대한 우대정책을 시행하였다. 연간경제계획은 해당 연도의 경제와 경제환경을 분석하여 예측하였다. 전문규획은 경제발전 과정에서 나타난 중요한 문제나 갈등에 역점을 두고 해결하였다. 이러한 규획들은 서로 조화롭게 보완되어 하나의 유기적인 규획체계를 이루었다. 규획의 입법 과정에서는 경제발전의 객관적인 실정에 따라 규획의 연속성과 목표성을 보장하는 동시에 국내외 형세 변화에 따라 구체적인 방침, 정책을 시기적절하게 조정함으로써 규획실행 과정의 맹목성을 낮추었다.

④ 규획은 비지령적이다. 다른 시장경제국가들과 마찬가지로 한국의 경제발전 규획은 기업과 개인에게도 법적 구속력이 없으며 기업과 개인은 규획을 참고로 하여 자신의 경제목표와 경영방식을 조정할 수 있다. 규획을 순조롭게 추진하기 위해 정부가 그에 알맞은 정책적 조치를 취해 기업의 행위를 유도한다는 의미에서 한국의 규획은 '유도적 규획'이라 할 수 있다.

경제기획원(현재는 기획재정부라 불림)은 한국에서 가장 중요한 규획관리부서이며 1962년에 설립되었다. 경제기획원의 원장은 경제부장관위원회의 위원장과 경제부총리직을 맡고 있다. 원장, 부원장 아래에는 3개의 실, 5개의 국, 1개의 위원회를 두었다. 경제기획원의 주요 기능에는 국가경제 및 종합발전규획을 수립 및 시행하여 산업정책을 조정하고, 예산을 편성하며 물가안정 및 공정거래정책을 수립하는 한편 대외경제를 조정하는 등의 역할이 있다. 이러한 기능은 경제발전 5개년 규획 및 연간경제운영계획의 수립을 통해 실현된다. 경제기획원은 규획입법 과정에서 중장기 규획에 대한 국민과의 공감대를 형성하기 위해 각계각층 국민의 의견을 수렴한다. 예컨대 경제기획원이 1992-1996년 간의 '제7차 5개년 규획'을 수립 시 다양한 의견을 수용한 바가 있다.[4]

경제기획원 외에 과학기술부, 재무부, 농촌수산부, 상공자원부, 건설부 등 부서가 규획수립과 실행에 참여하였다. 각 부서 간 상호협력을 위해 한국 정부는 두 가지 보장조치를 시행했다. 첫째는 제도적인 보장조치로 경제와 관련된 규획은 반드시 부총리가 주재하는 경제장관회의에서 심의를 거치도록 규정하여 부서 간의 의견 불일치 문제를 신속하게 조정한다. 둘째는 국제경제 여건 변화에 따라 국내 경제규획의 조정이 필요한 경우 경제기획원이 관련 부서와 협의하여 대책을 마련하고, 부총리가 주관하는 대외협력위원회에 보고하여 심사, 승인을 받아야 한다.

제5절 규획의 법제화

최근 몇 년 동안 중국 정부는 법률적으로 규획을 규범화하기 위하

---

4   靳曉黎 : 『外国宏观经济管理概论』, P.238, 北京 : 中国物价出版社, 1999 참조.

여 규획법이 수립되지 않은 상황에서 먼저 행정적 규범을 실행하였다. 사회주의 시장경제에서 규획의 역할을 보다 효과적이고, 정확하게 발휘하기 위해서는 체계와 내용에서 규획입법을 완성해야 한다.

1. 규획 법제화의 모델

규획입법의 모델에 관해서는 현재 세계적으로 세 가지가 있다.

① 법전식. 이 모델은 규획법을 반포하고, 모든 규획관계를 규범화하는 것이다. 루마니아의 『경제 및 사회발전 계획법』, 헝가리의 『국민경제규획사업 1972년 제7호법』(줄여서 '규획법'이라함)을 예로 들 수 있다.

② 분산식. 이 모델은 완전한 규획법전이 없는 것을 말하며 규획관계는 각각 행정법규범 및 경제법규범으로 조정된다.

③ 결합식. 이 모델은 독자적인 규획법법전을 반포하여 규획수립의 기본원칙 등 규획사업의 일반적 문제를 규범화함과 동시에 행정법, 경제법에서도 구체적인 규획수립 문제를 규정한다. 규획사업 실제 상황을 보면 세 번째 모델이 중국에 비교적 적합하지만, 규획법전 수립에 있어서는 시기가 아직 성숙되지 않았다. 중국은 풍부한 규획사업의 실천 경험이 있지만 시장경제체제에서 얻어진 것이 아니기 때문에 시장경제체제하의 규획사업에 대한 인식을 심화하고, 경험을 정리할 필요가 있다. 시장경제체제가 기본적으로 수립된 이후 규획의 성격, 지위, 역할을 새로 규명하여 규획사업에 대한 경험이 정리된 기반 위에 규획법전

을 수립하는 것이 비교적 적절하다.

현재 규획 법제화의 주된 임무는 여전히 구체적인 규획수립에 관한 법률, 법규 및 조례를 조속히 수립하여 규획 절차에 관한 입법을 추진하는 것으로 주로 각종 규획의 입안, 초안 작성, 연계, 논증, 승인, 공포, 평가, 수정 및 폐지 등 절차에 대한 행위를 규범화하는 준칙을 포함한다. 규획을 수립하려면 먼저 각종 통계자료에 대해 전면적으로 분석하고 과학적으로 예측하며, 규획수립 과정에서는 각 방면의 의견청취에 중점을 두고 관련 전문가들을 조직하여 규획요강을 평가 및 심의하는 한편 규획이 실행된 이후 정보 피드백에 유의하고, 법정 권한에 따라 시의적절하게 규획에 대한 조정 및 수정을 해야 한다.

2. 규획 법제화의 주요 내용

국가발전규획은 거시적 조정의 중요한 수단이므로 법제화의 진척을 가속화하여 법적 조정 범주에 포함시켜야 한다. 정부의 전략적 의도, 사업의 중점을 법률 형식으로 정해 국가발전규획이 법적 근거를 갖도록 함으로써 경제사회발전의 연속성 및 안정성을 보장해야 한다. 현재로는 『행정허가법』, 『국민경제 및 사회발전규획 수립에 관한 조례』실행에 역점을 두고, 규획 입법을 추진하여 점차 법적 행정 및 규획에 따라 사업 추진을 위한 규획의 법률, 법규 보장체계를 구축해야 한다. 전반적으로 말하면 현재 규획의 법률, 법규체계는 다음과 같은 몇 가지 방면을 고려하여 구축해야 한다.

중국 경제발전 전략과 규획의 변천 및 혁신

(1) 규획 성격의 법제화

규획이 인민대표대회에서 일단 통과되면 향후 일정기간 정부의 중점사업이 되고, 경제건설의 행동강령이 된다. 규획이 순조롭게 시행되려면 우선 법적 관점에서 규획의 위상문제를 해결해야 한다. 규획은 개혁개방과 현대화건설의 총체적 안배이기에 기타 각종 규획과 경제정책 수립 시 반드시 준수해야 할 강령성 문건일 뿐만 아니라 향후 일정기간 한 지역의 경제사회발전에 관한 청사진이므로 규획에 거시성, 전략성, 정책성을 갖도록 해야 한다. 이러한 성격을 법률적 형식으로 고정시킴으로써 각급 정부 부서의 정책방향을 일치시키는 한편 마음을 모아 공감대를 형성하여 경제발전을 촉진하는 협동력을 길러 미시경제주체들이 예정 목표를 향해 나아가도록 인도함으로써 다양한 역량이 참여하는 경제사회발전의 강력한 동력을 형성하여, 경제사회발전을 가속화해야 한다.

(2) 규획 내용의 법제화

규획입법을 통해 시장의 총공급과 총수요의 기본적 균형을 유지하고, 경제성장률, 인플레이션, 국제수지 등 중요한 거시적 경제지표에 대한 연계, 조정을 통해 거시적 조정의 목표, 임무와 중점을 명확히 하여 각 방면의 거시경제정책과 조치를 위한 법적 근거를 제공해야 한다. 규획 내용의 법제화는 구체적으로 아래와 같은 측면에서 나타난다. 첫째는 입법을 통해 중요한 지표 체계를 확정하는 것이다. 경제발전, 사회진보, 국민생활, 생태환경 네 가지 측면의 지표는 매우 중요시 해야 하고, 법적 형식으로 명확하게 규정해야 하며 특히, 사회진보와 생태환경 두 지표는 더욱 높은 강제성을 가져야 한다. 둘째는 입법을 통해 중대 프로젝트를 실행하는 것이다. 중대 프로젝트는 한 지역의 생산력 배치, 산업발전의 중요 내용으로서 국민경제의 순조로운 발전과 직결된다. 중대 프로젝트는 일반적으로 전반적인 검토에 의해 확정되는 것으로 법적 형식으로 정하여 정부와 지도자 교체의 영향을 받지 않도록 함으로써 정책의 연속성을 위한 법적 보장을 제공한다. 셋째는 입법을 통해 중대한 정책시행의 연속성을 보장하고, 변동이 잦음에 따른 손실을 피하는 것이다. 중대한 정책적 조치는 정부의 경제조절에 대한 방향과 의지를 보여준다. 어떤 산업이나 지역의 발전을 부양하기 위한 중대한 정책은 실행에 어느 정도 시간이 지나야 효과를 볼 수 있는데 만약 연속적인 실행을 하지 못한다면 많은 시간과 자원을 낭비할 뿐만 아니라 발전의 기회를 놓치고, 경제발전에 예측불가한 손실을 초래할 수 있기 때문에 입법을 통해 중대한 정책에 대한 일정한 연속성을 유지하는 것이 매우 필요하다. 넷째는 입법을 통해 중요한 산업을 지원하는 것이다. 중요산업의 발전은 정부 경제정책에서 가장 중요한 임무이다. 규획은 경제발전 각 방면의 상황에 따라 해당 지역의 향후 일정기간 발전에 필요한 중점산업, 투자확대가 요구되는 업종에 대한 명확한 방향을 제시해야 한다. 만약 중점산업의 발전을 법제화하지 않으면 규획은 구속력을 갖추지 못함에 따라 경제발전의 방향과 중점이 없어 주도산업이 되어야 할 산업을 강화시키지 못할 뿐만 아니라 부양해야 할 기업을 지원하지도 못할 것이다.

(3) 규획수립 절차의 법제화

어떤 법률, 법규이든 투명하고 효과적인 운영 절차를 거치지 않으면 현실적인 공정성을 가질 수 없으므로 규획수립 절차의 법제화는 규획사업을 잘 실행할 수 있는 선결조건이다. 우선, 각급 규획부서는 전문적인 역량을 조직하여 규획요강의 기본 방향에 대한 초기 연구를 진행해야 한다. 특히, 해당 지역 발전에 중대한 영향을 주는 이슈, 난제 등을 주로 연구하고, 정부에게 연구성과를 보고해야 한다. 다음으로 규획부서는 정부가 제시한 규획요강 수립에 대한 기본요구, 지도사상, 발전전략, 주요목표, 경제정책의 기본방향에 따라 관련 부서와 조정, 연계하여 상위급 규획부서와 기타 부서와의 연계작업을 잘 수행해야 한다. 그리고 각급 규획부서는 관련 부서와 신중하게 규획에 대한 기초적인 방향과 내용 구성을 연구하고, 규획요강 초안을 완성한 후 정부에 보고하여 심의를 받아야 한다. 마지막으로 규획 초안을 인민대표대회에 제출하여 심의, 승인을 받아 법적 효력을 갖춘 강령성 문건으로 만들어야 한다. 규획수립 절차의 법제화는 규획의 엄숙성, 감화력 및 구속력을 강화하고, 규획의 효율적인 실행을 위한 견실한 기반을 다져 규획의 과학성과 실행가능성을 제고할 수 있다.

(4) 규획 연계의 법제화

규획은 하나의 완전한 시스템적 공정이다. 따라서 규획의 연계는 규획사업 참여자의 인식을 통일하는 과정으로 위와 아래 모든 방면이 모두 같이 움직여야만 규획 실행의 협동력이 형성될 수 있다. 규획 연계의 법제화는 아래와 같은 방면에서 착수해야 한다. 첫째는 각 중요한 경제지표들을 연계하여 통일된 지표체계를 만들고, 국가급, 성급(省級)의 경제지표와 시·현급(市縣級)의 경제지표는 가능한 한 맞춰 일치시켜야 한다. 둘째는 전문규획과 업종규획은 종합규획의 요구에 부합해야 하고, 업종규획은 전문규획과 어울려야 하며 지방규획은 종합규획의 범위 내에서 중점을 부각시켜 특색을 구현해야 한다. 셋째는 중대 프로젝트 건설은 정책과 연계하여 경제건설의 연속성을 확실하게 보장해야 한다. 중대 프로젝트의 건설은 지역경제의 균형발전, 경제구조 조정에 중요한 역할을 하기에 경제사회 발전은 중대 프로젝트가 뒷받침이 되어야 한다. 중대 프로젝트 건설은 모두 수요와 재력에 의해 안배된 것으로 과학성과 실행가능성을 가져 해당 지역의 향후 경제발전을 위한 견실한 기반을 다질 수 있다.

(5) 규획 기한의 법제화

규획은 경제발전의 강령성 문건으로서 일정기간 내의 정부의 사업 중점과 시장주체 행위에 중요한 영향을 미친다. 하지만 경제사회발전 환경의 끊임없는 변화에 따라 규획이 일정기간 동안 시행되다가 경제사회발전의 현실적 수요에 부합되지 못해 당초 규획대로 계속 시행할 경우 오히려 경제사회 발전에 장애가 될 수 있다. 따라서 현실에 맞춰 각 규획의 유형별로 적절한 실행기한을 정해야 한다. 국가급 및 성급 (省級) 종합규획의 기한은 5년으로 설정되어야 한다. 규획기한이 너무 길면 실제와 맞지 않을 수 있고, 또한 내용이 너무 공허하여 실행에 옮기기가 어려울 수 있다. 규획기한이 너무 짧으면 정부의 전략적 의도를 구현할 수가 없어 시장주체의 행위를 인도하는 목적을 달성할 수 없다.

중국 경제발전 전략과 규획의 변천 및 혁신

시·현급(市縣級) 규획의 경우 1년 기한의 종합규획을 시행하는 것이 가장 좋을 것 같다. 규획의 종류가 너무 많아지면 낭비를 초래할 뿐만 아니라 각급 정부가 규획의 조직 및 실행을 감당할 수도 없다. 하물며 각 전문규획과 업종규획의 시·현(市縣) 경제발전에 대한 역할도 매우 제한적이다.

(6) 규획 실행의 법제화

규획은 정부에서 심의하고 인민대표대회에 보고하여 심사, 승인을 받아야 하는 정부의 강령성 문건이기에 높은 엄숙성과 강한 법적 효력을 가지고 있어 법적 형식으로 명확히 규정되어야 한다. 종합규획은 정부가 선도적으로 시행하여 각 산업부문에서 구체적으로 실행되도록 한다. 전문규획은 각 산업부문에서 실행한다. 연간규획은 중장기규획을 연도별로 실행하는 것으로서 중장기규획 목표를 단계적으로 실현하는 것이다. 규획의 전체성과 통일성을 보장하기 위하여 입법을 통해 중장기규획이 연간규획 수립의 주요 근거임을 규정해야 한다. 각 전문규획은 반드시 종합규획과 일치성 및 조화성을 유지하여 통일적이고 완전한 규획실행체계를 이뤄 종합규획의 구체적 내용이 실행될 수 있도록 해야 한다. 규획실행의 수단은 시장조절의 기능을 기초로 하면서 금리, 세율, 환율, 가격 등을 충분히 활용하는 방향으로 전환해야 한다. 경제 및 법적 수단을 통해 시장을 조정하고, 경제환경을 개선시켜 각 행위주체의 이익에 영향을 미침으로써 규획이 지향하는 방향에 따라 행동하도록 유도해야 한다. 규획 실행에 있어서는 책임과 권한을 연계시켜 규획의 심사, 승인이 통과되면 정부 각 부서는 반드시 규획을 법정책임으로 삼아 규획의 실행을 확실하게 보장하여 규획의 조정 및 지도적 역할을 발휘할 수 있도록 해야 한다.

(7) 규획 평가 및 개정의 법제화

규획에 대한 평가와 개정은 규획의 지도 및 조정 역할을 효과적으로 발휘하기 위한 중요한 절차이며 법적 근거에 따라 거시적 조정을 실시하는 데 있어 중요한 보장이다. 이는 정부 부서가 광범위하게 국민의 뜻을 경청하여 거시적 조정의 민주화와 과학화 수준을 제고하고, 효율을 높이는 반면 실수는 최소화하는 데 유리하다. 이를 위해 첫째, 입법을 통해 권력기관이 규획집행 상황에 대해 법적인 감독을 실행하도록 해야 한다. 규획실행 과정에서는 규획에 대한 객관적이고 공정한 평가를 철저히 하여 문제를 찾고 해결해야 한다. 일부 개정이 필요한 방안에 대해서는 엄격하게 분석, 검증하고 국가 중점건설 프로젝트는 전방위적인 추적감시를 진행하며 경제운영에 큰 변화가 발생하거나 규획 조정이 필요한 경우 시의적절하게 인민대표대회에 특별보고를 해야 한다. 규획 기한이 끝나면 규획에 대한 평가를 실시하여 차기 규획 수립을 위한 예시와 참고를 제공해야 한다. 둘째, 입법을 통해 언론, 국민 대중에게 규획사업에 대한 평가 및 논의 권한을 부여해야 한다. 규획사업의 민주성과 과학성을 보장하고, 규획이 국민들의 뜻을 보다 잘 구현하고 반영하기 위해서는 규획의 집행상황을 언론매체에 공개하는 한편 국민대중의 감시 범위에 포함시켜 국민들이 경제사회 발전 과정에 참여하도록 해야 한다.

3. 규획 위반 책임제의 구축

규획입법에 법적 책임의 규정이 없다면 어떠한 국가 기관, 기업 및 사업체, 민간조직, 개인도 임의로 규획의 권한을 침해할 수 있고, 규획 법률 위반 시 국가가 입은 손실에 대한 제재를 받지 않는다면 규획 법제화의 의의는 퇴색될 수밖에 없다. 규획의 엄숙성을 유지하고, 규획의 수립과 실행을 보장하기 위해서 법적 강제수단을 활용하여 각 주체의 권리와 의무를 명확히 하여 엄격한 책임규명 메커니즘을 구축해야 한다.

규획 수립에 있어 일반적으로 다음과 같은 행위를 규획법률 위반으로 간주한다. 규획의 편성, 예측, 의사결정, 조정 등 과정에서 허위로 날조하여 중대한 실수를 저지르고, 국민경제사회에 손실을 초래하는 행위; 의사결정 절차를 어겨 규획임무를 결정하여 중대한 실수와 국민 경제사회에 손실을 유발하는 행위; 규획법률이 규정한 권한과 절차를 위반하여 제멋대로 규획을 편성, 비준, 하달, 수정하고, 임의로 중점 프로젝트 건설 결정 또는 기타 중요한 규획지표를 설정하는 행위; 규획에서 법적으로 정한 권한과 절차를 위반해 규획 주관부서의 통일적인 조정을 거치지 아니하는 행위; 규획수립과 연관된 데이터, 자료 및 기타 현황에 관한 보고를 거부하거나 지연하는 행위; 국가 규획 비밀을 누설하는 행위 등이다.

규획 실행에 있어 다음과 같은 행위를 할 경우 규획법률 위반으로 간주한다. 직무태만으로 인해 국가규획이 제때에 완성되지 못해 중대한 경제사회적 손실을 야기하는 행위; 국가규획의 지령적 지표에 대해 조직 실행에 있어 최선을 다하지 않거나 적극적으로 완수하지 않는 행위; 정당한 이유 없이 국가 전략물자비축 기준 및 조건요구에 대한 집행을 거부하거나 전략물자를 빌려 투기매매를 일삼는 행위; 규획사업 공직자의 정당한 권리행사를 침범, 방해, 저지하는 행위; 기타 국가규획 실행을 침해하는 행위 등이다.

규획 감시에 있어 다음의 행위가 발견된 경우 규획법률 위반으로 본다. 규획감시 절차의 위반으로 감시에 대한 위법을 초래하여 중대 실수가 발생하는 경우; 규획감시 과정에서 감시의 주요임무를 소홀히 하여 중점과 부차적인 부분을 정확하게 구분하지 못해 중대한 규획수립과 집행상황 감시에 결함이 생긴 경우; 직무태만으로 기밀정보를 누설하거나 중요정보를 고의로 숨겨 정보 피드백을 더디게 함으로써 규획수립과 개정에 큰 실수가 생긴 경우; 규획감시 중에 책임을 다하지 않아 규획수립과 집행의 감시에 불리한 상황을 초래한 경우; 데이터 피드백 과정에서 경제사회, 자연자원환경의 객관적인 규율 및 현실상황의 요구에 따르지 않고, 주관적으로 규획의 수립과 실행상황을 어림짐작한 경우 등이다.

규획부서가 규획을 평가, 수정함에 있어 다음과 같은 상황이 발생할 경우 규획법률 위반으로 간주한다. 법률에 규정된 대로 규획 평가와 수정 절차를 따르지 않아 규획의 실행 과정에서 평가, 수정의 실패를 초래하여 국가경제사회와 자연자원에 중대한 손실이 생긴 경우; 규획 실행 상황에 대한 정보를 적시에 정확하게 피드백하지 않고, 규획사업 실수에 대해 적시에 수정을 하지 않거나 규획수립, 실행 과정에서 나타난 잘못을 무시 또는 그릇된 규획에 대해 전혀 수정을 하지 않은 경우; 규획수정 과정에서 객관적인 경제사회, 자연자원환경 규율 및 현실 상

중국 경제발전 전략과 규획의 변천 및 혁신

황의 요구에 근거한 규획의 평가 및 수정을 하지 않아 경제사회와 자연자원환경에 중대한 손실을 초래한 경우 등이다.

위와 같은 규획법률을 위반한 행위는 인민정부의 책임에 속할 경우 동급의 인민대표대회나 그 상무위원회, 정부 부서의 책임일 경우 동급 인민정부나 규획주관부서, 국유 또는 국유지배기업의 책임은 동급 규획주관부서, 개인의 책임일 경우 개인이 속한 단체나 규획주관부서에서 규명하여야 한다. 이와 같은 행위가 범죄요건에 해당될 경우 사법기관에서 법에 따라 형사책임을 물어야 한다. 규획입법은 동시에 재심의 제도설치를 고려하여 재심의 기한과 권한을 규정해야 한다. 규획법률은 책임을 다하지 않은 법률적 관련 주체에 대해 경제적 책임, 행정적 책임 및 형사적 책임을 규정해야 한다. 행정적 책임으로는 경고, 과실, 대과실, 강등, 직위해제, 지위유보관찰, 면직 등이며, 경제손실을 초래한 경우에는 책임자의 경제적 책임을 규명하고, 경제적 손실을 배상하게 하는 한편 직무유기, 배임, 심각하게 규획법을 위반하여 중대한 손실을 초래하고, 범죄를 저지른 자에 대해서는 법에 따라 형사책임을 묻는다. 규획주관부서의 업무실수의 경우 규획주관부서 혹은 그 책임자는 이에 해당하는 배상책임을 져야 하며 양 당사자가 책임을 지는 것이 적절하지 않거나 책임져서는 안 되는 경우 국가에서 배상책임을 질 수 있다.

국가발전규획 체계의 개선 및 내용의 혁신

제1절 시장경제 조건하에서의 규획 체계

규획 체계란 규획을 다루는 시각이 다르고, 규획 내용이 서로 맞물릴 뿐만 아니라 상호 보완적이며 영향을 서로 미치는 각종 규획의 유기적인 결합체를 말한다. 일정 시기에 국가발전규획 체계가 실현해야 하는 목표는 경제, 과학기술, 사회 각 방면과 연관되어 있어 여러 목표 특히, 거시적 목표를 시기별로 나누어 달성할 뿐만 아니라 지역별로도 실현해야 하고, 특정 목표에 대해서는 전문적 조치가 필요하며 이렇게 종횡으로 얽혀있는 내용과 복잡한 관계는 단일적인 형태의 규획으로는 수용하기 어렵다. 따라서 각종 규획의 목표 간, 실행절차 간, 수단 간의 조화는 각각의 구체적 내용을 기초로 해야 하며 총 목표에 따라 종합적으로 균형을 이루면서 통일된 규획 체계를 수립해야 한다.

규획 체계는 하나의 유기적인 결합체로서 다음과 같은 방면으로 이해할 수 있다.

① 전체성. 규획 체계는 하나의 유기체로서 각 규획의 단순한 총합이 아니다. 개체로 말하자면 각 규획의 목표가 총 목표와 불일치한 부분이 있거나 심지어 모순도 생길 수 있다. 하지만 규획 전체로 말하자면 각 규획의 근본적인 목표는 일치한다. 따라서 규

획 체계의 기능은 각 규획의 단독적인 실행으로 이룰 수 없고, 각 규획 상호 간의 조화와 협력이 필요하다.

② 단계성. 서로 다른 발전 단계에서 규획체계 중 각 규획의 지위가 동일하지 않을 뿐만 아니라 기능도 서로 다르다. 예를 들어 현재 중국은 시간적 차원에서 규획체계를 분류하고 있는 가운데 중장기 규획이 주요 형식을 이루고 있다. 중장기 규획이 전체 규획 체계에서 주도적인 지위를 가짐에 따라 연간계획(단기계획)은 종속적 지위에 처하게 되어 점차 간소화해지고 있다.

③ 개방성. 규획 체계는 현실 경제와 사회발전과 서로 작용하고, 상호 영향을 준다. 한편으로 현실의 경제와 사회발전 상황은 규획 수립의 기초가 되지만 이는 동적이고 시간이 지나면서 끊임없이 변화하기 때문에 규획체계는 시간의 흐름에 따라 경제와 사회발전 변화의 요구에 부응하여 끊임없이 새로운 내용을 흡수하고, 새로운 형식을 취해 현실 상황에 맞지 않은 부분을 제거해 나가야 한다. 다른 한편으로는 각종 규획은 경제와 사회발전의 나침반으로서, 과거 시장경제발전 역사에서 규획 등 거시적 조정 수단의 결여로 부정적인 결과가 초래된 것을 잘 보여주고 있다. 기실 규획체계 및 경제와 사회발전은 상호 연동되는 과정이며 규획 체계가 바로 이러한 과정에서 스스로 끊임없이 보완하게 된다. 과학적 규획은 경제와 사회발전에 과학적 지도를 하여 경제와 사회발전을 추진한다.

시스템 이론(System theory)의 관점에 따르면 시스템 전체를 구성하는 하위 시스템 간의 관계는 비균형적이다. 규획 체계를 하나의 시스템으로 본다면 그 구성요소인 각종 규획 간의 관계도 비균형적이며 이러한 규획들이 각기 다른 성격에 의해 서로 다른 역할이 결정됨에 따라 규획체계에서 서로 다른 지위가 결정된다.

① 규획영역별로 분류된 규획 체계. 경제발전규획은 규획 체계의 주체이며 이는 물적생산이 사회가 존재하고 발전하는 데 있어 기초적인 결정요소이기 때문이다. 경제발전규획의 역할은 미래의 국민경제 발전을 위한 청사진을 그리는 것이자 경제 건설을 지도하는 것이다. 과학기술 발전은 경제와 사회 발전의 원동력이며 여러 국가가 과학기술발전규획을 규획 체계에서 하나의 중요한 유기적인 부분으로 다루고 있다. 이는 과학기술의 혁신과 발전을 지도하고, 현실적인 생산으로 전환하게 하며 경제와 사회 발전에 동력을 심어준다. 사회발전규획은 사회사업 발전 및 생활 각 방면에 대한 안배와 배치이며, 사회발전은 경제와 과학기술 발전의 결과임과 동시에 경제와 과학기술의 지속적인 발전의 조건이기도 하다. 사회발전규획은 '제6차 5개년 계획'부터 과거 통일된 국민경제발전규획에서 분립된 것으로 사회 전체의 조화와 지속 가능한 발전을 위한 정책적 조언을 제공하는 역할을 한다. 시장경제에서 국가규획 관리 기능의 전환과 인본주의적 규획 이념의 제시에 따라 사회발전규획이 규획체계에서 차지하는 위상이 더욱 높아지고 중시되고 있다.

② 규획내용별로 분류된 규획 체계. 종합규획은 국민경제의 중점사업, 과학기술의 진보와 사회발전을 위해 전반적으로 계획하고, 국민경제와 사회발전을 전면적으로 지도하는 강령성 문건

으로서 규획기간의 경제사회 발전에 대한 전반적인 상황을 분석하여 정부의 각 방면에 대한 주요 임무, 기본 방침 및 임무 완수를 위한 정책 및 조치사항을 제시한다. 전문규획은 국민경제와 사회발전에 있어 어떤 중요한 문제를 해결하기 위해 수립되는 것으로 강한 유연성과 목적성을 가진다. 산업 규획은 주로 특정 산업의 발전을 위한 임무와 정책 조치를 제시하는 것으로 종합규획에 비해 상대적으로 연관된 면이 좁다. 서방 선진국과 달리 중국은 시장경제의 출발이 늦고, 체제가 완전하지 못해 종합규획이 중국 규획 체계의 기본적 형식을 이루고 있다. 그러나 규획 수립 시 모든 면을 다 갖추도록 하는 것은 규획이 방대해질 뿐만 아니라 복잡해지기 쉬워 중점을 부각시키는 데 불리하다. 최근 몇 년 동안 중국은 이 점에 관심을 두고 서방 선진국의 성공 경험을 참고하여 전문규획의 수립을 중시함으로써 중점 문제를 집중적으로 해결하려고 한다.

③ 규획공간별로 분류된 규획 체계. 전국규획과 지역규획, 지방규획 간에는 전체적 및 국지적 관계를 갖는다. 전국계획은 통일적이고 주도적 성격을 갖지만 지역규획과 지방규획은 기본적으로 일치한다는 전제하에 차별적, 실행적 성격을 보여준다. 전국규획은 일정한 시기 내 경제사회발전의 주요 목표와 임무를 수립하는 것으로 국가 전체의 장기적 이익과 연관된다. 지방규획은 전국규획의 지도 아래 해당 지방의 실제 상황을 고려하여 현지의 경제사회발전을 위한 사업을 배치하고 안배하는 것이다. 지역규획은 전국규획과 지방규획의 중간 위치에 있어 전국규획

의 전체적인 면에서 말하자면 국지적인 특징이 있고, 지방규획의 국지적인 면에서 보자면 전체적인 특징이 있다. 지역규획은 주로 성(직할시, 자치구)급 행정구역 간 지역의 경제사회발전에 대해 지도적인 역할을 수행한다. 서방 연방제 국가의 규획 체계와 다른 점은 서방 연방제 국가의 규획 체계에서는 각 주마다 자신의 규획입법과 규획행정체계가 있어 주 규획이 주도적인 지위에 있고, 연방정부가 규획에 참여하는 수단은 주로 간접적인 재정방식 예컨대 연방 보조금 등이 있다. 중국은 오랜 기간 중앙집권제 국가로서 규획의 결정권이 중앙에 집중되어 있어 전국규획이 주도적인 지위를 차지한다. 지방규획은 전국규획의 추진에 따라 두 규획 간 충돌이 발생하는 경우 지방규획은 전국규획을 따라야 한다.

④ 규획기간별로 분류된 규획 체계. 중장기 규획은 점차 국가규획의 주요 형식으로 변화하고 있다. 이는 국가규획이 주로 방향성, 총량성 및 구조성에 관한 중대한 문제를 잘 해결하고, 전체적으로 각 방면의 행위를 조화롭게 조정해야 하기 때문이다. 그 중에서 장기규획의 주요 임무는 국민경제와 사회발전의 미래를 제시하는 것으로 높은 전략성을 가진다. 장기규획은 중기규획의 방향과 기본내용을 결정하며 중기규획을 수립하는 근거가 된다. 중기규획은 장기규획을 단계별로 구체화하는 것으로, 주요 임무는 규획기간에 경제, 과학기술 및 사회발전의 구체적인 목표, 목표 달성을 위한 객관적인 조건을 측정하여 장기규획의 임무를 구체적으로 계량화하고, 정책적 조치를 제시함으로써 장

기규획의 실행가능성을 보장하는 것이다. 단기규획(연간 계획)은 중장기규획을 연도별로 실행하는 것으로 집행성과 실행성이 강하며 거시경제의 총량적 균형을 보장하는 것이 그 주요 임무이다. 시장경제의 점진적인 완비에 따라 단기규획(연간 계획) 수립은 이미 간소화되어 규획 체계에 있어 더 이상 주요 형식으로 사용되지 않는다.

제2절 중국 규획 체계 개혁의 구상

현재 규획 체계의 문제점은 중국의 규획수립 체제, 규획관리 체계, 규획수립 역량 등과 밀접하게 관련되어 있다. 첫째, 규획 체계가 매끄럽지 못하고, 규획의 단계성이 명확하지 않으며 통솔력 있고, 단계별로 실행할 수 있는 규획 체계가 부족하다. 둘째, 규획 관리가 혼란스럽고, 상호 권한을 침해한다. 대부분의 규획관리부서는 각자의 이익 관점에서 규획을 수립하며 각 영역은 물론 각급의 규획 간에도 충돌이 심각하다. 셋째, 규획수립 역량이 제한적이다. 규획 수립에는 안정적이고 유능한 규획수립 인력의 부족, 예견성, 특화성, 과학성 및 탄력성의 부족, 명확하고 완전한 대응조치의 미비 등의 문제가 존재한다.

국민경제와 사회발전에 있어 규획의 지도적 및 조정적 역할을 충분히 발휘하기 위해 규획체계의 개혁은 중국 규획체계 현실에 초점을 맞춰 중국 경제체제의 개혁 방향과 결합하면서 전국과 지역을 통합적으로 고려하여 규획의 단계성과 역할을 명확히 하고, 상호 지지하는 규

중국 경제발전 전략과 규획의 변천 및 혁신

획체계를 구축할 뿐만 아니라 규획의 성격, 임무, 수립 주체, 실행 주체, 실행 수단, 심사 및 승인 주체 등을 명확하게 함으로써 규획의 권위성, 일관성 및 실행성을 구현해야 한다.

1. 규획 체계

현재 중국의 규획체계에는 주로 규획요강, 중점전문규획, 산업규획, 도시규획, 토지개발규획, 도시체계규획, 중대프로젝트(공정)규획 등 유형이 있다. 그중 규획요강은 높은 법적 지위를 가지고 있으며 경제사회발전 전반에 관한 종합적 규획이다. 이 밖에 규획은 대체로 공간 차원의 지역규획과 시간 차원의 전문규획 두 가지 유형으로 분류된다. 따라서 규획의 분류는 종합규획, 지역규획 및 전문규획이라는 '삼각형 구조'로 구축할 수 있다. 지역규획은 현재의 도시규획, 토지개발규획 등을 비롯하여 주로 경제구역 규획, 기타 기능구역 규획, 도시군 규획 및 기타 유형 규획 등 네 가지를 포함한다. 전문규획은 주로 국민경제와 사회발전의 특정 분야를 대상으로 수립되는 것으로 대체로 경제분야 전문규획, 사회분야 전문규획, 제도(정책)분야 전문규획과 프로젝트(공정)분야 전문규획으로 분류할 수 있다.

규획 등급 분류에 있어 규획 간의 체계성을 강조하는 한편 각 등급 규획의 위상과 그 상호 간의 관계를 명확히 해야 하는데 등급 단계가 너무 적어 각 등급 규획의 업무량이 너무 많거나 단계가 너무 많아 각 등급 규획의 역할이 모호하여 중복이 심해서는 안 된다. 현재 중국의 규획 등급 분류는 행정적 등급에 따라 국가, 성(직할시, 자치구), 시(市),

현(縣) 네 단계로 나누어져 있다. 시급(市級) 및 현급(縣級) 규획에 동일한 내용이 많은 점을 고려하면 한 등급으로 통합할 수 있어 규획은 수직적으로 국가급, 성급 및 시·현급(市縣級) 3단계로 나눌 수 있다. 발전 추세에서 말하자면 규획은 강제성에서 보다 높은 유연성과 탄력성으로, 시간 차원의 전문규획과 공간 차원의 지역규획의 분리에서 양자의 통합으로 전환되는 국면에 직면하고 있어 향후 각 지역의 규획은 유연하고 다양한 혁신적인 방향으로 나아갈 것이다.

종합해서 말하자면 현재 중국이 등급별로 행정관리체제와 경제관리체제 개혁을 추진하는 방향에 따라 규획 체계를 행정 등급으로는 국가급 규획, 성(자치구, 직할시)급 규획, 시(구가 설치된 시, 자치주)·현(구가 설치되지 않은 시, 자치현)급 규획으로 나눌 수 있고, 기능별로는 종합규획, 전문규획 및 지역규획으로 나눌 수 있는데, 즉 '3단계·3유형'의 규획 체계를 구축함으로써 각 규획 간 서로 연결되고 지지하는 유기적인 연계 체제를 만드는 것이다(<그림 11-1> 참조). 종합규획과 지역규획으로 말하자면 규획 간에는 등급별, 단계별로 실행되는 관계가 존재하기 때문에 하위급 규획이 상위급 규획을 따르는 동시에 해당 지역 실정에 맞게 규획 목표를 세분화해야 한다. 전문규획으로 말하자면 지역마다 높은 유연성을 가질 수 있는데 각자의 필요에 따라 유연성 있게 운용할 수 있다. 시·현급(市縣級) 규획은 공간 차원의 규획과의 통합을 시도해볼 수 있다.

'3단계·3유형'의 규획 체계를 구축하기 위해서는 다음과 같은 사항을 고려해야 한다. 첫째, 규획요강의 '주도적 역할'을 명확히 하고, 각 규획 간 관계에 존재하는 복잡한 문제를 해결하여 종합규획의 권위성을 확립해야 한다. 둘째, 형세 변화에 적응하여 공간 차원 규획의 위상을 높이고 지역발전에 대한 공간적인 지도를 강화하며, 지역경제의 조화로운 발전과 공간자원 배치 구조의 최적화를 촉진해야 한다. 셋째, 공간 차원의 규획과 시간 차원의 규획을 통합하여 하나의 시스템으로 취급함으로써 두 규획 간에 장기적으로 존재하는 '괴리 문제'를 해결해야 한다.

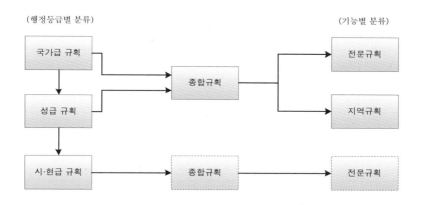

〈그림 11-1〉 규획의 행정 등급별 및 기능별 분류 체계

주 : 시·현급(市縣級) 종합규획은 국가급 및 성급(省級) 종합규획과 다르며, 점선으로 표시된 규획은 만들어도 되고 만들지 않아도 되는 규획을 의미한다.

(1) 국가급 규획, 성급 규획 및 시·현급(市縣級) 규획

국가급 규획은 국가의 국민경제 및 사회발전에 대한 총체적인 구상으로서 일정 시기 내 경제와 사회발전의 주요 방향과 임무를 구상하고, 발전전략과 목표, 전략 중점과 정책을 확정함으로써 국가의 전체 국면 및 장기적 이익과 연관된다. 성급 규획과 시·현급(市縣級) 규획은 지방 규획으로서 현급(縣級) 이상의 지방인민정부가 국가급 규획의 방침과 정책에 근거하고, 현지의 구체적인 상황과 결합하여 관할 구역의 국민경제와 사회발전 또는 특정 산업 및 영역을 대상으로 수립하는 규획이다.

(2) 종합규획, 전문규획 및 지역규획

종합규획은 국가급 종합규획, 성급 종합규획 및 시·현급(市縣級) 종합규획으로 나뉜다. 국가급 종합규획은 국무원이 전국인민대표대회에 제출하여 심의 및 비준을 받은 후 국가급 전문규획과 지역규획, 성급 종합규획, 연간계획, 재정예산 등을 통하여 실행되며 규획 기간은 통상 5년이고, 필요 시 10년까지 연장될 수도 있다. 성급 종합규획은 성급 정부가 성급 인민대표대회에 제출하여 심의 및 비준을 받아 성급 전문규획, 성급 지역규획, 시·현급(市縣級) 종합규획, 연간계획, 재정예산 등을 통하여 실행되며 규획 기간은 국가급 종합규획과 일치하다. 시·현급(市縣級) 종합규획은 시·현급(市縣級) 정부가 시·현급(市縣級) 인민대표대회에 제출하여 심의 및 비준을 받아 관련 부서와 사회적 역량을 동원하여 실행되며 규획 기간은 필요에 따라 유연하게 정한다.

전문규획에는 국가급 전문규획과 성급 전문규획이 포함된다. 중앙정부와 성급정부가 책임지고 시행하는 기반시설, 중요자원, 생태환경, 공공서비스, 그리고 투자금액이 크고, 건설주기가 긴 중대 프로젝트의 경우 전문규획을 반드시 수립해야 하는데 이러한 규획 가운데 중앙정부가 담당하는 국가급 전문규획은 국가발전개혁위원회의 심의를 거쳐

중국 경제발전 전략과 규획의 변천 및 혁신

국무원에 보고 후 비준을 받으며 성급 정부가 담당하는 성급 전문규획은 성급 발전개혁위원회의 심의를 거쳐 성급 정부에 보고 후 승인된다. 국가와 성(직할시, 자치구)은 원칙적으로 타 영역의 전문규획에 대한 수립, 심의 및 비준을 하지 않는다. 시장 메커니즘이 이미 자원배치의 기초적인 역할을 발휘하는 영역은 더 이상 전문규획을 수립하지 않고, 관련 영역의 협회에서 시장분석과 예측보고서를 작성하는 방식으로 대체한다. 정부가 법적 절차에 따라 심의 및 비준한 전문규획은 해당 정부가 규획에 따라 투자를 안배하고, 프로젝트를 관리하는 한편 관련 부서를 조직하고, 사회적 역량을 동원하여 실행한다. 전문규획의 규획 기간은 실제 상황에 따라 유연하게 정할 수 있지만 규획 기간이 종합규획의 기간을 초과하는 경우에는 동 기간 종합규획의 목표와 임무에 따라 조정 및 수정해야 한다.

지역규획에는 국가급 지역규획과 성급 지역규획이 포함된다. 국가급 지역규획은 국무원의 심의를 거친 후 전국인민대표대회 상무위원회의 심의 및 비준을 받아 국무원 유관 부서가 해당 지방정부의 조직 및 실행을 감독하고 지도한다. 성급 지역규획은 성급 정부의 심의를 거친 후 성급 인민대표대회 상무위원회가 심의 및 비준하고, 성급 유관 부서가 해당 지역 지방정부의 조직 및 실행을 감독하고 지도한다. 지역규획의 규획 기간은 일반적으로 10년 및 그 이상이 적절하며 국가급 지역규획과 성급 지역규획은 동 기간, 동급 종합규획의 목표와 임무에 따라 조정 및 수정한다. 시·현급(市縣級) 지역규획에 대해서는 지역의 범위가 작아 해당 지역의 종합규획과의 통합 가능성이 존재하여 시·현급(市縣級) 지역규획을 단독으로 수립하지 않아도 된다.

2. 유형별 규획의 성격, 역할 및 관계

(1) 국가급 종합규획

국가급 종합규획, 즉 『중화인민공화국 국민경제 및 사회발전 5개년 규획요강』은 중국공산당 중앙위원회의 『국민경제 및 사회발전 5개년 규획 수립에 관한 건의』에 근거한 것으로 국가 전체 경제와 사회발전을 대상으로 수립된 규획이다. 이는 전략적, 거시적, 정책적 규획이고 국가의 전문규획, 지역규획 및 성급 종합규획 수립의 근거이며 국가발전 및 개혁부서에서 수립한다.

(2) 국가급 전문규획

현재 중앙정부 각 부서에서 수립한 산업규획, 전문규획, 중점전문규획, 프로젝트규획 등은 합쳐서 국가전문규획이라 한다. 이 규획은 중앙정부가 전국 국민경제와 사회발전의 특정 영역을 대상으로 수립한 것으로 국가급 종합규획의 특정 영역에 대한 확대, 세부화 및 구체적인 구현이고, 실행적인 규획이며 중앙정부 관련 부서에서 수립한다.

(3) 국가급 지역규획

국가급 지역규획은 중앙정부가 성(자치구, 직할시)급 행정 관할 구역의 범위를 뛰어넘어 특정 경제지역을 대상으로 수립한 것이다. 국가가 경제사회발전과 긴밀하게 연계된 지역, 강한 영향력과 선도역할을 가진 특별 대도시를 기반으로 한 도시군 지역, 국가급 종합규획에서 정해진 중점개발지역 혹은 보호구역 등에 대해 성(자치구, 직할시)급 행정

중국 경제발전 전략과 규획의 변천 및 혁신

구역 간 국가급 지역규획을 수립한다. 이는 국가급 종합규획 및 연관된 국가급 전문규획이 특정 공간에서 실행되는 규획이자, 해당 지역 내 각 행정구역이 각종 규획을 수립하는 근거로 지도성과 구속력을 가진 규획이다. 이 규획은 국가발전 및 개혁부서에서 수립한다.

(4) 성급 종합규획

성급 종합계획은 성(자치구, 직할시)급 행정구역의 국민경제 및 사회발전 5개년 규획의 요강이다. 이는 중국공산당중앙위원회의 『국민경제 및 사회발전 5개년 규획에 관한 건의』와 국가급 종합규획에 근거하여 성급 행정구역의 국민경제와 사회발전을 대상으로 수립된 규획이다. 이는 전략적, 거시적, 정책적 규획이며 성급 전문규획, 성급 지역규획과 시·현급(市縣級) 종합규획 수립의 근거가 되고, 규획 체계에서 상위급 규획과 하위급 규획을 연계해주는 역할을 담당한다. 이는 성급 발전 및 개혁 주관부서에서 수립한다.

(5) 성급 전문규획

현재 성급 정부의 각 부서에서 수립한 산업규획, 전문규획, 중점전문규획, 프로젝트규획 등은 합쳐서 성급 전문규획이라 한다. 성급 전문규획은 성급 정부가 행정구역 내 국민경제와 사회발전의 특정 영역을 대상으로 수립한 것으로 성급 종합규획의 특정 영역에 대한 확대 및 세분화이고, 구체적인 구현이며 실행성 규획으로서 성급 정부 유관부서에서 수립한다. 중앙 각 부서는 성급 부서에게 성급 전문규획의 수립을 요구해서는 안 된다.

(6) 성급 지역규획

성급 지역규획은 성급 정부가 역내 시·현급(市縣級) 행정구역 간의 특정 경제구역을 대상으로 수립한 규획이다. 이는 성급 종합규획과 성급 전문규획이 특정 공간에서 실행되는 것으로 역내 각급 행정구역이 수립하는 각종 규획 수립의 근거가 되어 지도성과 구속력이 있는 규획이다. 성급 지역규획은 성급 발전 및 개혁 주관부서에서 수립한다.

(7) 시·현급(市縣級) 종합규획

시·현급(市縣級) 종합규획은 시·현급(市縣級) 행정구역의 국민경제와 사회발전규획의 요강이다. 이는 성급 종합규획에 의거하여 시·현급(市縣級) 행정구역내의 국민경제와 사회발전을 대상으로 수립된 것으로 전략성과 실행성을 가지는 규획이며 시·현급(市縣級) 전문규획을 수립하는 근거가 된다. 시·현급(市縣級) 종합규획은 시·현급(市縣級) 발전 및 개혁 주관부서에서 수립한다.

(8) 시·현급(市縣級) 전문규획

현재 시·현급(市縣級) 정부 부서에서 수립한 산업규획, 전문규획, 중점전문규획, 프로젝트규획 등을 합쳐 시·현급(市縣級) 전문규획이라 한다. 시·현급(市縣級) 전문규획은 시·현급(市縣級) 정부가 관할한 역내의 국민경제와 사회발전의 특정 영역을 대상으로 수립한 것으로 시·현급(市縣級) 종합규획의 특정 영역에서의 확대이자 세분화이고 구체적인 구현이며 실행성을 가지는 규획이다. 이는 시·현급(市縣級) 정부의 유관 부서에서 수립한다. 시·현급(市縣級) 전문규획과 시·현급(市縣級) 종합규획은 실행성 규획에 속해 시·현급(市縣級) 정부는 자신의 수요에 따라 유연하게 전문규획의 수립여부를 확정할 수 있고, 성급 관련 부서가 시·현급(市縣級) 관련 부서에게 시·현급(市縣級) 전문규획의 수립을 요구해서는 안 된다.

제3절 국가발전규획 내용의 혁신

개혁개방 이래 정세의 변화에 따라 규획의 내용도 끊임없이 새롭게 바뀌고 있으며 뚜렷한 효과를 보이고 있다. 그러나, 중국 국민경제 및 사회발전 규획의 내용은 여전히 적지 않은 문제가 남아 있으며 정세 변화 요구에 부응하지 못하고 있음을 알아야 한다. 새로운 발전 여건에서 경제사회의 발전을 지도하고 촉진하는 중요한 수단으로서 규획은 필히 시대와 함께 발전하여 규획 내용의 혁신을 추진함으로써 규획이 경제사회 발전의 지도 및 촉진 역할을 더욱 잘 발휘할 수 있도록 해야 한다.

1. 규획 내용 혁신의 성과

계획경제 시기에 정부는 모든 경제 활동의 핵심 역할을 한다. 정부는 거시경제를 관리할 뿐만 아니라 미시경제에 대해서도 직접적으로 관여한다. 정부는 자원 배치에 있어 결정적인 역할을 하고 있고, 계획은 자원을 배치하는 유일한 방식이며 사회는 항상 물자 부족 상태에 처해 있다. 이러한 체제하에 국가발전규획 내용의 특징은 다음 몇 가지 방면으로 나타났다. 첫째, 물자 부족으로 인해 규획 내용이 각종 물자의 생산, 분배, 유통, 소비 등과 크게 연관되어 있어 주로 지표를 정하고, 투자금을 나누며 프로젝트를 정한다. 둘째, 경제성장을 출발점으로 하는 규획으로 농공업의 발전, 인프라 구축 등을 강조하고, 사회 발전을 소홀히 하며, 자원과 환경에 대한 종합적인 고려가 부족하다. 셋째, 규획 지표는 주로 실물 지표이며 가치 지표는 종속적인 위치에 있다. 넷째, 주로 국내 수요와 공급의 균형을 고려한다.

개혁개방 이래 경제체제의 개혁에 따라 중국의 규획관리체제는 일련의 개혁을 진행해 왔으며 이에 따라 국가발전규획의 내용에도 변화가 생겼다. 중국공산당 제11기 제3차 전체회의 이후 중국은 경제건설을 중심으로 하는 개혁개방의 새로운 시대에 진입했으며 "계획경제를 중심으로 하고, 시장조절을 보조로 하는 기본방침"을 제시함에 이어 제12기 제3차 전체회의에서는 정식으로 '계획적인 상품경제'의 구축이라는 개혁목표를 제시했다. 1992년, 중국공산당 제14기 전국대표대회는 사회주의 시장경제체제 수립의 목표를 명확히 했고, 중국의 규획관리체제는 다시 중요한 변혁을 겪으면서 국가발전규획의 내용 역시 중대한 변화가 일어났다. 이 시기의 규획은 주로 다음과 같은 특징을 가지고 있다.

(1) 규획 내용의 거시적, 전략적 및 정책적 성격이 부각됨

규획의 기본적인 성격은 지도적이며 규획의 중점은 더 이상 직접적으로 사회 전체의 경제 활동을 안배하는 것이 아니라 거시적 조정 목표를 합리적으로 확정하여 국민경제 및 사회발전전략을 수립하고, 거시경제 조정정책과 산업정책을 연구하며 중대한 경제구조와 생산력 배치를 규획하는 한편 국가의 중점 건설 등을 보장하며 국민경제와 사회 발전의 명확한 방향을 제시하는 데 있다.

(2) 정부 관리의 범위를 축소시키고, 시장 조절의 범위를 확대시킴

국가와 각 성(자치구, 직할시)의 규획은 시장 메커니즘이 역할을 발휘하는 영역에 대해 주로 발전 정세와 발전 방향을 제시하고, 정부 역할이 필요한 영역에 대해서는 명확한 목표, 임무, 요구 및 조치를 제시한다. 규획 지표에 있어 지령적 실물지표와 생산성 지표를 크게 감소하고, 지도성 지표와 시장 조절의 범위를 넓혔다. 『제11차 5개년 규획 요강』은 처음으로 규획 지표를 지도적 지표, 지령적 지표의 두 가지 범주로 나눠 정부와 시장의 조정 역할 범위를 보다 분명하게 했다.

(3) 경제 전반의 질적인 변화 및 국제경쟁력 제고를 중시함

규획은 경제발전 각 방면에서 경제의 전반적인 질적 향상과 국제경쟁력 강화를 중시한다. 또한 규획은 과거의 생산능력 확대, 생산물량 증가를 통한 경제성장 방식을 개조하여 산업구조의 최적화와 경제성장 방식의 전환을 통해 경제 전반의 질적 구조를 향상시키고, 경제 발전을 촉진시키며 경제 성장의 질과 효익 제고를 강조하였다.

(4) 국민생활 수준의 향상을 강조함

과거의 규획은 생산을 중시하고 생활을 경시했으며 물질적 생산

공급을 중시하고 정신적 생산 공급을 경시했다. 최근 몇 년 동안 국가와 각 성(자치구, 직할시)의 규획에서는 국민의 물질적, 정신적 생활수준의 향상을 근본적인 출발점으로 삼아 국민생활과 밀접한 연관이 있는 지표를 크게 증가했으며 국민 생활수준과 긴밀한 관련이 있는 중점전문규획을 수립하였다.

(5) 경제발전, 사회발전, 자원환경보호의 조화를 강조함

'제6차 5개년 계획'부터 시작하여 중국의 '경제발전 5개년 계획'은 '경제 및 사회발전 규획'으로 그 명칭이 변화되었으나 규획의 중점은 여전히 경제발전에 있었다. '제10차 5개년 계획'과 '제11차 5개년 규획'은 사회발전과 자원환경보호를 중요시하고, 경제, 사회의 조화로운 발전과 지속 가능한 발전능력 제고에 중점을 두어 인본주의적 요구를 구현할 뿐만 아니라 자원 절약 및 친환경적이라는 사회 요구도 구현함으로써 조화로운 사회를 구축하는 데 끊임없는 진보가 이루어졌다. 국가와 각 성(자치구, 직할시)은 생태건설, 환경보호, 인구, 노동력취업, 사회보장 등을 중점전문규획의 대상으로 삼았다.

(6) 규획 실행 메커니즘의 혁신을 중시함

21세기에 들어와 국가와 각 성(자치구, 직할시)은 규획 수립에 있어 실행 메커니즘의 혁신을 강조하였다. 규획을 실행하기 위해 중점프로젝트의 건설을 보장하는 데 역량을 집중할 뿐만 아니라 거시적 조정을 강화하고, 체제개혁을 추진하며 관련 정책을 수립함으로써 발전환경을 개선하고, 규획 실행 조직체계를 보완하며 규획 실행의 조직방식을 개선하여 동태적 감독 및 조정 체계를 수립하였다.

2. 규획 내용에 존재하는 주요 문제점

규획관리체제 개혁에 따라 규획 내용의 개혁과 혁신 면에서 어느 정도 성과를 거두었지만 여전히 일부 문제가 존재하는데 주로 아래와 같은 몇 가지 면에서 나타나 있다.

(1) 경제발전을 중시하고, 사회발전을 경시하는 경향이 여전히 존재함

그 동안 경제성장을 규획의 출발점으로 삼아왔기 때문에 규획은 항상 경제와 산업발전에 치중하였다. '제11차 5개년 규획'은 '과학적 발전관'으로 경제사회 발전의 전반을 통솔할 것을 강조하며 국가와 각 성(자치구, 직할시)은 인본주의적인 국민생활 수준의 제고를 규획의 출발점 및 종착점으로 삼아 과학기술, 교육, 위생, 인적자원개발, 노동취업, 사회보장 등 사회발전의 내용을 증가시켰다. 경제성장과 경제구조 방면의 지표는 과거의 지령적 지표에서 현재의 지도적 지표로 바뀌고, 인구, 자원, 환경, 공공서비스, 국민생활에 관한 지표가 추상적에서 실질적으로 전환되어 지령적 지표로 바뀌었는데 이는 정부와 시장의 역할을 분명히 하는 데 유리하게 작용하였다. 그러나 정부가 조직하고 실행해야 할 규획에 대해서는 관련 조치가 구체적이지 못하고, 프로젝트 건설, 자금 조달에도 충분한 비중을 두지 않아 경제성장을 핵심으로 하는 성과주의가 여전히 성행하고 있다.

(2) 규획의 내용이 포괄적이고 중점을 부각시키지 못함

규획 내용 구성에 있어 규획 요강에서부터 중점전문규획 및 산업규획까지 모두 통일된 격식을 강조하고 내용의 주도면밀함을 추구하기에 해당 지역 및 산업의 실제 상황에 맞춰 규획 내용을 정하는 것이 아니었다. '5개년 규획 요강'을 보면, 규획의 '범위가 크고 내용이 포괄적'이라는 문제가 여전히 존재하고 있다. 국가규획요강은 경제사회 발전과 지속 가능한 발전, 정신문화 건설, 민주 법제, 국방 건설 등을 포함시킬 뿐만 아니라 당위원회, 전국인민대표대회, 정치협상회의, 군부대에 관한 내용도 포함시켜 규획요강이 다루는 범위를 넘어섰다. 각 성(자치구, 직할시)도 국가규획요강의 통일적인 격식을 추구하므로 해당 성(자치구, 직할시)의 실정에 따라 규획 내용을 정하지 않고, 시(市), 현(縣)의 경우에도 성급 규획요강 격식에 맞춰 요강을 수립하고 있다. 그 결과 국가에서부터 현(縣)에 이르기까지 규획 요강의 내용 구성이 모두 다 일치하고, 목적성이 없으며 특화성도 부족할 뿐만 아니라 내용은 포괄적이지만 중점이 분명하지 못하고, 정부의 자원배치영역도 제대로 반영하지 못하고 있다. 일부 성(자치구, 직할시)의 규획요강은 마땅히 시장의 역할을 발휘해야 하는 영역에 대해 상세한 규획을 다루고 있는 반면 정부의 자원배치영역, 예컨대 과학기술, 교육, 위생, 고용, 사회보장 등에 대해서는 분명히 다루지 않고 있다. 중점전문규획을 보면, 다루는 영역의 범위가 너무 넓어 중점을 부각시키지 못하고 있다. 중점전문규획은 전 국면에 관한 중대한 문제, 경제발전을 제약하는 중요한 문제, 정부의 관여가 필요한 산업이나 분야에 맞춰 수립되어야 하지만, 각 성(자치구, 직할시)에서 수립한 중점전문규획은 다음과 같은 문제를 안고

중국 경제발전 전략과 규획의 변천 및 혁신

있다. 첫째, 다루는 분야 또는 산업의 범위가 지나치게 넓어 중요 분야 및 중대 문제를 부각시키지 못하고 있다. 예를 들면 일부 성에서 수립한 중점전문규획이 20여 개나 되는데 심지어, 시장 메커니즘이 조정해야 하는 분야와 산업까지 중점전문규획의 대상으로 삼을 정도이다. 둘째, 규획의 내용이 포괄적이고 중점이 분명하지 못해 규획 목표 및 임무가 명확하지 않을 뿐만 아니라 실행 조치도 구체적이지 않아 실행성 또한 낮다.

(3) 목적성이 약하고 지역 특색이 부족함

『제11차 5개년 규획 요강』을 보면, 각 성(자치구, 직할시)의 발전전략은 비슷한 점이 많고, 목적성이 떨어지며 지역의 특색 또한 부족하다.

전략산업의 선택에는 첫째로 해당 지역의 자연 경제와 사회적 자원에 대한 비교우위분석이 미흡하고, 유사한 자원을 가진 지역과의 소통이 부족하며 시장에 대한 파악과 분석이 결핍되어 있을 뿐만 아니라 중점발전산업 선정에 있어서도 각 지역의 기존 자원 및 산업에 맞추도록 지나치게 강조됨에 따라 지역 간의 발전전략이 유사하여 지역적 특색이 부족하다. 둘째, 일부 산업, 특히 첨단기술산업, 서비스업의 발전에 있어 국가규획과의 일치성 유지를 추구함에 따라 자신의 발전조건 및 발전요구에 관한 고려가 부족하다. 규획지표 체계의 설정에 있어서도 같은 문제가 존재한다. 각 성(자치구, 직할시), 심지어 시(市), 현(縣) 지표 체계의 설정에 있어서 모두 국가규획과의 일치성을 도모하여 지표 체계의 혁신이 부족하며 해당 지역의 실제 상황을 부각시킬 수가 없다. 지표의 예측 면에서는 종종 국가규획의 예측 지표를 참조 기준으로 삼아 국가규획과의 일치성 유지를 추구하거나 국가 규획지표에다 한층 더 추가하는 경향이 있다.

(4) 산업 발전과 공간 배치의 연계성이 약함

국가급 규획요강을 보면, 첫째, 산업 발전의 중점과 발전 방향의 논술을 중시하고, 산업의 공간적 배치를 경시하며 지역 간 분업에 대한 통일된 전략적 배치도 부족하다. 이러한 상황에서 각 성(자치구, 직할시)은 중점발전산업을 선택함에 있어 국가의 산업정책을 따를 수밖에 없으며 결국 지역마다 유사한 산업구조를 갖게 되었다. 둘째, 지역발전의 내용이 너무 단순하고, 구체적이지 않으며 지역경제의 조화로운 발전을 촉진하기 위한 구체적인 조치가 부족할 뿐만 아니라 각 성(자치구, 직할시) 간의 분업 조정 메커니즘에 대한 기술도 결여되어 있다. 셋째, 산업 발전을 토지 이용, 도시체계 건설, 도시 발전과 연계하지 않아 토지 이용, 도시체계 건설, 도시발전 등에 대한 고려가 부족하다.

성급 규획요강은 내용 구성에 있어서도 같은 문제가 있다. 첫째, 국가의 산업 발전을 지역 발전과 서로 융합시키지 못하는 한편, 중점발전산업 선택 시 지역의 비교우위와 지역 간의 합리적인 분업을 고려하지 않아 지역 간 산업 구조를 유사하게 만들어 지역경제의 특색이 부족하다. 둘째, 산업의 발전을 산업단지 조성에 의존하지 않아, 산업 발전을 구체적인 공간에서 실행하지 못하고 있다. 셋째, 산업 발전을 도시 발전, 도시체계 건설과 서로 결합하지 않고 있다. 현재 성급 규획요강은 도시를 중심으로 하는 산업 공간 배치를 중시하지 않을 뿐만 아니라 도시 산업의 육성과 분업, 도시체계 건설의 강화 및 도시기능의 완비를

중국 경제발전 전략과 규획의 변천 및 혁신

강조하지 않아 산업 발전을 위한 공간적 기반이 결여되어 있다.

(5) 구체적이고 효과적인 실행 메커니즘이 부족함

『제11차 5개년 규획요강』에서는 국가에서 지방까지 모두 규획의 실행을 강조하며 규획 실행의 메커니즘에 있어서도 일부 혁신성을 선보였다. 그러나 전체적으로 보면 여전히 문제가 남아있다. 규획에 있어서 중요한 점은 발전 목표를 제시하는 것 뿐만 아니라 실행 가능하며, 효과적인 경제정책 체계를 수립하고, 경제정책을 발판으로 삼아 발전목표를 실현하는 것이다. 국가급 규획요강에서 보면 존재하는 문제들은 다음과 같다. 첫째, 제시한 경제정책 체계가 완전하지 못하고, 일부 부서들이 수립한 경제정책이 규획요강의 정책 체계에 포함되어 있지 않다. 둘째, 각 경제정책 간의 조화성이 부족하다. 각 부서에서 수립한 경제정책은 항상 긴밀한 연계, 상호 간의 협력 및 조화를 이루지 못하고 있다. 각 성(자치구, 직할시)의 규획요강이 제시한 실행조치의 출발점은 모두 국가급 규획요강과 일치하도록 하는 것으로서 해당 성(자치구, 직할시)의 실태에 부합하고 필요성, 목적성 및 실행성이 있는 조치방법은 제시하지 못하고 있다.

중점전문규획으로 보면 많은 성(자치구, 직할시)에서 수립한 중점전문규획은 실행가능성이 낮고, 총 목표와 총 임무가 있지만, 구체적인 단계별 목표와 임무는 없을 뿐만 아니라 정부의 책임과 의무도 명확하지 않으며 정부의 조직과 실행이 요구되는 내용 또한 부족하다. 중점건설프로젝트가 제시되고는 있지만 프로젝트의 총체적 배치와 실행계획에 전반적인 고려가 결여되어 있다. 또한, 건설프로젝트의 총 투자금액이 제시되었지만 연도별 투자계획이 없으며 소요자금의 총량이 제시되었음에도 불구하고 자금 조달 계획은 없는 형편이다. 실행 조치에는 목적성이 부족하고, 구체적이고 효과적인 방안이 결여되어 있다.

(6) 규획 간의 연계성이 부족함

수직적으로 보면 각급 규획의 내용이 비교적 잘 연계되어 있으나 인식과 이익의 차이로 인해 산업 발전과 중대 프로젝트 건설 등에 있어 아직 조화롭지 못하거나 상충되는 문제가 존재한다.

수평적으로 보면 각종 규획의 내용이 잘 연계되어 있지 못하고 있다. 첫째, 각 지역 간 규획의 연계성이 부족하다. 예컨대, 각 성(자치구, 직할시)이 5개년 규획요강을 수립할 때, 흔히 상대적으로 폐쇄적인 상태에 놓여 있어 같은 자원을 보유한 지역 간의 소통이 부족하여 국가 전반에 대한 통일적인 고려와 지역 간 합리적 분업 및 협력 차원에서 지역발전전략을 고려하는 것이 아니기 때문에 지역마다 발전전략이 유사하고, 산업구조도 비슷한 결과를 초래하였다. 둘째, 중점전문규획과 산업규획간, 각 산업규획 간의 연계가 부족하다. 중점전문규획과 산업규획은 각기 다른 부서가 수립하기에 종합부서에서는 이 두 규획 내용에 대해 필요한 종합 균형을 진행하기 어려우며 각 부서에서 규획 수립 시에도 역시 소통이 부족하여 종종 규획 내용의 중복, 지표 명칭 및 측정 기준의 불일치, 정책조치의 중복 또는 상호 모순을 유발하였다.

중국 경제발전 전략과 규획의 변천 및 혁신

3. 규획 내용의 개혁 및 혁신 방향

중국의 규획에 존재하는 문제점 분석을 통해 미래 발전 추세를 전망하고, 시장경제 조건하에서 규획수립 시 반드시 준수해야 하는 기본 요구사항에 따라 향후 중국 국민경제와 사회발전 규획 내용의 개혁 및 혁신에 대해 다음과 같이 제안한다.

(1) 종합규획 내용의 개혁

시장경제체제의 요구에 부응하여 전체 국면을 통솔하는 강령적 문건이라는 기본적 위상에서 출발하여 향후 국가급 규획요강은 대체로 다음과 같은 내용을 포함해야 한다. 첫째, 발전환경 분석 및 예측; 둘째, 단계적 발전 목표; 셋째, 경제구조 조정; 넷째, 사회 발전; 다섯째, 공간 발전과 구조 최적화; 여섯째, 발전 환경과 제도 구축; 일곱째, 구체적 보장 조치와 정책 체계 등이다. 아울러, 규획요강의 보다 폭넓은 공감대를 형성하기 위해 전략 선택, 목표 선정, 정책 방향 등에 관한 보조적 설명 자료도 추가해야 한다.

현재 규획 수립에서 존재하는 일부 문제점과 부족함을 감안하여 향후 국가급 규획요강의 내용 구성에는 다음 문제에 대해 주의해야 한다. ① 현재 규획요강에 대한 인식이 지나치게 '시장화'되는 경향이 있으며 규획의 역할이 정보 발표와 시장 유도에만 국한되어서는 안 된다. 각종 규획 내용에 대하여 차별적으로 대응해야 하며 규획요강을 단지 지도적인 위치에 두어서는 안 된다. ② 발전전략은 단계적 목표와 결합되어야 한다. 국가급 규획요강은 하나의 이념, 하나의 사고 또는 행위 방식을 구현하는 것으로서 규획 기간의 사업 중점을 명확히 해야 하고, 발전전략을 단순 중복하거나 과도한 '개괄적' 해석에 국한되어서는 안 된다. ③ 경제사회 발전의 목표와 임무는 공간 구조의 최적화 요구와 결합되어야 한다. 규획 내용에서는 공간발전 질서의 원칙적 요구를 제시하고, 시간 및 공간 차원의 유기적 결합을 실현하며 지역규획과 전문규획의 수립을 위한 근거를 제공해야 한다. ④ 장기적이고 기초적인 문제에 대한 연구는 규획의 중요한 구성 부분이지만, 이러한 문제에 각종 불확실성이 따르기 때문에 애매모호한 언어는 종종 규획의 신뢰성과 과학성을 저하시키므로 위험과 불확실성을 명확하게 제시하는 것이 현실적 선택이라 할 수 있다. ⑤ 규획 중에서 중·장기 목표와 임무를 달성하기 위해 수립된 관련 정책조치는 대개 중·단기적이지만, 단기적 수단을 장기화하는 경향을 되도록이면 피하고, 중기적 목표를 단기적 수단과 유기적으로 결합하여 규획의 과학성을 높여야 한다. ⑥ 국가 전체 이익 관점에서 전반적으로 중대한 문제를 규획함과 동시에 각종 하위급 규획의 유연성과 탄력성을 위해 필요한 조정 공간을 제공하고, 서로 적절한 '이음매'를 찾아 완전한 규획 체계를 구축해야 한다.

성급 규획요강은 국가급 규획요강이 성급 행정구역에서 실행되는 것으로, 그 기본 내용의 틀은 국가급 규획요강을 참조하고, 해당 지역의 실제 상황과 결합하여 유연하게 조정할 수 있다. 시·현급(市縣級) 규획요강은 성급 규획요강이 제시한 목표와 임무를 실행해야 하는 것으로 기반시설, 생태환경, 공공서비스, 도농, 토지, 취업 및 공간 배치 등 내용을 부각시켜 해당 정부가 중점 해결하려는 문제를 명확히 하여 규획의 중점 및 실행성을 부각시켜야 한다.

(2) 전문규획 내용의 개혁

전문규획에서 다루는 범위는 비교적 넓지만, 공통점은 모두 시간적 차원의 규획에 해당하며 그 내용은 주로 일정 기간 내 한 사업의 발전을 위한 안배를 진행하는 것인데 다음과 같은 특징이 있다. 첫째, 목적성이 강하고, 중점이 명확하다. 둘째, 목표가 명확하고 임무는 구체적이다. 셋째, 규획 범위의 유연성이 높다. 넷째, 정책 조치가 구체적이고 실행성이 강하다. 다섯째, 정부의 책임과 의무, 중대한 건설 프로젝트 및 그 배치에 대한 구상, 필요한 자금 배치 등을 명확히 규정한다.

실제 규획 사업 중에서, 전문규획은 주로 경제분야 전문규획, 사회분야 전문규획, 제도(정책)분야 전문규획과 프로젝트(공정)분야 전문규획으로 나뉜다.

경제분야 전문규획은 주로 산업 발전, 자원 개발, 그리고 경제 발전과 밀접한 관련이 있고, 동시에 경제 발전의 중요한 부분을 이루는 수리, 교통, 에너지 등을 대상으로 수립하는 규획이다. 시장경제체제가 점차 완비되면서 경쟁적 분야에 대한 규획은 점차 사라지고, 공공부문, 기초산업, 유치산업 및 쇠퇴산업 등 정부 역할이 요구되는 분야로 전환되고 있다. 그 내용의 틀에는 일반적으로 ① 외부 환경 분석 및 예측, ② 정부가 의도하는 방향과 목표, ③ 정부의 유도 조치 등이 포함된다.

사회분야 전문규획은 과학, 기술, 교육, 문화, 위생, 취업, 사회 보장, 생태 환경 등 사회 발전을 대상으로 수립한 것이다. 주요 내용은 ① 발전 현황 및 문제점 분석, ② 발전의 주요 임무와 단계적 목표 제시, ③ 정부 책임의 명확화 및 대응 조치의 마련 등이다.

제도(정책)분야 전문규획은 주로 체제 개혁, 제도 구축과 완비, 법제

구축 등과 관련된 규획이다. 그 주요 내용은 ① 정세 분석 및 제도(정책) 구축의 의의, ② 방향 및 단계적 목표의 명확화, ③ 구체적인 제도(정책)의 안배, ④ 보장 및 관련 조치 등이다.

프로젝트(공정)분야 전문규획은 주로 영향력이 크고, 실행 기간이 길며, 공정량이 비교적 많은 사업이나 프로젝트를 대상으로 수립하는 규획이다. 주요 내용은 ① 건설의 필요성, ② 실행 가능성, ③ 구체적인 실행 방안, ④ 경제 및 환경 평가, ⑤ 보장 조치 등이다(〈표 11-1〉 참조).

〈표 11-1〉 전문규획 유형의 설계

전문규획	경제분야	사회분야	제도(정책)분야	프로젝트(공정)분야
규획 범위	산업발전, 자원개발, 수리, 교통, 에너지 등	과학기술, 교육, 문화, 위생, 취업, 사회보장, 생태환경 등	체제 개혁, 제도 구축과 완비, 법제 구축, 도시화 등	중대 프로젝트 (공정)
규획 내용	환경 분석 및 예측, 정부의 유도 및 목표, 유인 조치	현황 및 문제, 주요 임무와 목표, 주요 조치	정세 분석 및 의의, 방향과 단계별 목표, 제도(정책) 안배, 보장 및 관련 조치	필요성, 실행가능성, 구체적인 실행 방안, 경제 및 환경 평가, 보장 조치

또한, 전문규획을 정부관여형 전문규획과 정부주도형 전문규획으로 구분할 수 있는데, 이러한 분류 방법은 미래 규획 내용 개혁에 보다 실질적인 의의가 있다. 이 두 가지 유형의 규획은 내용 면에서 차이가 있다.

정부관여형 전문규획은 발전 전반에 영향을 미치고, 시장의 역량만으로는 해결하기 어려우며 정부의 정책 수립과 자원적 지원이 필요한 핵심 영역이나 취약 산업에 초점을 맞춰 수립한 것이다. 규획 대상

중국 경제발전 전략과 규획의 변천 및 혁신

으로 보면, 이러한 영역이나 산업은 항상 시장의 자원 배치와 더불어 정부의 자원 배치와도 연관되어 있어 지령적 규획과 지도적 규획의 융합 규획으로, 예를 들어 교육 발전 규획, 과학기술 발전 규획과 같은 것이다. 정부관여형 전문규획은 내용 면에 있어 세 가지 결합을 요구한다. 첫째, 발전의 총 목표가 구체적인 목표와 결합하는 것으로 발전의 총 목표뿐만 아니라 정부의 자원배치 역할이 필요한 영역에 대한 구체적인 목표도 있어야 한다. 둘째, 발전 방향과 발전 중점이 중대한 프로젝트의 건설 및 배치와 결합하는 것으로 일정 기간에 특정 영역, 산업, 지역의 발전 방향과 전반적인 배치 전략을 확정할 뿐만 아니라 정부의 자원 배치가 필요한 영역, 그리고 중대한 프로젝트의 건설과 배치구도를 명확히 해야 한다. 셋째, 투자 계획이 경제정책과 결합하는 것으로 정부가 자원을 동원해 해결해야 할 문제에 대해 투자 계획, 자금 배치 방안을 제시하고, 시장이 자원 배치 역할을 하는 부분에 대해서는 적절한 지원정책을 수립해 유도해야 한다.

　정부주도형 전문규획은 전반적이고 장기적인 발전과 연관되어 마땅히 정부에 의해 해결해야 할 중대한 문제나 영역을 대상으로 수립하는 것이다. 이는 규획요강에서 제시한 중대한 전략적인 문제에 대한 세부화이고 구체적인 목표와 임무로 실행시켜 해결하는 것이다. 이런 유형 규획의 대상은 중국 서부의 천연가스를 동부로 수송하는 사업(西氣東輸), 남방의 물을 북방으로 끌어들이는 사업(南水北調) 등 마땅히 정부의 자원 조직과 배치에 의존해야 해결할 수 있는 사업이다. 정부주도형 전문규획의 특징은 규획 내용이 구체적이고, 실행성이 강하여 구체적인 목표, 임무가 있을 뿐만 아니라 정부의 책임과 의무를 규정하고, 정부의 조직과 실행 내용을 명확히 하고 있다. 따라서 이러한 유형의 규획은 내용 면에서 다음과 같은 여섯 가지가 포함되어야 한다. 첫째, 규획요강의 총 요구에 근거하여 일정 기간의 발전 총 목표와 구체적, 단계적 목표를 제시한다. 둘째, 발전의 중점을 확정한다. 셋째, 구체적인 임무를 정하는 데 규획 기간의 총 임무뿐만 아니라 구체적, 단계적 임무도 확정해야 한다. 넷째, 구체적인 프로젝트 건설 규획을 수립함에 있어 발전 중점에 근거하여 발전 목표를 뒷받침하는 중대한 프로젝트를 제시하고, 프로젝트의 건설 규모와 배치를 명확히 해야 한다. 다섯째, 구체적인 투자 계획 및 자금 조달 방안을 수립한다. 여섯째, 구체적인 조치와 관련 정책을 수립한다.

국가급, 성급, 시·현급(市縣級) 전문규획의 내용은 유연하게 구성할 수 있는데 주로 정부의 시장 유도 역할과 정부의 책임 및 사업 중점 간의 구분을 명확히 하여, 규획의 실행성을 높이는 것이다. 성급 및 시·현급(市縣級) 전문규획은 해당 지역의 실제 문제에 맞춰 수립해야 하며 통상적으로 상위급 전문규획과의 연계 요구는 하지 않으며, 특히 시·현급(市縣級) 전문규획은 정부의 사업배치에 있어 충분한 역할을 확실히 발휘해야 한다.

(3) 지역규획 내용의 개혁

지역의 절대우위는 생산 입지에 영향을 미치고, 지역의 비교우위는 지역 분업에 영향을 미치며, 생산력 배치는 경제구역의 형성 및 발전에 영향을 미친다. 경제구역 규획, 생태 등 기타 기능구역 규획과 중심도시(도시권) 규획은 내용 면에 있어 중점이 서로 다르다. 경제구역

규획의 내용은 주로 ① 지역경제 발전의 예측 및 분석, ② 해당 지역이 보다 더 큰 지역 범위에서 갖는 위상, ③ 지역 내 광물, 수자원, 토지, 인구 등 기본 자원의 상황, ④ 지역 발전의 성장거점(growth pole), 발전축(development axis) 및 개발 네트워크의 기본 구도, ⑤ 도시 체계 및 각 도시의 발전 규모와 역할, ⑥ 농촌주민의 주택단지 체계, ⑦ 토지 이용의 공간 구조(건설 구역, 농업 구역, 생태 구역 및 기타 기능 구역에 대한 규획), ⑧ 지역 내 교통, 전력, 통신 등 기반시설의 배치, ⑨ 지역경제 발전, 생태 환경 등에 중대한 영향을 미치는 프로젝트의 배치, ⑩ 특정 지역에 대한 특별 규정, ⑪ 주변 지역과의 협력 등이다. 생태 등 기타 기능구역 규획은 주로 지역 내의 생태 취약 지역, 자연 재해 다발 지역, 자연 및 인문 관광 단지 등을 대상으로 수립하는데 그 주요 내용은 규획 대상 지역의 범위를 확정하여 보호, 정비, 개발 등 활동에 대한 명확한 요구사항을 제시하고, 그에 합당한 보장 조치를 수립하는 것이다. 중심도시규획은 주로 지역발전에 비교적 큰 영향력과 촉매작용을 하는 대도시를 대상으로 수립한다. 중심도시규획은 중심도시가 이끄는 경제권을 대상으로 하며 그 주요 내용은 ① 중심도시의 경제발전 예측, ② 발전 목표(경제 총량, 인구 규모, 도시건설 규모, 토지이용 규모 등) 및 도시 기능의 선정, ③ 교통, 통신, 공급 시스템, 위성 도시 등의 네트워크 배치 및 건설, ④ 산업 클러스터 및 기능의 구획, ⑤ 관련 조치 마련 등이다.

공간 구조의 최적화는 경제사회 발전의 산물임과 동시에 경제사회 발전에 선도적이고 반작용적인 영향을 미친다. 따라서 경제사회 발전의 흐름에 맞춰 공간자원을 합리적으로 배치하는 것은 공간 규획의 주요 내용이자 기본 취지이다. 공간 구조의 최적화는 차원별로 서로 다르게 나타난다. 예를 들어 토지이용 구조의 최적화는 도시 규모의 확대, 효익의 제고, 도시의 집적효과와 파급력 증대로 나타날 수 있으며 또는 토지자원의 정비, 생태구역의 보호 및 환경의 개선으로도 나타날 수 있다. 또한 생활의 편리화, 교통의 편의화, 인문 환경의 형성과 개선으로 도 나타날 수 있다. 따라서 지역 규획의 내용을 구성함에 있어 규획 내용의 공간성을 강조해야지 지역 규획의 종합성을 이루려는 것은 아니다. 공간에 대한 규획은 정태적 공간 배치 과정일 뿐만 아니라 공간 배치 구조의 동태적 최적화 과정이기도 하다. 또한 공간 규획은 일종의 구속력이 강한 총체적 공간 배치이지만, 동시에 유연성도 있어야 한다. 성급 지역규획은 국가급 지역규획과 달리 다루는 공간 범위가 상대적으로 작고, 정보 수집의 어려운 정도가 낮아 공간 규획의 내용도 더욱 구체적이어서 실행성, 특히 공간 발전의 통제성이 더욱 강하다.

제4절 유형별 규획의 연계 및 통합

규획의 주체는 유형별로 서로 다르다. 일부 규획은 단일 주체에 의해 이루어지기 때문에 일반적으로 조화의 문제는 존재하지 않으나 일부 규획의 수립과 실행은 여러 주체에 걸쳐 이루어지기 때문에 규획 간의 조화는 필수불가결한 절차이다. 규획의 연계와 통합은 규획의 연구, 수립, 실행 등 전 과정에 걸쳐 실현하는 것으로 각 유형의 규획이 방침과 정책, 발전 목표, 발전 중점, 조치 수단 등 방면에서 상호 조화를 이루고, 각 규획의 과학성과 일치성을 보장하는 것을 말한다.

중국 경제발전 전략과 규획의 변천 및 혁신

1. 규획 연계의 실행

규획 체계에 있어 조화로운 관계를 구축하는 것은 경제 사회의 건전한 발전을 위한 내재적 요구이고, 사회주의 시장경제에서 국가의 경제관리기능을 실현하여 규획의 과학성과 유효성을 높이는 객관적인 요구이다. 부서 간, 지역 간에 규획을 조율하는 제도를 구축하는 것은 규획 간의 조화를 실현하는 조직적인 보장이다. 규획의 연계와 조화를 고도로 중시하고 강화하며, 인식의 모호함과 각자 자기 생각대로만 행동하는 것을 근절함으로써 각 규획이 잘 연계 및 조화되도록 하는 한편 가능한 한 중복적인 건설을 피하고, 건설과 발전의 맹목성을 낮추어 경제, 사회, 자원, 환경, 인구의 조화와 지속 가능한 발전을 실현해야 한다.

(1) 규획 연계 관계의 명확화

관련 규획은 반드시 서로 연계되어야 하며 관련 규획의 관계유형을 정확하게 구분하는 것이 규획 연계 관계를 명확히 규정하는 관건이다. 규획 대상의 관계에서 보면, 관련 규획에는 세 가지 기본 관계 유형이 존재한다. 첫째, 규획 대상 사이에 종속 또는 세분화와 같은 전체와 부분의 관계가 존재하는데, 규획 대상의 세분화 규획과 시간적 및 공간적 차원의 규획이 이에 속하며 그 예로서 지역규획과 전문규획의 기본 규획과 분과 규획의 연계 관계, 기간이 서로 다른 규획의 연계 관계를 들 수 있다. 둘째, 규획 대상에 규획 내용 및 규획 공간이 서로 교차되는 연계 관계가 존재하는데, 예컨대 인근 지역의 지역규획 간의 연계 관계, 성급 규획과 국가급 지역규획의 연계 관계가 이 유형에 해당한다. 셋째, 규획 대상에 상하류, 전후방, 대체와 상호보완과 같은 연계 관계가 존재하는데, 예컨대 전력산업규획과 석탄산업규획 간의 연계 유형이 이에 속한다.

(2) 규획 연계의 경로 및 원칙

규획의 연계를 위해서는 전문규획과 지역규획이 동급 및 상위급의 종합규획에 따라야 하고, 하위급 정부의 규획은 상위급 정부의 규획을 준수해야 하며 전문규획 간에 상호 모순이 되지 않는 원칙을 지키는 동시에 성(자치구, 직할시)급 행정구역 간의 지역규획을 수립할 때는 토지이용 종합규획, 도시규획 등의 요구 사항도 충분히 고려해야 한다.

규획의 등급별 측면에서 보면, 국가급 규획은 성급 규획을 지도하고, 성급 규획은 시·현급(市縣級) 규획을 지도한다. 즉, 시·현급(市縣級) 규획은 성급 규획을 따름으로써 성급 규획의 의도와 요구를 구현하고, 성급 규획은 국가급 규획을 준수함으로써 국가급 규획의 의도와 요구를 구현해야 한다. 시·현급(市縣級) 규획은 성급 규획과 연계되어야 하고, 성급 규획은 국가급 규획과 연계되어야 한다.

규획의 기능별 측면에서 보면, 종합규획은 전문규획과 지역규획을 지도하고, 전문규획은 종합규획의 특정 영역에 대한 세분화이며, 지역규획은 종합규획과 전문규획의 특정 지역에서의 구체적인 실행이라 할 수 있다. 따라서, 전문규획은 반드시 종합규획을 따르고, 종합규획과 연계되어야 하며 지역규획은 종합규획과 해당 지역의 전문계획을 준수하고 이 두 규획과 연계되어야 한다.

규획의 실행 측면에서 보면, 규획에 관한 기술규칙체계를 구축해야 하고, 규칙을 해석하는 수준에 머물러서는 안되며, 집행할 수 있는 수준으로 업그레이드되어야만 규획 실행의 과학화와 법제화를 보장할 수 있다. 규획 법제화의 관건은 규획 결정권의 민주화를 강화하고, 진정한 대중 참여의 도입과 더불어 규획의 기술과 행정, 수립과 관리가 긴밀히 결합된 운영메커니즘을 정비하여 규획 체계가 규획제도로 나아가도록 하는 데 있다.

(3) 규획 연계의 주요 내용

각 규획 간의 연계와 통합 내용은 전체 영역을 모두 포괄하는 것이 아니라, 규획의 중점 요소(방침, 정책, 발전 목표, 조치 수단, 중대 프로젝트 등) 및 중요 영역에 초점을 맞춘다. 각 규획 간 연계되는 내용은 각각에 중점을 두지만, 최소한 기본적인 지도사상, 발전 형세의 예측, 규획 지표의 확정, 정책 방향의 선택, 중대 프로젝트의 건설, 공공 자원의 배치 등에서 조화와 일치를 이루어야 한다. 지역규획의 경우, 분과규획은 지역의 기능적 위상, 기반시설의 공간적 배치, 도시체계의 건설, 발전 방향 등 방면에서 기본규획과 일관되어야 한다.

규획의 연계는 매우 중요하고 복잡한 업무이며 규획 연계에서 다음 사항들을 주의해야 한다. 첫째, 전체적인 관념을 가지고 민주적 협상과 행정적 지도를 결합하는 원칙을 지켜야 한다. 규획 연계는 기본 이념, 방법, 그리고 지도사상의 통일을 강조하는 동시에 각 규획이 각자의 특징에 따라 유연하게 혁신되도록 장려해야 한다. 둘째, 규획 요강의 '선두' 지위를 확실히 부각시키고, 이를 각 유형의 하위급 규획과 연계하는 기준으로 삼아야 한다. 셋째, 규획주관부서의 종합적인 균형 역할을 강조해야 한다. 각급 규획주관부서는 규획 연계 과정에서 조직, 조정, 지도적 기능을 담당하며 규획 수립 주체와 심사 및 비준 주체를 연결하는 교량역할을 해야 한다. 넷째, 규획 연계는 일종의 상호 작용으로 상호 영향을 미치는 과정이며 협상과 소통을 강조하고, 규획 연계의 효력을 극대화해야 한다. 다섯째, 적시성과 즉시성을 강조해야 하고, 각 규획의 연계가 적시에 이루어지도록 함으로써 사업추진에 있어 시기를 놓쳐 수동적이 되거나 낭비되는 경우를 피해야 한다.

(4) 규획 연계의 주요 절차

현재 규획의 연계는 주로 비공식 채널을 통한 정보의 전달이며, 3단계(국가급, 성급, 시·현급) 발전규획의 연계는 조사연구, 강연, 보고, 세미나(교류회), 업무토론회 등이 주요 연계 채널이다. 규획 연계 절차에는 발전 이념, 규제 및 통제성 지표, 특정 영역에 대한 특별한 요구, 이세 가지 측면을 특히 주의해야 하고, 다른 방면의 연계는 조건에 따라 시장 조정에 맡기거나 정부의 톱다운(top-down) 방식, 시장의 바텀업(bottom-up) 방식, 두 가지 방면의 추진을 통해 규획의 연계를 실현해야 한다.

① 전기(前期)의 연계. 전기의 연계는 주로 규획에 대한 사상과 인식을 통일한다. 지난 규획기간의 규획 실행 상황을 객관적으로 분석, 평가하여 차기 규획기간의 경제사회 발전에 관한 중대한 문제를 연구하고, 그 기초 위에서 차기 규획의 기초적인 방향을 제시한다.

② 중기(中期)의 연계. 규획 수립 과정에서 개방성을 높이고, 규획

의 수립에 대한 사회 각계의 참여를 적극적으로 장려하며 독일 등 선진국의 방식을 벤치마킹하여 민간주도로 중립적이고 광범위한 대표성을 가지는 규획자문심의회를 구성하는 한편 행정심의, 공공자원 배치 등의 수단을 충분히 운영함으로써 각 유형의 규획을 연계하고, 위와 아래가 결합되도록 해야 한다. 이를 위해 각 부서 및 지역은 국가 종합규획 수립에 대한 근거를 제공하는 한편, 국가 종합규획은 규획의 지도 사상, 중대한 방침과 정책, 주요 발전 목표와 중점을 명확히 하여 성급 및 시·현급(市縣級) 규획, 각급 전문규획과 지역규획을 지도해야 한다.

③ 후기(後期)의 연계. 후기의 연계란 주로 규획실행과정에 대한 추적 모니터링을 말한다. 거시경제 운영에서 나타난 편차와 문제점을 즉시 발견하고, 거시조정의 역량을 적시에 조정하며 국민경제의 지속적, 건전한 발전을 촉진하기 위해 규획실행 상황에 대한 추적 모니터링을 강화해야 한다. 따라서 후기의 연계도 위와 아래를 결합하여 국가급 규획을 추적 모니터링할 뿐만 아니라 지방급 규획도 추적 모니터링해야 하며 규획 실행에 대한 정보검측 네트워크 시스템을 구축함으로써 규획의 규범화 및 제도화가 실현되어야 한다.

2. 규획 연계의 완비를 위한 구체적인 조치

(1) 종합규획 간의 연계

종합규획의 기본 방향에 관한 연구 단계에서는 국가발전개혁위원회가 적절한 시기에 연구토론회를 개최하여 규획기간내에 중점적으로 연구해야 할 중대 과제를 각 계획수립단위에 공표한다.

국가발전개혁위원회는 전국종합규획의 수립 업무를 통일적으로 수행하고, 규획수립의 지도사상, 업무 진도 및 전략적 구상을 명확히 제시한다.

성급 및 시·현급(市縣級) 규획주관부서는 규획 수립 기간 중 상위급 규획주관부서 및 관계 부서와 협동하여 해당 지역의 종합규획을 상위급 관련 규획과 연계하도록 한다.

국가발전개혁위원회는 전국종합규획 수립을 완성하기 3개월 전에 전국종합규획과 성급 종합규획의 연계 회의를 한 차례 개최한다. 성급 규획주관부서는 성급 종합규획의 수립을 완료하기 2개월 전에 성급 종합규획과 시급(市級) 종합규획의 연계 회의를 한 차례 개최한다. 시급(市級) 규획주관부서는 시급(市級) 종합규획의 수립을 완성하기 1개월 전에 시급(市級) 종합규획과 현급(縣級) 종합규획의 연계 회의를 주최한다. 또한 각급 규획주관부서는 규획 연계를 하기 전에 상위급 규획주관부서에 자신의 규획초안을 보고한 후, 상위급 규획주관부서가 제시한 연계 의견에 따라 규획초안을 수정, 보완한다.

각급 정부는 규획자문심의회(또는 전문가위원회)를 구성할 수 있다. 각급 종합규획이 동급 인민대표대회에 심의되기 2개월 전에, 동급 또는 상위급 규획자문심의회(또는 전문가위원회)는 해당 종합규획이 상위급 각 규획과의 연계 여부에 대해 전문가 심사 의견을 제출한다.

성급 및 성급 이하의 종합규획 초안은 동급 인민대표대회의 심의 전에, 상위급 규획주관부서에서 연계 여부에 관한 심사 의견에 서명해

중국 경제발전 전략과 규획의 변천 및 혁신

야 한다.

'제10차 5개년 계획' 시기에 '연계' 개념은 명확하지 않았으며, '제11차 5개년 규획' 시기부터(제도적인 규정은 없었지만) '연계'에 대한 강조가 시작됨에 따라 국가급 규획과 성(자치구, 직할시)급 규획은 정상적인 의사소통과 조정이 이루어졌다. 연계의 주요 내용은 대체로 세 가지 방면을 포함한다. 첫째는 규획의 기본 방향에 관한 것이다. 둘째는 구속력이 강한 지령적 지표에 있어 성(자치구, 직할시)급 규획은 국가급 규획과 반드시 일치해야 한다. 오염물질 배출량 통제 지표가 그 예시이다. 셋째는 국가급 규획의 지역 발전에 대한 구체적인 요구 사항에 관한 것이다.

(2) 전문규획과 종합규획의 연계

전문규획의 수립 단위는 전문규획의 명칭 및 필요성에 관한 설명을 제출하여 동급 규획 주관부서에 보고한다. 전문규획의 필요성에 관한 설명이란 전문규획이 전체 국민경제 발전에서 차지하는 특별한 지위와 중요성을 분석하고, 해당 전문규획의 수립과 실행이 종합규획 중 어떤 문제 해결에 기여할 수 있는지에 대한 역할을 명백히 밝히는 것을 의미한다.

규획주관부서는 각 전문규획 수립의 필요성과 그 중요도에 근거하여 해당 지역에서 필요한 전문규획을 정리, 분류하여 동급 인민정부에 심의하도록 보고한다.

동급 인민정부가 심의를 완료한 후, 공문으로 해당 전문규획의 수립을 통보하는 동시에 각 전문규획의 필요성과 중요도에 따라 '정부승인 중점전문규획', '부서승인 전문규획', 관련 영역의 협회가 시장주체를 조직하여 수립한 '특정영역 전문규획' 등 세 가지로 분류한다.

각 전문규획의 수립 단위는 전문규획의 기본 방향과 주요 내용을 동급 규획 주관부서에 보고하여 연계하며, 규획 주관부서는 관련 의견과 건의를 제시한다.

정부의 심사, 승인이 필요한 중점전문계획은 동급 규획주관부서가 논증을 조직하고, 동급 종합규획과 연계한 후 동급 인민정부에 보고하여 심사, 승인을 받아야 한다. 각 부서의 심사, 승인이 필요한 전문규획은 정부의 관련 영역 주관부서가 논증을 조직하여 동급 종합규획과 연계한 후, 관련 영역의 주관부서가 자체적으로 심사, 승인과 동시에 동급 규획주관부서에 보고한다. 정부나 정부 각 부서의 심사, 승인이 필요 없는 전문규획은 수립 단위가 자체적으로 동급 종합규획과 연계하여 규획주관부서에 보고하고, 규획주관부서의 심의를 거친 후 수립 단위가 자체적으로 공문을 발송하여 실행한다.

3. 지역규획과 종합규획 및 전문규획의 연계

지역규획은 국가급 지역규획, 성급 지역규획 두 가지로 나뉜다. 각 지역규획의 연계 주체와 연계 내용이 서로 다르기 때문에 연계의 절차에도 차이가 있다.

(1) 국가급 지역규획과 종합규획 및 전문규획의 연계

지역 규획 요구에 따라 국가급 지역규획의 수립단위가 해당 지역

규획과 국가급 종합규획, 전문규획, 그리고 관련 성급 각 규획과의 연계방안을 확정하고 국가발전개혁위원회에 보고한다. 국가발전개혁위원회가 중앙정부의 전문규획 주관부서와 관련 성(자치구, 직할시)급 규획 주관부서를 조직하고 구체적인 연계업무를 진행하여 연계 의견을 작성한다. 국가발전개혁위원회가 연계의견을 국가급 지역규획 수립단위와 관련 성(자치구, 직할시)의 규획주관부서에 통보하고, 연계의견 요구에 따라 국가급 지역규획의 수립단위가 해당 지역규획에 대한 수정을 실행한다. 관련 성(자치구, 직할시)의 규획주관부서는 '하위급 지역규획이 상위급 지역규획을 따라야 하는 원칙'에 의해 자체 성(자치구, 직할시)의 각 규획에 대한 수정을 진행한다. 수정된 국가급 지역규획은 국가규획자문심의회(또는 전문가위원회)에 자문을 의뢰하여, 자문의견을 받도록한다. 자문의견이 반영된 지역규획은 국가발전개혁위원회에 보고하고, 심의를 받은 후, 국가발전개혁위원회가 동 규획을 국무원에 제출하여 심사, 승인을 받는다.

(2) 성급 지역규획과 종합규획 및 전문규획의 연계

지역 규획 요구에 근거하여 성급 지역규획의 수립단위가 해당 지역규획이 성급 종합규획, 관련 성급 전문규획, 관련 시·현급(市縣級) 각 규획과의 연계방안을 확정하고 성급 규획주관부서에 보고한다. 성급 규획주관부서가 해당 성(省)정부의 관련 전문규획의 주관부서와 관련 시·현급(市縣級) 규획주관부서를 조직하여 구체적인 연계의견을 제시한다. 성급 규획주관부서가 연계의견을 성급 지역규획 수립단위와 관련 시·현(市縣) 규획주관부서에 통보하고, 연계의견 요구에 따라 해당 지역규획의 수립단위와 시·현급(市縣級) 규획주관부서가 해당 성급 지역규획과 시·현급(市縣級) 각 규획을 수정한다. 수정된 지역규획은 성급 자문심의회(또는 전문가위원회)에 자문을 의뢰하고, 자문의견을 구한다. 자문의견이 반영된 지역규획은 성급 규획주관부서에 보고하고, 심의를 받은 후, 성급 규획주관부서가 성(省)정부에 보고하여 심사, 승인을 받는다.

4. 기한이 서로 다른 규획 간의 연계

기한이 서로 다른 규획 간 연계의 필요성은 다음 세 가지 방면에 있다.

① 규획의 연속성과 안정성을 보장한다. 사회발전의 무한성은 규획 기한의 유한성과 모순되기 때문에 서로 다른 기한을 가진 규획 간 연계가 잘 맞아야 규획이 최대한 객관적인 현실에 부합할 수가 있다.

② 규획의 과학성을 높인다. 서로 다른 기한의 규획은 밀접하게 연관되어 있다. 단기 규획은 가장 구체적이고, 5개년 규획의 기간은 상대적으로 긴데 이는 연간 계획에 대한 지도적 역할을 한다. 10년 이상의 규획은 주로 경제발전의 미래 목표를 제시하며 5개년 규획에 대한 중요한 지도적 역할을 한다. 규획은 실행 중에 있어 예기치 못한 많은 문제에 부딪힐 수 있고, 일부 중대한 돌발사건이 규획과 정책 실행에 영향을 미칠 수 있으며 규획의 일부 프로젝트 및 실행 방안의 기한이 규획 기한과 항상 일치하지

중국 경제발전 전략과 규획의 변천 및 혁신

않을 수도 있다. 규획의 연속성을 보장하기 위해 규획 실행 중 객관적인 경제발전 환경과 사회 환경, 국제 정세의 변화에 맞춰 제때에 조정해야 한다.

③ 규획 관리 대상의 특징이 다르므로 서로 다른 기한의 규획에 따라 지도해야 한다. 예를 들어, 인구의 발전, 사회 사업의 발전, 환경 보호와 생태적 균형의 회복 등 규획들은 반드시 잘 연계되어야만 국민경제와 사회의 안정적이고 조화로운 발전을 도모할 수 있다.

중기규획과 단기규획의 연계 문제에 관해서 소련과 중국이 건설 초기에 연간 지표를 가진 5개년 계획을 수립하여 이를 연도 계획과 연계하도록 시도했으나 성공하지는 못했다. 규획 실행 중에서 이러한 방법은 너무 복잡하고, 업무량도 너무 많으며 불확실성의 요소가 너무 많을 뿐만 아니라 많은 노력을 들이고도 성과는 적고, 실행가능성이 없으며 득보다 실이 많다는 것을 알게 되었다.

중국은 개혁개방 정책을 실행한 뒤, 1990년대 초반에 2년간의 연간 계획을 동시에 수립하는 방법을 채택한 바 있었다. 당시에는 1992년과 1993년의 연간계획을 함께 수립하겠다는 구상이었다. 1992년의 연간 계획 실행 후, 1993년 계획의 조정과 함께 1994년의 연간 계획을 수립했다. 그러나 1993년에 중국은 경제에 대한 새로운 정비와 정돈을 시작함으로써 이 구상은 더 이상 지속되지 않았다.

장기규획과 중기규획의 연계는 연동계획(rolling plan)을 활용해 실현한다는 것이 일반적인 구상이며 개혁개방 이래 중국도 이를 모색한 바가 있었다.

'제8차 5개년 계획'(1991-1995년) 수립은 '10개년 발전규획'(1991-2000년)과 함께 이뤄졌다. 『국민경제 및 사회발전 10개년 규획과 제8차 5개년 계획요강』에서는 "본 요강은 10년 규획의 청사진과 5년 중기의 안배를 결합하여 20세기 말의 전략적 목표를 실현한다는 관점에서 '제8차 5개년 계획'을 수립했다."고 제시하였다.

'제9차 5개년 계획'은 2010년까지의 미래 목표를 제시했다. 『국민경제 및 사회발전 '제9차 5개년 계획'과 2010년 미래 목표 요강』은 서론 부분에서 "1996-2010년은 중국의 개혁개방과 사회주의 현대화 건설 사업의 과거와 미래를 이을 중요한 시기다. 중국은 "새로운 자세로 21세기에 진입해 비교적 완전한 사회주의 시장경제 체제를 구축하여 제2단계의 전략 목표를 전면 실현하고, 제3단계의 전략 목표를 향해 중대한 발전을 이룸으로써 21세기 중엽에는 기본적인 현대화 실현을 위한 견실한 토대를 마련하겠다."고 제시했다.

'제10차 5개년 계획' 수립 당시, 원래 구상은 2015년까지의 장기규획을 동시에 수립하는 것이었으나 실현되지 않았다. 현재로서는 장기규획과 중기규획에 '5년 1회전' 방법을 적용하는 것이 좋다.

'5년 1회전'의 장점은 다음과 같다. 첫째, 5개년 규획은 연도 계획과 장기 규획을 연계하는 역할을 하며, 이는 하나의 전략적 시기내의 목표, 임무, 지침 및 행동 방안을 규정한다. 동시에, 5개년 규획은 시간적으로 많은 프로젝트 건설에 필요한 기한과 대체로 부합하며, 많은 중대한 기술 업그레이드 프로젝트와 중대한 과학기술연구 프로젝트의 보급에 필요한 기한에 부합한다. '5년 1회전'은 장기 규획 전체를 정기적으로 평가하여 매 간격 동안의 실행 상황과 계획을 비교하고, 적절한

중국 경제발전 전략과 규획의 변천 및 혁신

수정을 할 수 있다. 둘째, 중기 계획의 연계에 유리하고, 장기간에 걸쳐 입증된 신뢰성 요소를 새로운 5개년 규획에 반영하여, 규획의 연속성을 보장할 수 있다. 셋째, 규획을 수립하는 인원들은 많은 시간을 가지고 실제 경제생활에서 나타난 새로운 상황을 연구하고 정리할 수 있다.

'5년 1회전'의 구체적 방법은 장기규획 실행과정에서 이를 5개년 규획과 결합시켜 집행상황의 변화에 따라 5년 주기로 정기적으로 수정하여 장기규획이 끊임없이 이어지게 하는 연속적인 과정을 이루는 것이다. 구체적인 실행 시에는 5개년 규획이 집행되는 4년째 시점에서 5년이 더 연장된 장기규획을 수립한다. '5년 1회전'은 5개년 규획의 전략적 지도 역할을 충분히 발휘하는 데 유리하여 국가가 비교적 안정적으로 5개년 규획의 요구사항에 따라 경제활동을 조직할 수 있도록 하는 한편, 5개년 규획 기간 동안 발생한 새로운 요소들을 비교적 여유 있게 연구, 정리하여 새로운 5개년 규획에 반영함으로써 장기규획의 품질을 제고하도록 한다.

제5절 '3대 규획'의 연계 및 조화에 관한 연구

현재 중국의 규획체계 중에서 발전 및 개혁 부서에서 조직하여 수립한 '5개년 발전종합규획'(이하 '발전규획'), 건설 부서에서 조직하여 수립한 '도농종합규획'(이하 '도농규획'), 국토 부서에서 조직하여 수립한 '토지이용종합규획'(이하 '토지규획')이 중요한 위상을 차지하고 있는데 통상 규획체계 중의 '3대 규획'이라 한다. 오랫동안 여러 가지 이유로

'3대 규획' 간에 필요한 조화가 부족하여 규획과 건설 과정에서 다양한 갈등을 빚어왔다.

1. '3대 규획'의 기존 역할

(1) 발전규획

현행 국민경제관리체제 기능에 따라 5년 단위의 국민경제 및 사회발전 규획의 주요 대상은 국민경제의 중요한 발전 목표, 사회발전, 중대 프로젝트 및 생산력 배치 등 내용들로 구성된다. 이 규획은 규획 기간 내 정부의 전략적 의도와 정책적 방향을 설명하고, 경제사회발전의 주요 임무를 제시하는 것으로서 정부의 경제 조정, 공공 서비스, 시장 감독 및 관리, 사회관리기능을 수행하는 데 중요한 근거를 제공한다.

(2) 도농규획

1990년 4월부터 중국은 『도시규획법』을 시행하였다. 이 법은 "도시체계규획은 '국가종합규획'의 구성 부분이며 독립적인 법적 지위는 없다."고 규정하였다. 2008년 1월 1일부터 『도농규획법』이 『도시규획법』을 대체하여 정식으로 효력이 발생하였다. 이 법은 '도시체계규획'을 '국가종합규획'에서 분리하고, '도시종합규획', '진(鎭)종합규획', '향(鄕) 및 마을(村) 규획'과 병렬하여 도농규획체계를 구성하였다.

도농규획은 공간상에서 각종 도농 건설 활동의 배치를 조화시키는 것을 목표로 토지 중심의 공간 자원 합리적 배치와 안배를 실시함으로써 도농의 각종 건설활동을 규범화하고, 사회 발전 전체의 이익을 보장하여 지속 가능한 발전을 촉진한다.

도시종합규획의 대상은 도시 전체의 발전이며 도시 공간의 물적 부분을 대상으로 하고, 일정 기간의 경제사회 발전 목표를 지도의 근거로 삼는다. 도시종합규획은 도시의 성격, 규모, 발전 방향과 발전 목표를 제시하고 이에 따라 도시의 공간적 배치를 확정하여 산업 발전과 배치, 공공서비스 시설, 사회사업 발전, 자원 절약 등을 규획한다. 이는 행정구의 역내 주택단지와 기반시설의 배치, 용지 배치, 사회 안전을 위한 중요 시설의 배치, 도로와 교통 시스템 및 기타 기반시설의 배치, 방재와 감재 조치의 확정, 생태환경 보호 조치의 수립, 자연과 역사 문화재 보호 조치의 확정, 단기적인 건설 활동의 안배 등을 포함한다. 그 중에서 중요한 부분은 도시의 토지이용에 대한 조정으로, 도시 발전 과정의 토지이용 문제를 해결함으로써 한정된 도시의 토지자원을 효과적으로 이용할 수 있도록 도시공간의 개발을 합리적으로 추진한다.

도시종합규획은 도시를 건설하고 관리하는 기본적 근거가 되며 도시 공간 자원의 효율적인 배치를 확보하고, 토지가 합리적으로 이용되기 위한 전제와 토대로서, 도시 발전을 실현하기 위한 중요한 수단이다. 예컨대, 베이징시(北京市)가 제시한 '2개 축—2개 벨트—다중심'의 도시공간 배치 규획은 신도시, 교통과 기반시설, 생태환경 보호와 역사문화적 유명도시 보호라는 네 가지 중요한 내용을 강조하였다.

『도농규획법』에 따르면 도시종합규획은 각 도시의 인민정부가 수립하고, 국가 및 성(자치구, 직할시)급의 성진(城鎭)체계규획은 국무원 도시규획 주관부서와 성급 인민정부가 각각 수립한다.

2008년 1월 1일부터 발효된 『도농규획법』은 규획이 다루는 공간

범위를 도시 내부에서 도시 외부의 지역으로 확대하였다. 이 법의 제12
조에서는 도시의 무제한적인 확장으로 전국의 농경지가 대량 잠식되
는 것을 피하기 위해 성급 성진(城鎭)체계규획과 도시종합규획은 국가
성진(城鎭)체계규획에 따르도록 요구하고 있다. 전통적인 의미의 도시
종합규획은 단지 각 도시의 기능과 그에 상응하는 용지의 범위만을 정
해 도시규획 방안을 수립하는 것으로 도시 전반에 대한 파악이 부족하
여 도시와 농촌에 대한 전면적인 계획과 고려가 결여되었다. 이러한 문
제를 해결하기 위해 지역 차원의 각 성진(城鎭) 간의 관계 연구 중심의
성진(城鎭)체계 규획이 이루어졌고, 도시종합규획의 지역적 성격도 더
욱 강조되었다. 도시 발전 문제를 단일 도시 관점의 종합규획에서 지역
관점에서 연구, 해결하는 도농규획으로 전환하는 것은 도시 발전의 필
연적인 요구이자, 과학적 발전관을 관철하고, 도농(都農)의 전면적이고
조화로운 발전의 요구이기도 하다.

(3) 토지규획

토지규획은 『토지관리법』과 '발전규획'에 근거하여 수립하는데 그
목적은 토지 관리를 강화하고, 사회주의 공유제를 유지하며, 토지 자원
을 보호할 뿐만 아니라 토지 자원을 합리적으로 이용하고, 농경지 보호
를 확실히 함으로써 최적의 경제사회 효익과 생태적 효익을 실현하자
는 데 있다.

1986년, 중국은 『토지관리법』을 공표했는데, 이 법은 "각급 인민정
부가 토지규획을 수립한다."는 것을 처음으로 제시했다. 1999년 1월 개
정된 『토지관리법』은 토지규획을 국가와 지방 인민정부가 국가 발전규

획, 국토 정비와 자원환경 보호 요구, 토지공급능력, 그리고 각종 사업 조성에 필요한 토지 수요에 의해 수립하도록 규정하고 있다.

토지규획의 수립이란 정해진 토지 이용 유형에 근거하여 각 유형별 부지의 총체적인 배치를 통하여 각 영역의 부지 수요를 조정하고, 제한된 토지자원을 충분히 합리적으로 이용함으로써 경제 및 사회 발전을 위한 토지 보장을 제공하는 것을 말한다.

토지규획의 임무는 토지이용 총량균형지표 및 토지이용 연간계획을 확정하고, 토지 생산잠재력 및 토지 품질 등급을 구분하며, 토지규획의 실행과 관리를 통해 토지 용도를 규제하고, 토지 개발과 정비, 재개간 프로젝트를 실행하는 것이다. 국가토지관리국이 1997년 10월에 공표한 『토지이용 종합규획수립, 심사 및 승인에 관한 규정』은 토지규획의 임무를 명확히 제시하고 있는데 구체적으로 말하면 ① 토지이용 총량균형지표 및 용도별 토지 지표의 확정(연간 계획으로의 관리), ② 토지 생산 잠재력과 토지 품질 등급 구분 및 그래픽 작성, ③ 토지 용도의 규제, ④ 토지 개발, 정비, 재개간 프로젝트의 확정 및 실행, ⑤ 토지이용의 동태적 변화 정보 피드백 등이다.

토지규획의 수립은 『토지관리법』을 근거로 하여 각 행정구 발전규획에 따라 해당 행정구 인민정부가 조직하여 수립한다. 이 밖에 『토지관리법』은 각급 행정구의 토지규획에 관한 심사, 승인 절차를 규정하였다.

토지규획의 특징은 내용이 비교적 단일한 것으로, 토지를 합리적으로 이용하고, 토지 용도를 규정하며 토지에 대한 조정을 강화함과 동시에 농경지를 철저하게 보호하는 데 중점을 둔다. 최근 들어 토지규획이 농경지 보호에 관한 내용을 더욱 강화하였는데, 그 원인은 현재 농경지 면적이 계속 감소되고, 농경지 보호가 갈수록 어려워지므로 중앙정부에서 토지 관리 강화와 '가장 엄격한 농경지보호제도'를 실행하라고 여러 차례 강조하였기 때문이다. 토지규획은 농경지 면적 감소를 원천적으로 억제하는 중대한 책임을 맡고 있다.

(4) '3대 규획' 간의 관계

'3대 규획'은 서로 상부상조적이며 상호 보완적이다(〈그림 11-2〉 참조). 발전규획은 주로 목표, 총량적 지표, 산업구조 및 산업정책 등 방면에서 도시 발전에 대한 총체적이고 전략적인 지도를 하고, 시간적 안배에 치중하는 목표 지향적 규획에 속한다. 토지규획은 토지 자원의 공간적 배치와 구조에 중점을 두고, 지역의 공간적 조화를 강조하는 전략적이고 종합적인 특징을 가지고 있다. 토지규획은 국민경제 및 사회발전 전략의 관점, 목표와 임무를 잘 나타내고 있어 발전규획의 근거를 제공한다. 도농규획은 토지규획과 마찬가지로, 발전규획을 거시적 지도로 삼아 장기적 발전 방향과 목표를 명확히 하는 기초하에서, 특정 지역의 각종 건설을 종합적으로 배치한다. 도농규획은 토지규획의 거시적 조정하에서 수립되어야 하며 토지규획은 도농규획에 도시발전의 방향과 생산력 배치에 관한 중요한 근거를 제공한다. 도농규획과 토지규획은 공간적 규획으로서 주로 토지 이용, 공간 배치, 기반시설 조성 등 방면에서 도시 발전을 위한 기초적인 틀을 제공하고, 공간 배치에 치중하므로, 흔히 지령적 지표를 설정하여 중점 프로젝트를 구체적 지역 공간에서 실행시키는 통제적 규획이다. 발전규획은 공간규획(도농규획과 토지규획)을 수립하는 근거이며, 공간규획은 '5개년 규획'을 특정 공간에서 실행시키는 것이다. 발전규획은 공간규획에 대한 지도적 역할을 하며 공간 발전방향에 관한 내용을 다룬다. 발전규획은 개발, 건설 활동과 분리될 수 없으며 개발활동이든 도시의 건설활동이든 모두 일정한 지역 공간에서 실행되어야 한다. 공간규획은 각 지역 공간의 개발과 이용, 관리와 보호를 통일적으로 안배하는 것이고, 규획 지역의 경제 및 사회발전의 건설 활동 배치 문제에 대한 전략적 의사결정을 내리는 것이며 경제 및 사회발전에 필요한 공간을 도농의 공간 배치 또는 토지이용 방면에서 실행시키는 것이다. 개괄적으로 말하자면 '3대 규획' 간에는 절대 나눌 수 없는 관계가 존재하며 규획 수립에 있어 '3대 규획'의 소통과 조화를 중시해야 한다.

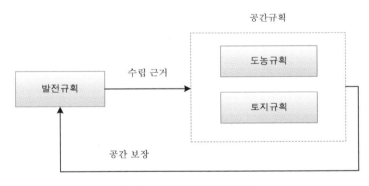

〈그림 11-2〉'3대 규획' 간의 관계

2. '3대 규획' 분리에 따르는 문제점

중국의 현행 기구설립체제 하에서 발전규획, 토지규획과 도농규획은 각각 다른 부서가 수립하고, 그 업무 절차도 각각의 행정체계 내에서 완성되며 규획 수립 과정에서 모두 각자의 상위급 행정부서의 지도와 감독을 받는다. 이렇게 상대적으로 폐쇄적인 체계 내에서, 각 규획의 수립부서 간 효과적인 소통이 부족하여 일부 문제점을 초래하였다.

첫째, 토지규획은 실행하기 어렵다. 중국의 현급(縣級) 이상 정부는 모두 토지규획을 수립, 시행하고 있지만 토지규획은 아직 지표를 통제하는 '계획'에 속하며 기본적인 농지보호구역 외에 기타 국토 이용에 관한 내용은 구체적인 공간에서 실행되지 않아 어느 정도의 토지 남용을 방임하고 있다. 둘째, 도농규획의 지향성이 부족하다. 도시가 위치한 지역에 대한 기능적 역할 설정이 정확하지 않아 단순히 행정 등급별로 성진(城鎭)체계규획을 수립하여 도시화 추진 여건이 구비되지 않는 일부 지역들이 맹목적으로 도시화를 추진하는 한편, 일부 도시들은 도시 규획 구역의 범위를 맹목적으로 확대하여 도시 전체의 공간적 배치가 과학성과 전망성이 부족하고, 일부 도시의 기능적 역할이 모호하여 도시 건설에 있어 '건설 후 철거, 철거 후 재건설' 현상이 보편적으로 존재한다. 셋째, 지역 기반시설 배치에 있어 전반적인 고려가 부족하다. 기반시설은 궁극적으로 경제의 발전과 사람의 경제활동 및 생활에 서비스 제공을 위한 것으로 경제와 인구 집적에 대한 장기적인 공간 규획이 없이 도로, 항구, 공항 등 기반시설 구축의 미래 방향을 설정할 수 없기 때문에 결과적으로 일부 지역은 기반시설 건설이 과잉되고, 또

중국 경제발전 전략과 규획의 변천 및 혁신

다른 지역은 기반시설 건설이 부족한 문제를 초래하게 된다. 넷째, 규획 수립 과정에서 낭비가 심각하다. 중국의 규획수립체계는 부서의 행정등급에 따라 위에서 아래로 관철되지만, 중앙 관련 부서에서 규획을 수립하는 시작점이 일치하지 않기 때문에 지역마다 '5개년 규획'에 따라 발전규획을 수립하는 한편 또한 관련 법률 규정에 따라 도농규획과 토지규획을 수립해야 한다. 그 결과 도농규획 수립 시 지역 경제사회 발전을 논증하는 '형식적 규획'을 중복적으로 수립해야 할 뿐만 아니라 토지규획 수립 시에도 주관 부서가 경제사회 발전에 관한 내용을 똑같이 다시 한번 논증해야 하는 문제가 존재한다. 더욱 흥미로운 것은 각 부서가 이러한 논증을 실행할 때마다 초빙한 전문가는 거의 같은 인사들이었다.

이처럼 '3대 규획'이 내용 면에서 중복되는 부분이 많기 때문에 규획 간의 조화와 일치가 해결하기 어려운 문제가 되었다. 학계와 정부기구를 막론하고 '3대 규획'의 조화, 융합, 더 나아가 '3대 규획'의 통합을 외치고 있으나 '3대 규획' 통합의 개혁 진전이 매우 더디다. 그 이유는 다음과 같다.

(1) 관련 법률 및 법규의 뒷받침이 부족함

현재는 각 규획 간의 관계와 각 규획의 주체 및 객체의 행동을 규범화하는 법규가 부족하다. 발전규획에 관한 법률법규는 없고, 국가계획법은 다년간의 토론을 거쳤으나 공포하지는 못했다. 『도농규획법』은 "도시 종합규획, 진(鎭)종합규획, 그리고 향(鄕)규획과 마을(村)규획의 수립은 국민경제 및 사회발전 규획에 따라 토지 이용 종합규획과 연계되어야 한다"고 규정하고 있다. 『토지관리법』 제17조는 "각급 인민정부는 국민경제 및 사회발전 규획, 국토 정비와 자원환경 보전 요구, 토지 공급능력 및 각종 건설에 따른 토지 수요에 근거하여 토지이용종합규획을 수립해야 한다."고 규정하고 있다. 『토지관리법』 제22조는 "도시종합규획, 마을(村)과 집진(集鎭)¹규획은 토지이용종합규획과 연계되어야 한다."고 규정하고 있다. 이러한 법률들은 발전규획을 도농규획과 토지이용규획의 상위급 규획으로 규정하고 있지만 실행 과정에서 절차법의 뒷받침이 없을 뿐만 아니라 규획 간의 구체적인 연계 메커니즘, 연계 방식, 연계 내용과 쟁점의 해결 절차 등에 대해서도 명확한 규정이 없다.

(2) 공간 범위 및 내용 등 면에서 중첩 문제가 존재함

'3대 규획'이 일부 영역에서 중복 규획하는 문제가 존재한다. 예컨대 도시발전방향, 환경보호, 기반시설의 용지 등 방면에서 다루는 중점은 서로 다르지만 겹치거나 심지어 모순되는 부분도 존재한다. '제11차 5개년 규획'이 공간의 최적화 배치에 대한 강화를 강조한 후 이러한 문제는 더욱 심각해졌다. 도농규획과 토지규획의 내용이 겹치는 부분이 비교적 많은 가운데 규획수립부서가 달라 서로 연계되지 않는 부분이 항상 존재한다. 도시종합규획은 주로 도시의 성격, 규모, 목표를 명확히 규정하는 것으로 공간의 배치가 주요한 문제이다. 토지규획의 중

---

1   역주 : 집진(集鎭)은 향급(鄕級) 행정구역 인민정부의 소재지로 현급(縣級) 행정구역 인민정부의 승인으로 설립된 농촌지역의 경제, 문화 및 생활 서비스 등의 시설이 집적된 구역을 의미하는데, 일반적으로 행정적 의미도 없고, 거주 인구 수에 대한 규정도 없다.

요 내용은 다섯 가지의 농업 용지,[2] 도시건설 용지와 미이용 토지에 대한 공간적 배치를 명확히 규정하는 것인데 그 중에서 도시건설 용지에 대한 각종 도시 기능의 배치는 도시종합규획에서 결정한다. 또한 『도농규획법』은 도시종합규획의 공간 범위를 규획 지역의 공간 범위로 규정하고 있지만 아주 탄력적으로 규정하고 있어 실제 도농규획의 수립과 개정에 있어 각 지역은 도시 규획의 공간 범위를 모두 확대하는 경향이 있다. 예컨대 베이징시(北京市) 도시종합규획의 공간 범위는 시가 범위에 국한된 것이 아니라 행정구역의 전역으로 확대되었다. 그 결과, 동일한 규획 공간 범위에서 상이한 이념에 기반한 도농규획과 토지규획 두 가지 규획이 존재해 용지 배치와 개발 순서 등 면에서 종종 갈등과 충돌이 빚어졌다. '3대 규획'이 공간과 내용 면에서 교차할 뿐만 아니라 서로 융합되지 않아 행정부담이 가중되고, 통합효과도 형성하기 어렵다.

(3) 이념 및 수립 절차에 대한 조화가 부족함

도농규획과 토지규획의 관계를 예로 들자면, 두 규획이 모두 발전규획에 의해 각 용도의 토지를 적절한 공간에 배치하고, 각 용지의 사용 성격에 대한 의견을 제시한다는 공통점이 있으나 다음과 같은 차이점도 있다.

① 접근 방식이 다르다. 토지규획은 일정한 공간의 토지에 착안하

---

2   역주 : 다섯 가지의 농업 용지는 경작지, 원지, 임지, 초지 및 기타 농업 용지를 가리킨다.

여 주로 토지의 사용 방향을 통제하는 공간 규획이다. 도농규획은 도시 기능에 대한 수요를 충족시키는 관점에서 도시의 각종 기능을 위한 적절한 입지를 선정하는 데 중점을 두며 주로 프로젝트 건설을 중심으로 하는 공간 규획이다.

② 지도사상이 다르다. 토지규획의 지도사상은 농경지를 보호하고, 농경지에 대한 과다 점용을 제한하는 것이다. 도농규획의 지도사상은 도시 발전이며 도시의 규모를 확장하고, 토지를 많이 사용하는 경향이 있다.

③ 수립 절차가 다르다. 토지의 공간적 배치의 관점에서 보면, 도농규획은 '사람에 따라 땅을 정하고, 수요에 따라 땅을 정한다'는 원칙에 의해 바텀업(bottom-up) 방식으로 수립한다. 토지규획은 토지의 수요와 공급에 대한 안배는 톱다운(top-down) 방식으로, 각 지방 정부가 수립한 토지규획 중 건설용지 총량이 상위급 정부의 토지규획이 규정한 지표를 초과해서는 안되며, 농경지 보유량은 상위급 토지규획이 규정한 지표보다 낮아서는 안 된다. 이 두 규획의 주안점이 다르기 때문에 양자 간 조화롭지 못하고, 심지어 서로 저촉되는 경우가 종종 발생한다.

(4) 수립 및 심사, 승인의 부서가 다름

'3대 규획'은 각기 다른 부서에서 수립하며 심사, 승인 절차도 다르다(〈그림 11-3〉 참조). 발전규획은 각급(국가, 성 및 시·현급) 발전 및 개혁 주관부서가 조직하여 수립하고, 도농규획은 각급 주택 및 도농 건설 주관부서에서 수립하며 토지규획은 각급 국토 주관부서에서 수립한다. 발전규획은 각급 인민대표대회에 제출하여 심사, 승인을 통과하면 되고, 도농규획은 국무원에서 현급(縣級) 인민정부까지 각 단계의 심사, 승인을 받아야 한다. 토지규획은 토지이용 방향에 관한 규제 제도로 심사, 승인 기관에 대한 요구가 높아 국무원과 성급 인민정부만 토지규획을 심사, 승인할 수 있고, 향진(鄉鎮) 토지규획은 성급 인민정부가 시(자치주) 인민정부에게 심사, 승인의 권한을 줄 수 있다. 토지규획과 도농규획은 각기 다른 부서에서 관리할 뿐만 아니라, 양자의 적용 기준도 서로 다르다. 토지 규획은 1999년에 실행된 『토지관리법』을 근거로 하고, 국토자원부가 관리하며 채택된 기초 데이터는 국토자원부의 역대 토지 변경에 관한 조사 데이터이다. 도농규획은 주택 및 도농 건설부가 주관하며, 그 법적 지위는 『도농규획법』에 의해 결정된다. 전자는 행정구 전체의 토지를 규획하는 반면 후자는 조성된 구역만 다룬다.

〈그림 11-3〉 '3대 규획'의 수립 및 심사 승인 절차

이 밖에도 '3대 규획'의 수립 시간과 규획 기한이 서로 일치하지 않

는 문제가 존재한다. 예컨대, 충칭시(重慶市)의 '제11차 5개년 규획'은 2004년 수립에 착수해 2006년 충칭시(重慶市) 제2기 인민대표대회에서 채택됐으며, 규획 기한은 2006-2010년이었다. 도농규획은 2007년 국무원의 승인을 받았고, 규획 기한은 2007-2020년으로, 2007-2010년의 단기 규획과 2010-2020년의 장기 규획으로 나눠져 있다. 1999년 승인된 토지규획의 규획 기한은 1997-2010년으로, 지금까지 네 차례나 수정되었다. 이 점으로만 봤을 때, '3대 규획'은 목표 일치성, 지표 통일성 등에 대한 보장을 이루기 어렵다(〈그림 11-4〉 참조).

〈그림 11-4〉 충칭시(重慶市) '3대 규획'의 규획 기한 현황

또한 2009년 12월 15일, 베이징시(北京市) 국토자원국은 5년간에 걸쳐 수정한 『베이징시(北京市) 토지이용 종합규획(2006-2020년)』을 국무원 승인으로 채택했다고 발표했다. 이 규획은 수립 시간과 기한에 있어 베이징시(北京市)의 국민경제 및 사회 발전 규획과는 현저한 차이가 있었다.

중국 경제발전 전략과 규획의 변천 및 혁신

3. '3대 규획' 연계의 진로 및 방향

중앙에서 지방에 이르기까지 '3대 규획' 통합에 대한 주관적, 객관적 염원은 점점 강렬해지고 있으며 '제11차 5개년 규획'에 제시된 '주체기능구규획'은 바로 이러한 염원의 구체적인 구현이라 할 수 있다. 하지만 중국의 현재 관리 방식과 기술수준 하에서 행정상 서로 다른 차원의 '3대 규획' 통합의 가능성에는 아직 논의할 여지가 남아 있다. 규획의 행정 등급 면에서 보면, 국가급 규획은 '3대 규획' 각자의 운영시스템이 상대적인 독립성을 유지하는 기반 위에서 '3대 규획'의 연계를 강화해야 한다. 결국 '3대 규획'에는 각각의 규획 공간이 있고, 상호 보완적이며 발전규획의 공간도 변화하고 있어 그의 공간성이 계속 높아지고 있기 때문에 국가급 '3대 규획'은 아직 각자 행정상의 '종적인' 속성을 없앨 수 없다. 시·현급(市縣級) '3대 규획'에 대해서는 규획의 공간이 비교적 작은 데다, 각 규획의 공간 및 내용상의 중첩이 심각하여 '해당 공간의 미래발전방향'을 어떻게 정해야 하는 지와 같은 문제에 직면하는 경우가 종종 있다.[3] 따라서 시·현급(市縣級) 규획은 '3대 규획'이 통합하는 방향으로 나가야 하고, 성급 규획은 3자의 조화와 융합성을 높이도록 강화해야 한다.

행정 등급이 서로 다른 '3대 규획'의 연계와 조화 관계는 〈그림 11-5〉와 같이 나타낼 수 있다.

---

3   王利, 韩增林, 王泽宇 : 基于主体功能区规划的'三规'协调设想, 经济地理, 2008(5).

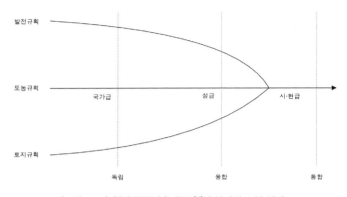

발전규획

도농규획   국가급   성급   시·현급

토지규획

독립   융합   통합

〈그림 11-5〉 행정 등급별 '3대 규획'의 연계와 조화 관계

'3대 규획'의 관계를 합리화함에 있어 국가와 지방 모두가 적극적으로 시도, 모색하고 있는데 다음 세 가지 방향을 참고할 만하다. 첫째, '3대 규획'의 관계를 법률 및 행정법규 형식으로 명확히 하는 것이 필요하다. 전국적으로 동일한 공간에 각각 다른 측면에서 중점을 두고 규획하므로 규획 내용과 절차에 있어 일정한 중복이 불가피하기 때문에 목표, 임무, 중점, 실행 관리 등 방면에서 '3대 규획'의 역할 및 보완관계를 연구하여 조화로운 연계, 융합, 공유를 위한 메커니즘을 모색하고, 과학적이고 합리적인 공간규획체계의 구축을 통해 '3대 규획'이 질서 있고, 정확하며 각자의 역할을 충분히 발휘하도록 한다. 둘째, 시간적 연계와 조화 방식을 혁신한다. 도농규획의 단기건설규획과 토지규획의 토지이용단기규획을 수립하여 발전규획과 연계하는 한편, 장기의 전략적 규획 수립과 연구를 강화하여 발전규획과 5년 이상의 도농규획 및 토지규획과의 조화를 이루도록 한다. 셋째, 규획 내용상의 융합과 조화를 모색한다. 우선 국민경제 및 사회발전 연간계획, 토지이용 연간

계획과 연간도농규획 시행계획 3자가 시간적 차원에서 융합될 수 있도록 시도한다(〈그림 11-6〉 참조). 연간 발전목표, 도농의 공간적 배치 정책과 세 가지 용지[4] 규모에 의해 모든 중대한 프로젝트에 대한 상세한 정보를 열거하고, 이에 근거하여 연계와 조정 메커니즘을 수립하여 전면적으로 소통하고 조율한다. 연간계획의 융합과 조화를 통해 정태적인 규획을 동태적인 규획으로 전환하고, '3대 규획'의 연계와 조화를 촉진하여 규획 간의 조화성을 제고한다.

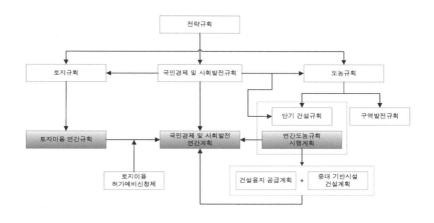

〈그림 11-6〉'3대 규획' 연간계획의 연계와 조율

또한 일부 사람들은 지방 정부 차원에서 '특별 규획기구'를 설립하여 '3대 규획'을 수립, 시행하며, '3대 규획'의 연계와 조율을 내부화하

─────────────────

4   역주 : 세 가지 용지는 농업용지, 건설용지, 미이용토지를 가리킨다.

는 것이 더욱 효과적일 수 있다고 인식하고 있다. 이에 종합적인 개혁 시범지로서, 상하이 푸둥신구(上海浦東新區)의 시도가 비록 실행효과는 관찰 및 검증이 필요하나 참고할 만하다고 생각한다. 이곳은 상하이시 (上海市) 발전개혁위원회 규획관리처에 규획위원회 사무실을 두고, 규획관리처의 인원과 합동하여 푸둥신구(浦東新區) 각 부처 간의 중대한 규획문제에 대해 종합적인 균형과 조정을 진행하고 있다.

도농규획과 토지규획은 모두 공간 규획에 속하며, 지역마다 이 두 규획의 연계와 조율에 대한 모색에 있어 적지 않은 경험을 축적하였다. 예컨대 저장성(浙江省)은 도농규획과 토지규획의 조화를 위해 위성 원격탐지 지도와 토지 조사를 이용하여 통일된 규획 기초도면을 작성함으로써 기초 데이터의 통일성을 보장하였다. 후베이성(湖北省) 우한시 (武漢市)는 도농규획과 토지규획의 수립 부서를 통합하여 업무를 처리함으로써 부서 간의 소통과 조화를 강화하였다. 상하이시(上海市)는 도농규획과 토지규획의 수립부서를 합병하여 '규획 및 국토자원관리국'을 신설하고, 도농규획과 토지규획의 수립과 실행을 통일적으로 책임지고 관리하였다.

한편 상하이시(上海市)는 일찍이 푸둥신구(浦東新區)에서 '3대 규획'의 통합을 시도하려고 했으나, 3자의 대상 및 지도사상이 모두 일치하지 않아 하나의 규획으로 합치기 어려웠다. 충칭시(重慶市)는 2008년 관할 구(區), 현(縣)에서 '4대 규획'(3대 규획에 환경보호규획 추가)의 통합을 시도했지만 역시 성공하지 못했다.

'제11차 5개년 규획'은 '주체기능구역 규획'을 제시하고, 지역 규획의 역할을 한층 더 강화할 것을 요구하였다. 이 규획은 기능상의 특성

중국 경제발전 전략과 규획의 변천 및 혁신

으로 '3대 규획'의 연계와 융합, 국민경제 및 사회발전, 자원의 공간적 배치와 조정에 대한 통일적인 조화를 촉진하는 데 중요한 역할을 할 수 있지만 국토 공간 개발의 지도적인 규획으로서 관련 영역의 규획을 대체할 수 없다. 따라서 관련 영역의 규획은 주체기능구규획을 중심에 두고, 국토 공간 규획체계를 구축하여 자신의 역할이 충분히 발휘될 수 있도록 해야 한다.

주체기능구규획은 공간 전체에 관한 규획체계의 기초이며 발전규획, 토지규획,지역규획 및 도농규획과의 구체적인 프레임에 대한 구상은 아래 〈그림 11-7〉과 같다.

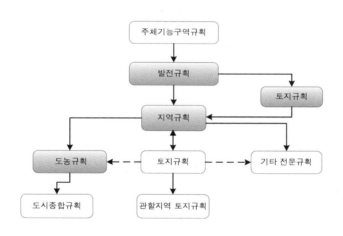

〈그림 11-7〉 규획 체계 프레임

(1) 주체기능구역 규획

주체기능구역 규획의 임무는 국토 공간에 대한 과학적인 구분을 통해 국토자원의 개발 질서를 규범화하고, 국토자원의 개발 구도를 거시적, 통일적으로 계획하여 배치하는 것이다. 주체기능구역 규획은 향후 50-100년 동안의 토지 구획, 개발 질서 등에 관한 사항을 영구적으로 안배하는 것으로 가장 높은 전략성을 가지며, 기타 국가급 규획의 기초와 근거가 된다. 따라서 주체기능구역 규획이 중국의 공간 규획 체계에서 갖는 기초적이고 지도적인 지위를 법적 차원에서 명확히 규정해야 한다.

주체기능구역 규획은 공간 구획을 핵심으로 하여, 요강 형식으로 수립되는 거시적 차원의 프레임형 규획으로서 각 부지에 대한 구체적인 개발 방향을 규정하지 않는다. 각 주체기능구역 유형에 대한 규정과 미시적, 구체적 공간 개발 관리는 도농규획과 토지규획을 통해 실행된다. 이를 위해 다음 두 가지 문제를 반드시 해결해야 한다. 첫째는 국가급 주체기능구역 규획과 성급 및 그 이하의 각급 주체기능구역 규획과의 조화 문제이며, 둘째는 주체기능구역 규획과 토지규획, 도농규획의 조화와 연계 문제이다. 이러한 문제들은 주체기능구역 규획이 각 유형의 주체기능구역에서 이루어진 각종 개발 건설 활동에 대한 구체적인 지도 의견을 제시해야 함을 요구한다. 예컨대 토지 이용, 도시 발전, 기반시설 건설과 생태환경 보호 등에 대한 공간상의 구체적인 양적 요구를 제시해야 비로소 주체기능구역 규획에서 정한 개발 목표가 실현될 수 있다.

(2) 발전 규획

국가발전규획의 내용은 비교적 전면적이며 대상은 발전 목표, 중점, 임무, 중대 프로젝트, 정책 방향 등 국민경제와 사회발전 전반에 관한 것이다. 공간 자원의 활용과 공간 배치에 대한 조정도 중요한 구성 부분이며 특히 '제11차 5개년 규획'은 자원의 공간적 배치 문제를 더욱 부각시켰다. 국가발전규획은 공간 배치 규획의 중요한 조정 대상이며 특히, 15년 내지 20년 기한의 국가 장기발전규획은 더욱 그러하다.

(3) 지역 규획

'제11차 5개년 규획'이 실행된 이래, 중국은 지역경제의 일체화 발전과 행정구획에 따른 자원배치상의 갈등을 해소하기 위한 몇 가지 중요한 지역발전규획을 잇따라 수립하였다. 국무원은 2005년 10월, '제11차 5개년 규획'의 수립을 지도하기 위해 『국민경제 및 사회발전을 위한 규획수립에 관한 의견』을 발표하여 종합규획, 전문규획, 지역규획 등 3가지 규획을 포함한 규획 체계의 수립을 제기하였다. 지역규획은 일정한 행정구역의 범위를 넘어선 특정지역의 국민경제 및 사회발전을 대상으로 수립한 규획으로서 종합규획을 해당 지역에서 세분화하여 실행하는 것이다. 성(자치구, 직할시)급 행정구역의 범위를 넘어선 성(자치구, 직할시) 간 지역규획은 해당 지역 내 각 성(자치구, 직할시)의 종합규획, 전문규획 수립의 근거로서 국가발전개혁위원회에서 관련 부서를 조직하여 수립하고, 각 성(자치구, 직할시)급 행정구역내의 지역규획은 해당 성(자치구, 직할시) 인민정부의 관련 부서가 수립한다. 향후 중앙정부는 주체기능구역 규획에서 확정된 각 유형의 주체기능구역[5], 그 중에서

---

5   역주 : 『중화인민공화국 국민경제 및 사회발전 제11차 5개년 규획요강』에서는 국토

특히 '개발중점구역'과 '개발최적화구역'에 대한 지역규획을 수립하고, 토지이용, 인구 및 도시체계의 구축, 중대 기반시설의 배치 등을 그 주요 내용으로 해야 한다.

(4) 토지 규획

토지규획과 도시종합규획은 본질적으로 일치하며, 모두 토지이용 성격에 대한 의견을 제시하는 것이다. 구체적으로 말하면 토지규획은 주체기능구규획에서 확정한 공간규제 목표방안을 구현하여 확정된 토지이용 유형에 따라 각 토지에 대한 통일적인 안배를 통해 각 영역의 토지수요를 조정함으로써 한정된 토지 자원을 충분하고 합리적으로 이용하도록 노력해야 한다. 또한 토지규획은 반드시 각 용지에 대한 구체적인 사용 성격, 즉 사용 방향을 확정해야 하며 공간규제 목표방안을 구체적인 지표로 세분화하고, 이를 토지용도 규제제도 실행의 기초로 하여 주체기능구규획이 확정한 공간규제 목표방안이 일정한 공간에서 구체적으로 실행되도록 해야 한다.

(5) 도농 규획

도농 규획의 목표는 보다 구체적이고 명확한데, 이는 토지규획에 근거하여 도시 각 기능구역의 발전을 종합적으로 안배해야 하며 규획 기한은 보통 20년 정도이다.

공간을 '개발최적화구역', '개발중점구역', '개발제한구역', '개발금지구역' 등 4가지 유형의 주체기능구역으로 나누었는데 관련 내용은 제9장을 참조하기 바란다.

이 책의 주요 내용은 두 부분으로 구성되어 있다. 첫째, 본인이 수석연구원으로서 맡은 중국사회과학기금(Chinese Fund for the Humanities and Social Sciences) 중대 프로젝트(제07&ZD005호) ― '거시적 조정체계 완비 과정에서 과학적 발전관의 구현 연구'의 일부 연구성과이며, 둘째, 최근 몇 년간 본인이 정기간행물에 이미 발표한 논문과 미발표한 연구논문이다. 전자를 본 책에 수록함에 있어 중국국민경제가 새로운 발전 형세에 놓여 있고, 이론상에도 새로운 인식이 나타남에 따라 본인은 본래의 연구성과에 일부 수정을 가하여 시대의 변화에 끊임없이 대응하는 정신을 한층 더 구현하였다. 이 책의 일부 장의 초고의 저자는 각각 진웨친(金乐琴, 제2장), 순궈량(孙国梁, 제3장), 우사우쥔(武少俊, 제6, 8, 9장), 리펑(李峰, 제7, 10, 11장) 등이며, 이 자리를 빌려 이 분들이 본 연구에 바친 노고에 대해 감사의 뜻을 표한다.

리우루이 刘瑞

2015년 초봄

지은이 소개　　리우루이(刘瑞)

이 책의 저자인 리우루이(刘瑞)는 쓰촨성(四川省) 청두(成都) 출생이며 현재 중국인민대학교 경제학원 교수, 당위원회 부서기, 중국 거시경제관리교육학회 회장 등 직을 맡고 있다. 저자는 중국인민대학교에서 경제학 학사(1982), 석사(1991) 및 박사학위(1996)를 취득하였고, 한국 서울대학교에서 포스트닥터 프로젝트 연구를 수행한 바 있으며, 주요 연구분야는 경제발전전략 및 규획, 거시경제 조정, 산업구조 및 정책 등이다. 저자의 대표적인 연구성과로는 『중국 특색의 거시경제 조정체계에 관한 연구』(2016), 『京(베이징 北京)·津(톈진 天津)·冀(허베이 河北) 협력발전 배경하의 수도권 경제 구조조정 로드맵』(2016), 『사회경제발전 전략 및 규획 : 이론, 실천 및 사례』(2006), 『사회발전 과정에 관한 거시적 관리』(2005), 『정부의 경제관리행위에 관한 분석』(1998) 등이 있다.

저자는 중국사회과학기금(Chinese Fund for the Humanities and Social Sciences)의 중대 프로젝트, 중국자연과학기금(National Natural Science Foundation of China, NSFC) 응급연구사업의 분과프로젝트, 베이징시(北京市) 사회과학기금의 중대 프로젝트, 유엔아동기금과 중국 국가발전개혁위원회의 중점 프로젝트 및 국가 제9차, 제10차 및 제11차 5개년 규획에 관한 연구 프로젝트 등을 주관한 바가 있다.

저자는 베이징시(北京市) '신세기 철학 및 사회과학의 혁신적 인재의 백인공정(百人工程)'에 선발되었으며, 베이징시(北京市) 철학사회과학 우수성과상, 고등교육우수교과상, 베이징시(北京市) 과학기술진보상, 국가계획위원회 과학기술진보상, 바우강(寶鋼)교육기금 우수교사상 등을 수상하였다.

옮긴이 소개

전동매(全冬梅)
2004년 2월 전남대학교 경영학 박사학위 취득
현재 중국 靑島大學 商學院 마케팅학과 부교수

김승태(金承泰)
2019년 6월 중국 칭다오대학 경제학 석사학위 취득
현재 한국 산업통상자원부 산업정책과 사무관

서영휘(徐永輝)
2004년 2월 성균관대학교 경제학 박사학위 취득
현재 중국 靑島大學 商學院 국제경영학과 교수, 학과장

경성림(慶成林)
2014년 2월 전남대학교 지역개발학 박사학위 취득
현재 호남대학교 경영학부 조교수

최소연(崔笑姸)
2014년 2월 한국외국어대학교 일본지역학 문학사 및
경영학 학사학위 취득
2020년 4월 일본사이타마대학교(埼玉大學) 일본어학 석사학위 취득

중국 경제발전 전략과 규획의 변천 및 혁신
中國經濟發展戰略與規劃的演變和創新

초판1쇄 인쇄 2021년 7월 16일
초판1쇄 발행 2021년 7월 26일

지은이   리우루이 刘瑞
옮긴이   전동매 全冬梅 김승태 金承泰 서영휘 徐永輝 경성림 慶成林 최소연 崔笑姸
펴낸이   이대현
편집   이태곤 권분옥 문선희 임애정 강윤경
디자인   안혜진 최선주 이경진
마케팅   박태훈 안현진

펴낸곳   도서출판 역락
출판등록   1999년 4월 19일 제303-2002-000014호
주소   서울시 서초구 동광로 46길 6-6 문창빌딩 2층 (우06589)
전화   02-3409-2060
팩스   02-3409-2059
홈페이지   www.youkrackbooks.com
이메일   youkrack@hanmail.net

ISBN 979-11-6742-014-5 93320